A Solução para as Alergias

Desvende a Surpreendente Verdade Oculta sobre por que Ficamos Doentes e como Melhorar

Leo Galland, M. D.
e Jonathan Galland, J. D.

A Solução para as Alergias

Desvende a Surpreendente Verdade Oculta sobre
por que Ficamos Doentes e como Melhorar

Tradução:
Soraya Borges de Freitas

MADRAS®

Publicado originalmente em inglês sob o título *The Allergy Solution*, por Hay House,. Inc.
© 2016, Leo Galland, MD. e Jonathan Galland, J.D.
Direitos de edição e tradução para o Brasil.
Tradução autorizada do inglês.
© 2016, Madras Editora Ltda.

Editor:
Wagner Veneziani Costa

Produção e Capa:
Equipe Técnica Madras

Ilustrações Internas:
Nick C. Welch

Tradução:
Soraya Borges de Freitas

Revisão:
Ana Paula Luccisano

Dados Internacionais de Catalogação na Publicação (CIP)
(Câmara Brasileira do Livro, SP, Brasil)

Galland, Leo
A solução para as alergias: desvende a surpreendente verdade oculta sobre por que ficamos doentes e como melhorar/Leo Galland e Jonathan Galland. – São Paulo: Madras, 2016.
Título original: The allergy solution: unlock
the surprising, hidden truth about why you are sick and how to get well.
ISBN 978-85-370-1030-3

    1. Alergia – Aspectos nutricionais 2. Alergia –
Tratamento alternativo 3. Desintoxicação (Saúde)
4. Estilo de vida I. Galland, Jonathan.
II. Título.
CDD-616.97
16-06620 NLM-WD 300
Índices para catálogo sistemático:
1. Alergia: Medicina 616.97

É proibida a reprodução total ou parcial desta obra, de qualquer forma ou por qualquer meio eletrônico, mecânico, inclusive por meio de processos xerográficos, incluindo ainda o uso da internet, sem a permissão expressa da Madras Editora, na pessoa de seu editor (Lei nº 9.610, de 19/2/1998).

Todos os direitos desta edição, em língua portuguesa, reservados pela

MADRAS EDITORA LTDA.
Rua Paulo Gonçalves, 88 – Santana
CEP: 02403-020 – São Paulo/SP
Caixa Postal: 12183 – CEP: 02013-970
Tel.: (11) 2281-5555 – Fax: (11) 2959-3090
www.madras.com.br

Dedicatória

*A Christina Galland, esposa e mãe amada, cujas paixões pela cura
e por ajudar os outros nos inspiram diariamente.*

Agradecimentos

Os médicos, enfermeiros(as) e profissionais da saúde que enfrentam os desafios da epidemia de alergia merecem um reconhecimento especial.

Nós agradecemos pelas descobertas de pesquisadores do mundo todo que trabalham para ampliar nossa compreensão sobre a função crítica das alergias na nossa saúde e por salientar a ciência que demonstra como todos estamos inextricavelmente ligados ao meio ambiente.

Reid Tracy nos concedeu liderança e apoio excepcionais. Louise Hay iluminou o caminho e estimulou nossa mensagem de cura. A visão e o comprometimento de Patty Gift possibilitaram a publicação de *A Solução para as Alergias*.

Somos extremamente gratos à nossa editora, Anne Barthel, cujo talento extraordinário e dedicação nos guiaram habilmente em cada passo da jornada da elaboração deste livro. Com discernimento e sabedoria ela moldou a estrutura, o conteúdo e a linguagem de uma forma admirável.

Marlene Robinson trouxe sua habilidade e entusiasmo a aspectos importantes da produção e do lançamento deste livro. Apreciamos a contribuição da revisora Elise Marton. Nosso obrigado a Christy Salinas por sua criatividade à frente do trabalho de ilustração do livro.

Um muito obrigado a Tiffini Alberto, Jamie Antoniou, Jo Burgess, Evan Christopher, Jessica Crockett, Perry Crowe, Tony Ford, Richelle Fredson, Alexandra Gruebler, Diane Hill, Dani Johnson, Amy Kiberd, Rakesh Kumar, Chelsey Larson, Shay Lawry, Lindsay McGinty, Monica Meehan, George Papakyriacou, Michelle Pilley, Diane Ray, Kate Riley, Aurora Rosas, Heather Tate, Ruth Tewkesbury, Neill Thompson, Nick Welch, Kathryn Wells e todos os funcionários da Hay House.

Tivemos o grande prazer de trabalhar com Nikki Vettel no especial sobre *A Solução para as Alergias* para a televisão pública. Ela captou nossa mensagem de cura e a transmitiu para uma audiência maior. Bob Comiskey e Scot Broderick acrescentaram sua visão e experiência à produção. As equipes talentosas na Twin Cities Public Television e na Georgia Public Broadcasting fizeram da nossa filmagem uma experiência maravilhosa. Agradecemos às emissoras de TV públicas de todo o país que compartilham o especial *A Solução para as Alergias* com seus telespectadores.

Queremos agradecer às contribuições importantes de Barbara e Randall Smith, Edward Kaufman, Damon Giglio, Bonnie e Gary Vogel, Beth Olmstead, Sandy e David Epstein, Deana Lenz e Joan Davidson e todos os nossos seguidores que generosamente divulgaram nossa missão educativa na Fundação para Medicina Integrada.

Gostaríamos de agradecer a Anna Williams por seu apoio entusiasmado ao nosso trabalho.

Apreciamos a gentileza de Paulette Cole em levar nossa mensagem adiante.

Obrigado a Imelda Goldbert, Theresita Ibarretta, Sandra Tejada e Maria Fernandez.

Nossa querida amiga Helen Burgess sempre nos apoiou de muitas formas.

Jordan e Jessica Galland contribuíram para este projeto com paixão e criatividade. Jefferson Ray nos concedeu sua inteligência preciosa.

Em homenagem a Christopher – você sempre estará conosco.

Leo Galland e Jonathan Galland

Fico feliz em destacar a contribuição especial da premiada jornalista Ma Guihua, que percorreu o mundo para escrever com coragem e paixão sobre os direitos das mulheres, educação, meio ambiente e saúde. Ela traz suas habilidades jornalísticas e talento para fotografia da natureza para nosso site, página do Facebook e Twitter. Seu estímulo, fé e espírito otimista são uma fonte constante de luz e inspiração. Com amor e gratidão.

Jonathan Galland

Elogios ao Livro *A Solução para as Alergias*

"Leo Galland e Jonathan Galland reúnem duas iniciativas importantes: como usar a ciência para curar o corpo de alergias e doenças crônicas e como viver em verdadeira harmonia com a natureza. Ler este livro pode inspirar uma transformação pessoal e ambiental."
– **Dr. Deepak Chopra**, autor de 22 livros na lista dos mais vendidos do *The New York Times*, incluindo *Super Brain*

"A Solução para as Alergias mudou o jogo! Finalmente temos um tratamento aprovado cientificamente para nossos problemas cada vez maiores com alergias que foca nas causas em vez de depender de medicamentos potencialmente perigosos. O texto de fácil compreensão dos Gallands é uma resposta muito aguardada pelos incontáveis pacientes que agora podem recuperar o equilíbrio imunológico e dar adeus aos seus problemas alérgicos."
– **Dr. David Pelmutter**, autor de *Grain Brain* e *Brain Maker*, dois best-sellers do *The New York Times*

"O dr. Leo Galland é um dos mais importantes pensadores médicos do século XXI. Ele é pioneiro em um novo modelo de prática seguido por milhares de médicos, chamado Medicina Funcional. É a medicina dos POR QUÊS! E, em A Solução para as Alergias, dr. Galland e Jonathan Galland vão fundo para explicar por que estamos no meio de uma epidemia de doenças alérgicas e apresentam um mapa claro para a recuperação de milhões de doentes. Se você tiver alergias, qualquer doença crônica ou apenas se sentir mal, este livro é seu método para uma saúde renovada. Ele será uma leitura obrigatória para médicos e pacientes por muitos anos!"
– **Dr. Mark Hyman**, autor de *The Blood Sugar Solution*, o livro mais vendido da lista do *The New York Times*

"O dr. Galland nos leva em uma jornada fantástica a uma compreensão inexplorada de nós mesmos e do nosso ambiente pessoal que transformará as vidas de muitos leitores."
– **Dr. Mehmet Oz**, professor de cirurgia, Universidade de Columbia; apresentador do *The Dr. Oz Show*

"A Solução para as Alergias é um presente de Deus para os milhões de pessoas em todo o mundo que sofrem cada vez mais com alergias. Os

Gallands fazem a grande e importante pergunta: 'Por que você é alérgico?', não apenas 'a que você é alérgico?'. Isso mudou o jogo. Uma vez que você sabe o porquê, eles lhe mostram exatamente o que você precisa fazer para levar uma vida livre dos medicamentos que apenas tratam os sintomas e nunca chegarão à verdadeira causa. Parabéns aos Gallands!"
– **Dra. Christiane Northrup**, autora de *Women's Bodies, Women's Wisdom* e *Goddesses Never Age*, dois *best-sellers* do *The New York Times*

"Este é o livro pelo qual tanto esperei! Em uma obra-prima da reportagem investigativa, dr. Leo Galland e Jonathan Galland revelam a chocante verdade sobre o que nos deixa tão alérgicos e doentes. Eles nos apresentam a ciência que mostra como nosso ambiente e nossa saúde estão ameaçados pela poluição do ar, por substâncias químicas, pelo fast-food e pelo aquecimento global. A Solução para as Alergias fornece um mapa detalhado para controlar sua saúde e sua vida."
– **Dra. Amy Myers**, autora do livro *The Autoimmune Solution*, um dos mais vendidos da lista do *The New York Times*

"Dr. Leo Galland e Jonathan Galland reuniram uma discussão magistral e crucial sobre as alergias. Subestimadas, incompreendidas e mal diagnosticadas, as alergias são comuns e sua importância cresce. Este livro apresenta um conhecimento espantoso sobre o mundo das alergias ao leitor em busca de respostas sobre saúde. Gostei muito de lê-lo e captei muitas informações das quais nunca tinha ouvido falar antes. Um belíssimo trabalho!"
– **Dr. William Davis**, autor de *Wheat Belly*, no topo da lista dos mais vendidos do *The New York Times*

"O dr. Leo Galland, um médico internista registrado no Conselho de Medicina, recebeu um ensino clássico em uma das melhores faculdades de medicina de Nova York. Em A Solução para as Alergias, ele traz aos leitores uma abordagem clara, ampla e eficaz sobre a medicação de alergias onipresentes que nos deixam chiando, espirrando, acima do peso, exaustos, confusos e deprimidos e atrapalham as nossas vidas de muitas outras formas. Antes de você pedir sua próxima receita para alergias, asma ou uma variedade de outros transtornos comuns, veja o que ele tem a dizer!"
– **Dr. Lloyd I. Sederer,** professor adjunto, Universidade de Columbia, Mailman School of Public Health, editor médico para saúde mental do *The Huffington Post*

"Leo Galland e Jonathan Galland revelam a verdadeira causa de nossa epidemia mundial de alergia e apresentam uma solução desesperadamente necessária para milhões de alérgicos. Uma leitura obrigatória para qualquer um que sofre com alergias!"
– **Dr. Steven Masley**, autor dos best-sellers *The 30-Day Heart Tune-Up* e *Smart Fat*

"Este livro é uma benção. A Solução para as Alergias é um conjunto de ferramentas práticas para pacientes, bem como um fonte científica para clínicos sobre como respirar melhor, diminuir o sofrimento e ajudar a animar aquele ser há muito tempo perdido!"
– **Dr. Patrick Hanaway**, diretor médico, Centro para Medicina Funcional na Cleveland Clinic

"Neste livro revelador, o dr. Galland vai além da medicina ocidental convencional e oferece aos leitores o conhecimento necessário para reverterem suas alergias e começarem a se sentir vibrantes e bem. Reunindo a experiência clínica do dr. Galland com a profusão de pesquisas científicas de Jonathan Galland sobre por que nos tornamos tão alérgicos, A Solução para as Alergias ataca essa nova epidemia em sua fonte e nos ajuda a restaurar o equilíbrio de nossos organismos."
– **Dr. Frank Lipman**, autor de *The New Health Rules* e *10 Reasons You Feel Old and Get Fat*, livros da lista dos mais vendidos do *The New York Times*

"A pesquisa em A Solução para as Alergias é uma revelação. Se você quiser desvendar o que há por trás de seus sintomas misteriosos ou como prosperar em um mundo tóxico, este livro é a resposta. Descubra como arrumar seu estômago, curar suas dores de cabeça, superar o estresse, melhorar seu humor e dominar a dor. Leo Galland e Jonathan Galland estabelecem a validação científica de algo que práticas de cura tradicionais, orientais e ocidentais compreendem há milênios: que viver em harmonia com a natureza é essencial para curarmos o planeta e nós mesmos."
– **Dr. Vijay Vad**, professor adjunto, Weill Cornell Medical College; autor de *Stop Pain: Inflammation Relief for an Active Life*

"A Solução para as Alergias é uma leitura obrigatória para qualquer um que sofra com algum tipo de alergia ou não se sinta bem, seja esporadicamente ou o tempo todo. Como paciente do dr. Galland e um profissional de saúde e fitness que sofreu a vida toda com alergias sazonais, consegui

um alívio tremendo seguindo as recomendações do dr. Galland e, como resultado, me sinto muito melhor durante o ano."
– **Joe Dowdell**, coautor de *Ultimate You*

"Embora a alergia seja comum no mundo moderno, poucos discutem as formas nas quais a vida moderna possa estar eventualmente implicada. O dr. Leo Galland faz exatamente isso e muda a conversa perguntando por que a alergia acontece em vez de apenas quais são os alérgenos. Ele mistura um profundo conhecimento científico com uma perspectiva holística para oferecer uma abordagem poderosa, centrada no estilo de vida; trata esse flagelo moderno em suas origens e oferece aos alérgicos uma ajuda esclarecedora e uma esperança renovada."
– **Dr. David L. Katz**, Diretor, Yale University Prevention Research Center; Fundador, True Health Initiative

"A sabedoria do dr. Galland mudou minha vida."
– **Susan Sarandon**, atriz ganhadora do Oscar

"Outra obra-prima de um dos fundadores intelectuais da medicina funcional. A compreensão enciclopédica das causas reais da alergia do Dr. Galland e muitos estudos de casos ilustrativos fazem deste livro uma fonte maravilhosa para aqueles que sofrem com essa doença outrora incomum. Recomendo a todos que quiserem deixar de ser alérgicos."
– **Joseph Pizzorno**, N.D., editor-chefe, *Integrative Medicine, A Clinician's Journal,* coautor da *Encyclopedia of Natural Medicine*

"As doenças alérgicas incomodam um quarto do planeta desde o extermínio da nossa flora intestinal pelo excesso de saneamento e a ocidentalização das nações. O dr. Leo Galland é um pioneiro na medicina funcional, mestre em clínica médica e líder do pensamento cuja sabedoria e experiência fazem desta última grande jogada – A Solução para as Alergias – um livro obrigatório para todos aqueles que sofrem com alergias."
– **Dr. Gerard E. Mullin**, professor adjunto de Medicina, The Johns Hopkins University School of Medicine, autor de *The Gut Balance Revolution*

"A Solução para as Alergias ajudará muito as pessoas lutando para entender o que provoca suas alergias e intolerâncias. Oferece ferramentas para desvendar os gatilhos específicos, bem como aconselhamento prático sobre como evitar e mitigar o problema. Aprendi muito com sua leitura."

– **Dr. Lawrence J. Cheskin**, F.A.C.P., E.T.O.S., professor adjunto de Medicina, Johns Hopkins Bloomberg School of Public Health and School of Medicine

"Enquanto eu lia este livro ficava pensando na música 'Amazing Grace', na qual após a iluminação uma pessoa deixava de ser cega. A música fala sobre encontrar o espírito do Senhor. Senti a mesma coisa enquanto lia A Solução para as Alergias. Eu estava cego e agora consigo enxergar. O dr. Leo Galland e Jonathan Galland abrem nossos olhos ao invisível e nos proporcionam um entendimento e o conhecimento com soluções bem práticas que podem mudar vidas."
– **Dr. Lloyd Saberski**, corpo docente,
Yale University School of Medicine

"Eu adoro o trabalho do dr. Galland."
– **J. J. Virgin**, autora de *The Virgin Diet*, *best-seller* do *The New York Times*

Nota ao leitor

Esta publicação contém as opiniões e ideias de seus autores. Pretende dar ajuda e material informativo sobre os assuntos abordados nela. É vendida com a compreensão de que os autores e o editor não se responsabilizam em oferecer nenhum serviço médico, de saúde ou de qualquer outro tipo neste livro. O leitor deve sempre consultar seu médico ou outro profissional de saúde competente antes de adotar qualquer uma das sugestões deste livro ou tirar conclusões dele. Os autores e o editor se isentam de quaisquer responsabilidades, danos ou riscos, pessoais ou de outra natureza, que ocorram como consequência, direta ou indireta, do uso ou da administração de algum dos conteúdos desta obra.

Índice

Introdução: A Nova Doença Misteriosa 17
Capítulo 1: As Muitas Faces da Alergia 27
Capítulo 2: Como Ficamos tão Doentes?.. 51
Capítulo 3: Você está Exagerando: Imunidade em Desequilíbrio 71
Capítulo 4: Quebrando o Código: Desmascarando Alergias Ocultas 85
Capítulo 5: Missão: Desintoxicar 105
Capítulo 6: A Limpeza Profunda de Três Dias 127
Capítulo 7: O Desafio da Reintrodução Alimentar 139
Capítulo 8: A Dieta para Equilíbrio Imunológico 149
Capítulo 9: As Alergias o Engordam? 165
Capítulo 10: Cura Mente-Corpo 185
Capítulo 11: Mais do que Apenas um Nariz Escorrendo: Alergias Nasais e dos Seios Paranasais 205
Capítulo 12: Cada Vez que Você Respira: Asma 227
Capítulo 13: O Super Antioxidante Que Combate Alergias 259
Capítulo 14: O que Acontece no seu Intestino não Fica no seu Intestino 273

Faça Parte da Solução.. 293
Sobre os Autores.. 299
Índice Remissivo.. 301

Introdução

A Nova Doença Misteriosa

O telefone tocou no meio da noite. Aproximei-me do criado-mudo tateando, à procura dele. "Alô", disse em voz baixa.

A linha ficou estranhamente silenciosa e então ouvi uma estática. Parecia uma ligação de muito longa distância. "Dr. Galland? Desculpe incomodar a essa hora da noite. É a Vivian. Estamos na Dinamarca para o Festival Internacional de Cinema de Copenhague". Vivian é uma cineasta de filmes independentes que foi minha paciente por muitos anos.

Acendi a luz. "Vivian, como vai?"

"Não muito bem. Estou aqui há um dia e estou com uma dor de cabeça terrível, os músculos doloridos e com a garganta coçando, me dando vontade de tossir. Tomei aspirina, mas isso deixou minha garganta ainda pior e não adiantou nada para a dor de cabeça."

Sua voz estava fraca. Era meia-noite em Nova York e seis da manhã em Copenhague. Seu filme seria exibido dali a 12 horas e ela não sabia o que fazer.

Enquanto eu conversava com Vivian, me lembrei de vários aspectos de sua história. Tratei de sua enxaqueca com sucesso há muitos anos. Sabia que ela tinha polinose, mas as crises nunca foram graves. Mesmo assim, sua garganta irritada sem febre sugeria alergia em vez de uma infecção viral.

Abril é a estação do pólen da bétula na Dinamarca, assim como na maior parte do norte da Europa e na América. A substância ativa da aspirina, o ácido acetilsalicílico, deriva originalmente de uma casca de árvore, sendo a bétula e o salgueiro suas principais fontes. Pesquisadores ligaram a alergia ao pólen da bétula à sensibilidade aos salicilatos.[1]

Pedi a Vivian que parasse de tomar aspirina e perguntei-lhe o que ela tinha comido desde sua chegada. Com sua agenda apertada, ela comia *mix* de castanhas e frutas para passar o dia. Então era isso, pois muitos alimentos são conhecidos por agravar reações alérgicas ao pólen da bétula e no topo da lista estão maçãs, pêssegos, cerejas e a maioria das castanhas.

Suspeitando de que o pólen da bétula fosse o gatilho para a doença misteriosa repentina de Vivian, recomendei duas coisas: primeiro, pedi para evitar frutas e castanhas, além de cenouras cruas e salsão, que também são alimentos relacionados ao pólen dessa planta, e ficar o máximo possível em ambientes fechados. Ela teria de deixar o turismo para outra visita. Segundo, sugeri que ela retirasse quaisquer vestígios do pólen de si tomando um banho quente e lavando o cabelo. Depois ela deveria tomar um banho gelado pelo tempo que aguentasse.

Dei esse conselho por experiência própria. Anos atrás, quando desenvolvi rinite pela primeira vez por causa do pólen da losna, eu acampava com minha família na Trilha Mohawk em Massachusetts. Fiquei completamente indisposto. Meu único alívio foi quando nadei nas águas geladas do Deerfield. Minha cabeça se desanuviou na hora. Certa noite, acordei tão terrivelmente congestionado que minha esposa me disse "vai pular no rio". Fui e funcionou melhor do que qualquer remédio.

Desde então, costumo recomendar banhos gelados como um primeiro passo para pessoas com rinite. É uma solução fácil e prática para ter um alívio imediato sem medicação.

Funcionou para Vivian também. Quando ela voltou para Nova York depois do festival, ela me ligou para dizer que se sentiu muito melhor depois de seguir minhas recomendações.

A Epidemia de Alergias

Seus olhos coçam e o nariz escorre. Depois entope, congestionado. Sua pele coça tanto com o eczema que você não consegue parar. Você tem asma e deixa um inalador à mão o tempo todo. Tem alergia a amendoim. Ou ao trigo. Ou ao leite.

Com a disseminação acelerada de asma, rinite desenfreada, propagação de eczemas e o aumento das alergias alimentares, a epidemia de alergias é maior do que se imagina. Há apenas 50 anos, uma pessoa em cada 30 tinha. Hoje esse número é de uma em três. Um bilhão de pessoas no mundo todo agora têm asma, polinose, eczema, rinite alérgica e sinusite ou alergias alimentares.

Mas esta é apenas a ponta do *iceberg*. Há outra epidemia de alergias *oculta* que pode estar deixando você doente.

Você tem:

- Ganho de peso?
- Cansaço?
- Depressão?
- Ansiedade?
- Dores musculares?
- Dores articulares?
- Dores de cabeça?
- Insônia?
- Dores de estômago?
- Inchaço?
- Constipação ou diarreia?
- Confusão mental?

A alergia pode ser a culpada.

Poucos percebem que a alergia pode desempenhar um papel crítico nesses e em muitos outros problemas de saúde. Então, se você tem um ganho inexplicável de peso, ninguém suspeita de alergia. Mas na minha experiência médica, ajudando milhares de pacientes a superarem sintomas inexplicáveis, descobri que a alergia costuma ser a causa dessas queixas comuns.

Pode ser difícil imaginar que uma alergia alimentar obscura possa quase impossibilitar a perda de peso ou que o mofo possa causar uma fadiga debilitante e a incapacidade de trabalhar. De fato, pesquisas demonstram que as alergias costumam ser a causa de sintomas aparentemente sem relação. Muitas vezes ela contribui com enxaquecas, também chamadas de migrâneas, depressão, alterações no humor, dores articulares e musculares e a síndrome do intestino irritável. Neste livro, revelarei a ciência que pode explicar o que você já sentiu: que algo em sua química corporal bloqueia o caminho para a cura. E mostrarei um caminho natural para descobrir a causa subjacente de suas alergias e recuperar sua saúde.

Mas, primeiro, vejamos como chegamos até aqui.

Mar em Fúria

As origens da epidemia de alergia são ambientais e nutricionais. Há três níveis nos quais o meio ambiente tem um impacto sobre a alergia:

o ar livre, ambientes fechados e o interior de nosso corpo. A toxicidade em cada um desses ambientes é um golpe duplo. Primeiro, ela danifica as superfícies de nosso corpo, como a pele ou o revestimento dos tratos respiratório ou gastrointestinal e, então, promove uma reação alérgica a substâncias que normalmente seriam toleradas. O que você come e seu estado nutricional afetam a resposta corporal a cada um desses níveis.

Hoje, ir ao supermercado é como caminhar por um campo minado. Enquanto você empurra seu carrinho pelos corredores, você logo vasculha as prateleiras em busca das palavras *sem glúten* ou *sem laticínios*. Sua adorada pizza ou massa favorita são riscadas do cardápio se você for alérgico ao trigo. Parece que as coisas básicas que costumavam nos sustentar se viraram contra nós e uma nova ameaça nos espreita a cada esquina. Este é de fato um novo mundo estranho, que as gerações antigas não reconheceriam.

Como chegamos a este ponto?

No filme *Mar em Fúria*, o personagem do George Clooney é o capitão de um navio pesqueiro que parte de Gloucester, Massachusetts. Em busca de um grande cardume de peixes, seu barco acaba indo na direção de uma combinação de furacão e outras frentes de tormentas, o proverbial "mar em fúria". O capitão e sua equipe não conseguem suportar o mar violento e as ondas altas, e o barco fica à deriva no mar.

Assim como o pesqueiro do filme, fomos atingidos por um mar em fúria de poluição, hábitos alimentares nada saudáveis, estresse, falta de exercício e excesso de antibióticos, deixando nossos sistemas imunológicos desequilibrados e nos causando mais alergias do que nunca.

Se você estiver entre os milhões de alérgicos, *A Solução para Alergias* é um farol para guiá-lo de volta à costa em segurança.

Uma Nova Compreensão da Alergia

Muitos veem as alergias como sintomas que devem ser tratados com drogas. Estou aqui para ajudá-lo a ver as alergias de uma nova forma para você superá-las *compreendendo suas causas subjacentes*.

Desenvolvi esse programa exclusivo para capacitá-lo a superar as alergias, mesmo as ocultas ou tardias, que podem causar problemas de saúde inexplicáveis. Em vez de suprimir os sintomas com drogas, um ano após o outro, você pode reverter suas alergias chegando à fonte da reação alérgica.

Eu lhe darei as ferramentas poderosas necessárias para auxiliar na imunidade corporal, reverter suas alergias e transformar sua saúde.

Seguindo meu plano você se sentirá mais saudável, mais magro, mais concentrado e com mais energia.

Nos capítulos seguintes, compartilharei consigo a ciência fascinante de como as alergias acontecem em seu corpo e o ajudarei a dar os passos simples que você pode adotar para se sentir melhor do que se sentiu em anos.

Este livro revela, pela primeira vez, um conhecimento que estava enterrado nas revistas médicas por tempo demais. Em universidades e centros médicos em todo o mundo, foram realizadas pesquisas científicas incríveis que podem transformar o modo como abordamos e pensamos na alergia. Mas, assim como um tesouro oculto, ele permaneceu desconhecido para muitos. Até agora.

As Origens da Solução para as Alergias

Vou contar agora minha própria história. Quando criança, crescendo em um subúrbio de Nova York, eu não conhecia nenhum alérgico. Ninguém pensava duas vezes em levar manteiga de amendoim com geleia para a escola. Você nunca via crianças com inaladores para asma. Se você entrasse em uma farmácia, não via um corredor inteiro dedicado a diversos tipos de anti-histamínicos e descongestionantes.

Um dia, aos dez anos de idade, nosso professor de música, o sr. Sorensen, levou seu filho para a escola para uma apresentação. O piso do ginásio tinha acabado de ser lavado com uma solução para limpeza pesada e essa pobre criança começou a espirrar, tossir e perder o fôlego. Seu pai tentou lhe dar um inalador para asma, mas o menino estava tão sem fôlego que mal conseguia inalar a medicação. Ele parecia aterrorizado e começou a ficar azul. Achei que ele estivesse prestes a morrer. Nunca fiquei com tanto medo. A enfermeira da escola chamou uma ambulância, eles correram para o hospital e o menino sobreviveu. No ano seguinte, o sr. Sorensen se mudou com a família para o Arizona, na esperança de encontrar um ambiente menos alergênico.

Nas várias décadas seguintes, tantas pessoas se mudaram para o deserto na esperança de escapar de alergias que Phoenix e Las Vegas se tornaram as capitais de refúgio para os alérgicos dos Estados Unidos. Mas não dá para fugir facilmente das alergias se mudando. Elas costumam segui-lo, porque os segredos para revertê-las estão dentro de você, não fora.

Sempre me considerei cheio de energia e produtivo. Se você me pedisse uma palavra que melhor refletisse como eu me via, essa palavra seria *resistência*. Conseguia varar a noite estudando na faculdade.

Então, um dia, durante a residência, mal conseguia sair da cama. Não conseguia nem ir à minha corrida matinal.

Achava que o cansaço passaria, mas não passou. Algumas semanas depois comecei a ficar preocupado. Procurei um de meus professores, que me examinou, fez alguns exames de sangue e encolheu os ombros.

Portanto, tão de repente quanto começou, um dia acordei sentindo-me bem de novo. Então, esqueci-me do episódio – até ele acontecer no ano seguinte, na mesma época. E no outro e no outro... novamente esse cansaço me deixava como se tivesse sido atropelado por um caminhão.

Quando analisei o ciclo da minha indisposição, percebi que tinha rinite alérgica causada por alergia ao pólen de losna e que poderia controlar meus sintomas com água gelada e exercícios. Saía para uma corrida vigorosa e depois tomava um banho gelado. Isso eliminava minhas alergias muito melhor do que anti-histamínicos.

Eu não tive polinose na infância. Então, como as desenvolvi de repente quando adulto? Começou com a poluição do ar. Cientistas estudaram os efeitos da poluição do ar urbana na losna. Eles plantaram sementes de losna no centro da cidade de Baltimore e no interior. As plantas urbanas ficaram duas vezes maiores e produziram cinco vezes mais pólen do que as plantas rurais.

Embora a ficção científica costume mostrar o futuro de nosso planeta como um grande deserto infrutífero, é mais provável que ele fique coberto por uma vegetação com sementes e videiras alérgenas florescendo sob o ar poluído!

Fiz minha residência médica no meio de Nova York. Havia um terreno baldio perto do prédio onde eu morava e, a cada verão, ele estava coberto de losna. Certos tipos de pólen, incluindo o da losna, são tóxicos. Eles contêm uma enzima chamada NOX, que danifica o revestimento de seu nariz e pulmões. A exposição frequente ao pólen tóxico foi um gatilho para o meu problema de saúde.

Teve outro: as baguetes frescas que eu comprava todos os dias na padaria francesa perto do hospital, fingindo que estava em Paris. Minha esposa sugeriu que eu parasse de comê-las. Eliminar todo o trigo, em pães, massas e biscoitos, aumentou os benefícios dos exercícios no controle da minha rinite. Fiquei longe de produtos com trigo depois da estação da losna e descobri que minha energia e produtividade ficaram maiores do que nunca.

Quando comecei a lecionar na faculdade de medicina depois de terminar meu treinamento, percebi que havia muitos pacientes com sintomas como os meus: cansaço inexplicável, tontura, desmaios. Eu me perguntava quantos deles tinham alergias. Demorei vários anos para decifrar o código que me permitiu reconhecer que a maioria deles era realmente alérgica – que eles eram, na realidade, vítimas desconhecidas da epidemia de alergias.

Em minha busca para ajudar meus pacientes, desenvolvi a nova abordagem ousada às alergias que apresento aqui em *A Solução para as Alergias*.

Uma Nova Abordagem Ousada

A medicina convencional pergunta: "você é alérgico *a quê?*" Se você tem alergias, provavelmente conhece os tratamentos padrões: evitar o alérgeno e a eliminação dos sintomas com medicação. Você também provavelmente conhece os anti-histamínicos, esteroides, broncodilatadores e imunossupressores mais usados para controlar os sintomas. Embora eles possam aliviar um pouco os sintomas, essas drogas não revertem a alergia e podem ter efeitos colaterais que vão desde cansaço até a diminuição da imunidade.

Eu acredito em uma abordagem mais natural às alergias, mas ainda assim poderosa. Depois de décadas de experiência clínica praticando medicina integrativa, entendo que precisamos perguntar não apenas *a que* somos alérgicos, mas também *por quê*.

Resolver o problema significa analisar todos os seus detalhes, perguntar o que na sua vida o deixa doente ou saudável. Minha missão é ajudar as pessoas a reconhecer o impacto da alergia em suas vidas e conseguir uma saúde ideal revertendo as causas subjacentes da alergia, não apenas eliminar os sintomas.

Isso evidencia a visão convencional limitada da alergia que foca em um sintoma ou área corporal e os tratam em isolamento. Minha abordagem, a Solução para as Alergias, a expõe pelo que realmente é, um desequilíbrio do sistema imunológico que envolve todo o corpo.

Como explicarei depois, as reações alérgicas são reações em cadeia autoamplificada na qual seu sistema imunológico amplifica o efeito de algo chamado gatilho. A alergia ocorre quando a parte do nosso sistema imunológico que controla as respostas imunes involuntárias deixa de funcionar direito. É na verdade um estado de imunodeficiência que resulta em inflamação excessiva.

O que Você Verá em *A Solução para as Alergias*

Enquanto mergulha neste livro, você conhecerá pessoas e lerá sobre seus casos. Pessoas como você, que enfrentaram sintomas e problemas como os seus. Muitas vezes, quando vieram até mim, elas já tinham visitado muitos especialistas, mas os exames e os tratamentos não funcionaram. Explicarei como a Solução para as Alergias decifrou esses casos outrora impossíveis, usando métodos incrivelmente simples com os quais você pode aprender.

Eu lhe darei muitas ferramentas e dicas com as quais você pode começar não só a reverter suas alergias, mas também restaurar sua saúde para você conseguir perder aqueles quilos extras, ganhar energia e dormir melhor.

Meu colaborador em *A Solução para as Alergias* é meu filho Jonathan Galland, J. D., um líder em educação sobre saúde integrativa e um defensor apaixonado do meio ambiente. Ele é criador do site <www.pilladvised.com>, dedicado a transformar a saúde apresentando a sabedoria de uma abordagem integrativa da medicina.

Combinando meu conhecimento com sua habilidade, determinaremos as origens da epidemia de alergia na dieta ocidental moderna, na poluição industrial, na proliferação de substâncias químicas tóxicas em casa, no trabalho e nos produtos de higiene pessoal e o desequilíbrio da flora intestinal pelo uso de antibióticos e pesticidas. Ensinaremos passos simples e executáveis para reverter essa epidemia moderna com nutrição, práticas mente-corporais e um modo de vida natural que contribuirá com seu bem-estar e a saúde do planeta.

Nas próximas páginas, você aprenderá o modo da Solução para as Alergias de abordar os desafios que as alergias apresentam ao nosso mundo moderno:

Desafio nº 1

A alergia está diretamente ligada ao padrão nutricional com base em lanches e alimentos processados nada nutritivos.

A Solução para as Alergias

Demonstrou-se que uma dieta rica em nutrientes com alimentos integrais, rica em frutas, legumes e verduras previne ou reverte a alergia melhorando a função imunológica e a condição antioxidante. *A Solução para as Alergias* apresenta uma dieta integral com fitonutrientes poderosos para aperfeiçoar a desintoxicação e a condição antioxidante.

No centro do programa está a Limpeza Profunda de Três Dias, que consiste em um delicioso suco vitaminado, uma sopa que satisfaz e um chá aromático. Estou animado em partilhar essas receitas que desenvolvi e gosto de fazer todos os dias. O objetivo é fornecer um alto nível de nutrientes que auxiliem na desintoxicação e na função imunológica. A Dieta Poderosa é rica em substâncias naturais chamadas flavonoides, que inibem as respostas alérgicas e é o primeiro passo nesse programa único que apresento nestas páginas.

Desafio nº 2

A depleção da flora intestinal pela exposição a antibióticos e pesticidas nos alimentos e pela falta de fibras e diversidade nutricional é um novo fator na origem de alergias.

A Solução para as Alergias

Eu ensinarei como melhorar a flora intestinal com alimentos prebióticos e probióticos seletos. Revelarei a ciência instigante que mostra como tratar o intestino pode ajudar a prevenir o desenvolvimento do eczema e a reduzir a gravidade dos sintomas em pessoas com rinite alérgica, sinusite ou asma.

Desafio nº 3

Tanto a poluição em ambientes externos como a em internos contribuem com a maré crescente de doenças alérgicas. Partículas de ozônio, óxido nítrico e de diesel dos escapamentos danificam o revestimento do trato respiratório, aumentam o estresse oxidativo e agem em conjunto com a exposição a alérgenos para criar ou agravar reações alérgicas.

A Solução para as Alergias

Primeiro explicarei a função da poluição e das substâncias químicas na alergia e darei dicas para limitar a exposição. Depois, discutirei a pesquisa que demonstra como o consumo de crucíferas e alimentos com alta concentração de vitamina C podem ajudar a proteger contra reações alérgicas para você se beneficiar desse conhecimento.

Com isso, você conseguirá superar esses e muitos outros desafios apresentando a ciência inovadora que ilumina o campo das alergias. Quando você terminar este livro, compreenderá melhor as terapias nutricionais para uma variedade de problemas de saúde. Você também entenderá como tornar nossos lares e locais de trabalho mais ecologicamente corretos e como melhorar o sistema imunológico curando o intestino.

Recomendo que você leve este livro consigo quando se consultar com seu médico. Conte a ele o que aprendeu nestas páginas e quaisquer ideias que quiser experimentar. Trabalhando junto com seu médico, veja como as ideias aqui podem auxiliar no tratamento que ele oferece. A opinião profissional de seu médico tem prioridade sobre o que você ler neste livro.

A Pessoa Há Muito Tempo Perdida

Estou empolgado em liderar um movimento poderoso que está mudando o modo como o mundo vê as alergias e a saúde. Fico animado em conduzi-lo pelo programa que desenvolvi na minha prática médica para controlar, reverter e prevenir alergias para você ter um novo olhar sobre sua própria saúde.

Leia este livro e você redescobrirá um amigo perdido há muito tempo, seu outro eu. Suas olheiras sumiram. Você tem nova energia. Seu nariz não escorre mais. Você respira melhor. Sua pele está macia e hidratada, não vermelha e coçando. Talvez você tenha perdido aqueles quilinhos a mais ou esteja dormindo melhor.

Você é o mesmo que sempre foi, claro, apenas se sente muito melhor. Está fortalecido, no caminho para uma saúde de ferro e pronto para tomar o mundo.

Aprenda mais sobre a saúde natural entrando na nossa comunidade em <www.drgalland.com> e nos seguindo no Facebook (facebook.com/leogallandmd) e no Twitter (@leogallandmd).

Nota da Introdução

---

1. Eriksson NE. "Sensibilidade alimentar relatada por pacientes com asma e polinose. Uma relação entre sensibilidade alimentar e alergia ao pólen da bétula e entre a sensibilidade alimentar e a intolerânca ao ácido acetilsalicílico", *Allergy,* agosto de 1978; 33 (4): p. 189-196.

Capítulo 1

As Muitas Faces da Alergia

O elevador abre e piso no chão polido do *lobby*. Tinha acabado de terminar minha entrevista no *Today* show e ia para meu consultório. Empurrando as portas giratórias, saí do Rockefeller Center Plaza, andei pela multidão e cruzei a Quinta Avenida. Caminhei rapidamente pela Rua 51, passando pelas vitrines repletas de moda da Saks na minha direita, enquanto observava as espirais de pedra da catedral de St. Patrick na minha esquerda. Um novo dia em Nova York.

Virando à esquerda na Avenida Park, segui para os bairros residenciais e me apressei subindo a ladeira passando a Armory. Na rua 73, virei a esquina na direção do meu consultório.

Minha primeira paciente do dia me aguardava na sala de espera.

Julia tinha se consultado com 13 especialistas em três anos. Apesar de seus esforços, ela ainda não tinha recebido nenhum diagnóstico definitivo. Um médico suspeitara de artrite reumatoide, outro sugeriu fibromialgia. Disseram-lhe que tinha síndrome do intestino irritável, enxaquecas, doença de Lyme e depressão. Quando ela chegou ao meu consultório para sua primeira consulta, levou uma pasta de registros médicos de cinco centímetros de espessura cheia de resultados de exames normais.

Quando peguei seu histórico médico, Julia me contou seus sintomas: dor nas articulações, na cabeça, no pescoço e no abdômen, formigamento nos braços e pernas, cansaço e problemas com concentração mental e confusão cerebral. Esses sintomas apareceram de repente uns três anos antes, quando ela tinha 38 e pioraram.

Quando perguntei a Julia como estava sua saúde antes disso, ela revelou que nunca realmente teve uma saúde muito boa. Ela teve asma na infância. Então começaram os sintomas gastrointestinais na adolescência: dor abdominal e diarreia depois de consumir vários alimentos, mas sem seguir um padrão evidente.

Tão incômodo quanto isso, ela começou a ganhar peso (uns 18 quilos em 20 anos), apesar de tentar várias dietas. Vi um padrão aí que explicaria todos os seus sintomas misteriosos.

Minha experiência clínica me ajudou a reconhecer que os problemas de Julia eram causados por uma alergia oculta, quase com certeza a algo em sua dieta. Embora ela não estivesse se queixando de asma, fiz um simples exame de capacidade respiratória em meu consultório, pois achava que a asma crônica provavelmente estivesse contribuindo com seu cansaço e talvez com os outros sintomas, como o formigamento nas mãos e nos pés. O exame indicou que ela realmente tinha asma. Então solicitei exames de sangue para verificar o nível de inflamação em seu organismo.

Também lhe recomendei tentar um método que achei muito útil para encontrar alergias ocultas na alimentação. Eu o chamo de limpeza profunda, porque não só elimina todos os alérgenos alimentares de seu corpo, como também melhora sua habilidade corporal de eliminar toxinas. Você aprenderá mais sobre a dieta depois no livro.

Como Julia estava absolutamente determinada a melhorar, ela seguiu minhas instruções. Por três dias ela tomou apenas o suco vitaminado refrescante, a sopa deliciosa e o chá suave que compõem a primeira fase (a fase de eliminação) da limpeza. Na fase seguinte, reintrodução, ela voltou a consumir alguns de seus alimentos favoritos.

Os resultados foram dramáticos. No fim de uma semana, sua dor articular tinha diminuído, sua mente parecia muito mais clara e ela tinha perdido dois quilos. No mês seguinte, ela perdeu mais quatro quilos, mesmo continuando a expandir sua dieta até incluir uma grande variedade de alimentos, como frango e peixe, aveia, batatas, várias frutas, legumes e verduras, ovos, temperos, chá e café, para não se sentir privada deles.

Suas dores de cabeça desapareceram quase por completo, sua digestão estava melhor do que fora em 20 anos e sua energia era ótima. Mas ela ainda tinha crises ocasionais de dor articular, dores de cabeça ou diarreia, que poderiam durar um ou dois dias. Elas ocorriam apenas quando ela consumia alimentos não preparados por ela. Uma aconteceu depois de beber vinho branco e outra depois de comer uma salada de batatas.

Quando revi os alimentos que deixaram Julia doente, concluí que seus problemas não eram com a alimentação originalmente, mas com sulfitos, conservantes e aditivos comuns conhecidos por provocarem reações alérgicas. (Você encontrará uma lista de alimentos que contêm sulfitos em <www.drgalland.com>). Além de ser adicionado a alguns alimentos como conservantes, os sulfitos podem ocorrer naturalmente em outros como alho e cebolas em quantidades bem pequenas. A reação alérgica típica aos sulfitos é a asma, mas podem ocorrer também dores de cabeça, sintomas intestinais e dores nas articulações.[1]

Dois nutrientes ajudam seu organismo a desintoxicar os sulfitos: a vitamina B12 e um mineral chamado molibdênio. Seu organismo forma uma enzima, a sulfito oxidase, que quebra os sulfitos, e o molibdênio é necessário para essa enzima fazer seu trabalho e diminuir o nível de sulfitos no organismo.[2] A vitamina B12, por sua vez, absorve os sulfitos para eliminá-los. Em um estudo, quando crianças asmáticas sensíveis ao sulfito recebiam suplementos de vitamina B12, 80% delas tinham uma melhora na tolerância aos sulfitos.[3] Então receitei a Julia uma suplementação de sua dieta com 1 miligrama por dia de vitamina B12 e 300 microgramas por dia de molibdênio.

Um mês depois ela percebeu que quando ela comia frutas secas ou vinagre, ambos conservados com sulfitos, ela conseguia tolerá-los sem sintomas. E embora seus exames laboratoriais iniciais revelassem vários sinais de inflamação em seu corpo, quando os mesmos exames foram repetidos três meses depois, toda a evidência de inflamação tinha sumido junto com seus sintomas.

Quatro Verdades sobre a Alergia que Muda Tudo

Tratei pacientes com uma grande variedade de problemas alérgicos por toda minha carreira médica. Pessoas de todo o mundo vêm me ver com condições misteriosas para as quais ainda não encontraram respostas. Geralmente o culpado é uma alergia oculta.

Minha experiência clínica e minha procura por respostas a problemas de saúde comuns, mas não diagnosticados previamente, impulsionaram minha busca. Vi condições crônicas que foram diagnosticadas como doenças autoimunes ou transtornos psiquiátricos terem natureza alérgica e descobri estudos publicados em revistas acadêmicas que validam minhas observações. Analisei a literatura médica, procurei em bancos de dados científicos e li os livros obscuros. Como um detetive, verifiquei sintomas e pistas que ignorei, juntando todas as evidências. O que descobri foi fascinante.

O tratamento convencional da alergia tem dois componentes: 1) tentar determinar ao que você é alérgico e evitá-lo ou se dessensibilizar com injeções antialérgicas; e 2) eliminar os sintomas de alergia com drogas. Essa abordagem convencional é incompleta porque não responde a três perguntas: Por que você é alérgico? Por que suas alergias pioraram? Quais são os desequilíbrios subjacentes em seu organismo que permitem a ocorrência de sintomas alérgicos incômodos? Essas questões decifram as pistas ocultas tão cruciais para resolver um caso.

A história de Julia ilustra quatro verdades fundamentais sobre as alergias que estão no cerne deste livro. Com esses conceitos inovadores, creio, transformaremos nossa abordagem da saúde. Primeiro, as alergias podem produzir uma gama enorme de sintomas comuns que incomodam milhões de americanos, mas não são considerados como alérgicos normalmente. Segundo, as alergias costumam imitar outras doenças. Terceiro, os alérgenos que provocam seus sintomas podem não ser óbvios. Quarto, as terapias nutricionais podem reverter alergias. Vamos olhar mais de perto cada uma dessas verdades que quebram paradigmas.

1. Alergias Ocultas Podem Levar a Muitas Queixas Comuns

Como evidencia o caso de Julia com sua dor, cansaço e confusão mental, as alergias podem provocar todos os tipos de sofrimento, não só os sintomas considerados característicos da alergia, como coceira, coriza, olhos lacrimejando e chiado. Os sintomas que as alergias podem produzir vão muito além desses clássicos. Vários estudos documentaram a ligação entre as alergias e uma profusão de sintomas diferentes.

Veja a lista dos mais comuns nas próximas páginas e verifique se uma alergia oculta pode estar danificando sua saúde.

Você se Sente Cansado?

Há um forte elo entre alergia e fadiga. Embora muitas vezes não seja identificado, esse é um problema comum, chamado síndrome da fadiga alérgica tensional.[4] A alergia alimentar, em geral a trigo, milho, leite ou chocolate, costuma ser considerada a causa. Li pela primeira vez a pesquisa sobre isso quando ensinava medicina familiar na Stony Brook University. As descobertas explicavam os sintomas vagos de muitos pacientes que não se sentiam bem, mas não foram diagnosticados.

Acumulando Quilos?

Na minha experiência clínica, muitas vezes as alergias eram a causa do ganho de peso inexplicável. A associação entre obesidade e alergia foi documentada em asmáticos.[5] Um estudo longo descobriu que ter asma aumentava a propensão a um posterior ganho de peso em mulheres.[6]

Dados da U.S. National Health and Nutrition Examination Survey (Pesquisa Nacional de Avaliação da Saúde e Nutrição dos Estados Unidos) revelaram a ligação entre o uso de anti-histamínicos e o ganho de peso corporal.[7] É possível que eles causem o ganho de peso como um efeito colateral e os usuários têm maior probabilidade de ter alergias do que os não usuários. Discutirei este problema com mais detalhes no capítulo 9.

Sente Dores Musculares?

Muitas pessoas sofrem com dores e desconfortos musculares misteriosos. Muito provavelmente as alergias ocultas contribuem com essa dor inexplicável. A crescente evidência dessa ligação entre dor muscular e alergia nas revistas confirma o que vi muitas vezes em meus pacientes.

Uma associação entre dores musculares graves e a congestão nasal crônica foi descrita pela primeira vez em 1992.[8] Desde então, pesquisadores descreveram reações alérgicas a alimentos e metais (principalmente o níquel) como uma causa de dor muscular.[9] Cientistas noruegueses descobriram uma associação entre asma, eczema e dor muscular e concluíram que a alergia é uma enfermidade do corpo todo envolvendo órgãos que não são tipicamente incluídos nesse diagnóstico.[10]

Na minha prática, observei uma maior frequência de alergia ao mofo entre pacientes com dores musculares graves. Essa ligação foi documentada em pessoas expostas a construções danificadas pela água contaminada por mofo.[11]

Sente Dores nas Articulações?

A artrite alérgica foi descrita há pelo menos 25 anos, com alimentos específicos como os principais gatilhos. A ligação entre alergia e artrite foi confirmada com desafios alimentares cegos.[12] ("Cego" em um experimento científico significa que o sujeito da pesquisa não sabe o que está acontecendo. "Duplo-cego" significa que, além dos sujeitos, nem os pesquisadores sabem que tratamento está sendo dado a cada um dos sujeitos.) O leite de vaca é o gatilho alimentar mais comum da artrite alérgica. Diferentes mecanismos alérgicos foram encontrados em pessoas diversas, mesmo com o mesmo alérgeno.

Sofre com Dores de Cabeça?

Sabe-se da alergia alimentar como causa de dor de cabeça há décadas e há vários registros na literatura científica. A alergia pode causar tanto dores por enxaqueca quanto de outros tipos.[13]

Tem Dor de Estômago e Inchaço?

A dor abdominal recorrente pode ter muitas causas, entre elas a alergia. A alergia alimentar está ligada à inflamação no estômago ou nos intestinos, provocando dor.[14] Descobriu-se que a resposta alérgica no intestino estava associada à dor e ao inchaço.[15]

Sofre com Azia?

A alergia alimentar provoca a azia contribuindo com uma condição chamada esofagite eosinofílica, cuja prevalência mundial está aumentando. Eliminar os alérgenos da dieta pode curá-la.[16]

Tem Problemas para Dormir?

Várias alergias podem mantê-lo acordado e impedi-lo de ter uma boa noite de sono. A dificuldade em adormecer e manter o sono ocorre em crianças com alergia ao leite, independentemente de outros sintomas, como cólicas.[17] Em adultos com alergia e outras crianças, com asma mal controlada ou não diagnosticada, bem como obstrução nasal ou coceira por eczema alérgico, esses são fatores importantes que contribuem com a insônia.[18]

Sente-se Deprimido ou Tem Transtorno de Humor?

O elo entre alergia e problemas de saúde mental está bem documentado na literatura médica. Adolescentes com asma têm três vezes mais chance de desenvolverem depressão ou transtorno bipolar no futuro do que seus colegas sem asma.[19] Um estudo alemão demonstrou um aumento na incidência de transtornos psiquiátricos de todos os tipos entre pessoas com alergia diagnosticada por um médico. Este efeito diminuiu com o tratamento da alergia, de modo que alérgicos tratados tinham 35% menos probabilidade de ter sintomas psiquiátricos quando comparados com aqueles que não foram tratados.[20]

Isso leva a duas conclusões possíveis: as alergias produzem os sintomas psiquiátricos ou os sintomas psiquiátricos levam os alérgicos a evitarem tratamento. Na minha experiência médica, as duas conclusões podem estar certas, dependendo da pessoa. Outro estudo (duplo-cego e placebo-controlado), com 30 pessoas sofrendo de alergias e sintomas psicológicos, demonstrou que a exposição a um alérgeno, mas não a um placebo produziu sintomas significativos de estresse psicológico, indicando que para alguns a alergia pode ser uma causa direta de seus transtornos de humor.[21]

Perdeu Cabelo?

A alopecia areata é uma condição marcada por pequenas áreas de perda capilar no couro cabeludo. Sua prevalência é maior entre pessoas com alergia. Ter um histórico de alergia aumenta o risco de recaída depois ao término do tratamento, sugerindo que a alergia contribui de alguma forma com a condição.[22]

Sente Coceira na Vulva ou Tem Corrimento Vaginal?

Observei muitas pacientes com vulvovaginite ou vulvite que não respondiam ao tratamento para infecção vaginal porque seus sintomas eram, na verdade, resultado de alergia. Às vezes o diagnóstico correto era eczema vulvar ou dermatite de contato, uma reação alérgica da pele, como a coceira causada pela hera venenosa. As mulheres com esses tipos de sintomas com frequência têm vaginite alérgica, provocada pela mesma variedade de gatilhos de outros tipos de reações alérgicas. Pesquisadores em ginecologia confirmaram essa descoberta.[23]

Urina com Frequência ou com Dor?

Cientistas russos identificaram a alergia como um fator coadjuvante na síndrome da bexiga hiperativa.[24] Observei o mesmo em muitos pacientes com urina urgente e frequente. O tratamento da alergia costuma aliviar o problema urinário.

Tem Confusão Mental?

A confusão mental pode ser rapidamente causada pela exposição a um alérgeno. Problemas com foco, concentração e de memória são muito comuns. Eles podem ocorrer como uma reação tardia a alérgenos respiratórios em pessoas com rinite alérgica.[25] Eu os observei muitas vezes em meus pacientes com alergia alimentar ou a mofo quando ocorre a exposição ao alérgeno.

Esses sintomas de alergia insuspeitos são tão comuns quanto os mais clássicos e muitas vezes coexistem com aqueles mais familiares. Quanto mais sintomas você tiver, é mais provável que a causa seja a alergia, principalmente se a gravidade dos sintomas variar.

A Solução para as Alergias chegou para ajudá-lo a superar suas alergias, sejam elas óbvias ou obscuras. Recomendo levar o livro com você quando for se consultar com seu médico e ter uma discussão reveladora sobre o papel que as alergias podem desempenhar.

2. As Alergias Muitas Vezes Imitam Outras Doenças

As alergias, de um modo geral, são facilmente confundidas com diferentes problemas de saúde. Vimos isso no caso de Julia, em que todos os especialistas consultados pareceram ter seus próprios diagnósticos para seus problemas.

As alergias podem imitar doenças inflamatórias, como artrite, bronquite, nefrite (inflamação dos rins) ou colite.[26] Podem imitar também problemas de causa desconhecida, como enxaquecas, síndrome do intestino irritável, fibromialgia, síndrome da fadiga crônica, desordem do déficit de atenção, aftas, síndrome da boca ardente, cistite intersticial, vulvodinia, ansiedade e depressão.[27]

Apenas uma porcentagem pequena dos pacientes diagnosticados com cada uma dessas enfermidades está doente por causa de alergia, mas se por um acaso essa pequena porcentagem incluir você ou alguém que você ama, isso representa 100%. Na minha prática médica, tratei milhares de pacientes cujas alergias se manifestam em uma dessas formas.

3. Os Alérgenos que Provocam seus Sintomas Podem não Ser tão Óbvios

Esta é a terceira verdade sobre alergias revelada na história de Julia: os gatilhos podem não ser óbvios. Muitas vezes é necessário um cuidadoso trabalho de detetive médico para encontrá-los. Às vezes os exames de sangue e de pele não contam a verdadeira história. No caso de Julia, assim como em muitos outros, não pude confiar nos exames laboratoriais, em grande parte porque os mecanismos da alergia são múltiplos e os testes disponíveis medem apenas um. Um exemplo perfeito disso é uma história que gosto de chamar de Caso da Alergia às Solanáceas.

Cora tinha 52 anos quando veio ao meu consultório pela primeira vez. Era uma advogada bem-sucedida com um problema que realmente atrapalhava seu trabalho. Pelo menos uma vez por semana ela desenvolvia aftas e um inchaço doloroso das glândulas no pescoço. Em algumas ocasiões, os sintomas eram tão ruins que ela parava no pronto-socorro. Todas as vezes ela era examinada por infecção, mas não encontravam nada. Sugeriram um tratamento com prednisona, um esteroide, mas os sintomas costumavam sumir em dois dias e Cora relutava em tomar os esteroides por causa dos muitos efeitos colaterais.

Eu a conheci um dia depois de um de seus piores ataques. Meu exame revelou que as glândulas inchadas em seu pescoço, em um ângulo reto com sua mandíbula, na verdade, não eram linfonodos, mas glândulas salivares maiores chamadas parótidas, que produzem a maior parte da saliva que lubrifica sua boca. O nome dos sintomas de Cora era parotidite recorrente (inflamação da glândula parótida), uma condição bem incomum.

Quando repassamos os históricos médico e dietético de Cora, ela me disse que evitava comer pimentões e beringela, porque eles não só lhe davam aftas, como também lhe davam problemas no estômago, causando diarreia. Ela também era muito sensível à fumaça de cigarro. Ficar ao lado de um fumante provocava feridas no nariz e nos lábios. Essas pistas sobre alimento e cigarro alertaram meu radar de que as alergias seriam uma causa provável.

Pimentões, beringela e fumo têm algo em comum. São todos solanáceas. Outros membros dessa família incluem tomates e batatas. Como Cora muitas vezes comia alimentos temperados com salsa ou extrato de tomate, recomendei-lhe que ela evitasse tomates e batatas. Isso foi um pouco desafiador, pois produtos feitos com tomate são muito usados em molhos e batata é o vegetal mais consumido nos Estados Unidos. Mas Cora não precisava de convencimento, pois ela sofria muito com seus sintomas. Ao eliminar as solanáceas, curamos suas aftas e ela nunca mais sofreu uma crise de parotidite.

Resolvi fazer alguns testes de alergia, só para ver se algum deles identificaria a sensibilidade de Cora a algum membro da família das solanáceas. Não deu nada. Dica para levar para casa: um resultado negativo no exame não descarta a alergia.

4. A Nutrição é uma Ferramenta Poderosa contra as Alergias

Para Julia, tomar suplementos de vitamina B12 e molibdênio preveniam as reações ao sulfito que a deixavam tão doente. Com os anos, desenvolvi muitos tratamentos nutricionais diferentes que diminuíram a reatividade alérgica em meus pacientes e você lerá mais sobre eles a seguir neste livro.

Estudei um grande corpo de pesquisas publicadas em revistas médicas que demonstram o papel importante da nutrição na alergia. Duas áreas principais são: 1) o elo demonstrado entre deficiência nutricional e alergia; e 2) o papel crucial dos nutrientes na desintoxicação. Essas duas áreas formam a base das terapias nutricionais em *A Solução para as Alergias*.

Vários nutrientes afetam a função imunológica. Estudos bem estimados demonstraram como a carência nesses nutrientes está diretamente ligada ao desenvolvimento da alergia:

- Vitamina D: a carência contribui com a ocorrência e gravidade da asma e o desenvolvimento de alergias alimentares e eczema, alergias nasais (rinite) e alergia em geral.[28]
- Zinco: encontrado em pequenas quantidades em algumas pessoas com asma e eczema.[29]
- Selênio: níveis baixos foram encontrados em alguns pacientes com asma.[30]
- Magnésio: o baixo consumo está associado a um maior risco de asma e total sensibilização alérgica.[31]
- Vitamina E: é reduzida em asmáticos, sua baixa ingestão está associada não só com asma, mas também com a sensibilização alérgica em geral.[32]
- Vitamina C: a ingestão elevada está associada a um menor risco de asma em crianças e a baixa ingestão pela alimentação ou níveis mais baixos no sangue estão associados com a asma em adultos.[33]
- Gorduras essenciais: a ingestão elevada de ômega-3 está associada à redução da incidência de asma em adultos jovens. Aumentar a ingestão de ômega-3 na infância para melhorar a função imunológica foi o tema de meu livro *Superimmunity for Kids*. Pesquisas confirmaram a importância do consumo adequado de ômega-3 para melhorar a imunidade e diminuir inflamação e alergia.[34]

Discutirei os nutrientes e como eles podem ajudar a reverter seu ônus alérgico nos próximos capítulos.

As terapias nutricionais neste livro servem para ajudar de outra forma importante: aumentar a desintoxicação. É assim que a vitamina B12 ajudou na alergia a sulfitos de Julia. Seu organismo está sempre exposto a substâncias tóxicas, seja pelo ambiente ou geradas internamente. Você tem muitos mecanismos para eliminar as toxinas. Muitos deles são movidos por enzimas e elas trabalham sem parar, por 24 horas, para limpar seu organismo.

Pesquisas mostram que alérgicos têm dificuldade em se desintoxicar de metais pesados como chumbo e mercúrio, além de pesticidas e outros poluentes ambientais.[35] Seu ônus de toxicidade depende do nível de exposição a toxinas e sua habilidade de desintoxicação. Os nutrientes certos podem aumentar muito essa habilidade.

Defesa Antioxidante contra as Alergias

Uma das enzimas mais importantes do organismo para desintoxicar é a glutationa-S-transferase, mas pode chamá-la de GST. Ela une o poderoso antioxidante glutationa a uma toxina para os dois serem levados juntos pelo organismo. Essa é uma forma de desintoxicação.

Os cientistas da Ucla mostraram que comer brócolis aumenta os níveis de Gst nas pessoas. O brócolis é rico em uma substância natural chamada glucorafanina, que é bem estável, mas não ative em seu organismo. Quando você mói o broto do brócolis cru, uma enzima também presente nos brotos converte glucorafanina em seu derivado ativo, o sulforafano, que é muito ativo, mas instável, devendo ser consumido imediatamente.

Os pesquisadores da Ucla mandaram voluntários saudáveis comerem brotos de brócolis por três anos. Eles encontraram um aumento significativo de GST e outras enzimas desintoxicadoras nas células nasais dos sujeitos. Em pessoas expostas a escapamento de diesel, o extrato de broto de brócolis diminuiu a extensão da inflamação alérgica encontrada em suas secreções nasais.

Os brotos de brócolis podem aumentar a GST, o que ajuda a combater a alergia. Por isso incluí broto de brócolis em pó na limpeza profunda no capítulo 6.

Não se esqueça do termo glutationa. Ela é muito importante para sua habilidade de se desintoxicar. E depende da GST. Assim como todas as enzimas, a GST é fabricada nas nossas células de acordo com um projeto genético. Há várias formas diferentes de GST e crianças com asma muitas vezes têm um gene defeituoso para uma delas. Agora, algo muito importante: crianças com a GST defeituosa desenvolvem asma apenas se forem expostas à fumaça de cigarro e a outros tipos de poluição do ar. É a combinação de toxinas ambientais e a pouca habilidade em desintoxicar que produz a doença. Portanto, se afastarmos a fumaça do cigarro e reduzirmos a poluição de carros, caminhões e outras fontes, poderemos eliminar o risco de asma em crianças. E essa é uma ideia que poderia ajudar a todos a respirar um pouco melhor.

O Caso Misterioso da Coceira

Em uma reluzente manhã de fevereiro, Bruce, um jogador de beisebol profissional, entrou a passos largos em meu consultório como se estivesse rodeando a segunda base. Ele e sua esposa chegaram de avião à cidade na noite anterior. Ele era cheio de energia contida e parecia ainda mais intenso ao vivo do que na TV ou nas fotos das capas de revistas. Mas ele tinha um problema. Sua pele coçava tanto que tirava sua atenção, o que não ajudava durante as partidas. Então ele agendou uma consulta.

A história de Bruce ilustra as sutilezas das alergias e como a abordagem da Solução para as Alergias vai além dos limites da medicina convencional para elucidar os mistérios delas e chegar às causas principais.

Ele mal conseguia ficar sentado na cadeira na minha frente no consultório. Ele me cumprimentou com seu famoso sorriso e um casual "olá, doutor", apertando firmemente minha mão. Daí ele foi direto ao assunto: "Essa coceira está me deixando maluco". Essa coceira é conhecida como *urticária* e o caso de Bruce já durava dois anos. É um tempo longo para se sentir assim, mas é bem típico de condições alérgicas crônicas na pele. A menos que ele tomasse dois tipos diferentes de anti-histamínico diariamente, seu corpo ficava todo empipocado e vermelho tornando sua vida miserável. "Se não tomo os remédios, que me deixam grogue, é essa coceira, doutor. Não aguento mais", ele suplicou.

Em busca de alívio, Bruce se consultou com três dermatologistas e dois alergologistas. Eles concordaram que ele sofria de urticária resultante de uma reação alérgica. Mas apontar a alergia subjacente que causa urticária é muitas vezes desafiador e ninguém conseguiu identificar quais eram os alérgenos. Os remédios que Bruce tomava não preveniam completamente a urticária e eles o deixavam sonolento, embora não devessem fazer isso.

Em duas ocasiões a urticária rompeu tanto a terapia com os remédios que ele foi forçado a tomar um esteroide imunossupressor, a prednisona, por alguns dias. Esse é o destino de muitos pacientes que sofrem de urticária crônica. Como os gatilhos são identificados em apenas 10 a 20% dos pacientes, a base do tratamento é a supressão da urticária com drogas.[36]

Quando Bruce se consultou comigo, fiz uma pergunta que faço a todos os meus pacientes: *O que acontecia na sua vida logo antes do início do problema?* A resposta de Bruce foi imediata, pois foi uma época inesquecível para ele: "Depois de ganharmos o campeonato, estávamos comemorando no vestiário, com champanhe rolando e o time inteiro exagerou um pouquinho. Todos nós e nossas esposas saímos para um grande jantar, com filés e um ótimo vinho". Depois disso, ele passou um fim de semana relaxando depois da temporada, assistindo à TV e bebendo cerveja.

Sua resposta – de que ele bebeu champanhe, vinho e cerveja – foi uma bandeira vermelha para mim. Essa dica importante dada por ele mostra por que fazer perguntas e prestar bastante atenção às respostas está no cerne do tipo de medicina que pratico. Tal qual um detetive diligente, eu queria conhecer todos os detalhes de um caso para deduzir a causa subjacente. Beber álcool aumenta a permeabilidade da mucosa intestinal, criando uma condição conhecida em inglês como "leaky gut" (intestino que vaza). Essa permeabilidade deixa substâncias alheias penetrarem na parede intestinal, favorecendo a ocorrência da sensibilização alérgica.[37] Os principais alérgenos na cerveja, por exemplo, são a cevada e a levedura.

Tratei diversos pacientes com urticária crônica para quem a levedura era o principal gatilho. Esse fenômeno foi descrito em estudos publicados por pesquisadores europeus.[38] Disse a Bruce sem rodeios: "Se você realmente quiser se livrar dessa urticária, vai ter de evitar o álcool. Nada de vinho ou cerveja". Ele pareceu um pouco surpreso, depois brincou, dizendo: "Parece que a temporada de treinamento começou para mim hoje".

Na verdade, recomendei que Bruce evitasse todas as fontes de levedura, como cerveja, vinho, vinagre, pão, frutas secas e sucos de fruta industrializados. Também sugeri que ele experimentasse um extrato herbal chamado berberina, que mata leveduras intestinais, conforme demonstrado.[39]

Bruce seguiu minha recomendação e sua urticária desapareceu em duas semanas. Ele conseguiu parar com os anti-histamínicos e não teve uma recaída da urticária nos últimos sete anos. Ao examinar com cuidado as circunstâncias nas quais Bruce desenvolveu sua urticária, consegui ir além dos limites da medicina convencional. Ao perceber a interação entre nutrição, saúde intestinal, alergia e sintomas na pele, desenvolvi uma terapia que funcionou em cada uma dessas áreas relacionadas. Estes são os princípios que compartilho animado com você em *A Solução para as Alergias*. Para o Bruce bastava saber que aliviei sua urticária e impedi uma recaída.

Alergias no Cérebro

Não há um tópico no campo da alergia tão controverso entre os médicos quanto a noção de que as reações alérgicas podem ter um impacto direto em seu cérebro. Essa controvérsia me surpreende, pois vi os efeitos da alergia cerebral em muitos de meus pacientes, tanto crianças como adultos. As reações variam desde distração e falta de concentração até depressão, ansiedade e confusão mental. Os meus pacientes com alergia cerebral muitas vezes foram diagnosticados antes com transtorno do déficit de atenção, hiperatividade, autismo e transtorno bipolar. No caso desses pacientes, eliminar o gatilho alérgico pode ajudar a aliviar o transtorno mental.

Pesquisa sobre Alergia Cerebral

O relato mais antigo sobre alergias cerebrais publicado apareceu na *Southern Medical Journal* em 1943. O dr. Hal Davison, um médico de Atlanta, fez as seguintes observações:

> Há muito tempo, nota-se que pacientes alérgicos têm sintomas de transtornos cerebrais incomuns... Observou-se depois que quando os sintomas alérgicos melhoravam, o mesmo acontecia com os sintomas cerebrais... Outras observações e experimentos mostraram que às vezes os sintomas cerebrais poderiam ser produzidos à vontade, dando aos pacientes certos alimentos. Observou-se também, em exemplos mais raros, que a ingestão de uma droga, inalação de substâncias em pó ou até odores produziriam esses sintomas.[40]

Em seguida, Davison descreveu 87 pacientes vistos em sua experiência com alergia em um período de oito anos com sintomas que incluíam apagões, insônia, confusão e mudanças de personalidade, todos claramente provocados por alimentos ou inaladores específicos. Como sempre é o caso com a alergia, cada pessoa é afetada por um gatilho diferente. Um dos pacientes, um advogado, tinha uma progressão de sintomas que começam com uma dor de cabeça, seguida de pruridos e urticária, visão embaçada, sonolência e voz fraca, terminando com perda de consciência. Os gatilhos alimentares eram ovos, caranguejo, ostras e morangos. Evitar esses alimentos resolvia seus sintomas.

As revistas médicas atuais raramente publicam o topo de observações clínicas detalhadas feitas pelo dr. Davison, embora elas sejam reais e reproduzíveis. Em 1985, passei um dia com o professor Roy John, fundador do Brain Research Laboratory da Universidade de Nova York e pioneiro na criação de mapas eletrônicos da atividade cerebral. Ele me disse que quando os pacientes eram ligados a seu aparelho para mapear o cérebro e recebiam extratos de alimentos, mofo ou substâncias químicas aos quais eram alérgicos, as injeções produziam alterações dramáticas na atividade elétrica cerebral, acompanhadas dos sintomas por causa dos quais eles procuraram atendimento.

Mais adiante neste livro, no capítulo sobre alergias nasais e dos seios paranasais, descreverei os experimentos realizados na Europa nos quais a exposição ao pólen provocou uma diminuição da função cerebral comparável aos efeitos de sedativos ou álcool.

Alergia e TDAH

Uma pesquisa científica importante sobre alergia alimentar e o cérebro vem da Inglaterra. O dr. Josef Egger, um neurologista, descobriu que a alergia alimentar poderia levar ao TDAH.

Usando uma técnica similar ao meu programa de limpeza e reintrodução alimentar, o dr. Egger e seus colegas identificaram 40 crianças com TDAH grave cujo comportamento melhorou quando elas evitaram alimentos específicos.[41] Metade das crianças passou por um procedimento de dessensibilização alérgica criado por um colega meu, o dr. Len McEwen. Elas receberam injeções de doses baixas de alérgenos alimentares misturados com uma enzima que estimula uma resposta imune. A outra metade recebeu injeções da solução carregadora sem os alérgenos; esse era o controle placebo. Seis meses depois, 80% das crianças que receberam as injeções de alérgenos não eram mais reativas aos alimentos que causavam alterações comportamentais. Apenas 20% das crianças que receberam placebo se tornaram não reativas aos alimentos até então evitados. Isso indica claramente que a alergia (uma reação na qual seu sistema imune amplifica a resposta a um gatilho) é um mecanismo importante do TDAH induzido pela alimentação. O estudo de Egger foi publicado na *The Lancet*, a revista médica mais antiga do mundo e principal publicação médica do Reino Unido.

Se você tiver sintomas neurológicos ou psiquiátricos que acredita serem provocados por exposição alimentar ou ambiental, saiba que a ciência está ao seu lado. Encontre um médico que respeite suas observações e entenda que a alergia aparece em mais disfarces do que nunca em nosso mundo tão inconstante.

Conclusão

Neste capítulo, revelei como a alergia tem um grande e surpreendente impacto na saúde. O caso de Julia nos mostrou como uma alergia oculta, em seu caso aos sulfitos encontrados nos alimentos, pode levar a inexplicáveis dores articulares e no estômago, fadiga e dificuldade de concentração.

Para Cora, a advogada, uma alergia às solanáceas (tomates, pimentões e batatas) acabou sendo a causa surpreendente de suas aftas, que sararam quando ela evitou esses alimentos.

Um caso misterioso de urticária foi um verdadeiro desafio para Bruce, o jogador de beisebol profissional, até descobrirmos que a causa era a levedura na cerveja e no vinho.

Esses casos ilustram as Quatro Verdades que Viram o Jogo sobre a Alergia que, creio, podem transformar nossa forma de tratar a saúde. Por isso é tão importante levar este livro quando você for se consultar com seu médico e compartilhar essa informação com ele. No final das contas, seu médico deve avaliar e decidir como as ideias neste livro podem informar sua jornada de cura.

Notas do Capítulo 1

1. Millichap JG, Yee MM. "O fator dietético na enxaqueca pediátrica e em adolescentes", *Pediatr Neurol*, janeiro de 2003; 28(1); p. 9-15; Vally H, Misso NL, Madan V. "Efeitos clínicos do sulfito como aditivo alimentar", *Clin Exp Allergy*, novembro de 2009; 39(11); p. 1643-1651; Petitpain N, Goffinet L, Cosserat F, Trechot P, Cuny JF. "Febre recorrente, calafrios e artralgia com anestésicos locais com metabissulfito e epinefrina", *J Clin Anesth,* março de 2008; 20(2); p. 154.
2. Sass JO, Gunduz A, Araujo Rodrigues Funayama C, Korkmaz B, Dantas Pinto KG, Tuysuz B, Yanasse Dos Santos L, Taskiran E, De Fátima Turcato M, Lam CW, Reiss J, Walter M, Yalcinkaya C, Camelo Junior JS, "Deficiências funcionais da sulfite-oxidase: diagnósticos diferenciais em neonatos com convulsões intratáveis e encefalomalácia cística", *Brain Dev*, agosto de 2010; 32(7); p. 544-549; Abumrad NN, Schneider AJ, Steel D, Rogers LS. "Intolerância ao aminoácido durante nutrição parenteral prolongada revertida pela terapia com molibdênio", *American Journal of Clinical Nutrition,* 1981; p. 34; p. 255-259; Ragg R, Natalio F, Tahir MN, Janssen H, Kashyap A, Strand D, Strand S, Tremel W. "Nanopartículas de trióxido de molibdênio com atividade sulfite-oxidase intrínseca", *ACS Nano*, maio de 2014; 27; 8(5); p. 5182-5189.
3. Añibarro B, Caballero T, Garcia-Ara, C, Diaz-Pena JM, Ojeda JA, "Asma com intolerância ao sulfite em crianças: um estudo do bloqueio com cianocobalamina", *J Allergy Clin Immunol,* julho de 1992; 90(1); p. 103-109; Stormont JM, Flaherty M, Condemi J. "Sensibilidade hepática ao metabissulfito em um paciente com colangite esclerosante", *Ann Allergy Asthma Immunol*, setembro de 2003; 91(3); p. 314-317.

4. Crook, WG, Harrison WW, Crawford SE, Emerson BS., "Manifestação sistêmica devido à alergia. Relato de cinquenta pacientes e uma revisão da literatura sobre o assunto (às vezes referida como toxemia alérgica e a síndrome de fadiga-tensão alérgica)", *Pediatrics*, maio de 1961; 27; p. 790-799; Young EJ. "A síndrome de fadiga-tensão alérgica", *Calif Med.*, junho de 1970; 112(6); p. 46; Weinberg EG, Tuchinda M. "A síndrome de fadiga-tensão alérgica", *Ann Allergy*, abril de 1973; 31(4); p. 209-211; Valverde E, Vich JM, Garcia-Calderon JV, Garcia-Calderon PA. "Resposta de linfócitos in vitro em pacientes com síndrome da fadiga tensão alérgica", *Ann Allergy*, setembro de 1980; 45(3); p.185-8; Kondo N, Fukutomi O, Agata H, Yokoyama Y. "As respostas proliferativas dos linfócitos a antígenos alimentares auxiliam na detecção de alérgenos em tipos não imediatos de alergia alimentar", *I Investig Allergol Clin Immunol.* março-abril de 1997; 7(2); p. 122-126.
5. Papoutsakis C, Prittis KN, Drakouli M, Pritti S, Konstantaki F, Chondronikola M, Antonogeorgos G, Matziou V. "Sobrepeso/obesidade na infância e asma: há uma ligação? Uma revisão sistemática da evidência epidemiológica recente", *I Acad Nutr Diet.* janeiro de 2013; 113(1); p. 77-105; Wang J, Shi GP. "Estabilização dos mastócitos: nova medicação para obesidade e diabetes", *Diabetes Metab Res Rev.* novembro de 2011; 27(8); p.919-24 (Camundongos que receberam uma dieta ocidental conseguiram reduzir a obesidade depois do tratamento com antialérgicos que estabilizam os mastócitos [cromolyn e cetotifeno]); Ciprandi G, Caimmi D, Raschetti R, Miraglia Del Giudice M, Caimmi S, Castellazzi AM. "Adipocinas e sua função nas alergias", *Int J Immunopathol Pharmacol.*, outubro de 2011; 24 (4 Suppl); p. 136; Litonjua AA, Gold DR. "Asma e obesidade: influências comuns na infância no início da doença", *J Allergy Clin Immunol*, maio de 2008; 121(5); p. 1075-1084.
6. Hasler G, Gergen PJ, Adjacic V, Gamma A, Eich D, Rössler W, Angst J. "Asma e alteração do peso: um estudo prospectivo de 20 anos em uma comunidade de jovens adultos", *Int J Obes* (Lond), julho de 2006; 30(7); p. 1111-1118. (Uma análise multivariada longitudinal revelou que a asma estava associada com o posterior aumento do ganho de peso e obesidade entre mulheres depois de controlar as variáveis potencialmente desconcertantes, ao passo que o ganho de peso e a obesidade não estavam associados com uma posterior asma.
7. Ratliff JC, Barber JA, Palmese LB, Reutenauer EL, Tek C. "Associação do uso de anti-histamínicos H1 prescritos com obesidade: resultados da Pesquisa Nacional de Avaliação da Saúde e Nutrição", *Obesity* (Silver Spring), dezembro de 2010; 18(12); p. 2398-2400. (Há uma maior prevalência de casos de obesidade entre usuários de anti-histamínicos do que entre não usuários.)
8. Cleveland CH Jr, Fisher RH, Brestel EP, Esinhart JD, Metzger WJ. "Rinite crônica: uma associação mal identificada com fibromialgia", *Allergy Prac*, setembro-outubro de 1992; 13(5); p. 263-267.
9. Bellanti JA, Sabra A, Castro HJ, Chavez JR, Malka-Reis J, de Inocencio JM. "O transtorno do déficit de atenção tem relação com a síndrome da fadiga crônica? O que é fibromialgia?", *Allergy Asthma Proc.*, jan-fev. de 2005; 26(1); p. 19-28; Stejskal V, Ockert K, Bjøklund G. "A inflamação induzida por metal provoca fibromialgia em pacientes alérgicos a metal", *Neuro Endocrinol Lett*, 2013; 34(6); p. 559-565.
10. Tollefsen E, Langhammer A, Bjermer L, Romundstad P, Holmen TL. "Alergia: uma doença sistêmica? O estudo The HUNT e Jovem-HUNT, Noruega", *Pediatr Allergy Immunol*, dezembro de 2008; 19(8); p. 730-736.
11. Ruoppi P. "Problemas com mofo no ambiente de trabalho na visão de um otorrinolaringologista", *Duodecim*, 2009; 125(9); p. 983-989.

12. Golding DN. "A sinovite alérgica existe?", *J R Soc Med.*, maio de 1990; 83(5); p. 312--314; Panush RS, Stroud RM, Webster EM. "Artrite induzida por alimentos (alérgica). Artrite inflamatória exacerbada pelo leite", *Arthritis Rheum*, fevereiro de 1986; 29(2); p. 220-226; Panush RS. "Artrite induzida por alimentos ("alérgica"): estudos clínico e sorológico", *J Rheumatol*, março de 1990; 17(3); p. 291-214; Pulec JL. "Artrite alérgica", *Ear Nose Throat J.*, fevereiro de 1993; 72(2); p. 115.
13. Mansfield LE. "Alergia alimentar e dor de cabeça. O que avaliar e como tratar", *Postgrad Med.*, 15 de maio de 1998; 83(7); p. 46-51, 55; Alam R. "A alergia alimentar me dá dor de cabeça?" *Immunol Allergy Clin North Am*, fevereiro de 2002; 32(1); p. xiii-xiv; Martin VT, Taylor F, Gebhardt B, Tomaszewski M, Ellison JS, Martin GV, Levin L, Al-Shaikh E, Nicolas J, Bernstein JA. "Alergia e imunoterapia: elas estão relacionadas com a enxaqueca?", *Headache*, janeiro de 2011; 51(1); p. 8-20; Stefanini GF, Marsigli L, Foschi FG, Emiliani F, Biselli M, Caputo F, Leefield GH, Castelli E, Gasbarrini G. "Dor de cabeça não migrânea por alergia alimentar", *Allergy*, setembro de 1996; 51(9); p. 657-658.
14. Husby S, Høost A., "Dor abdominal recorrente, alergia alimentar e endoscopia", *Acta Paediatr.*, janeiro de 2001; 90(1); p. 3-4; Kokkonen Jl, Ruuska T, Karttunen TJ, Niinimäki A. "Patologia da mucosa do intestino anterior associada com alergia alimentar e dores abdominais recorrentes em crianças", *Acta Paediatr.*, janeiro de 2001; 9 0(1); p. 16-21.
15. Van Odijk J, Peterson CG, Ahlstedt S, Bengtsson U, Borres MP, Hulthén L, Magnusson J, Hansson T. "Medições da ativação de eosinófilos antes e depois de desafios alimentares em adultos com hipersensibilidade alimentar", *Int Arch Allergy Immunol.*, 2006; 140(4): p. 334-341.
16. Arora AA, Weiler CR, Katzka DA. "Esofagite eosinofílica: contribuição alérgica, exame e controle", *Curr Gastroenterol Rep.*, junho de 2012; 14(3); p. 206-215; Wechsler JB, Schwartz S, Amsden K, Kagalwalla AF. "Dietas de eliminação no controle da esofagite eosinofílica", *J Asthma Allergy*, 24 de maio de 2014; 7; p. 85-94.
17. Kahn A, Mozin MJ, Casimir G, Montauk L, Blum D. "Insônia e alergia ao leite de vaca em bebês", *Pediatrics*, dezembro de 1985; 76(6); p. 880-884; Kahn A, Rebuffat E, Blum D, Casimir G, Duchateau J, Mozin MJ, Jost R. "Dificuldade em iniciar e manter o sono associada com a alergia ao leite de vaca em bebês", *Sleep*, abril de 1987; 10(2); p. 116-121; Kahn A, Mozin MJ, Rebuffat E, Sottiaux M, Muller MF. "Intolerância ao leite em crianças com falta de sono persistente: uma avaliação prospectiva duplo-cega e cruzada", *Pediatrics*, outubro de 1989; 84(4); p. 595-603.
18. Sundbom F, Lindberg E, Bjerg A, Forsberg B, Franklin K, Gunnbjörnsdottir M, Middelveld R, Torén K, Janson C. "Sintomas de asma e congestão nasal como fatores de risco independentes para insônia na população geral: resultados do levantamento GA(2) LEN", fevereiro de 2013; 68(2); p. 213-219; Jensen ME, Gibson PG, Collins CE, Hilton JM, Latham-Smith F, Wood LG. "Maior latência e redução da duração do sono em crianças com asma", *Breath*, março de 2013; 17(1); p. 281-287; Terreehorst I, Duivenvoorden HJ, Tempels-Pavlica Z, Oosting AJ, De Monchy JG, Brujinzeel-Koomen CA, Post MW, Gerth van Wijk R. "Os efeitos desfavoráveis da asma e da falta de sono concomitantes devido à dermatite atópica (DA) na qualidade de vida em sujeitos alérgicos aos ácaros", *Allergy*, outubro de 2002; 57(10); p. 919-925.
19. Chen MH, Su TP, Chen YS, HSU JW, Huang KL, Chang WH, Chen TJ, Bai YM. "Risco mais elevado do desenvolvimento de depressão profunda e transtorno bipolar na vida adulta entre adolescentes com asma: um estudo prospectivo nacional", *J Psychiatr Res.*, fevereiro de 2014; 49; p. 25-30.

20. Goodwin RD, Galea S, Perzanowski M, Jacobi F. "Impacto do tratamento da alergia na associação entre alergias, humor e ansiedade em uma amostra populacional", *Clin Exp Allergy*, dezembro de 2002; 42(12); p. 1765-1771.
21. King DS. "A exposição alérgica pode provocar sintomas psicológicos? Um teste duplo-cego", *Biol Psychiatry*, janeiro de 1981; 16(1); p. 3-19.
22. Huang KP, Mullangi S, Guo Y, Qureshi AA. "Condições de comorbidade de saúde mental, autoimunes e atópicas associadas com alopecia areata nos Estados Unidos", *JAMA Dermatol*, julho de 2013; 149(7); p. 789-794; Barahmani N, Schabath MB, Duvic M., "Registro nacional de alopecia areata. Histórico de doenças atópicas ou autoimunes aumenta o risco de alopecia areata", *J Am Acad Dermatol.*, outubro de 2009; 61(4); p. 581-591; Ucak H, Cicek D, Demir B, Erden I, Ozturk S. "Fatores prognósticos que afetam a resposta ao tratamento tópico na alopecia areta em placa única", *J Eur Acad Dermatol Venereol*, janeiro de 2014; 28(1); p. 34-40.
23. Haye KR, Mandal D. "Vaginite alérgica imitando a vaginose bacteriana", *Int J STD AIDS*, novembro de 1990; 1(6); p. 440-442; Dworetzky M. "Vaginite alérgica", *Am J Obstet Gynecol*, dezembro de 1989;161(6 Pt 1); p. 1752-1753; Ricer RE, Guthrie RM. "Vaginite alérgica, uma possível nova síndrome. Um relato de caso", *J Reprod Med.*, setembro de 1988; 33(9); p. 781-783.
24. Loran OB, Pisarev AS, Klemenova NV, Sukhorukov VS. "Inflamação alérgica como um dos fatores da patogênese da bexiga hiperativa", *Urologiia*, março-abril de 2007; (2); p. 37-41.
25. Skoner DP. "Rinite alérgica: definição, epidemiologia, patofisiologia, detecção e diagnóstico", *J. Allergy Clin Immunol*, julho de 2001; 108(1 Suppl); p. 2-8.
26. **Artrite:** Hvatum M, Kanerud L, Hällgren R, Brandtzaeg P. "O eixo intestino-articulação: reação cruzada de anticorpos alimentares na artrite reumatoide", *Gut.*, setembro de 2006; 55(9); p. 1240-1247; O'Farrelly C, Price R, McGillivray AJ, Fernandes L. "Fator reumatoide IgA e anticorpos à proteína dietética IgC estão associados na artrite reumatoide", *Immunol Invest.*, julho de 1989;18(6); p. 753-764; Karatay S, Erdem T, Kiziltunc A, Melikoglu MA, Yildirim K, Cakir E, Ugur M, Aktas A, Senel K. "Dieta geral ou pessoal: o modelo individualizado para desafios de dieta em pacientes com artrite reumatoide", *Rheumatol Int.*, abril de 2006; 26(6); p. 556-560; Karatay S, Erdem T, Yildirim K, Melikoglu MA, Ugur M, Cakir E, Akcay F, Senel K. "O efeito dos desafios alimentares individualizados com alimentos alergênicos nos níveis TNF-alfa e IL-beta em pacientes com artrite reumatoide", *Rheumatology* (Oxford), novembro de 2004; 43(11): p. 1429-1433. **Bronquite:** Chawes BL. "Patologia das vias aéreas superiores e inferiores em crianças pequenas com rinite alérgica e não alérgica", *Dan Med Bull.*, maio de 2011; 58(5); B4278. **Nefrite:** Shishkin AN. "A função das reações alérgicas imediatas na patogênese da síndrome nefrótica", *Ter Arkh.* 1996; 68(6); p. 19-21; Lagrue G, Laurent J, Rostoker G., "A alergia alimentar e a síndrome nefrótica idiopática", *Kidney Int Suppl*, novembro de 1989; 27; S147-51; Lagrue G, Heslan JM, Belghiti D, Sainte-Laudy J, Laurent J. "Sensibilização dos basófilos a alérgenos alimentares na síndrome nefrótica idiopática", *Nephron.*, 1986; 42(2); p. 123-127; Kovács T, Mette H, Per B, Kun L, Schmelczer M, Barta J, Jean-Claude D, Nagy J., "Relação entre a permeabilidade intestinal e os anticorpos contra os antígenos alimentares na nefropatia por IgA", *Orv Hetil.*, janeiro de 1996; 14; 137(2); p. 65-9. **Colite:** Ruffner MA, Ruymann K, Barni S, Cianferoni A, Brown-Whitehorn T, Spergel JM. "Síndrome da enterocolite induzida por proteína alimentar: conclusões da revisão de uma grande população de referência", *J Allergy Clin Immunol Pract.*, julho-agosto de 2013;1(4); p. 343-349; D'Arienzo A, Manguso F, Astarita

C, D'Armiento FP, Scarpa R, Gargano D, Scaglione G, Vicinanza G, Bennato R, Mazzacca G. "Alergia e infiltração dos eosinófilos da mucosa na colite ulcerative", *Scand J Gastroenterol.*, junho de 2000; 35(6); p. 624-631.

27. **Enxaqueca**: Mitchell N, Hewitt CE, Jayakody S, Islam M, Adamson J, Watt I, Torgerson DJ. "Ensaio clínico controlado aleatório de dieta de eliminação de alimentos baseada nos anticorpos IgG para a prevenção de enxaquecas em dores de cabeça migrâneas", *Nutr J.*, agosto de 2011; 11; 10; p. 85. doi: 10.1186/1475-2891-10-85; Alpay K, Ertas M, Orhan EK, Ustay DK, Lieners C, Baykan B. "Restrição alimentar na enxaqueca, baseada no IgG contra os alimentos: um ensaio clínico aleatório, duplo-cego cruzado", *Cephalalgia*, julho de 2010; 30(7); p. 829-837; Arroyave Hernández CM, Echavarría Pinto M, Hernández Montiel HL. "Alergia alimentar mediada por anticorpos IgG associados com enxaqueca em adultos", *Rev Alerg Mex.*, setembro-outubro de 2007; 54(5); p. 162-168. **Síndrome do intestino irritável:** Carroccio A, Brusca I, Mansueto P, D'Alcamo A, Barrale M, Soresi M, Seidita A, La Chiusa SM, Iacono G, Sprini D. "Uma comparação entre dois testes diferentes de ativação de basófilos in vitro para sensibilidade ao leite de vaca e ao glúten em pacientes com suspeita de síndrome do intestino irritável (SII)", *Clin Chem Lab Med.* junho de 2013; 51(6); p. 1257-1263; Stierstorfer MB, Sha CT, Sasson M. "Teste epicutâneo de intolerância alimentar para a síndrome do intestino irritável", *J Am Acad Dermatol.*, março de 2013; 68(3); p. 377-784; Guo H, Jiang T, Wang J, Chang Y, Guo H, Zhang W. "O valor da eliminação dos alimentos de acordo com anticorpos imunoglobulina G específicos a alimentos na síndrome do intestino irritável com diarreia", *J Int Med Res.*, 2012; 40(1); p. 204-210; Carroccio A, Brusca I, Mansueto P, Soresi M, D'Alcamo A, Ambrosiano G, Pepe I, Iacono G, Lospalluti ML, La Chiusa SM, Di Fede G., "Análises fecais detectam a hipersensibilidade à proteína do leite de vaca e ao glúten em adultos com a síndrome do intestino irritável", *Clin Gastroenterol Hepatol.* novembro de 2011; 9(11); p. 965--971.e3; Tobin MC, Moparty B, Farhadi A, DeMeo MT, Bansal PJ, Keshavarzian A. "Síndrome do intestino irritável atópica: um novo subgrupo da síndrome do intestino irritável com manifestações alérgicas", *Ann Allergy Asthma Immunol*, janeiro de 2008; 100(1); p. 49-53. **Fibromialgia**: Bellanti *et al.* 2005; Berstad A, Undseth R, Lind R, Valeur J. "Sintomas funcionais do intestino, fibromialgia e fadiga: uma tríade induzida por alimentos?", *Scand J Gastroentero*, setembro de 2012; 47(8-9); p. 914-719. **Síndrome da fadiga crônica**: Straus SE, Dale JK, Wright R, Metcalfe DD. "Alergia e a síndrome da fadiga crônica", *J Allergy Clin Immunol.*, maio de 1988; 81(5 Pt 1); p. 791--795; Bell KM, Cookfair D, Bell DS, Reese P, Cooper L. "Fatores de risco associados com a síndrome da fadiga crônica em uma série de casos pediátricos", *Rev Infect Dis,* janeiro-fevereiro de 1991; 13 Suppl 1: S32-8. **Desordem do déficit de atenção**: Hak E, de Vries TW, Hoekstra PJ, Jick SS. "Associação do transtorno de déficit de atenção/hiperatividade infantil com doenças atópicas e infecções cutâneas? Um estudo caso- -controle pareado usando a Base de Dados para Pesquisa da Prática Geral", *Ann Allergy Asthma Immunol,* agosto de 2013; 111(2); p. 102-106.e2; Tsai JD, Chang SN, Mou CH, Sung FC, Lue KH. "Associação entre doenças atópicas e transtornos de déficit de atenção/hiperatividade na infância: um estudo caso-controle de base populacional", *Ann Epidemiol.*, abril de 2013; 23(4); p. 185-188; Schmitt J, Apfelbacher C, Heinrich J, Weidinger S, Romanos M. "Associação do eczema atópico e o transtorno de deficit de atenção/hiperatividade – meta-análise dos estudos epidemiológicos", *Z Kinder Jugendpsychiatr Psychother,* janeiro de 2013; 41(1); p. 35-42; Yaghmaie P, Koudelka CW, Simpson EL. "Comorbidade de doença mental em pacientes com dermatite atópica", *J Allergy Clin Immunol.*, fevereiro de 2013; 131(2): p. 428-433; Chen MH, Su TP, Chen YS, Hsu JW, Huang KL, Chang WH, Bai YM. "Transtorno do déficit de

atenção/hiperatividade, tique nervosa e alergia: há uma ligação? Um estudo em âmbito nacional de base populacional", *J. Child Psychol Psychiatry*, maio de 2013; 54(5); p. 545-551. **Aftas:** Wardhana, Datau EA. "Estomatite aftosa recorrente causada por alergia alimentar", *Acta Med Indones,* outubro de 2010; 42(4); p. 236-240; Besu I, Jankovic L, Magdu IU, Konic-Ristic A, Raskovic S, Juranic Z. "Imunidade humoral às proteínas do leite de vaca e à gliadina na etiologia das úlceras aftosas recorrentes?", *Oral Dis.,* novembro de 2009; 15(8); p. 560-564; Nolan A, Lamey PJ, Milligan KA, Forsyth A. "Ulceração aftosa recorrente e sensibilidade alimentar", *J Oral Pathol Med.,* novembro de 1991; 20(10); p. 473-475. **Síndrome da boca ardente:** Lamey PJ, Lamb AB, Hughes A, Milligan KA, Forsyth A. "Síndrome da boca ardente do tipo 3: aspectos psicológicos e alérgicos", *J Oral Pathol Med.,* maio de 1994; 23(5); p. 216-219; Pemberton M, Yeoman CM, Clark A, Craig GT, Franklin CD, Gawkrodger DJ. "Alergia ao galato de octilo causando estomatite", *Br Dent J.,* agosto de 1993 7; 175(3); p. 106-108; Whitley BD, Holmes AR, Shepherd MG, Ferguson MM. "Sensibilidade ao amendoim como uma causa da boca ardente", *Oral Surg Oral Med Oral Pathol.,* dezembro de 1991; 72(6); p. 671-674; Skoglund A, Egelrud T. "Reações da hipersensibilidade a materiais odontológicos em pacientes com lesões liquenoides orais na mucosa e em pacientes com a síndrome da boca ardente", *Scand J Dent Res.,* agosto de 1991; 99(4); p. 320--328. **Cistite Intersticial:** Pelikan Z, Van Oers JA, Levens WJ, Fouchier SM. "A função da alergia na cistite intersticial", *Ned Tijdschr Geneeskd,* junho de 1999; 19; 143(25); p. 1289-1292; Yamada T, Taguchi H, Nisimura H, Mita H, Sida T. "Estudo alérgico da cistite intersticial. (1) Um caso de cistite intersticial causado pela hipersensibilidade a lula e camarão". *Arerugi,* maio de 1984; 33(5); p. 264-268. **Vulvodinia:** Harlow BL, He W, Nguyen RH. "Reações alérgicas e risco de vulvodinia", *Ann Epidemiol.,* novembro de 2009; 19(11); p. 771-777; Ramirez De Knott HM, McCormick TS, Do SO, Goodman W, Ghannoum MA, Cooper KD, Nedorost ST. "Hipersensibilidade cutânea a Candida albicans na vulvodinia idiopática", *Contact Dermatitis,* outubro de 2005; 53(4); p. 214-218; O'Hare PM, Sherertz EF. "Vulvodinia: a visão de um dermatologista com ênfase em um componente da dermatite de contato irritativa", *J Womens Health Gend Based Med.,* junho de 2000; 9(5); p. 565-569. **Ansiedade:** Patten SB, Williams JV. "Alergias autorrelatadas e sua relação com vários transtornos psiquiátricos de eixo I na amostra comunitária", *Int J Psychiatry Med.,* 2007; 37(1); p. 11-22; Euba R, Chalder T, Wallace P, Wright DJ, Wessely S. "Sintomas relacionados à alergia autorrelatados e morbidade psicológica no atendimento imediato", *Int J Psychiatry Med.,* 1997; 27(1); p. 47-56. (**Nota:** Embora pessoas com problemas de ansiedade tenham maior probabilidade de relatar histórico de alergia, pessoas com alergias não têm mais probabilidade de relatar ansiedade ou problemas psicológicos. Há muitas formas de interpretar essa diferença. Uma coisa é as alergias contribuírem com os sintomas psicológicos em algumas pessoas [um subgrupo daqueles com sintomas psicológicos], mas, em geral, os alérgicos não são mais propensos a sintomas psicológicos.) **Depressão:** Parker G, Watkins T. "Depressão resistente ao tratamento: quando a intolerância ao antidepressivo pode indicar uma intolerância alimentar", *Aust N Z J Psychiatry,* abril de 2002; 36(2); p. 263-265.

28. **Asma:** Confino-Cohen R, Brufman I, Goldberg A, Feldman BS. "Vitamina D, prevalência e exacerbações da asma: um estudo com base em uma grande população adulta", *Allergy,* 19 de agosto de 2014; Arshi S, Fallahpour M, Nabavi M, Bemanian MH, Javad--Mousavi SA, Nojomi M, Esmaeilzadeh H, Molatefi R, Rekabi M, Jalali F, Akbarpour N. "Os efeitos da suplementação de vitamina D na funções das vias aéreas na asma leva ou moderada", *Ann Allergy Asthma Immunol,* 1º de agosto de 2014; Bonanno A, Gangemi S, La Grutta S, Malizia V, Riccobono L, Colombo P, Cibella

F, Profita M. "25-Hidroxivitamina D, IL-31 e IL-33 em crianças com doença alérgica das vias aéreas", *Mediators Inflamm.*, 2014; 2014: 520241; Bener A, Ehlayel MS, Tulic MK, Hamid Q. "Carência de vitamina D como um forte prognóstico de asma em crianças", *Int Arch Allergy Immunol.*, 2012; 157(2); p. 168-175. **Alergias alimentares e eczema:** Baek JH, Shin YH, Chung IH, Kim HJ, Yoo EG, Yoon JW, Jee HM, Chang YE, Han MY. "A ligação entre o nível sérico de vitamina D, a sensibilização a alérgenos alimentares e a gravidade da dermatite atópica na infância", *J Pediatr.*, 6 de agosto de 2014; Lee SA1, Hong S, Kim HJ, Lee SH, Yum HY. "Correlação entre o nível sérico de vitamina D e a gravidade da dermatite atópica associada com a sensibilização alimentar", *Allergy Asthma Immunol Res.*, julho de 2013; 5(4); p. 207-210. doi: 10.4168/aair.2013.5.4.207. Epub 13 de março de 2013; Samochocki Z1, Bogaczewicz J, Jeziorkowska R, Sysa-Jędrzejowska A, Glińska O, Karczmarewicz E, McCauliffe DP, Woźniacka A. "Os efeitos da vitamina D na dermateite atópica", *J Am Acad Dermatol.*, 2013 agosto; 69(2); p. 238-244. doi: 10.1016/j.jaad.2013.03.014. Epub 2 de maio de 2013. **Alergias nasais:** Jung JW, Kim JY, Cho SH, Choi BW, Min KU, Kang HR. "Rinite alérgica e o nível sérico de 25-hidroxivitamina D em adultos coreanos", *Ann Allergy Asthma Immunol*, novembro de 2013; 111(5); p. 352-357. **Alergia em geral:** Sharief S, Jariwala S, Kumar J, Muntner P, Melamed ML. "Níveis de vitamina D e alergias alimentares e ambientais nos Estados Unidos: resultados da Pesquisa Nacional de Avaliação da Saúde e Nutrição dos Estados Unidos 2005-2006", *J Allergy Clin Immunol*, maio de 2011; 127(5); p. 1195-1202. doi: 10.1016/j.jaci.2011.01.017. Epub 16 de fevereiro de 2011.

29. Carneiro MF, Rhoden CR, Amantéa SL, Barbosa F Jr. "Baixas concentrações de selênio e zinco nas unhas estão associadas com asma na infância", *Biol Trace Elem Res.*, dezembro de 2011; 144(1-3); p. 244-252; Razi CH, Akelma AZ, Akin O, Kocak M, Ozdemir O, Celik A, Kislal FM. "Níveis capilares de zinco e selênio em crianças com chiado recorrente", *Pediatr Pulmonol.*, dezembro de 2012; 47(12); p. 1185-1191; Tahan F, Karakukcu C. "Status de zinco no chiado infantil", *Pediatr Pulmonol.*, julho de 2006; 41(7); p. 630-634; David TJ, Wells FE, Sharpe TC, Gibbs AC. "Nível sérico de zinco baixo em crianças com eczema atópico", *Br J Dermatol.*, novembro de 1984; 111(5); p. 597-601; Jayaram L, Chunilal S, Pickering S, Ruffin RE, Zalewski PD. "Concentração de zinco no escarro e consequência clínica em asmáticos mais velhos", *Respirology*, abril de 2011; 1 6(3); p. 459-466.

30. Fabian E, Pölöskey P, Kósa L, Elmadfa I, Réthy LA. "Suplementos nutricionais e antioxidantes no plasma na asma infantil", *Wien Klin Wochenschr.*, junho de 2013; 125(11-12); p. 309-315; Razi et al. 2012; Carneiro et al. 2011.

31. Rosenlund H, Magnusson J, Kull I, Håkansson N, Wolk A, Pershagen G, Wickman M, Bergström A. "Ingestão de antioxidantes e doença alérgica em crianças", *Clin Exp Allergy*, outubro de 2012; 42(10); p. 1491-1500; van Oeffelen AA, Bekkers MB, Smit HA, Kerkhof M, Koppelman GH, Haveman-Nies A, Van der A DL, Jansen EH, Wijga AH., "Concentrações séricas de micronutrientes e asma infantil: o estudo PIAMA de coorte no nascimento", *Pediatr Allergy Immunol.*, dezembro de 2011; 22(8); p. 784-93; Gontijo-Amaral C, Ribeiro MA, Gontijo LS, Condino-Neto A, Ribeiro JD. "Suplementação oral de magnésio em crianças asmáticas: um ensaio clínico aleatório duplo-cego controlado por placebo", *Eur J Clin Nutr.*, janeiro de 2007; 61(1); p. 54-60. Epub 21 de junho de 2006; Sedighi M, Pourpak Z, Bavarian B, Safaralizadeh R, Zare A, Moin M. "Concentração de magnésio baixa em eritrócitos de crianças com asma aguda", *Iran J Allergy Asthma Immunol.*, dezembro de 2006; 5(4); p. 183-186; Alamoudi OS. "Hipomagnesemia em asmáticos crônicos estáveis: prevalência, correlação com gravidade e hospitalização", *Eur Respir J.*, setembro de 2000; 16(3); p. 427-431; Hashimoto Y,

Nishimura Y, Maeda H, Yokoyama M. "Avaliação do status de magnésio em pacientes com asma brônquica", *J Asthma*, setembro de 2000; 37(6); p. 489-496; Emmanouil E Manios Y, Grammatikaki E, Kondaki K, Oikonomou E, Papadopoulos N, Vassilopoulou E., "Associação da ingestão de nutrientes e chiado ou asma em uma população pré-escolar grega", *Allergy Immunol.*, fevereiro de 2010; 21(1 Pt 1); p. 90-95.
32. Wood LG, Gibson PG. "As defesas antioxidantes circulantes reduzidas estão associadas com a hiper-responsividade das vias aéreas, o mau controle e o padrão de doença grave na asma", *Br J Nutr.*, março de 2010; 103(5); p. 735-741.
33. Nakamura K, Wada K, Sahashi Y, Tamai Y, Tsuji M, Watanabe K, Ohtsuchi S, Ando K, Nagata C. "Associações da ingestão de vitaminas antioxidantes e ácidos graxos com a asma em crianças pré-escolares", *Public Health Nutr.*, novembro de 2013; 16(11); p. 2040-2045; Patel BD, Welch AA, Bingham SA, Luben RN, Day NE, Khaw KT, Lomas DA, Wareham NJ., "Antioxidantes dietéticos e asma em adultos", *Thorax,* maio de 2006; 61(5); p. 388-393; Shidfar F, Baghai N, Keshavarz A, Ameri A, Shidfar S. "Comparação do status de vitamina C no plasma e nos leucócitos entre sujeitos asmáticos e saudáveis", *East Mediterr Health J.,* janeiro-março de 2005; 11(1-2); p. 87-95.
34. Makrides M, Gunaratne AW, Collins CT. "O LC-PUFA n-3 dietético durante o período pré-natal como uma estratégia para diminuir a doença alérgica na infância", *Nestle Nutr Inst Workshop Ser.*, 2013; p. 77; p. 155-162; Montes R, Chisaguano AM, Castellote AI, Morales E, Sunyer J, López-Sabater MC. "Composição de ácido graxo do plasma materno e do cordão umbilical e o eczema atópico na primeira infância em um ensaio de coorte espanhol", *Eur J Clin Nutr.,* junho de 2013; 67(6); p. 658-763; Miyake Y, Tanaka K, Okubo H, Sasaki S, Arakawa M. "Consumo de gorduras durante a gravidez e o chiado e eczema em bebês japoneses: o Estudo de Saúde Materna e Neonatal Kyushu Okinawa", *Ann Epidemiol.,* novembro de 2013; 23(11); p. 674-780; Li J, Xun P, Zamora D, Sood A, Liu K, Daviglus M, Iribarren C, Jacobs D Jr, Shikany JM, He K. "Ingestão de ômega-3 de cadeia longa (n-3) PUFAs e peixe em relação à incidência de asma entre adultos jovens americanos: o estudo CARDIA", *Am J Clin Nutr.,* janeiro de 2013; 97(1); p. 173-178.
35. Razi CH, Akin O, Harmanci K, Akin B, Renda R. "Níveis séricos de metal pesado e do elemento antioxidante de crianças com chiado recorrente", *Allergol Immunopathol (Madr).,* março-abril de 2011; 39(2); p. 85-89; Tamer L, Calikoğlu M, Ates NA, Yildirim H, Ercan B, Saritas E, Unlü A, Atik U "Polimorfismos do gene glutationa-S-trasnferase (GSTT1, GSTM1, GSTP1) como fatores de risco maiores para a asma", *Respirology.,* novembro de 2004; 9(4); p. 493-498; Karam RA1, Pasha HF, El-Shal AS, Rahman HM, Gad DM. "Impacto dos polimorfismos do gene glutationa-S-transferase na atividade enzimática, no funcionamento pulmonar e na suscetibilidade à asma brônquica em crianças egípcias", *Gene,* 15 de abril de 2012; 497(2); p. 314-319; Hanene C, Jihene L, Jamel A, Kamel H, Agnès H. "Associação dos polimorfismos dos genes GST com a asma em crianças tunisianas", *Mediators Inflamm.*, 2007; 2007:19364.
36. Schaefer P. "Urticária: avaliação e tratamento", *Am Fam Physician.*, maio de 2011 1; 83(9); p. 1078-1084; Kulthanan K, Jiamton S, Thumpimukvatana N, Pinkaew S. "Urticária idiopática crônica: prevalência e progresso clínico", *J Dermatol.*, 2007; 34(5); p. 294-301.
37. Elamin E, Masclee A, Dekker J, Jonkers D. "O etanol prejudica a integridade da junção epitelial aderente pela ativação Rho/ROCK intracelular mediada pelo cálcio", *Am J Physiol Gastrointest Liver Physiol.*, 15 de abril de 2014; 306(8); G677-85; Paganelli R, Fagiolo U, Cancian M, Scala E. "Permeabilidade intestinal em pacientes com angioedema e urticária crônicos com e sem artralgia", *Ann Allergy*, fevereiro de 1991; 66(2); p. 181-184.
38. Serrano H. "Hipersensibilidade a 'Candida albicans' e outros fungos em pacientes com urticária crônica", *Allergol Immunopathol (Madr)*, setembro-outubro de 1975; 3(5);

p. 289-298; James J, Warin RP. "Uma análise da função de Candida albicans e das leveduras alimentares na urticária crônica", *Br J Dermatol.*, 1971 março; 84(3); p. 227-237; Staubach P, Vonend A, Burow G, Metz M, Magerl M, Maurer M. "Os pacientes com urticária crônica exibem taxas mais elevadas de sensibilização ao Candida albicans, mas não ao mofo comum", *Mycoses,* julho de 2009; 52(4); p. 334-338.
39. Liu X, Han Y, Peng K, Liu Y, Li J, Liu H. "Efeito das ervas medicinais chinesas sobre o Candida spp. De pacientes com HIV/AIDS", *Adv Dent Res.*, abril de 2011; 23(1); p. 56-60; Iwazaki RS, Endo EH, Ueda-Nakamura T, Nakamura CV, Garcia LB, Filho BP. "Atividade antifúngica da berberina in vitro e sua sinergia com o fluconazol", *Antonie Van Leeuwenhoek*, fevereiro de 2010; 97(2); p. 201-215.
40. Davison HM. "Alergia cerebral", *South Med J.*, agosto de 1949; 42(8); p. 712-716.
41. Egger J, Stolla A, McEwen LM. "Ensaio clínico controlado de hiposensibilização em crianças com síndrome hipercinética induzida pela alimentação", *Lancet.*, 9 de maio de 1992; 339(8802); p. 1150-1153.

Capítulo 2

Como Ficamos tão Doentes?

Era uma tarde ensolarada em Long Island, Nova York.

Era 1956, uma época mais simples. Casas arrumadas, todas idênticas e alinhadas, com árvores recém-plantadas ainda novas. As crianças brincavam do lado de fora em jardins verdes enquanto grandes carros americanos passavam na rua. O sol brilhava nas ruas recém-asfaltadas. Um cão latia ao longe. Ninguém estava com pressa e esse pedacinho da América era tranquilo.

De volta àquela época simples, todos compravam na mercearia. Não havia supermercados. Não havia lojas de alimentos saudáveis. Muito menos grandes cafeterias. Isso teria de esperar. Se você quisesse café, você mesmo faria ou tomaria em um restaurante em uma xícara de cerâmica. Copos de plástico para viagem? De jeito nenhum.

Era uma época, também, na qual as alergias eram incomuns. Elas eram algo do qual você tinha ouvido falar. Talvez você conhecesse alguém alérgico ao pólen. Ou talvez conhecesse alguém alérgico a gatos. Talvez não conhecesse nenhum alérgico. As alergias eram raras. E isso há apenas 50 ou 60 anos, um tempo bem curto de uma perspectiva evolutiva.

Voltando a hoje. Há um número crescente de pessoas alérgicas a um número cada vez maior de coisas. Um bilhão de pessoas em todo o mundo sofrem agora de alergias, de acordo com a Academia Europeia de Alergia e Imunologia Clínica.[1] A taxa de alergias cresce tanto em países desenvolvidos e em desenvolvimento, segundo anunciou a Associação Mundial de Alergia.[2]

Os alérgenos clássicos, como pó e pólen, receberam a companhia de um bando de alérgenos. Alimentos comuns do cotidiano que outrora pareciam inofensivos se tornaram um grande problema para milhões de pessoas. Trigo. Leite. Ovos. Amendoins. E vários outros.

Revistas médicas importantes divulgaram um crescimento epidêmico de asma e rinite. Milhões sofrem com chiado, tosse, congestão, ardência nos olhos e coceira. Muitos mais têm confusão mental, fadiga, ganho de peso, insônia e outros sintomas ligados aos tipos de alergias ocultas discutidos no capítulo anterior. Uma coisa é clara: as pessoas estão respondendo de uma forma alérgica vigorosa ao mundo inconstante em que vivemos. E esse é apenas o começo.

Por que Somos tão Alérgicos?

Então quando, você pode perguntar, tudo se tornou algo com o que precisamos nos preocupar? Quando muitos de nós ficaram tão perigosamente alérgicos a tantas coisas?

Cientistas buscando respostas a essas perguntas concordam que o crescimento das alergias não é resultado de mutações genéticas. O período que estamos analisando, de cerca de meio século, é curto demais para ocorrerem mutações em nosso DNA.[3] Em vez disso, eles estão explorando como o ambiente onde vivemos e nosso estilo de vida moderno são responsáveis pela epidemia de alergia.

Como disse na Introdução, a alergia origina-se em nossa nutrição e nosso ambiente, que tem um impacto na alergia em três níveis: ao ar livre, dentro de casa e dentro do organismo. Sua alimentação afeta a resposta do organismo a gatilhos alérgicos em cada um desses níveis. Por todo este livro mencionarei formas nas quais a dieta ocidental moderna promove inflamação e alergia prejudicando a função de células T regulatórias, cruciais na resposta imunológica do nosso organismo.

Almoço com um Efeito Alérgico?

A pesquisa foi realizada. Os dados foram analisados. A ciência nos contou mais uma vez que os alimentos que colocamos na boca têm um impacto enorme em nossa saúde. Se comemos fast-food com frequência, podemos receber mais do que pedimos.

Embora o fast-food seja considerado uma marca registrada da vida na América, essa forma de alimentação, com suas refeições normalmente cheias de gordura, sódio e carboidratos, se espalhou por todo o mundo. Agora, um grande estudo internacional de 144 pesquisadores (O Estudo Internacional de Asma e Alergias na Infância) revela que o consumo crescente de fast-food poderia contribuir com o avanço de alergias em crianças e adolescentes.

Eles coletaram dados de mais de 181.000 crianças de 31 países e mais de 319.000 adolescentes de 51 países para analisar o papel dos padrões alimentares na asma, na rinoconjuntivite e no eczema. Os resultados incluem homens e mulheres em países desenvolvidos e naqueles menos desenvolvidos.

Os pesquisadores descobriram que, no caso dos adolescentes, comer fast-food três vezes por semana ou mais estava associado a:
- *Chiado atual e asma grave*
- *Rinoconjuntivite atual ou grave*
- *Eczema atual ou grave*

No caso das crianças, comer fast-food três vezes ou mais por semana estava associado com os mesmos sintomas, à exceção do eczema atual, para o qual nenhum elo foi identificado no estudo.

Em seguida, o estudo explicou quais os componentes nutricionais que tornam o fast-food um problema. O elo entre o fast-food, as doenças alérgicas e a asma provavelmente deve ser pelos altos níveis de:
- *Gordura trans (que foi vinculada à asma em uma pesquisa prévia)*
- *Gorduras saturadas*
- *Carboidratos*
- *Açúcares*
- *Sal*
- *Conservantes*

Pelo lado bom, o estudo descobriu que comer frutas três ou mais vezes por semana estava associado a um efeito protetor na asma e na rinite, no caso de adolescentes, e para os três problemas (asma, rinite e eczema), no caso de crianças.[4]

As alterações na ecologia interna de seu corpo também influenciam. Cada um de nós é colonizado naturalmente mesmo antes do nascimento por um exército de microrganismos, como bactérias, leveduras, vírus, que permanecem conosco a vida toda, moldando a função de nosso sistema imunológico. A população característica dos microrganismos de cada pessoa é tão distinta, na verdade, que criminologistas estão começando a usar esse padrão, assim como as impressões digitais, para identificar criminosos. E as anormalidades em nossos microrganismos residentes foram vinculadas ao desenvolvimento da alergia. Pesquisadores suecos acompanharam crianças desde o nascimento até os cinco anos de idade e descobriram que a ausência de certas espécies de bactérias precedia o desenvolvimento de doenças alérgicas.[5] A pesquisas nessa área estão só começando. Mais adiante no livro discutirei estudos sobre o uso de bactérias benéficas, os probióticos, para melhorar as diferentes condições alérgicas e discutirei alguns casos nos quais os probióticos fizeram parte do tratamento.

E o ambiente externo? Todos nós precisamos respirar e todos somos afetados no nível biológico mais profundo pelo que está no ar. Para explicar o avanço das alergias e da asma, a ciência aponta para os níveis elevados de poluição do ar e exposição a substâncias químicas tóxicas e pesticidas, além de maus hábitos alimentares, fumo, falta de exercícios e aumento do estresse.

A poluição do ar ambiental por causa dos escapamentos dos carros, da fumaça de cigarros e resíduos de fábricas produz um estresse oxidativo que prejudica o revestimento respiratório e o sensibiliza aos alérgenos levados pelo vento. Pessoas que vivem ao lado de estradas com muito tráfego são particularmente vulneráveis.[6]

Substâncias químicas sintéticas encontradas nos alimentos e na água agem em suas células para alterar o modo pelo qual seu sistema imunológico responde ao estresse de tal forma que suas respostas imunológicas favoreçam a reatividade alérgica. E tem mais. Gases como o dióxido do carbono, principalmente das termoelétricas, dos carros, dos caminhões e da indústria provocaram o aquecimento da Terra, produzindo um efeito estufa que afeta todas as formas de vida, além de aumentar o crescimento de plantas alergênicas e a produção de pólen alergênico dessas plantas.

A dra. Maria Neira, diretora do Departamento de Saúde Pública e Meio Ambiente da Organização Mundial da Saúde, insiste que percebamos a extensão do problema: "Veja a poluição do ar, o único grande risco ambiental à saúde que enfrentamos. Apenas em 2012, a exposição a poluentes ao ar livre e em ambientes fechados matou mais do que 70 milhões de pessoas, uma de cada oito mortes em todo o mundo". Ela acrescenta: "Desde 2007, descrevi a mudança climática como uma questão decisiva para a saúde pública neste século".[7]

Reação Alérgica da Mãe Natureza

Os cientistas trabalham duro para entender como o aquecimento global está piorando as condições para asma e alergias. Dois exemplos são por causa de uma estação de polinização prolongada e de plantas que produzem mais pólen do que antes.

Talvez a origem do problema esteja na expansão econômica no pós-guerra na década de 1950, época que mencionei no início deste capítulo. Um "boom" da industrialização jamais visto e a mudança rápida dos estilos de vida causaram uma série de alterações dramáticas em muito pouco tempo.

Na era pós-guerra, começamos a ver não apenas mais alguns carros e caminhões nas ruas, mas também milhões deles. Em 1960, já havia 74 milhões de veículos nos Estados Unidos e 5 milhões no Canadá. Em 2002, o número de veículos nos Estados Unidos aumentou para 233 milhões e o Canadá tinha 18 milhões.[8] O número de carros em todo o mundo em 2010 ultrapassou 1 bilhão.[9]

Graças aos milhões de barris de óleo extraídos do solo, a gasolina estava barata e novos produtos se originaram do petróleo, como plásticos e substâncias químicas. A indústria química decolou, produzindo centenas de milhares de novas substâncias. Novas casas brotaram como cogumelos em terrenos vazios que outrora foram terra produtiva. Supermercados se espalharam por todo o país e fomos apresentados à propaganda em massa de milhares de novos alimentos processados. O pão, que desde tempos imemoriais era assado à mão, passou a ser produzido em uma fábrica, fatiado e embalado em plásticos e enviado aos mercados.

Uma variedade inacreditável de biscoitos, doces, sorvetes e refrigerantes ficou disponível. Então nos entregamos à gulodice não com apenas um pouquinho mais de açúcar, mas toneladas. O uso de margarina aumentou dramaticamente ao substituir a manteiga para assar tortas e passar na torrada, com os consumidores desconhecendo totalmente que as gorduras trans artificiais contidas nela eram perigosas para sua saúde.

Previsão de Pólen: Problema Duplo Adiante

Uma grama verdinha exuberante é grande parte do sonho americano. Cortar e regar a grama é uma experiência compartilhada. Mas as gramíneas selvagens altas que crescem como ervas daninhas em um terreno baldio produzem pólen. Você já as viu. Elas têm uma flor na ponta que se parece com um espanador de pó. O pólen dessa gramínea é muito alergênico; ele provoca reações alérgicas em 20% da população geral e em 40% das pessoas predispostas à alergia a gramíneas.

Agora, cientistas da Universidade de Harvard e da Universidade de Massachusetts-Amherst previram a quantidade de pólen de gramínea que podemos ter quando mais dióxido de carbono for expelido no ar nas próximas décadas. Eles concluíram que o dióxido de carbono, que vem dos combustíveis fósseis, dobrará até 2100 e essa duplicação terá o efeito de uma estufa gigantesca, duplicando o número das gramíneas produtoras de pólen. Além de mais plantas, o experimento revelou que a quantidade por flor aumentará em 50%.

"As implicações do aumento do CO_2 para a saúde humana são evidentes", explicam os autores do estudo. *"A estimulação da produção de pólen pelo nível elevado de CO_2 aumentará não só as concentrações suspensas no ar, como também a exposição e o sofrimento de alérgicos ao pólen".*[10]

Nossa Crise Ambiental é uma Crise de Saúde

Dos lugares onde vivemos e trabalhamos, passando pelo ar que respiramos até o alimento que consumimos, tudo mudou. O mundo em que vivemos, que nos parece normal, agora é notavelmente artificial. Vivemos em um ambiente completamente modificado pelas ações da humanidade. Muitos vivem em cidades e subúrbios. Você teria de ir a uma cabana bem no meio do campo para se aproximar de algo natural. Mas mesmo lá você respira ar com poluentes levados pelo vento por milhares de quilômetros de distância.

Parece que a Terra, depois de tantos abusos cometidos por muitas pessoas por tanto tempo, finalmente disse chega. Com novos recordes de altas temperaturas, elevações dos mares, extinções em massa da vida selvagem e terras férteis virando deserto, a Mãe Natureza está dando uma resposta vigorosa às agressões ambientais feitas pela humanidade. Daria para dizer, na verdade, que a Mãe Natureza está tendo uma vasta reação alérgica. Ela transformou o mundo em um lugar mais caótico com implicações diretas em nossa saúde.

A Poluição do Ar Dá Origem a Asma e Alergias

Nossos problemas de saúde não apareceram do nada. Em vez disso, eles vieram dos céus cada vez mais poluídos. Uma resenha do dr. Gennaro D'Amato, professor de medicina e alergia respiratória da Universidade de Nápoles, na Itália, intitulada: "Os efeitos das mudanças climáticas e da poluição do ar urbana sobre as ondas crescentes de alergia respiratória e asma", lança a base científica para essa área decisivamente importante.[11] Com base no trabalho feito pela Academia Europeia de Alergia e Imunologia Clínica, pela Sociedade Respiratória Europeia e pela Organização Mundial da Alergia, o artigo primoroso do professor D'Amato explica as conexões entre mudança climática, poluição do ar, alergia e doenças respiratórias.

Ele nos diz que a rinite e a asma aumentaram nas últimas décadas. Estudos tentaram compreender o que causa o aumento e a poluição do ar em ambientes fechados e externos, além da mudança climática, que foram culpados. Muita atenção e pesquisas se concentraram nos impactos negativos da poluição sobre a saúde respiratória. Para alérgicos, a poluição do ar ativa a resposta das vias aéreas aos alérgenos. A poluição do ar também piora a asma, causando uma maior hiper-responsividade brônquica, um maior uso de medicação, mais internações e idas ao pronto-socorro.[12]

Um artigo recente escrito por pesquisadores da Escola de Medicina da Universidade John Hopkins, da Faculdade Imperial de Londres e dos Institutos de Pesquisa da Saúde Nacional de Taiwan tentou descobrir apenas *como* a poluição leva a asma e alergias. Os pesquisadores destacam que as taxas crescentes de doenças alérgicas poderiam ser diretamente causadas pela poluição do ar, que aumenta a inflamação, o estresse oxidativo e a resposta imune.[13]

Vamos ver alguns dos principais poluentes que contribuem com esse problema.

Material Particulado ou Fuligem

O material particulado é fuligem e está suspenso no ar. É um dos principais componentes da poluição do ar. Ele está ligado à exacerbação da asma alérgica, da bronquite crônica, de doenças respiratórias, da doença cardiovascular e de internações. Estudos confirmaram que o material particulado entra nos pulmões e provoca inflamação, levando a eventos cardiovasculares e respiratórios.

A Organização Mundial da Saúde estima que inalar material particulado seja responsável por 500.000 mortes por ano ao redor do mundo.[14]

Partículas da Combustão do Diesel

O escapamento de motores a diesel, principalmente de caminhões e ônibus, é responsável por até 90% do material particulado em muitas cidades. Muitos veículos a diesel são tão sujos que produzem aproximadamente 100 vezes mais fuligem preta por quilômetro do que os motores à gasolina.[15]

Respirar os gases do escapamento a diesel modifica a função pulmonar, queima olhos, nariz e garganta, além de causar náusea, fadiga e dores de cabeça. A exposição a longo prazo está ligada à tosse, diminuição da função pulmonar e produção de escarro.[16]

Um estudo da Escola de Medicina de Los Angeles na Universidade da Califórnia revelou que a emissão do motor a diesel combinada com a exposição ao pólen da losna produziu reações alérgicas mais fortes em experimentos no laboratório. Os pesquisadores concluíram que "essa sinergia entre as partículas do escapamento de diesel e a exposição a um alérgeno natural é sugerida como um aspecto crucial no aumento da doença alérgica respiratória induzida por alérgeno".[17] Morando em Nova York, posso lhe dizer que o gás do escapamento dos ônibus e dos caminhões a diesel que queimam nossa garganta é um problema diário.

Ozônio e Neblina de Poluição

O ozônio é o principal componente da neblina de poluição, o nevoeiro visível que cai sobre muitas das grandes cidades, incluindo, como todos sabem, Los Angeles. O ozônio no nível do solo é criado por uma reação química quando a radiação da luz solar interage com hidrocarbonetos e o dióxido de nitrogênio dos carros e outros veículos.[18] Um estudo da Universidade de Yale e da Escola Bloomberg de Saúde Pública da John Hopkins explica que o ozônio foi descoberto pela primeira vez na neblina de poluição do sul da Califórnia e agora é um conhecido problema de poluição do ar em todos os Estados Unidos e em muitos outros países.

Escrevendo na *Journal of the American Medical Association,* os pesquisadores de Yale e da Hopkins destacam os impactos negativos da exposição de curto prazo ao ozônio: mais idas ao pronto-socorro e internações, diminuição da função pulmonar e exarcebação da asma e outras doenças respiratórias. Eles explicam que, nos Estados Unidos, mais do que 100 locais ultrapassam o limite governamental de ozônio, e que os níveis elevados de ozônio são um resultado do número total de carros e outros veículos na rua hoje e o número elevado de quilômetros dirigidos.[19]

Dióxido de Enxofre

O dióxido de enxofre vem da queima de carvão e petróleo com um alto teor de enxofre. Respirar essa substância causa uma broncoconstrição aguda em asmáticos. Esse efeito foi observado depois de apenas dois minutos de exposição. Descobriu-se também que o dióxido de enxofre aumenta as respostas alérgicas a outros alérgenos em estudos nos laboratórios.[20]

Uma Terra Quente nos Deixa Doentes

O aquecimento global pode parecer um problema remoto, como quando no futuro os mares em elevação deixarem a Estátua da Liberdade na Baía de Nova York mergulhada na água até o pescoço. Mas as consequências das temperaturas em elevação para nossa saúde são sentidas agora.

As grandiosas geleiras nas Montanhas Rochosas que fornecem a água tão necessária a milhões de pessoas no oeste americano estão encolhendo. As estiagens secam as terras incrivelmente produtivas da Califórnia. As geleiras grandiosas na maior cadeia de montanhas do mundo, o Himalaia, também estão diminuindo, colocando em risco uma importante fonte de água potável para a Ásia. Com o aquecimento dos oceanos, as superestiagens, o derretimento de geleiras e os eventos climáticos extremos como ciclones e ondas de calor, podemos avaliar os efeitos do aquecimento global e seu verdadeiro impacto na nossa saúde.

Não estamos falando sobre algum problema que possa acontecer em um futuro distante. Já atravessamos a zona de perigo, na qual as temperaturas mais quentes estão arriscando nossa saúde atualmente. Pessoas com asma são particularmente vulneráveis à piora da qualidade do ar. Aqueles com rinite são vulneráveis às estações de pólen mais longas e severas trazidas pelas temperaturas mais elevadas. Isso está acontecendo na América do Norte e ao redor do mundo. Agora.

Mudança Climática Piora as Doenças Respiratórias

Desde o início dos anos 1960, cientistas estudam o papel do aquecimento global nas crescentes taxas de asma em adultos e crianças em uma grande variedade de países. Hoje as consequências graves do aquecimento global na saúde são uma grande preocupação das comunidades médicas e científicas, como demonstram os seguintes exemplos.

Um estudo da Universidade Macquarie, na Austrália, descobriu que uma porção significativa da crescente prevalência e gravidade da asma é resultado da mudança climática feita pelo homem. Os pesquisadores australianos também observaram as taxas crescentes de rinite alérgica, urticária e eczema atópico em todo o mundo e reiteram que as temperaturas mais elevadas foram consideradas as responsáveis pelas estações de pólen mais longas.[21]

A Sociedade Europeia Respiratória é uma organização profissional que tenta aliviar o sofrimento da doença respiratória e promover a saúde pulmonar com pesquisas, além de educação médica e pública. A Sociedade Torácica Americana é uma organização profissional dedicada a sugerir pesquisas, tratamento e saúde pública para doenças respiratórias. Esses dois órgãos publicaram artigos científicos apresentando suas preocupações sobre o impacto do aquecimento global na saúde das pessoas com problemas respiratórios, incluindo asma.

As concentrações de ozônio mais elevadas por causa dos gases do aquecimento global levaram a mais eventos cardiovasculares e respiratórios, segundo explica o ensaio europeu. A distribuição de alérgenos, o mofo, as doenças infecciosas e a fumaça de incêndios florestais prejudicam a saúde e pioram as doenças respiratórias. Eles afirmam no texto: "Os fatores importantes da mudança climática que poderiam influenciar a doença respiratória são os eventos extremos de temperatura (tanto calor como frio), mudanças na poluição do ar, enchentes, umidade nas casas, temporais com relâmpagos e trovões, mudanças na disposição dos alérgenos e consequentes alergias, incêndios florestais e tempestades de areia, a curto ou a longo prazo".[22]

O texto da Sociedade Torácica chama-se "Global Warming: a Challenge to All American Thoracic Society Members" ["Aquecimento Global: um Desafio a Todos os Membros da Sociedade Torácica Americana"]. Ele observa que bilhões de toneladas de dióxido de carbono são expelidas na atmosfera, principalmente pela queima do carvão para gerar eletricidade e da gasolina e do diesel para transporte. Cita a diretora-geral da Organização Mundial da Saúde, Dra. Margaret Chan, alertando que: "a mudança climática varrerá toda a paisagem como o quinto cavaleiro do apocalipse. Aumentará o poder dos quatro cavaleiros que regem guerra, fome, peste e morte".

Partindo dos comentários da Dra. Chan, o texto da Sociedade Torácica observa que o quinto cavaleiro da mudança climática terá um impacto em pacientes respiratórios "pelos efeitos diretos do calor, de eventos climáticos extremos, poluição do ar, doenças alérgicas, infecções por causa de água e alimentos, além de doenças provocadas por vetores e zoonoses".[23]

"A saúde está emaranhada à mudança climática", proclama um artigo publicado na *Journal of the American Medical Association*. Os autores, do Instituto de Saúde Global da Universidade de Wisconsin-Madison, analisam os efeitos nocivos à saúde das temperaturas em elevação, tais como estresse pelo calor, doenças respiratórias como asma, doenças infecciosas e transtornos de saúde mentais como depressão e transtorno do estresse pós-traumático, que estão ligados aos desastres naturais. Eles observam que "os cobenefícios à saúde substancial e à economia poderiam estar associados com as reduções na combustão dos combustíveis fósseis". O artigo solicita que os provedores de assistência médica comuniquem os impactos à saúde da mudança climática e os benefícios da redução dos gases do efeito estufa, e conclui dizendo que essa redução deve acontecer rápido e em um nível substancial.[24]

A Agência de Proteção Ambiental dos Estados Unidos (EPA), por sua vez, declara que o aquecimento global poderá levar a ondas de calor mais severas e longas ocorrendo com uma maior frequência. A Agência explica que crianças, idosos e aqueles com problemas de saúde são os mais vulneráveis às ondas de calor.[25] Insolação e desidratação causadas pelas ondas de calor são perigosas e podem ser mortais: durante o verão de 2003, uma severa onda de calor na Europa levou a 70 mil mortes em 16 países.[26]

A temperatura nos Estados Unidos aumentou mais de 1 grau Celsius nos últimos 50 anos, segundo observa um relatório dos Physicians for Social Responsibility [Físicos pela Responsabilidade Social] e da Federação Nacional da Vida Selvagem (NWF) intitulado *More Extreme Heat Waves: Global Warming's Wake Up Call*. O relatório afirma que as ondas de calor aumentam o risco de crises de asma, ataques cardíacos e derrames. Em 1995, na onda de calor em Chicago, agravada por alta umidade e poluição do ar, quando as temperaturas atingiram uma máxima de 41°C, um total de 739 pessoas morreram.[27] O relatório solicita grandes cortes na emissão de gases para limitar as ondas de calor no futuro e encoraja uma troca de combustíveis fósseis para fontes renováveis de energia, como a solar.

A Sociedade Europeia Respiratória explica a conexão entre mudança climática e doenças respiratórias em termos claros. Sobre o impacto da mudança climática, afirma: "As principais doenças mais preocupantes são a asma, a rinosinusite e a doença pulmonar obstrutiva crônica (DPOC) e infecções do trato respiratório".[28] Vamos dar uma olhada mais de perto em como surgem alguns desses problemas.

O Aquecimento e a Incidência de Asma

As temperaturas mais elevadas se combinam com a poluição do ar para formar o ozônio, que exarceba a asma. A EPA afirma que o aquecimento pela mudança climática deve elevar o número de dias com níveis insalubres de ozônio no nível do solo. O ozônio inflama e danifica os pulmões e intensifica a asma.[29] Nas cidades, as ilhas de calor urbano, nas quais o ar quente fica dia e noite sobre áreas densamente povoadas, pioram ainda mais as condições para a asma.

Estação de Pólen mais Longa

A losna é uma planta que gosta de temperaturas altas e níveis mais elevados de poluição que vêm junto com o aquecimento global. Essas plantas florescem e produzem ainda mais um pólen mais potente do que antes, como aponta a EPA.[30]

Fumaça de Incêndios Florestais

As florestas são particularmente vulneráveis à variação de temperatura. Com as temperaturas mais elevadas, por exemplo, os insetos herbívoros se proliferam em muitos locais em altitudes cada vez maiores. Esses insetos abrem seu caminho mastigando florestas inteiras no oeste dos Estados Unidos e do Canadá. As árvores mortas deixadas para trás contêm resinas que servem de combustível para incêndios florestais. Esses focos enormes de incêndio colocam a vida de moradores e combatentes em risco e soltam uma densa fumaça preta e tóxica a todos, que pode viajar centenas ou milhares de quilômetros e também exarceba a asma.

A Maré Crescente de Mofo

Eventos climáticos extremos, como ciclones e enchentes, estão aumentando. As águas mais quentes dos oceanos provocam ciclones fortes, que não só ameaçam as costas, mas também podem levar a uma trajetória de destruição no continente. O mofo se prolifera quando casas e outros edifícios são danificados pela água como consequência de tempestades e enchentes. Uma casa úmida é associada com tosse, respiração sibilante e asma.[31]

Na série de TV original da Netflix *Orange Is The New Black,* a contaminação por mofo é um tema recorrente. Em um episódio, uma sala de atividades não poderia ser usada por causa disso. A queda do teto em outro episódio lançou uma poeira tóxica e mofo na capela. O mofo foi até mostrado em uma bandeja no refeitório, crescendo na comida. Como um astro convidado recorrente na TV, o mofo definitivamente entrou na imaginação da população.

Cortar a Emissão de Gases do Efeito Estufa – O que é Preciso?

O pedido da Sociedade Torácica Americana pela redução na emissão de gases do efeito estufa é visto como um desafio aos membros da sociedade, mas é um chamado à ação para todos nós. Segundo afirma o artigo:

A mitigação das consequências do aquecimento global e da mudança climática exigirá que o público, governos e sociedades profissionais e científicas, como a Sociedade Torácica Americana, se dediquem a ela e a priorizem. Os Estados Unidos emitem 25% de CO_2 e outros gases do efeito estufa e têm 4% da população mundial.

O tratado de Kyoto foi ratificado por todas as grandes nações mundiais, menos os Estados Unidos. Ele exigia que os Estados Unidos reduzissem o CO_2 a 7% abaixo dos níveis de 1990 até o período de 2008 a 2012. A promoção de políticas ecologicamente corretas na energia, no transporte, no desenvolvimento da terra e nos setores da agricultura tem um grande potencial tanto para mitigar as mudanças climáticas como para melhorar a saúde pública para todos. Para evitar os piores impactos do aquecimento global, os Estados Unidos têm até 2050 para conseguir uma redução de 80% das emissões dos gases do efeito estufa dos níveis de 1990. Para isso, eles precisam deixar a economia eficiente e verde comparada com aquela baseada na presença do carbono.

A era pós-tratado de Kyoto precisa de visão e ativismo político por todo o espectro político para atingir as metas ambiciosas de redução do CO_2. Além de defender as políticas nacionais, estaduais e locais para diminuir as emissões de CO_2, precisamos reduzir nossas pegadas de carbono individuais e em nosso local de trabalho, além de instruir nossos pacientes e colegas sobre as ameaças à saúde pública e à sociedade apresentadas pelas mudanças climáticas.[32]

Um *Tsunami* de Toxinas

Um conjunto de toxinas ambientais que agridem nossa saúde foi implicado no avanço de alergias, como explica um artigo na revista *Allergy, Asthma & Immunology Research*. Mais de 100.000 novas substâncias químicas têm sido usadas em bens de consumo nas últimas décadas e elas afetaram o ambiente. Essa onda de toxinas impõe um fardo tremendo no ambiente e tem consequências desastrosas para nossa saúde, principalmente por causa de alergias. O autor explica: "a exposição aos tóxicos ambientais não só contribui com a crescente prevalência de asma e alergias, como também afeta as consequências de doenças, muitas das quais se devem à disfunção imuneinflamatória subjacente".[33]

Substâncias Químicas que Interferem com os Hormônios

Um grupo de toxinas ambientais importante implicado pelos cientistas nas alergias e na asma é a categoria chamada desreguladoras endócrinas (DEs).[34]

As DEs, substâncias químicas encontradas em produtos do cotidiano, penetraram na água, nos alimentos e no solo ao nosso redor. Em nossos organismos, essas substâncias interferem com os hormônios femininos e masculinos, bem como a tireoide, ou os imitam.[35] Elas provocam inflamação e podem estar envolvidas nas respostas imunes e alérgicas.[36] Além de ser uma preocupação com a saúde para as pessoas, as DEs são uma ameaça à vida selvagem. Quando pesticidas e outros materiais com DEs entraram no ambiente, danificaram peixes, aves e outras vidas selvagens.

"Há uma crescente preocupação nos setores científicos, ambientais, privados e governamentais sobre uma vasta gama de substâncias, conhecidas como desreguladoras endócrinas, que podem interferir no funcionamento normal do sistema hormonal de organismos vivos",[37] afirma o site de Qualidade Ambiental do Serviço de Pesca e Vida Selvagem dos Estados Unidos.

Então, de onde vêm todas essas DEs? O Instituto Nacional de Ciências da Saúde Ambiental dos Estados Unidos nos revela que as DEs são encontradas em produtos como detergentes, garrafas de plástico, revestimento de metal das latas, cosméticos e brinquedos.[38] As DEs estão ao nosso redor: nós as consumimos nos alimentos e na água, as inalamos na poeira e nas partículas suspensas e as absorvemos pela pele, de acordo com a OMS. As DEs também são encontradas em alguns pesticidas e as pessoas expostas a eles em seu trabalho costumam ter respiração sibilante, tosse e inflamação das vias aéreas. A associação entre o trabalho com pesticidas e a asma também foi desmonstrada.[39]

Os ftalatos, um tipo de DE, passou por um exame minucioso particular por seus efeitos adversos à saúde. Um ftalato, chamado dietil hexil ftalato (DEHP), que se propaga no ar e pega carona na poeira, está ligado à respiração sibilante em crianças.[40] O DEHP é usado para amolecer plásticos e é encontrado em adesivos, revestimentos, resinas, brinquedos, produtos para cuidados de crianças e cosméticos, conforme observa o Ministério da Saúde do Governo Australiano.[41] O DEHP também é encontrado nas embalagens dos alimentos.[42]

Em um estudo com mais de 10.000 crianças, a exposição ao DEHP e ao butil benzil ftalato foi associada à asma, rinite e eczema.[43] O butil benzil ftalato é usado nos plásticos, no piso vinílico e no forro de carpetes, e as pessoas podem ser expostas quando a substância química é expelida no ar, segundo um relatório da OMS.[44]

Outro tipo de DE, chamado alquilfenóis, foi encontrado ativo na resposta alérgica que poderia contribuir com o desenvolvimento da asma. Os alquilfenois tendem a se acumular no organismo, aumentar a inflamação e contribuir com ou piorar crises alérgicas.[45]

Poluição do Ar em Ambientes Fechados

Não é só o ar e a água externos que carregam toxinas nocivas. A ciência identificou um grande problema de saúde na poluição que ocorre em ambientes fechados, em casa, no escritório, nas escolas, em lojas e em muitos outros lugares onde passamos nosso tempo.

A fumaça do cigarro, uma fonte perigosíssima de substâncias tóxicas, é considerada a principal culpada da poluição do ar em ambientes fechados. O tabaco é um desastre da saúde pública para a asma. A respiração sibilante e a asma em crianças estão ligadas à exposição à fumaça do cigarro e 40 milhões de crianças são expostas por ano. O fumo passivo, de segunda e até de terceira mão, eleva o risco de respiração sibilante e asma em crianças e jovens em pelo menos 20%. Em crianças internadas em hospitais por essas condições, exames de sangue e saliva costumam mostrar a exposição à fumaça do cigarro. Pesquisadores enfatizam que "pedir para os pais pararem de fumar é crucial para a prevenção da asma na infância".[46]

Outra grande fonte de poluição do ar em ambientes fechados é o formaldeído, uma substância química muito difusa, descoberta como causa e gatilho de alergia nasal, dermatite e asma.[47] O formaldeído é um composto orgânico volátil (COV), isto é, ele se transforma em gás à temperatura ambiente.[48] Produtos com COVs liberam esses componentes em um processo chamado desgaseificação e é assim que o formaldeído penetra no ar em que respiramos.

Essa substância química é encontrada em uma série de produtos que entram em nossos lares, escritórios, escolas, lojas, enfim, praticamente qualquer ambiente fechado. Costuma ser usado em produtos de madeira composta, como madeira compensada e na fabricação de tecidos, incluindo roupas. Ele também aparece em resinas para polir pisos de madeira, na tinta e no papel de parede, nas emissões de impressoras a laser, máquinas copiadoras e computadores, como afirma a U.S. Consumer Product Safety Commission [Comissão Americana de Segurança de Produtos para Consumo].[49] E por ser um produto da combustão, o formaldeído também é gerado da queima de tabaco, gás natural, gasolina e madeira.[50]

A Comissão Americana de Segurança de Produtos para Consumo explica que os níveis de formaldeído no ar em lugares fechados podem mudar dependendo da temperatura, umidade, ventilação e dos níveis de ozônio. Ela observa que as temperaturas mais elevadas e uma maior umidade costumam aumentar as emissões de formaldeído, assim como o aumento da poluição ou os dias "com ação do ozônio".[51] Portanto, um alerta global constante sinaliza uma previsão ainda mais perturbadora para alergias e asma em virtude da maior exposição ao formaldeído no futuro.

Alergia e Asma Ligadas à Exposição ao Formaldeído

"Respirar o vapor do formaldeído pode resultar em irritação dos nervos nos olhos e no nariz, provocando sensações de queimação, de pinicadas ou de coceira, garganta inflamada, olhos lacrimejantes, seios paranasais bloqueados, coriza e espirros", explica o Departamento de Saúde do Governo Australiano.[52]

Outra pesquisa se concentra em um elo ainda mais específico entre o formaldeído, doenças respiratórias e alergia. "Increased Risk of Allergy in Children Due to Formaldehyde in Homes" é o nome de um estudo da Universidade Monash da Austrália que analisou o impacto da poluição do ar pelo formaldeído em ambientes fechados sobre a saúde das crianças. Os pesquisasores mediram os níveis de formaldeído em 80 casas em Victoria, Austrália, e descobriram que produtos de madeira laminada colada, como a chapa aglomerada, eram a principal fonte de emissões de formaldeído detectadas em quartos, salas e cozinhas em níveis bem mais elevados do que aqueles encontrados ao ar livre.

Eles descobriram que a exposição de nível baixo de crianças ao formaldeído estava ligada à crescente sensibilização alérgica ao alérgenos comuns transportados pelo ar e a exposição a níveis mais elevados dessa substância estava ligada a uma sensibilização mais grave.[53] Além disso, eles notaram que o avanço das alergias nas últimas décadas aconteceu paralelamente com o aumento de produtos emissores de formaldeído usados dentro de casa.

Outro estudo da Austrália, publicado na *European Respiratory Journal* e centrado na asma, descobriu que a exposição ao formaldeído em casa "aumenta de forma significativa o risco de asma em crianças mais novas". Para o estudo, pais cujos filhos tinham asma como diagóstico principal foram recrutados ao acaso e no pronto-socorro do Princess Margaret Hospital em Perth, no oeste da Austrália. Os pesquisadores notaram uma variação sazonal nos níveis de formaldeído, com o verão levando a uma maior exposição à substância do que o inverno.[54]

Isso reforça uma tendência perturbadora que mencionei antes: em um mundo mais aquecido, as temperaturas mais elevadas provavelmente aumentarão os níveis de formaldeído. Os pesquisadores explicam que crianças expostas ao formaldeído em níveis de "49 partes por bilhão (ppb) têm 39% mais probabilidade de terem asma comparadas àquelas que não são expostas a esses níveis".[55] Resultados comparáveis foram obtidos por pesquisadores da Universidade do Arizona, que descobriram que crianças em casas com formaldeído em níveis de 60 ou 120 ppb tinham taxas significativamente maiores de asma e bronquites do que aquelas menos expostas.[56]

Conclusão

Neste capítulo, explorei os motivos gerais por trás da epidemia de alergia que varre o mundo. Para responder à pergunta *"Por que ficamos tão doentes?".* resumi os motivos tão fundamentais para nosso bem-estar que determinam em grande medida se podemos ou não ser saudáveis.

Importantes organizações de saúde e centros médicos em todo o mundo documentaram que uma série de fatores contribui para o avanço das alergias, tais como a poluição do ar em áreas cada vez mais vastas, aquecimento global, estações de pólen mais longas, a fumaça de cigarro, substâncias tóxicas, poeira, fast-food, alimentos processados, como gordura trans, carboidratos e açúcar refinados, e uma ecologia interna de microrganismos em desequilíbrio.

É alguma surpresa as pessoas ficarem doentes por causa da poluição do ar quando o número de veículos na Terra se aproxima dos dois bilhões, com praticamente todos eles expelindo substâncias tóxicas no ar? Voltaremos ao assunto das toxinas mais adiante no livro, quando lhe darei a missão de extirpá-las e reduzir o impacto delas em seu ambiente pessoal.

Para encarar esses desafios é necessário um esforço comunitário e por isso lhe recomendo levar este livro consigo em sua próxima consulta médica, para que nós todos possamos trabalhar juntos para curar o planeta e nós mesmos. No próximo capítulo, analisarei mais de perto como a alergia afeta nossos organismos, principalmente nosso sistema imunológico e por que nos deixa tão doentes.

Notas do Capítulo 2

1. "Necessidades da pesquisa em alergia: um artigo de opinião da EEACI em colaboração com a EFA", *Clin Transl Allergy*, 2012; 2: 21. Publicado on-line em 2 de novembro de 2012; doi: 10.1186/2045-7022-2-21.
2. World Allergy Association [Organização Mundial de Alergia], "O Livro Branco da WAO sobre alergia 2011-2012: Sumário Executivo", <www.worldallergy.org/publications/wao_white_book.pdf>.
3. Eder W, Ege MJ, Von Mutius E. University Children's Hospital, Munique, Alemanha, "A epidemia de asma", *N Engl J Med.*, 23 de novembro de 2006; 355(21); p. 2226-2235.
4. Ellwood P et al., "O fast-food causa asma, rinoconjuntivite e eczema? Descobertas globais da terceira fase do International Study of Asthma and Allergies in Childhood (ISAAC) [Estudo Internacional de Asma e Alergias na Infância], *Thorax.*, abril de 2013; 68(4); p. 351-360. doi: 10.1136/thoraxjnl-2012-202285. Epub 14 de janeiro 2013.
5. Sjögren YM, Jenmalm MC, Böttcher MF, Björkstén B, Sverremark-Ekström E. "Microbiota intestinal alterada na primeira infância em crianças que desenvolvem a alergia até os cinco anos", *Clin Exp Allergy*, abril de 2009; 39(4); p. 518-526.
6. Yang SN et al. "Os efeitos das toxinas ambientais na inflamação alérgica", *Allergy Asthma Immunol Res.*, novembro de 2014; 6(6); p. 478-484. doi: 10.4168/aair.2014.6.6.478. Epub 15 de outubro de 2014.
7. Organização Mundial da Saúde, "Mudança climática: uma oportunidade para a saúde pública", <http://www.who.int/mediacentre/commentaries/climate-change/en/>.
8. New York University Department of Economics, "A posse de veículos e o aumento da renda mundial: 1960-2030", Joyce Dargay, Dermot Gately e Martin Sommer, janeiro de 2007, <http://www.econ.nyu.edu/dept/courses/gately/DGS_Vehicle%20Ownership_2007.pdf>.
9. Daniel Tencer, "O número de carros no mundo ultrapassa 1 bilhão: o mundo consegue lidar com todas essas rodas?", *The Hufngton Post Canada*, 23 de agosto de 2011, <http://www.hufngtonpost.ca/2011/08/23/car-population_n_934291.html>.
10. Albertine JM et al. "As emissões de dióxido de carbono aumentam o pólen de gramíneas e a exposição a alérgenos apesar dos elevados níveis de ozônio", *PLoS One*, 5 de novembro de 2014; 9(11): e111712. doi: 10.1371/journal.pone.0111712. eCollection 2014.

11. D'Amato G. "Os efeitos das mudanças climáticas e da poluição do ar urbana nas tendências crescentes de alergia respiratória e asma", *Multidiscip Respir Med.*, 28 de fevereiro de 2011; 6(1); p. 28-37. doi: 10.1186/2049-6958-6-1-28.
12. *Ibid.*
13. Huang SK, Zhang Q, Qiu Z, Chung KF. "O impacto mecanicista da poluição do ar na asma e nas doenças alérgicas", *J Thorac Dis.*, janeiro de 2015;7(1); p. 23-33. doi: 10.3978/j.issn.2072-1439.2014.12.13.
14. *Ibid.*
15. *Ibid.*
16. *Ibid.*
17. Diaz-Sanchez D, Tsien A, Fleming J, Saxon A. "O particulado do escapamento de veículos a diesel combinado ao desafio do alérgeno da losna aumentaram notadamente a produção de IgE nasal específico à losna e distorceram a produção de citocina para uma célula T-helper do padrão tipo 2", *J Immunol.*, 1º de março de 1997; 158(5); p. 2406-2413.
18. D'Amato, 2001.
19. Bell ML, McDermott A, Zeger SL, Samet JM, Dominici F. "O ozônio e a mortalidade a curto prazo em 95 comunidades urbanas nos Estados Unidos, 1987-2000", *JAMA*, 17 de novembro de 2004 17; 292(19); p. 2372-2378.
20. D'Amato, 2001.
21. Beggs PJ, Bambrick HJ. "O avanço global da asma é um impacto inicial da mudança climática antropogênica?," *Environ Health Perspect.*, agosto de 2005;113(8); p. 915-919.
22. Ayres JG, colegas e o Conselho de Saúde e Meio Ambiente da Sociedade Europeia Respiratória, Instituto de Medicina Ocupacional e Ambiental, Universidade de Birmingham, Birmingham, Reino Unido. "Mudança climática e doença respiratória: declaração da Sociedade Europeia Respiratória", *Eur Respir J.*, agosto de 2009; 34(2); p. 295-302. doi: 10.1183/09031936.00003409. Epub 27 de fevereiro de 2009.
23. Rom WN, Pinkerton KE, Martin WJ, Forastiere F. "Aquecimento global: um desafio para todos os membros da Sociedade Torácica Americana", *Am J Respir Crit Care Med*, 15 de maio de 2008; 177(10); p. 1053-1054. doi: 10.1164/rccm.200801-052ED.
24. Patz JA *et al.* "Mudança climática: desafios e oportunidades para a saúde global", *JAMA*, 15 de outubro de 2014; 312(15); p. 1565-1580. doi: 10.1001/jama. 2014.13186.
25. Agência de Proteção Ambiental Americana. "Os impactos da mudança climática na saúde humana", <http://www.epa.gov/climatechange/impacts/health.html>.
26. Robine JM *et al.* "A taxa de mortalidade ultrapassou 70.000 na Europa durante o verão de 2003", *C R Biol.*, fevereiro de 2008; 331(2); p. 171-178. doi: 10.1016/j.crvi.2007.12.001. Epub 31 de dezembro de 2007.
27. Physicians for Social Responsibility [Médicos pela Responsabilidade Social]. "Ondas de calor mais extremas: um despertar para o aquecimento global", <http://www.psr.org/resources/more-extremeheat-waves.html>.
28. Ayres *et al.*, 2009.
29. Agência de Proteção Ambiental Americana, "Os impactos da mudança climática na saúde humana."
30. *Ibid.*
31. Ayres *et al*, 2009.
32. Rom *et al*, 2008.
33. Yang SN *et al.* "Os efeitos das toxinas ambientais na inflamação alérgica", *Allergy Asthma Immunol Res.*, novembro de 2014; 6(6); p. 478-784. doi: 10.4168/aair.2014.6.6.478. Epub 15 de outubro de 2014.
34. *Ibid.*

35. U.S. Fish and Wildlife Service [Departamento Americano de Pesca e Vida Selvagem]. "Qualidade ambiental."
36. Yang *et al.*, 2014.
37. *Ibid.*
38. The National Institute of Environmental Health Sciences [Instituto Nacional de Ciências da Saúde Ambiental], "Desreguladoras endócrinas", <https://www.niehs.nih.gov/health/materials/endocrine_disruptors_508.pdf>.
39. Organização Mundial da Saúde, "Saúde ambiental das crianças", <http://www.who.int/ceh/risks/cehemerging2/en/>.
40. *Ibid.*
41. Ministério da Saúde do governo australiano, "Ficha técnica do dietil hexil ftalato (DEHP)", <http://www.nicnas.gov.au/communications/publications/information-sheets/existing-chemical-info-sheets/diethylhexyl-phthalate-dehp-factsheet>.
42. The National Institute of Environmental Health Sciences [Instituto Nacional de Ciências da Saúde Ambiental], "Desreguladoras endócrinas."
43. Yang *et al.*, 2014.
44. Organização Mundial da Saúde, Concise International Chemical Assessment Document 17 [Documento Conciso de Avaliação Química Internacional 17], "Butil benzil ftalato", <http://www.who.int/ipcs/publications/cicad/en/cicad17.pdf>.
45. Yang *et al*, 2014.
46. *Ibid.*
47. *Ibid.*
48. Secretaria da Saúde de Minnesota, "O formaldeído em nossos lares", <http://www.health.state.mn.us/divs/eh/indoorair/voc/formaldehyde.htm>.
49. U.S. Consumer Product Safety Commission, "An Update on Formaldehyde", <http://www.cpsc.gov/PageFiles/121919/AN_UPDATE_ON_FORMALDEHYDEupdate03102015.Pdf>.
50. Minnesota Department of Health, "Formaldehyde in Your Home".
51. Comissão Americana de Segurança de Produtos para Consumo, "Atualização sobre o formaldeído".
52. Ministério da Saúde australiano, "Ficha técnica do formaldeído", <http://www.nicnas.gov.au/communications/publications/information-sheets/existing-chemical-info-sheets/formaldehyde-factsheet>.
53. Garrett MH *et al.*, "Risco elevado de alergia em crianças com a exposição ao formaldeído em casa", *Allergy*, abril de 1999; 54(4); p. 330-337.
54. Rumchev KB *et al.*, "Exposição doméstica ao formaldeído aumenta significativamente o risco de asma em crianças pequenas", *Eur Respir J.*, agosto de 2002; 20(8); p. 403-408.
55. *Ibid.*
56. Krzyzanowski M, Quackenboss JJ, Lebowitz MD. "Efeitos respiratórios crônicos da exposição ao formaldeído em ambientes fechados", *Environ Res.*, agosto de 1990; 52(2); p. 117-125.

Capítulo 3

Você Está Exagerando: Imunidade em Desequilíbrio

Flip é um músico roqueiro, um guitarrista habilidoso que me ligou em pânico um dia, lamentando: "Estou alérgico à minha guitarra! É o fim da minha carreira. Você tem que me ajudar".

Eu o encontrei em meu consultório no mesmo dia. Ele não estava exagerando. As pontas dos seus dedos secretavam pus, cheias de brotoejas vermelhas onde faziam contato com as cordas de metal da guitarra. O diagnóstico foi óbvio: ele desenvolveu uma condição chamada dermatite de contato alérgica e pelo fato de as cordas da guitarra de aço inoxidável terem provocado a reação era provável que ele estivesse reagindo ao níquel, que é misturado ao ferro para produzir aço inoxidável.

O níquel é um dos alérgenos de contato mais comuns no mundo. Pessoas alérgicas a ele ficam com a pele toda cheia de placas de bolhas vermelhas quando entram em contato com o metal, encontrado em produtos de aço inoxidável, como bijuterias, estojos de relógios e utensílios de cozinha. O diagnóstico pode ser confirmado por um patch test ou exame de contato, no qual um pedacinho de papel com uma solução de níquel é aplicado na pele. O desenvolvimento da alergia ao níquel requer a exposição da pele ao metal e aumenta em pessoas com piercings de aço.[1]

Por mais surpreendente que seja, o níquel também é encontrado em muitos alimentos. Ele ocorre naturalmente em grãos integrais e feijões, além de algumas frutas, legumes e verduras. Também é encontrado na maioria dos enlatados, pois o níquel das latas de aço pode penetrar no alimento. Pessoas sensíveis a ele podem reagir ao níquel presente nos alimentos com erupções cutâneas e sintomas gastrointestinais, como dor abdominal. Essa reação é chamada síndrome sistêmica de alergia ao níquel (SSAN).² Para mais informações sobre os níveis de níquel nos alimentos, visite <www.drgalland.com>.

Como Flip tocava guitarra desde os dez anos, eu queria entender por que ele se tornou alérgico ao níquel de repente aos 30 anos. Percebi que ele usava um brinco de ouro na orelha esquerda e lhe perguntei se era novo, pois não me lembrava de tê-lo visto antes. Sim, ele me disse. Ele tinha mandado colocar um brinco de aço alguns meses antes, mas como o local inflamou, ele mandou tirá-lo e trocou pelo brinco de ouro pequeno. Também notei que ele tinha emagrecido e lhe perguntei se tinha mudado a dieta. Sim, ele disse que estava tentando ficar mais saudável e então cortou grãos refinados e carnes, e começou a comer trigo, arroz integral e brotos de alfafa algumas semanas antes.

Minha análise indicou um processo de três passos que produziu a alergia a níquel que mudou a vida de Flip:

- O brinco de aço o sensibilizou ao níquel. Ele mandou tirar o brinco, pois começou a reagir a ele, mas não percebeu que a erupção era uma alergia. Ele achou que fosse uma infecção no local do furo.
- O aumento do nível de níquel na alimentação por adotar uma dieta saudável rica em alimentos integrais aumentou sua exposição total e o deixou ainda mais sensível.
- Sua pele reagiu no único lugar onde o níquel tocou: as pontas dos seus dedos quando ele tocou guitarra.

O programa que sugeri tinha dois componentes: primeiro, Flip teria de evitar toda a exposição ao níquel pela pele por três meses. Ele se limitou a tocar violão com cordas de náilon e não usou nenhum relógio ou joia. Segundo, ele deveria seguir uma dieta pobre em níquel. A pele na ponta de seus dedos melhorou alguns dias depois do início da dieta, mas ele a manteve por três meses por via das dúvidas.

Nos meses seguintes, a alergia ao níquel de Flip reduziu totalmente. Ele conseguia tocar guitarra e comer alimentos integrais sem erupções cutâneas. Se ele quisesse usar joias ou um brinco, insisti que fosse de prata de lei ou de ouro 14 quilates, para evitar qualquer contato persistente indevido de sua pele com o níquel. Ele está ótimo há seis anos.

O que é uma Reação Alérgica?

É uma reação em cadeia autoamplificada que começa com um gatilho e termina com uma série de efeitos que incluem os sintomas que você sente e os sinais que o médico encontra no exame. O gatilho pode ser minúsculo e os efeitos variam de sutis a catastróficos. Se seu sistema imunológico proporciona a amplificação, a reação é considerada alérgica. Sejam quais forem os detalhes, o padrão fundamental da alergia é o seguinte:

> Exposição a um gatilho → amplificação do sinal
> pelo sistema imunológico → efeitos

O gatilho chama-se alérgeno ou antígeno. Você não tem uma reação alérgica na primeira exposição a um alérgeno. A resposta alérgica requer que uma memória dele já esteja impressa em seu sistema imunológico. É como reconhecer um rosto: você precisa tê-lo visto antes. A reação alérgica aparecerá apenas nas exposições posteriores, às vezes na segunda ou até que várias exposições tenham ocorrido.

Os alérgenos aparecem em todos os formatos e tamanhos e podem estar presentes em tudo que você respira, come ou toca. Eles iniciam uma cascata alérgica quando se ligam a um receptor em uma célula do sistema imune que ativa a amplificação da resposta imune. Alguns alérgenos produzem uma reação imune tão avassaladora que uma quantia pequena demais para medir pode provocar uma reação alérgica mortal. Esse é o caso da alergia ao amendoim, que pode provocar reações com risco de morte (veja "Alergia ao Amendoim" *na página 79*).

Os Regentes do seu Sistema Imunológico

As reações alérgicas costumam ser consideradas respostas enganadas ou exageradas do sistema imunológico, mas acredito que elas se devam a um *mal* funcionamento de importantes células imunológicas, de tal modo que elas podem ser consideradas resultantes de uma imunodeficiência em vez do excesso de imunidade.

Muitos pensam na imunidade como se o sistema imunológico fosse um rádio, com o volume sendo o principal controle sobre sua potência: mais alta ou mais baixa, mais forte ou mais fraca. Mas seu sistema imunológico é muito mais como uma orquestra. Há muitas seções, e a potência de cada uma deve ser sincronizada com a de cada uma das outras seções. Quando você quiser mais das cordas, precisa silenciar os instrumentos de sopro ou as cordas ficarão abafadas. Organizar a sincronia das respostas imunes é o trabalho de um grupo de glóbulos brancos chamados linfócitos. Eles são os regentes da orquestra do sistema imunológico do organismo.

Para os alérgicos, um tipo específico de linfócito parece ser o elo mais fraco. São as células T regulatórias, que limitam a inflamação desligando respostas imunes indesejadas. Vários estudos demonstraram que, em alérgicos, as células T reguladoras são funcionam direito. Isso leva a respostas imunes indesejadas que são a marca registrada da alergia.

Cientistas na Noruega estudaram as respostas imunes em crianças alérgicas ao leite de vaca que superaram sua alergia e as compararam com as respostas de crianças que continuaram alérgicas ao leite.[3] Todas as crianças do estudo seguiram uma dieta totalmente sem laticínios por uma média de seis meses. Seus sintomas prévios, que incluíam diarreia, vômitos e eczema, desapareceram rápido.

O leite então foi reintroduzido em suas dietas, devagar e com cuidado, chegando a 113 mililitros por dia. Cerca de metade das crianças não apresentou mais nenhuma reação adversa ao leite, mas a outra metade teve um retorno dos sintomas e o leite precisou ser retirado. Uma semana depois, todas as crianças fizeram um exame de sangue. A maior diferença imune entre os dois grupos foi que as crianças que superaram a alergia tinham um nível mais elevado de células T regulatórias no sangue. Outros testes demonstraram que essas células eram responsáveis por prevenir a resposta alérgica.

O Processo da Alergia

Os efeitos da alergia – os sintomas que o deixam doente – são criados pelas células chamadas efetoras e pelas substâncias químicas especializadas liberadas por elas, chamadas de mediadores. Os dois maiores tipos de células efetoras da alergia são os mastócitos e os eosinófilos ou Eos. A maioria das drogas usadas para tratar alergias, como os anti-histamínicos, por exemplo, funciona bloqueando os efeitos dos mediadores dos mastócitos. Os esteroides funcionam em parte eliminando eosinófilos. Este livro oferece uma abordagem diferente: uma forma de identificar e evitar os gatilhos ocultos da alergia e diminuir o processo de amplificação imune.

As efetoras produzem os efeitos que chamamos de reação alérgica. Mas a primeira coisa a saber sobre essas células é que elas não existem para deixá-lo doente; elas desempenham um papel essencial na cura de ferimentos e na regeneração de tecidos, além de proteger seu organismo de infecção e toxicidade.[4]

O veneno de abelha, por exemplo, ativa os mastócitos a produzir o inchaço e a dor associados com as picadas. Os eosinófilos desempenham um papel importante na eliminação de parasitas. Na atual epidemia de alergia varrendo o mundo, as células efetoras foram atacadas por alérgenos e enganadas para fazer mais mal do que bem.

Os mastócitos fornecem a maior parte da histamina do organismo, um tipo de mediador químico, e são as células efetoras da resposta alérgica inicial ou da fase imediata. Elas são um tipo de célula antiga, encontrada até em animais primitivos como ascídias, onde funcionam como suportes do sistema imunológico.[5] Nos seres humanos elas são as grandes células espalhadas por todos os tecidos do organismo. Os mediadores químicos que elas fazem, armazenam e secretam não só causam os sintomas da alergia, mas também atraem outras células, principalmente os eosinófilos, que criam a resposta alérgica da fase tardia.

Os eosinófilos circulam no sangue, mas penetram prontamente nos tecidos, onde secretam uma série de mediadores únicos. Os mais bem estudados deles são as enzimas que causam um dano considerável a todos os tipos de células.[6] A invasão dos tecidos pelos eosinófilos é um dos principais aspectos de doenças alérgicas crônicas, incluindo asma, sinusite e transtornos gastrointestinais. Os eosinófilos também alteram seu padrão de resposta imunológica para uma maior sensibilidade. A ativação dessas células inicia um círculo vicioso, um mecanismo antecipatório no qual a alergia induz mais alergia.

Mediadores dos Mastócitos

Os mastócitos produzem cerca de 200 mediadores que criam os sinais e sintomas das reações alérgicas. A maior parte dos tratamentos medicamentosos para alergia funciona suprimindo a síntese ou bloqueando a atividade desses mediadores.

Os mais conhecidos deles são:
- *Histamina: causa os sintomas típicos das alergias agudas dilatando os vasos sanguíneos para produzir vermelhidão e calor. A histamina permeabiliza os vasos sanguíneos para o plasma infiltrar-se nos tecidos ao redor, causando inchaço. Ela também causa muitos dos sintomas associados com as reações alérgicas clássicas, como espirros e urticárias. Os anti-histamínicos são a terapia de primeira linha padrão para sintomas de alergia.*
- *Serotonina: é vasoconstritora e aumenta a motilidade do trato gastrointestinal. Pode causar cólicas abdominais e diarreia. No*

cérebro, a serotonina tem vários efeitos sobre humor, sono e função cognitiva. Algumas drogas usadas para tratar os sintomas alérgicos, principalmente a coceira, funcionam bloqueando-a.

- *Prostaglandina D2 (PGD2): provoca a constrição dos brônquios e desempenha um papel fundamental no chiado da asma. Também dilata os vasos sanguíneos para causar rubor na pele ou vermelhidão nos olhos. Alguns dos colírios usados para tratar a conjuntivite alérgica bloqueiam a síntese de PGD2 nos olhos.*
- *Leucotrienos (LTs): aumentam o muco e causam constrição dos brônquios. Contribuem com o sofrimento da asma e da polinose. Os antagonistas de LT como o montelucaste, um medicamento vendido sob prescrição médica, podem reduzir os sintomas da alergia.*

Os Quatro Tipos de Alergia

Claude von Pirquet, um pediatra vienense, cunhou o termo *alergia* em 1906 para explicar os espirros de crianças expostas ao pólen. Em uma tradução livre seu significado é "reatividade alterada" e logo ficou claro que a alergia envolve uma ativação excessiva e anormal do sistema imunológico.

Durante o século XX, os cientistas identificaram quatro tipos de ativação imune que levam a reações alérgicas.[7] Todos eles podem ocorrer em alérgicos.[8] Cada tipo exige que seu sistema imunológico reconheça um alérgeno específico por causa de uma exposição prévia a ele. Nos primeiros três tipos, essa exposição anterior fez com que seu sistema imunológico criasse anticorpos direcionados contra o alérgeno. A função usual dos anticorpos, que são proteínas criadas pelas células do sistema imunológico, é criar imunidade, ajudando-o a combater infecções, mas a alergia transforma esse efeito protetor em danoso. O quarto tipo de alergia, aquele que ocorre com a dermatite ao níquel, não precisa de anticorpos para produzir seus efeitos.

Alergia do Tipo 1

As reações alérgicas do tipo 1, a forma mais comum, resultam da formação de um anticorpo chamado IgE (imunoglobulina E). Quando a IgE se liga a um alérgeno, estimula os mastócitos a secretar mediadores como a histamina nos tecidos com uma força explosiva. Os exames de sangue padrão para as alergias procuram pela presença de anticorpos IgE direcionados contra alérgenos específicos. Testes de pele para alergias tentam medir o inchaço produzido na sua pele quando os anticorpos IgE se unem ao alérgeno introduzido.

O tipo 1 é o tipo de reação alérgica que ocorre com anafilaxia, eczema, urticária, polinose e asma alérgica. Tem duas fases, imediata e tardia. Os sintomas da resposta alérgica de **fase imediata** são causados pela liberação dos mediadores de mastócitos. Eles podem ocorrer segundos depois da exposição a um alérgeno e podem durar algumas horas. Alguns mediadores também atraem os eosinófilos aos tecidos inflamados.

A ativação de eosinófilos cria a resposta alérgica de **fase tardia.** Os mediadores mais potentes liberados pelos eosinófilos são enzimas que danificam as células. Elas são capazes de eliminar parasitas e podem infligir o mesmo tipo de dano em seus tecidos. A reação de fase tardia pode durar dias e causar mudanças duradouras em seus tecidos e sistema imunológico: os tecidos danificados podem curar com cicatrizes e seu sistema imunológico pode mudar para seus linfócitos aumentarem ainda mais a produção de anticorpos IgE. Com essa cascata perigosa, as alergias podem sair do controle.

Se você sofre de eczema alérgico, consegue ver a diferença entre as respostas de fase imediata e tardia na pele. Quando consome um alimento ao qual é alérgico, sua pele fica vermelha, meio inchada e coçando muito. Cessando essa fase imediata, sua pele fica espessa e escamosa, ainda vermelha e coçando, mas com menos intensidade. Essa é a resposta de fase tardia e se durar muito tempo, sua pele não volta ao normal tão facilmente.

Alergias Tipos 2 e 3

As alergias dos tipos 2 e 3 dependem de outra classe de anticorpos, chamados IgG (imunoglobulina G), para amplificar o sinal alérgico. O IgG é a principal classe de anticorpos na circulação sanguínea. É essencial para uma resposta imune normal e sua carência predispõe as pessoas a infecções bacterianas crônicas ou recorrentes. As reações dos tipos 2 e 3 são os principais mecanismos envolvidos em alergias a drogas e podem ocorrer em algumas pessoas com alergia alimentar, principalmente quando os sintomas são enxaqueca, dor abdominal ou artrite.[9]

Dois fatores dificultam a detecção das alergias de tipos 2 e 3 a alimentos ou drogas. Primeiro, como os anticorpos IgE não estão envolvidos, os testes de alergia padrões, que medem o IgE, não detectarão esse tipo de alergia. Segundo, o começo da reação alérgica é tardio, ocorrendo às vezes 24 horas ou mais depois da exposição ao alérgeno. Você precisa ser um ótimo detetive para rastrear essas reações. O mesmo serve para a alergia do tipo 4, conhecida como hipersensibilidade tardia.

Alergia do Tipo 4

As reações alérgicas do tipo 4 não requerem anticorpos. Os alérgenos que a provocam ativam diretamente as células imunes chamadas linfócitos auxiliares, que amplificam as respostas, atraindo os chamados linfócitos homicidas à área onde está o antígeno. As células homicidas são tão eficazes quanto os eosinófilos em causar dano tissular.

As reações do tipo 4 ocorrem em uma série de doenças infecciosas, como a tuberculose, ajudando a controlar a disseminação da infecção. Elas também contribuem com o dano que ocorre em várias doenças autoimunes, incluindo artrite reumatoide, doença de Crohn, diabetes tipo 1, esclerose múltipla e tireoidite de Hashimoto.

A reação alérgica mais comum que emprega o mecanismo do tipo 4 é à hera venenosa, uma erupção cutânea alérgica causada pela exposição aos óleos de plantas do gênero *Toxicodendron*. A dermatite de contato alérgica (como a alergia de Flip ao níquel, por exemplo) costuma envolver uma reação tipo 4. Para algumas pessoas, esse tipo de reação pode causar asma. Como descrevo no capítulo 12, até 15% das reações asmáticas podem ocorrer por causa da alergia do tipo 4. A alergia alimentar também pode ser causada por esse tipo de reações, principalmente quando a reação alérgica afeta o trato gastrointestinal ou a pele.

Anafilaxia: a Alergia que Pode Matar

Em 1901, o cientista francês Charles Richet, ganhador do Prêmio Nobel em 1913 por sua pesquisa, cunhou o termo *anafilaxia*. Richet criou uma nova palavra para o que ele acreditava ser um novo conceito: a hipersensibilidade ou, como ele disse: "o oposto de uma resposta protetiva".

Com uma reação anafilática, seu corpo é inundado de substâncias químicas que causam um grande inchaço instantâneo dos tecidos afetados, a dilatação dos vasos sanguíneos, a contração dos músculos moles que revestem suas vias aéreas ou intestinos e a irritação de terminações nervosas. Se a reação envolver sua língua, garganta ou trato respiratório, você não conseguirá respirar. Se envolver seu sistema circulatório, sua pressão sanguínea pode despencar, produzindo um choque anafilático. O inchaço do rosto, dos lábios, dos olhos ou de qualquer parte de sua pele, bem como chiado, cólicas abdominais e diarreia, são outros sintomas que podem ocorrer com a anafilaxia.

Os gatilhos habituais de anafilaxia são picadas de insetos, alimentos específicos como o amendoim ou medicamentos, como a penicilina. O tratamento de emergência é essencial e começa com uma injeção de adrenalina, que eleva a pressão sanguínea, constringe os vasos sanguíneos e dilata os brônquios.

Qualquer pessoa com um histórico de reações anafiláticas deve carregar um autoinjetor de adrenalina à mão o tempo todo e combinar um plano de ação de emergência com seu médico pessoal.

A incidência de reações anafiláticas dobrou na última década, com uma estimativa de 1.500 mortes por ano nos Estados Unidos e, mesmo assim, os pacientes perdem a oportunidade de prevenir outras reações, pois a maioria deles que recebem um tratamento de emergência para anafilaxia nos hospitais americanos não adquire um autoinjetor de adrenalina nem uma indicação de um alergista ao receber alta.[10]

Estudos em muitos países diferentes chegaram à mesma conclusão: pessoas predispostas à anafilaxia não são armadas da forma correta com adrenalina. Por mais grave que seja, a anafilaxia fatal ainda é mal diagnosticada, mal relatada e subestimada.[11]

Alergia ao Amendoim

A alergia ao amendoim é uma causa prevalente de anafilaxia. Os amendoins contêm pelo menos 12 proteínas alergênicas, duas das quais podem causar anafilaxia em indivíduos sensíveis.[12] Um levantamento por telefone de mais de 4 mil lares nos Estados Unidos em 1997 concluiu que as alergias ao amendoim ou às oleaginosas afetavam 1,1% daqueles questionados (o que se traduz em aproximadamente 3 milhões de pessoas na população americana).[13] Cinco anos depois, um estudo complementar descobriu o dobro de crianças com alergia ao amendoim.[14] Em 2007, a prevalência de alergia ao amendoim entre crianças na idade escolar nos Estados Unidos triplicou e os pesquisadores usaram o termo *epidemia* para descrever o aumento.[15] Um estudo britânico documentou uma taxa três vezes maior de reatividade ao exame de alergia que triplicou para o extrato de amendoim entre crianças na idade escolar durante a década de 1990, além de duas vezes mais reações alérgicas clínicas ao amendoim.[16]

Os motivos para o aumento na alergia ao amendoim não são claros. Muitas crianças com a alergia adoecem logo depois de sua primeira exposição conhecida ao alimento. Para isso acontecer, a criança já deve ter sido exposta ao amendoim para seu sistema imunológico se tornar sensível aos alérgenos.

Os pesquisadores na Imperial College de Londres tentaram identificar os fatores que separavam crianças com alergia ao amendoim demonstrada das crianças com outras alergias ou sem. A diferença mais significativa foi que as crianças que desenvolveram a alergia ao amendoim usaram produtos de cuidados com a pele à base de óleo de amendoim duas vezes mais do que as crianças que não desenvolveram essa alergia.[17] O óleo de amendoim é um componente comum de produtos infantis e de cuidados com a pele tanto nos Estados Unidos como no Reino Unido. A lista das preparações tópicas mais usadas com óleo de amendoim inclui o Cerumol (para remover a cera do ouvido), creme Siopel, unguento de zinco e óleo de rícino, loção de calamina, Dermovate (uma pomada esteroide tópica potente usada para eczemas difíceis) e Naseptin.[18]

Os pesquisadores britânicos também descobriram que a alergia tinha mais probabilidade de ocorrer se outros membros da família comessem amendoins.[19] A teoria é que a exposição aos alérgenos do amendoim pela pele é o principal fator de risco para essa alergia. Essa teoria poderia explicar por que crianças com eczema têm um risco crescente de desenvolver anafilaxia ao amendoim. A pele inflamada e enfraquecida pelo eczema permite uma absorção maior de alérgenos.

Não há atualmente nenhum tratamento específico que possa reverter a alergia ao amendoim.

O Mistério da Tolerância Oral

O modo como você é exposto a um antígeno na infância pode determinar se você reage a ele como se ele fosse amigo ou inimigo. Quando uma criança se alimenta, principalmente com uma grande quantidade do alimento, seu sistema imunológico costuma reconhecer o alimento como seguro e responder a ele com uma reação chamada tolerância oral, que diz "amigo". Se a criança for exposta ao mesmo antígeno pela pele, a tolerância oral não ocorre e isso pode resultar em uma sensibilização alergênica. Um estudo com camundongos descobriu que a exposição à proteína do amendoim pela pele produzia uma resposta alérgica aos alérgenos seguida por uma reação ainda mais forte depois, quando os camundongos eram alimentados com os amendoins.[20]

A tolerância oral à alimentação e às bactérias intestinais ajuda a evitar a alergia alimentar e doenças inflamatórias intestinais como doença celíaca, de Chron e colite ulcerativa. Um passo crucial na tolerância oral é o desenvolvimento dos linfócitos especializados chamados T-regs sobre os quais falamos antes neste capítulo, que trabalham para prevenir as perigosas respostas de hipersensibilidade aos antígenos.[21]

Alergia à Carne Vermelha Provocada por Mordidas de Carrapato

Um novo fenômeno irrompeu nas revistas médicas em 2009. Pessoas que comeram carne vermelha a vida toda de repente desenvolveram urticária ou anafilaxia depois de uma refeição com carne de boi, porco ou cordeiro, mas não tinham reação a nenhum outro alimento.[22] Em quase todos os casos, as pessoas desenvolveram a alergia à carne vermelha depois de mordidas de carrapatos. O relato inicial veio da Universidade de Virgínia, mas a mesma estranha síndrome logo foi relatada em lugares tão díspares quanto Austrália, Escandinávia, Espanha e China.[23]

Embora a maioria dos alérgenos alimentares sejam proteínas, os pesquisadores de Virgínia descobriram que nas pessoas afetadas, as mordidas de carrapato causaram o desenvolvimento de uma resposta de anticorpos IgE do tipo 1 à alfa-galactose, um açúcar encontrado na carne vermelha, mas não nos tecidos humanos. Os carrapatos também têm esse açúcar e o injetam na pele das pessoas que mordem. Reconhecendo a alfa-galactose como uma substância estranha, os linfócitos de algumas pessoas montam uma resposta imune para destruí-la. Isso interrompe a resposta normal do organismo a alérgenos alimentares potenciais, a tolerância oral. Da próxima vez que uma pessoa comer carne vermelha, a resposta protetiva mal orientada cria uma reação alérgica que pode incluir coceira, evoluindo para urticária, queimação, inchaço da garganta e até choque anafilático. Embora seja uma reação alérgica do tipo 1, que acontece em geral logo depois da exposição ao alérgeno, a reação à alfa-galactose da carne vermelha pode ocorrer apenas várias horas depois do consumo de carne.[24]

A alergia à carne pela mordida do carrapato é outro exemplo de exposição cutânea a um alérgeno criando uma reação alérgica que passa por cima da tolerância oral, sua defesa natural contra a alergia alimentar.

Conclusão

Este capítulo começou com o caso do músico Flip, que desenvolveu uma alergia dramática às cordas da sua guitarra. Seu caso nos ajudou a responder à pergunta: o que é alergia? A alergia começa com um gatilho, seguido da amplificação do sinal pelo sistema imunológico que produz os efeitos ou sintomas. Introduzi o conceito de sistema imunológico como uma orquestra, na qual os glóbulos brancos chamados T-regs são os regentes que mantêm o equilíbrio na música. Nos capítulos seguintes veremos muitas formas de apoiar a função desses T-regs para ajudar a reduzir a reatividade alérgica.

Também resumi os quatro tipos de alergia e fui até o nível celular da alergia com uma análise das células efetoras e os mediadores dos mastócitos. Dada a natureza médica deste material, sugiro que leve estas páginas junto com você quando se consultar com seu médico. Por ser um assunto complexo e carregar o potencial de uma reação alérgica perigosa, você deve seguir a recomendação profissional de seu médico.

Agora que você entende mais sobre o que acontece em seu organismo quando tem uma reação alérgica, vamos tentar descobrir o que provoca a *sua*, porque saber o que há de errado é o primeiro passo para corrigir.

Notas do Capítulo 3

1. Thyssen JP. "Alergia ao níquel e ao cobalto antes e depois da regulamentação de níquel – avaliação de uma intervenção na saúde pública", *Contact Dermatitis.*, setembro de 2011; 65, Suppl 1: p. 1-68.
2. Braga M, Quecchia C, Perotta C, Timpini A, Maccarinelli K, Di Tommaso L, Di Gioacchino M. "Síndrome da alergia sistêmica ao níquel: estrutura nosológica e utilidade da dieta para o diagnóstico", *Int J Immunopathol Pharmacol.*, julho-setembro de 2013; 26(3); p. 707-716.
3. Karlsson MR, Rugtveit J, Brandtzaeg P. "Células T regulatórias CD4+CD25+ responsivas à alergia em crianças que desenvolveram alergia ao leite de vaca", *J Exp Med.*, 21 de junho de 2004; 199(12); p. 1679-1688.

4. Gourevitch D, Kossenkov AV, Zhang Y, Clark L, Chang C, Showe LC, Heber-Katz E. "Inflamação e seus correlatos no processo de cicatrização de ferimentos: uma outra perspectiva", *AdvWound Care (New Rochelle)*, 1º de setembro de 2014; 3(9); p. 592-603; St John AL, Abraham SN., "Imunidade inata e sua regulação pelos mastócitos", *J Immunol.*, 1º de maio de 2013; 190(9); p. 4458-4563; Metz M, Piliponsky AM, Chen CC, Lammel V, Abrink M, Pejler G, Tsai M, Galli SJ. "Os mastócitos podem aumentar a resistência aos venenos de cobra e abelha", *Science*, 28 de julho de 2006; 313(5786); p. 526-530.
5. Wong GW, Zhuo L, Kimata K, Lam BK, Satoh N, Stevens RL. "A origem dos mastócitos", *Biochem Biophys Res Commun.*, 22 de agosto de 2014; 451(2); p. 314-318.
6. Kita H. "Eosinófilos: propriedades muntifuncionais e distintas", *Int Arch Allergy Immunol.*, 2013; 161, Suppl 2: p. 3-9.
7. Gell PGH, Coombs RRA. *Clinical Aspects of Immunology*. Londres: Blackwell, 1963.
8. Treviño RJ. "Imunologia dos alimentos", *Otolaryngol Head Neck Surg.*, setembro de 1986; 95(2); p. 171-176.
9. Berrens L, Van Dijk AG, Weemaes CM. "Consumo de suplementos na sensibilidade ao peixe e à clara de ovo", *Clin Allergy*, março de 1981; 11(2); p. 101-109; Treviño RJ. "Mecanismos imunológicos na produção das sensibilidades alimentares", *Laryngoscope*, novembro de 1981; 91(11); p. 1913-1936; Saalman R, Carlsson B, Fällström SP, Hanson LA, Ahlstedt S. "Citotoxicidade mediada por células dependentes de anticorpos às células revestidas de beta-lactoglobulina com soros de crianças com intolerância à proteína do leite de vaca", *ClinExpImmunol.*, setembro de 1991; 85(3); p. 446-452; Carini C, Fratazzi C, Aiuti F. "Complexos imunes na artralgia induzida pela alimentação", *Ann Allergy*, dezembro de 1987; 59(6); p. 422-428; McCrory WW, Becker CG, Cunningham-Rundles C, Klein RF, Mouradian J, Reisman L. "Glomerulopatia imune complexa em uma criança com hipersensibilidade alimentar", *Kidney Int.*, outubro de 1986; 30(4); p. 592-598; Paganelli R, Atherton DJ, Levinsky RJ. "Diferenças das respostas imunes após a ingestão de leite entre sujeitos normais e alérgicos ao leite", *Arch Dis Child.*, março de 1983; 58(3); p. 201-206; Martelletti P, Sutherland J, Anastasi E, Di Mario U, Giacovazzo M. "Evidência para um mecanisno imune-mediado na enxaqueca induzida por alimentos de um estudo em células T, anticorpos anti-IgG de subclasse IgG4 ativados e complexos imunes circulantes", *Headache*, novembro de 1989; 29(10); p. 664-670.
10. Fineman SM. "Tratamento ideal da anafilaxia: anti-histamínicos versus epinefrina", *Postgrad Med.*, julho de 2014;126(4); p. 73-81; Campbell RL, Luke A, Weaver AL, St Sauver JL, Bergstralh EJ, Li JT, Manivannan V, Decker WW. "Prescrições de epinefrina autoinjetável e encaminhamento em pacientes do departamento de emergência apresentando anafilaxia", *Ann Allergy Asthma Immunol.*, dezembro de 2008;101(6); p. 631-636.
11. Sclar DA, Lieberman PL. "Anafilaxia: subdiagnosticada, sub-relatada e subtratada". *Am J Med.*, janeiro de 2014; 127 (1 Suppl); S1-5.
12. Bublin M, Breiteneder H. "Reatividade cruzada aos alérgenos do amendoim", *Curr Allergy Asthma Rep.*, abril de 2014; 14(4); p. 426; Zhuang Y, Dreskin SC. "Redefinindo os maiores alérgenos do amendoim", *Immunol Res.*, março de 2013; 55(1-3); p. 125-134.
13. Sicherer SH, Muñoz-Furlong A, Burks AW, Sampson HA. "Prevalência da alergia ao amendoim e às oleaginosas nos Estados Unidos determinada por um levantamento aleatório pela digitação de dígitos no telefone", *J Allergy Clin Immunol.*, abril de 1999; 103(4); p. 559-562.

14. Sicherer SH, Muñoz-Furlong A, Sampson HA. "Prevalência da alergia ao amendoim e às oleaginosas nos Estados Unidos determinada por meio de um levantamento aleatório por telefone: um estudo de acompanhamento de cinco anos", *J Allergy Clin Immunol.*, dezembro de 2003; 112(6); p. 1203-1207.
15. Sicherer SH, Sampson HA. "Alergia ao amendoim: novos conceitos e tratamentos para uma epidemia aparente", *J Allergy Clin Immunol.*, 2007; 120(3); p. 491-503.
16. Grundy J, Matthews S, Bateman B, Dean T, Arshad SH. "Prevalência crescente da alergia ao amendoim em crianças: dados de dois estudos de coorte sequenciais", *J Allergy Clin Immunol.*, 2002; 110(5); p. 784-789.
17. Lack G, Fox D, Northstone K, Golding J; Equipe do Estudo longidutinal Avon de Pais e Filhos. "Fatores associados com o desenvolvimento de alergia ao amendoim na infância", *N Engl J Med.*, 13 de março de 2003; 348(11); p. 977-985.
18. Dixon V, Habeeb S, Lakshman R., "Você sabia que este remédio contém manteiga de amendoim, doutor?", *Arch Dis Child.*, julho de 2007; 92(7); p. 654.
19. Fox AT, Sasieni P, Du Toit G, Syed H, Lack G. "Consumo doméstico de amendoim como um fator de risco para o desenvolvimento da alergia a amendoim", *J Allergy Clin Immunol.*, fevereiro de 2009; 123(2); p. 417-423.
20. Strid J, Hourihane J, Kimber I, Callard R, Strobel S. "Exposição epicutânea à proteína do amendoim impede a tolerância oral e aumenta a sensibilização alérgica", *Clin Exp Allergy*, junho de 2005; 35(6): p. 757-766. (Aqui estão os achados exatos: a exposição epicutânea à proteína do amendoim induziu uma forte resposta imune do tipo Th2 com níveis elevados de IL-4 e IgE sérico. A exposição pela pele inicial preveniu a indução subsequente de tolerância oral ao amendoim de um modo antígeno-específico. Frente ao desafio oral, os camundongos se tornaram ainda mais sensíveis e desenvolveram fortes respostas IL-4 e IgE específicas ao amendoim. Além disso, animais com uma tolerância preexistente ao amendoim ficaram parcialmente sensibilizados depois da exposição epicutânea.)
21. Pabst O, Mowat AM. "Tolerância oral à proteína alimentar", *Mucosal Immunology* (2012), 5, p. 232-439.
22. Commins SP, Satinover SM, Hosen J, Mozena J, Borish L, Lewis BD, et al. "Anafilaxia tardia, angioedema ou urticária depois do consumo de carne vermelha em pacientes com anticorpos IgE específicos para galactose-α-1,3-galactose", *J Allergy Clin Immunol.*, 2009; 123; p. 426-423.
23. Van Nunen SA, O'Connor KS, Clarke LR, Boyle RX, Fernando SL. "Uma associação entre as reações à mordida de carrapato e a alergia à carne vermelha em humanos", *Med J Aust.*, 4 de maio de 2009; 190(9); p. 510-511; Hamsten C, Starkhammar M, Tran TA, Johansson M, Bengtsson U, Ahlén G, Sällberg M, Grönlund H, Van Hage M. "Identificação da galactose-α-1,3-galactose no trato gastrointestinal do carrapato Ixodes ricinus: possível relação com a alergia à carne vermelha", *Allergy*, abril de 2013; 68(4); p. 549-552; Hamsten C, Tran TA, Starkhammar M, Brauner A, Commins SP, Platts-Mills TA, Van Hage M. "Alergia à carne vermelha na Suécia: associação com a sensibilização ao carrapato e grupos sanguíneos B-negativo", *J Allergy Clin Immunol.*, dezembro de 2013; 132(6); p. 1431-1434; Gonzalez-Quintela A, Dam Laursen AS, Vidal C, Skaaby T, Gude F, Linneberg A. "Anticorpos IgE à alfa-gal na população adulta geral: relação com mordidas de carrapato, atopia e posse de gatos", *Clin Exp Allergy*. agosto de 2014; 44(8); p. 1061-1068; Wen L, Zhou J, Yin J, Sun JL, Sun Y, Wu K, Katial R. "Anafilaxia tardia à carne vermelha associada com anticorpos IgE específicos à galactose", *Allergy Asthma Immunol Res.*, janeiro de 2015; 7(1); p. 92-94.
24. Steinke JW, Platts-Mills TA, Commins SP. "A história alfa-gal: lições aprendidas depois de juntar os pontos", *J Allergy Clin Immunol.*, março de 2015; 135(3); p. 589-696; Soh JY, Huang CH, Lee BW. "Carboidratos como alérgenos alimentares", *Asia Pac Allergy.*, janeiro de 2015; 5(1); p. 17-24.

Capítulo 4

Quebrando o Código: Desmascarando Alergias Ocultas

"Até o ano passado eu não sabia o que era fadiga. Eu dava de dez no meu marido", dizia Kate. "Sou uma artista gráfica. Trabalhava dez horas por dias, criei dois filhos, saía para correr antes do trabalho todo dia de manhã... Desculpe, eu não queria chorar", ela acrescentou enquanto seus olhos se enchiam de lágrimas. "Perdi minha vida. Não consigo fazer exercícios, me sinto um zumbi no trabalho. Estou perdendo as vidas dos meus filhos. Ir a apresentações de dança ou jogos de futebol é uma agonia. Tudo que quero é deitar e descansar. Parece que meu cérebro derreteu. Cada coisinha que faço precisa de um esforço enorme. Não sou mais como era antes."

Assim como muitas outras mulheres, Kate construiu sua vida cuidando dos demais. Sua família e seus clientes vinham em primeiro lugar. Mesmo com uma doença debilitante, sua principal preocupação era seu efeito nos demais. "Nem sei como chamar essa doença", ela me disse. "Não é como ter câncer ou um ataque cardíaco. Claro, tô deprimida, mas quem não estaria?"

Os sintomas de Kate parecem ter aparecido do nada. É uma história que ouvi de muitos de meus pacientes. O diálogo interior se intensifica assim:

- *Estou trabalhando demais, acho que preciso de umas férias...*
- *Talvez eu esteja ficando velho...*
- *Talvez eu tenha uma virose... ou uma anemia...*
- *Será que estou com hipotireoidismo?*
- *Será que estou deprimida?*
- *O que está errado comigo?*

Kate parou de fazer planos para os fins de semana. Surgiu um padrão. Ela se sentia cada vez pior com o passar dos dois e então passava o fim de semana descansando, tentando se recuperar. Ela se sentia melhor no domingo à noite, embora nunca se sentisse realmente bem. Seu clínico a examinou e ela fez exames de sangue. Tudo estava normal. Foi um alívio, mas também uma fonte de frustração.

Quando Kate se consultou comigo pela primeira vez, achei que seu padrão semanal de sintomas fosse um bom lugar para começar. Na verdade, logo levou ao aspecto mais importante de sua doença: ela sempre se sentia mal no seu local de trabalho.

No mês de agosto, ela tinha tirado duas semanas de férias e viajou com a família para fora do estado. No primeiro dia, ela teve uma crise alérgica à hera venenosa, carregada pela fumaça de um incêndio em um terreno baldio. Um dia depois seu rosto ficou vermelho e começou a inchar e coçar. Ela encontrou um posto de saúde a alguns quilômetros de distância e um médico lhe prescreveu cinco dias de esteroides.

Uma reviravolta aconteceu quase na hora. Não só sua erupção cutânea desapareceu, como também seus sintomas crônicos melhoraram muito. Sua fadiga desapareceu, seu humor mudou. Ao fim da primeira semana ela caminhava nas montanhas Adirondack com os filhos. Kate estava exultante.

Todavia, quando as férias acabaram e ela voltou ao trabalho, seu mundo desabou de novo. Alguns dias depois, seguindo sua rotina usual, o ciclo devastador de sintomas voltou, mas agora estava ainda pior. Seu médico concluiu que o estresse do trabalho era o culpado e a encaminhou a um psicólogo. Mas, depois de se encontrar com Kate, o psicólogo sentiu que o estresse não era a causa, que tinha de ser algo físico e a encaminhou para mim.

Considerei várias possibilidades que poderiam explicar a rápida melhora de Kate depois de tomar o remédio para a alergia à hera venenosa. Minha principal suspeita era de que ela seria alérgica a algo em seu local de trabalho; por isso, duas semanas se foram e mais uma dose de esteroides quase a curou totalmente. Se algo no seu local de trabalho a deixava doente, entrar de férias poderia melhorar seus sintomas. E os esteroides poderiam suprimir temporariamente as reações alérgicas. Juntar esses dois fatores poderia explicar a reviravolta de Kate em sua viagem.

Na minha opinião, era improvável que seu problema fosse uma alergia simples. Se você for alérgico a gatos, por exemplo, e visitar um amigo que os tenha, seus olhos podem coçar e lacrimejar ou você pode espirrar ou sibilar, mas os sintomas começarão, em geral, logo depois da exposição e desaparecerão horas depois de sair da casa de seu amigo. O padrão de Kate indicava uma reação alérgica tardia, mais típica de alergia ao mofo.

Nós precisávamos de mais informação, por isso dei a Kate duas tarefas:

- Primeiro: descobrir se tinha algum vazamento ou inundação no prédio onde ela trabalhava e procurar com cuidado sinais de dano por água ou descoloração de paredes ou teto.
- Segundo: ver se ela conseguiria trabalhar de casa por uma semana ou duas sem ir ao escritório.

Kate trabalhava para uma grande empresa de artes gráficas em um edifício comercial em Midtown. Quando ela examinou minuciosamente as paredes e os tetos, percebeu que as saídas de aquecimento e refrigeração perto de sua mesa estavam pretas em vez de brancas. Com um pouco de investigação, ela localizou uma fonte possível de mofo: os dutos que sopravam ar para sua área de trabalho.

Como ela trabalhava na maior parte das vezes com um laptop, Kate conseguiu trabalhar de casa por uma semana. O ciclo de sintomas começou a melhorar. Ela só voltou ao normal no fim da semana, depois de ter tomado esteroides, mas ela estava melhor na sexta-feira do que na segunda. Ela tinha quebrado o padrão evitando seu escritório, mas ela queria voltar a trabalhar com os artistas de sua equipe.

Com um teste em seu escritório, descobriram-se nas amostras retiradas dos dutos oito espécies de mofo. Para resolver o problema, era necessária uma limpeza cuidadosa dos dutos e o rebalanceamento de todo o sistema para impedir que a umidade se acumulasse nas junções da rede de ventilação. Todos os funcionários do escritório perceberam como o ar ficou mais limpo e Kate conseguiu voltar para sua mesa sem o retorno dos sintomas debilitantes. Mas ela ainda não estava bem.

Encontrar a contaminação pelo mofo foi só o primeiro passo. Eu ainda precisava tratar de dois fatores para ela recuperar sua vitalidade normal, ambos internos a Kate: alergia e toxicidade.

Como resultado da exposição pesada ao mofo, a alergia se tornara um problema real para Kate. Precisávamos considerar outras fontes de mofo, fora do escritório.

Além disso, duas das espécies encontradas nos dutos de ventilação produzem toxinas que podem afetar a função imunológica. Essas toxinas não necessariamente deixam seu organismo com o fim da exposição. Seu fígado as expele na bile e elas são secretadas em seu intestino delgado e, então, são reabsorvidas na corrente sanguínea, para elas continuarem a se reciclar em seu organismo. Kate precisaria de ajuda com a desintoxicação.

Ao aplicar os passos que compartilharei com vocês nos próximos capítulos, consegui ajudar Kate a melhorar seu ambiente pessoal. Ela diminuiu sua exposição ao mofo em casa, que crescia atrás da pia em seu banheiro úmido. E ao seguir a Dieta para Equilíbrio Imune, ela reduziu o mofo na dieta em um suporte à desintoxicação. Para intensificar o processo de desintoxicação, receitei a Kate dois suplementos alimentares:

- NAC (n-acetilcisteína): aminoácido e antioxidante que ajuda na desintoxicação.
- Carvão de coco, porque o carvão absorve as toxinas; quando tomado via oral, pode prender as substâncias tóxicas nos intestinos para elas serem excretadas do organismo em vez de absorvidas na corrente sanguínea.

A recuperação completa de Kate demorou um mês.

Para ajudar Kate a recuperar a saúde, consideramos três perguntas essenciais a alguém que suspeita ter alergias ocultas:

- A alergia é a causa de seus sintomas inexplicáveis?
- Você precisa eliminar algum alérgeno alimentar ou ambiental?
- Por que você é alérgico? Você pode mudar alguns desses fatores criando alergia?

Neste capítulo o levarei pelas perguntas que faço a meus pacientes para conseguir as respostas de que preciso.

O Processo de Descoberta da Solução para as Alergias

Você está prestes a embarcar em uma viagem fantástica de descoberta a uma esfera inexplorada da nova compreensão sobre si e seu ambiente pessoal. Deve ser um evento decisivo. Você se fará novas perguntas sobre seus sintomas, na tentativa de apresentar pistas ocultas sobre sua saúde. Algumas, você conseguirá responder na hora, como se tem dores nas articulações ou confusão mental. Outras parecerão mais obscuras, como se você tem uma sensação anormal de olfato ou paladar. Com essas perguntas você conseguirá reunir uma informação crucial sobre si e seu ambiente pessoal, tanto ao seu redor como dentro de si mesmo.

O que pode surgir é toda uma nova forma de ver e pensar na saúde, com você no centro. Cada item pode parecer um detalhe isolado, mas até pequenas pistas podem desvendar o mistério da sua jornada pela saúde e deixá-lo perto de descobrir quais podem ser seus gatilhos alérgicos e como eles influenciam a sua vida. Há algumas questões para se pensar aqui e não se surpreenda se o processo for emocional. Costuma ser uma revelação parar e pensar sobre o impacto dos seus sintomas na sua vida.

Nas próximas páginas, você dará quatro passos para desmascarar suas alergias.

Primeiro, usando a Lista de Sintomas de Solução para as Alergias, você identificará e registrará suas queixas.

Segundo, na seção Registre e Classifique seus Sintomas, você usará as perguntas fornecidas para medir a gravidade, a frequência e a duração dos seus sintomas.

Terceiro, na seção Busca por Gatilhos, você encontrará perguntas feitas para ajudá-lo a pensar sobre o timing e o ritmo de seus sintomas e como eles se relacionam com seu ambiente pessoal. Isso pode ajudá-lo a identificar o que provoca seus sintomas, aproximando-o mais da compreensão de suas alergias.

Quarto, na seção Busca pelas Origens, destacarei problemas importantes que costumam levar a alergias.

Quando terminar, você terá muita informação nova sobre si e sua saúde. Quero que leve toda a informação que coletar aqui com você quando se consultar com seu médico. Muito provavelmente isso levará a uma conversa muito produtiva, estimulando novas ideias e áreas para exploração. É tudo uma questão de ajudar a aproximá-lo de seu médico, saber mais, compreender mais sua própria jornada de saúde e ter um progresso significativo na descoberta de suas alergias.

Lista de Sintomas de Solução para as Alergias

Primeiro passo: faça uma lista dos sintomas que o incomodam. Esses são os sintomas que você vai classificar e avaliar. São eles que você vai tentar eliminar. Se você tiver sintomas demais para lembrar, esta lista pode refrescar sua memória. Por ora, apenas os registre. Você os analisará depois.

Vi cada um deles acontecerem como resultado de alergias em diferentes pacientes. Se você não vir seus sintomas listados aqui, apenas anote-os no fim.

Liste seus Sintomas

☐ Fadiga – física ou mental
- O que você parou de fazer por causa da fadiga?
_____

☐ Mal-estar generalizado
☐ Problemas com o peso
    ☐ Dificuldades em perder peso
    ☐ Dificuldades em ganhar peso
    ☐ Desejos alimentares
    ☐ Excesso de apetite
☐ Dor
    ☐ Dor de cabeça
    ☐ Dor de ouvido
    ☐ Dor de garganta
    ☐ Pressão nos seios paranasais
    ☐ Dor no peito
- Onde sente a dor no peito?
_____

☐ Azia
☐ Dor abdominal
    ☐ Acima do umbigo?
    ☐ Abaixo do umbigo?
☐ Dor nas costas ou no pescoço
☐ Dor nas articulações
- Quais articulações?
_____

☐ Dor muscular
- Quais músculos?
_____

☐ Dor em uma área diferente do corpo
- Qual área?
  _____

☐ Problemas para dormir
    ☐ Problemas para pegar no sono
    ☐ Problemas para permanecer dormindo
    ☐ Não acorda descansado pela manhã

☐ Distúrbios do humor
    ☐ Depressão
    ☐ Ansiedade
    ☐ Variações de humor
    ☐ Irritabilidade

☐ Problemas cognitivos
    ☐ Cansaço mental – problemas em focar ou se concentrar
    ☐ Má memória
    ☐ Confusão
    ☐ Hiperatividade

☐ Tontura
    ☐ Sente-se tonto ou sem equilíbrio
    ☐ Cabeça girando

☐ Coceira, inchaço ou vermelhidão
    ☐ Rosto
    ☐ Olhos
        ☐ Tem remela?
    ☐ Ouvidos
    ☐ Garganta
    ☐ Mãos ou pés
    ☐ Couro cabeludo
    ☐ Nádegas
    ☐ Genitais
        ☐ Tem corrimento?
    ☐ Área diferente do corpo
- Qual área?
  _____

☐ Por todo lugar
☐ Coriza, espirros
☐ Gotejamento pós-nasal, pigarro
☐ Sensação anormal de olfato ou paladar
　☐ Diminuição do olfato ou do paladar
　☐ Maior sensibilidade aos odores
☐ Tosse
　☐ Seca
　☐ Úmida – com muco
☐ Dificuldade para respirar
　☐ Chiado
☐ Palpitação
　☐ Batimentos irregulares
　☐ Batimentos acelerados
　☐ Batimentos fortes
☐ Gases
　☐ Inchaço abdominal
　☐ Eructação ou Arroto
　☐ Flatulência
☐ Diarreia
☐ Prisão de Ventre
☐ Pele seca ou escamosa
☐ Acne
☐ Perda capilar
☐ Outros sintomas

_____

_____

Descreva seus Sintomas

Em geral, os sintomas alérgicos oscilam, dependendo em parte da sua exposição a gatilhos alérgicos. Médicos descrevem essas oscilações com os termos *gravidade, frequência* e *duração*. A gravidade tem duas partes: a intensidade do sintoma no pior momento e o impacto geral do sintoma na sua vida. Frequência e duração determinam o padrão de seus sintomas.

Para cada sintoma que você selecionou ou anotou na lista anterior, pergunte-se:

O sintoma está sempre presente, ou vem e vai?
☐ Sempre presente – nunca fico completamente sem ele
☐ Vem e vai – às vezes não sinto

Quando está presente, sua intensidade varia?
☐ É sempre o mesmo
☐ Às vezes é mais forte, em outras é mais fraco

Em qual porcentagem de tempo o sintoma está mais forte?
10, 20, 30, 40, 50, 60, 70, 80, 90

Em qual porcentagem de tempo o sintoma está mais fraco?
10, 20, 30, 40, 50, 60, 70, 80, 90

Em qual porcentagem de tempo você não tem esse sintoma?
0, 10, 20, 30, 40, 50, 60, 70, 80, 90

Em qual porcentagem de tempo você não tem nenhum dos sintomas?
0, 10, 20, 30, 40, 50, 60, 70, 80, 90

Depois de entender o padrão dos seus sintomas, você pode classificá-los. Para cada sintoma selecionado ou anotado, responda às perguntas da seção a seguir. Assim você conseguirá acompanhar seu progresso. Essa é a chave para um diário preciso, o que será útil quando você começar a Limpeza Profunda no capítulo 6. Anote suas respostas na tabela fornecida depois das perguntas:

- Qual o impacto desse sintoma na sua vida?
  (Isso é Gravidade Geral.)

1. Um pouco
2. Mais ou menos
3. Muito
4. Não aguento mais

- Se oscilar, qual é sua intensidade no seu pior momento?
  (Isso é Gravidade Máxima.)

1. Leve incômodo
2. Um tanto desagradável
3. Muito sintomático
4. Agonia

- Qual a frequência do sintoma?
1. Menos de uma vez por mês
2. Uma vez por mês
3. Duas ou três vezes por mês
4. Uma vez por semana
5. Duas ou três vezes por semana
6. Uma vez por dia
7. Mais de uma vez por dia
8. Constantemente

- Quanto tempo dura cada ocorrência?
1. Segundos – um sintoma passageiro, ainda que grave
2. Alguns minutos
3. Até uma hora
4. Até várias horas, mas menos de um dia
5. Um dia inteiro
6. Vários dias
7. Uma semana ou mais
8. Variável demais para ser escrito dessa forma

Registre e Classifique seus Sintomas

Use esta tabela para registrar os sintomas que o incomodam e os classifique com relação a:

- Gravidade Geral (Qual o impacto deste sintoma na sua vida)
- Gravidade Máxima (Qual é sua intensidade no pior momento)
- Frequência (Com que frequência ocorre)
- Duração (Quanto tempo dura quando ocorre)

Sintoma	Gravidade Geral (1 a 4)	Gravidade Máxima (1 a 4)	Frequência (1 a 8)	Duração (1 a 8)

Busca por Gatilhos

O trabalho de detetive de alergias é a busca por gatilhos. Nada produz um alívio tão dramático e total quanto identificar um gatilho alérgico e eliminá-lo. Nem todos os gatilhos podem ser eliminados, claro. Mas saber quais eles são é de grande ajuda na criação de um programa de tratamento individualizado.

Às vezes o gatilho é óbvio, pois os sintomas são imediatos e sua exposição é episódica. A alergia a gatos ou amendoins costuma entrar na categoria "óbvia". Mas muitos dos casos descritos neste livro envolvem gatilhos não tão evidentes. Eles precisam ser desencavados. A função da próxima lista é ajudá-lo a identificar os gatilhos nada óbvios para seus sintomas alérgicos.

Responda às perguntas a seguir para cada sintoma na lista que você selecionou ou anotou, por favor. Essas perguntas se aplicam aos sintomas com gravidade variável ou que vêm e vão. Listei os tipos de gatilhos mais comuns, mas a lista não é completa.

- ☐ Há um ritmo na ocorrência ou gravidade do sintoma?
- ☐ Piora durante a noite ou de manhã ao acordar?
  - Pode ser algo que você comeu na noite anterior.
  - Poderia ser algo no seu quarto:
    - ☐ Pó e ácaros são os alérgenos mais comuns no quarto. Eles se escondem em carpetes, cortinas, travesseiros, colchões, livros e bichos de pelúcia.
    - ☐ Sabão em pó, líquido ou amaciante usados nos lençóis podem ser um problema.
    - ☐ Teve um vazamento ou inundação, talvez em um banheiro ao lado?
    - ☐ Tem muitos móveis de compensado? Quando estiverem novos ou úmidos, podem emitir formaldeído, um alérgeno e irritante.
    - ☐ Você tem um novo carpete, cortinas ou tinta fresca? Eles emitem compostos orgânicos voláteis (COVs), que podem provocar sintomas alérgicos ou tóxicos.
    - ☐ Seu colchão é novinho ou muito velho? De qualquer forma, pode ser uma fonte de COVs.
    - ☐ Seu animal de estimação dorme com você?

- [ ] O sintoma não é ruim de manhã, mas piora à noite ou durante o dia?
- Considere alergia a um alimento que você come diariamente.
- [ ] Piora durante a semana?
- Talvez seja um gatilho no trabalho ou na escola.
- [ ] Piora nos finais de semana?
    - [ ] Você come ou bebe algo diferente nos finais de semana?
    - [ ] O que faz em seu tempo livre nos finais de semana? Aonde você vai?
- [ ] Piora antes da menstruação?
- Você pode ser alérgica à progesterona. Depois da ovulação, o nível desse hormônio se eleva dramaticamente em seu organismo. Você precisará de um alergista habilidoso para examinar isso.
- Você pode ser alérgico à levedura. O nível de levedura no organismo cresce antes da menstruação, sob a influência do aumento da progesterona.
- [ ] Piora na primavera?
- Pode ser polinose. Verifique os níveis de pólen na sua área no auge dos sintomas.
- [ ] Piora no fim do verão ou no início do outono?
- Pode ser polinose. Verifique os níveis de pólen na sua área no auge dos sintomas.
- [ ] Piora no meio ou no fim do outono?
- Pode ser alergia ao mofo. Verifique a contagem de esporos de mofo na sua área.
- [ ] Piora quando liga o aquecedor?
- Veja se há contaminação no sistema de aquecimento. Mofo, pó ou outros poluentes devem ser considerados.
- [ ] Piora com o ar-condicionado?
- Veja se há contaminação no ar-condicionado ou no sistema de ventilação. Mofo é uma forte possibilidade, embora algumas pessoas reajam ao ar frio.
- [ ] Melhora com o inverno rigoroso, quando está gelado?
- Pode ser mofo ou pólen.

- ☐ Melhora no verão, independentemente do local?
- • Alergias alimentares costumam melhorar no verão.
- ☐ Os sintomas ocorrem mais ou pioram em algum **local**?
    - ☐ Em ambientes fechados: considere mofo, pó, ácaro ou alguma contaminação ou poluição de sua residência ou local de trabalho. Há uma longa lista de possibilidades.
    - ☐ Ao ar livre: considere mofo, pólen ou poluição do ar.
    - ☐ No campo: considere mofo, pólen local ou poluição na agricultura.
    - ☐ Na cidade: considere poluição dos escapamentos de carros, emissões de veículos a diesel e de secadoras, além de outras fontes urbanas.
    - ☐ No seu carro?
        - • Se for novo, podem ser níveis elevados de COVs.
        - • Se for velho, procure por mofo ou vazamentos no escapamento.
    - ☐ Em trens ou aviões: COVs de produtos de limpeza são os possíveis culpados.
    - ☐ Em um hotel:
        - • Se for novo ou recém-redecorado, COVs dos produtos de limpeza, móveis ou materiais de construção.
        - • Se for velho, podem ser mofo ou pó.
- ☐ Os sintomas ocorrem **menos** ou são menos graves em algum **local**?
    - ☐ Nas férias? Talvez algo em sua casa ou local de trabalho abrigue alérgenos.
    - ☐ No campo, nas montanhas, na praia? Talvez seja um poluente no ar da cidade.
    - ☐ Na cidade. Talvez sejam esporos de mofo ao ar livre.
- ☐ Os sintomas ocorrem mais ou pioram em alguma **condição ambiental**?
    - ☐ Tempo úmido? Podem ser esporos de mofo ao ar livre.
    - ☐ Antes de uma tempestade? Provavelmente são esporos de mofo ao ar livre.
    - ☐ Em dias claros com vento? Provavelmente pólen ou pó.

- ☐ Seus sintomas aparecem mais ou pioram durante alguma **atividade**?
    - ☐ Faxina? Pense em pó.
    - ☐ Jardinagem? Pense em mofo.
    - ☐ Comer ou beber? Pense na alimentação.
- ☐ Seus sintomas parecem piorar com alguma **medicação**?
    - ☐ Antibióticos? Se você não for alérgico ao medicamento, talvez seja alérgico à levedura que provavelmente crescerá em sua flora por causa do antibiótico. Ao matar as bactérias, eles deixam seu trato gastrointestinal aberto à proliferação de leveduras.
- ☐ Seus sintomas parecem melhorar com alguma **medicação**?
    - ☐ Anti-histamínicos? Costumam ajudar em sintomas causados por alergia.
    - ☐ Esteroides? Aliviam em geral os sintomas da alergia enquanto os toma e podem ajudar também a reduzir a inflamação não alérgica. Mas eles têm efeitos colaterais graves.
    - ☐ Antibióticos? Eles combatem infecções bacterianas, mas alguns têm efeitos anti-inflamatórios separados dos efeitos antibióticos. Considere três possibilidades:
        - O sintoma que melhora com um antibiótico é resultado de uma infecção bacteriana originária da inflamação causada por uma alergia subjacente.
        - A alergia é, na verdade, resultado de uma infecção bacteriana.
        - A melhora não tem qualquer relação com o efeito antibiótico da medicação. Há alguma outra explicação.

Busca pelas Origens

Creio que, para identificar e reverter suas alergias, entender como elas se desenvolveram ajuda. A genética influencia, mas a epidemia de alergia galopante dos últimos 40 anos se deve mais a fatores ambientais do que a mudanças genéticas. Os genes apenas criam a suscetibilidade. Como expliquei no primeiro capítulo, crianças com um defeito no gene para a criação da enzima desintoxicante GST desenvolvem asma apenas se também foram expostas a toxinas ambientais, como fumaça de cigarro e emissão dos escapamentos de veículos a diesel. Esse é um motivo excelente para eliminarmos essas toxinas do ambiente.

O que Leva a suas Alergias?

Ajuda saber quais fatores alteram o equilíbrio da saúde, porque ao resolvê-los você a restaura. Chamo esses fatores de Antecedentes. Na minha experiência clínica, os Antecedentes mais comuns para o desenvolvimento de doenças alérgicas são:

- Exposição a toxinas ambientais;
- Exposição forte demais a mofo ou pólen;
- Infecção;
- Depleção dos microrganismos benéficos do organismo;
- Carência nutricional;
- Má digestão;
- Estresse extremo – psicológico ou físico.

Eu trato de cada um deles em detalhes ao longo do livro. Para entender melhor as origens de suas alergias, pergunte-se se seus sintomas começaram durante ou depois das seguintes circunstâncias:

- Renovação em casa ou no trabalho ou mudança para uma casa ou local de trabalho recém-construído ou reformado? COVs oriundos de materiais de construção e acabamento são Antecedentes prováveis.
- Morar em uma área com um pesado tráfego comercial ou indústrias? A poluição do ar por substâncias particuladas é um Antecedente provável.
- Morar ou trabalhar em um edifício com pouca ou muita umidade ou em um espaço onde aconteceram vazamentos ou inundações? A exposição ao mofo ou a ácaros é um Antecedente provável. O principal alérgeno do ácaro é, na verdade, uma enzima produzida por ele que danifica diretamente a mucosa do trato respiratório.[1] A exposição a ácaros tem um efeito tóxico no seu organismo, que cria uma resposta alérgica à toxina. O mesmo vale para certos pólens.
- O uso de antibióticos? É um Antecedente provável pela depleção de bactérias benéficas e a proliferação de leveduras e bactérias oportunistas.

- Tratamento para indigestão ou úlceras? Em geral, o tratamento médico dessas condições depende de drogas que suprimem a produção do ácido estomacal. Assim como os antibióticos, essas drogas têm um impacto negativo nas bactérias benéficas residentes no seu trato intestinal. Provou-se que elas aumentam o desenvolvimento de alergias alimentares.
- Dietas extremas? Uma perda de peso rápida pode eliminar nutrientes essenciais de seu organismo e prejudicar a função imunológica. A Dieta para Equilíbrio Imunológico no capítulo 8 foi feita para dar um suporte nutricional para a imunidade.
- Estresse? A resposta ao estresse de seu organismo é na verdade uma resposta protetiva, criada para ajudá-lo a reconhecer, confrontar ou evitar o perigo. Mas ela tem um preço alto e o estresse crônico pode ser a principal causa de desequilíbrios imunológicos na base das alergias.
- Doença aguda? Se seus problemas alérgicos começaram ou pioraram muito depois de uma doença aguda, pergunte-se:
- A doença o fez mudar sua dieta ou perder ou ganhar peso?
- Você tomou quais medicações? Elas poderiam ter provocado as alergias?
- Você está totalmente recuperado? Você não poderia estar doente por algum aspecto da doença?

Desvendando o Caso

Agora vamos analisar outro caso para ver como vários antecedentes convergiram para criar a tempestade alérgica pessoal perfeita de uma mulher e como seu trabalho de detetive desvendou o caso.

Daphne é uma engenheira de projetos de 42 anos que viaja pelo mundo todo a trabalho em vários projetos para diversos clientes de alto nível. Há cinco anos, quando ela foi convidada para ser madrinha do casamento de uma amiga no Sudeste Asiático, Daphne entrou em uma dieta drástica. Ela perdeu 15 kg em três meses, mas também desenvolveu uma grave dor abdominal, que aumentou quando ela se tratou com antiácidos.

Ela foi ao casamento, mas, quando voltou, descobriu que a maioria dos alimentos que costumava comer a deixava mal com desagradáveis sintomas gastrointestinais. A cada refeição ela tinha arrotos, náuseas e inchaço abdominal. Ela desenvolveu uma diarreia frequente, que levou a mais perda de peso involuntária.

Ela se consultou com um gastroenterologista que descobriu que ela estava infectada com uma bactéria estomacal chamada *H. pylori*, causa frequente de úlceras estomacais e inflamação. O médico suspeitou de que ela tenha adquirido a infecção na viagem ao Sudeste Asiático para o casamento. Ele a tratou com sucesso com dois antibióticos, mas curar a infecção não pareceu fazer muito para aliviar seus sintomas. Daphne continuou a ter eructações e se sentir inchada todos os dias, além de ter diarreias fequentes e começou a ficar irritada.

Então, pela primeira vez em sua vida, Daphne desenvolveu uma infecção nos seios paranasais e sinusite recorrente todas as semanas. Os sintomas eram pressão na face, bochechas inchadas e gotejamento pós-nasal. Os sintomas respiratórios se juntaram ao sofrimento de seus sintomas digestivos.

Daphne foi encaminhada a um alergista que descobriu que era alérgica a ácaros e muitos tipos de pólen. Um ano de injeções antialérgicas não ajudou nada.

Por iniciativa própria, Daphne percebeu que beber leite provocava coriza e olhos lacrimejantes. Decidiu, então, eliminar totalmente todos os laticínios, e sua sinusite e problemas digestivos melhoraram um pouco.

Um ano antes de se consultar comigo, ela conseguiu um novo emprego em um novo edifício. Quando o calor acabou em novembro, todos os seus sintomas voltaram. Ela decidiu investigar as razões para sua doença por vontade própria. Descobriu que o isolamento do edifício era feito de espuma de polietileno, aplicada logo antes de ela começar a trabalhar lá.

Ela também soube que isocianetos, um produto derivado da espuma de polietileno, são alérgenos potentes e causadores conhecidos de asma ocupacional. Ela conseguiu um pedaço de 30 centímetros de espuma endurecida e descobriu que, quando ela a segurava perto do rosto, seus olhos lacrimejavam, seu nariz escorria e seu rosto inchava. Mais uma vez ela pensou ter resolvido o problema.

Daphne conseguiu um emprego em um edifício mais antigo e seus problemas nos seios paranasais melhoraram, mas apenas por pouco tempo. Ela então percebeu que outras substâncias químicas ambientais, como solventes e produtos de limpeza, tinham o mesmo efeito nela do que a espuma de polietileno.

Então, dois meses antes de me ver, ela desenvolveu uma dor intensa e ardente nas pernas e uma fadiga debilitante. Ela voltou ao alergista, que descobriu que ela tinha ficado alérgica ao látex e à banana, uma fruta que pode provocar alergia em pessoas alérgicas ao látex. (Visite

<www.drgalland.com> para mais informações sobre alergia ao látex.) Embora tenha retirado fontes possíveis de exposição ao látex e evitasse alimentos com uma reação cruzada ao látex, ela piorou em vez de melhorar. Agora, incapaz de ter um desempenho no seu costumeiro alto nível, ela saiu de licença médica.

Quando Daphne veio ao meu consultório, elogiei-a por sua determinação para chegar às raízes de sua doença e seu persistente trabalho de detetive das alergias. Ela negligenciou a chave para sua doença e me pareceu que ela estava debaixo do nosso nariz.

A cascata complexa de alergias crescentes começou durante sua viagem para o Sudeste Asiático. Dois importantes acontecimentos precederam suas alergias: uma dieta rigorosa para a perda de peso e o uso de antiácidos. Eles provocaram uma carência de nutrientes, resultando em uma disfunção imunológica, e aumentaram seu risco de adquirir uma infecção gastrointestinal. Seu gastroenterologista identificou uma infecção bacteriana, mas seu tratamento não eliminou seus sintomas digestivos. Talvez houvesse outra infecção que tenha escapado do radar.

Na verdade, havia. Descobri que Daphne tinha duas parasitoses: uma ameba chamada *E. histolytica* e um verme chamado *Ascaris*. Quando a tratei com os antibióticos adequados, houve uma resposta incrível. Nos primeiros dias seguintes, todos seus sintomas se intensificaram. Ela teve mais dor nas pernas e no rosto, mais inchaço no rosto e mais gotejamento de muco e coriza. Então, duas semanas depois, todos os seus sintomas começaram a melhorar. Sua energia aumentou e suas reações alimentares diminuíram.

Tratar os parasitas de Daphne teve o efeito de resolver seus sintomas alérgicos, mas ainda precisávamos examinar sua nutrição. Ela ficou bem enfraquecida e subnutrida enquanto sofria de enfermidades gastrointestinais, incluindo diarreia. Em um nível mais básico, nada do que ela comia era digerido adequadamente, mas passava pelo sistema digestório sem que ela recebesse o benefício nutricional completo.

Agora que ela conseguia comer normalmente, recomendei-lhe que começasse a Dieta para Equilíbrio Imunológico (sobre a qual você lerá no capítulo 8) para dar um suporte nutricional maior. A dor, o inchaço facial e o gotejamento de muco desapareceram. Sua sinusite tinha sumido. Daphne estava grata por ter sua saúde de volta.

Sempre investigando, ela insistiu em visitar seu escritório anterior, onde ela de novo foi confrontada com a espuma de polietileno e os solventes de limpeza, assim como antes. Mas agora Daphne não tinha reações adversas a nenhum deles.

Conclusão

Neste capítulo, analisamos as alergias ocultas que podem causar uma gama desconcertante de sintomas inexplicáveis. Vimos como Kate, artista gráfica e mãe, foi de energética a exausta por causa de uma alergia não descoberta. Como um detetive coletando provas, revisamos um histórico detalhado de seus sintomas e soubemos que eles quase desapareceram quando ela estava fora do escritório, o que me levou a suspeitar de alergia ao mofo, uma causa ambiental comum de doença que resolvemos no escritório de Kate. Seu caso ilustra o Processo de Descoberta da Solução para as Alergias, com o objetivo de reunir informações sobre si e seus sintomas para resolver o enigma de sua condição.

Conhecemos a engenheira de projetos Daphne, uma viajante que desenvolveu um caso misterioso de dor abdominal e sinusite. Depois de eliminarmos seus parasitas, cuidamos de sua nutrição com a Dieta para Equilíbrio Imunológico e eliminamos seus sintomas.

Resolver o enigma da alergia envolve um trabalho de investigação diligente e apresentei ferramentas para ajudá-lo a coletar as informações necessárias. Agora que você dirigiu sua atenção para seus sintomas alérgicos e os fatores mais prováveis de serem gatilhos, deu um passo importante para reverter suas alergias e recuperar sua saúde. Acredito que essas informações detalhadas sejam tão essenciais para compreender a saúde de uma pessoa que você deve levar a Lista de Sintomas e todos os dados valiosos reunidos sobre si, com as ferramentas apresentadas aqui, para seu médico para um exame minucioso.

Os próximos capítulos mostrarão um caminho para mirar aspectos da dieta que possam estar contribuindo com as alergias ocultas e o impedindo de se sentir realmente bem. Mas, primeiro, vou enviá-lo em uma missão para reduzir sua exposição a toxinas em seu ambiente pessoal, algo que todos devem fazer para eliminar as toxinas que possam contribuir com nossas alergias e debilitar nossa saúde.

Nota do Capítulo 4

---

1. Wan H, Winton HL, Soeller C, Tovey ER, Gruenert DC, Thompson PJ, Stewart GA, Taylor GW, Garrod DR, Cannell MB, Robinson C. "Der p 1 facilita a liberação transepitelial do alérgeno prejudicando as junções firmes", *J Clin Invest.*, julho de 1999; 104(1); p. 123-133.

Capítulo 5

Missão: Desintoxicar

Missão: Evitar Eventos Tóxicos que Contribuam com as Alergias e Debilitem sua Saúde

Você está pronto para evitar ácaros, atacar substâncias químicas e purificar o ar em ambientes fechados? Então você tem tudo de que precisa para ficar atento ao seu redor e manter olhos, ouvidos e nariz alertas às grandes ameaças tóxicas. Como paredes recém-pintadas. Gases de escapamento de veículos a diesel. O corredor de produtos de limpeza no supermercado.

Você não pode viver em uma bolha, claro. Não seria nada divertido. Mas pode diminuir sua exposição às toxinas que aumentam seu risco de alergia e ameaçam sua saúde.

O Elefante Tóxico na Sala

A cada 2,6 segundos, uma nova substância química é criada ou isolada. A Sociedade Química Americana tem uma base de dados com mais de 50 milhões de substâncias químicas em uso em algum lugar no mundo. Muitas delas podem ser encontradas nos lugares onde você vive, trabalha, estuda ou faz suas compras. Algumas delas têm efeitos negativos profundos na saúde, principalmente para pessoas com alergias ou asma.

A emissão de gases dos escapamentos de veículos a diesel, como caminhões e ônibus, solventes usados para limpeza, micropartículas e substâncias químicas como estireno e xileno de impressoras a laser e copiadoras são apenas algumas das toxinas contra as quais nossos organismos precisam lutar no mundo moderno. Muitas pegam carona no pó, que é um irritante antiquíssimo. Os sintomas clássicos de alergia, como espirros, tosse e coceira, são as formas de o organismo tentar livrá-lo de toxinas como essas. Mas com tantas toxinas assim, os mecanismos de defesa do organismo podem facilmente ficar sobrecarregados.

As toxinas ambientais são como um elefante gigante na sala, tentando se esconder na ponta dos pés. O incrível é que apesar do seu tamanho enorme, esse elefante tóxico consegue se esconder em plena vista. A maioria das pessoas apenas considera as muitas toxinas ao seu redor como uma parte rotineira da vida e se acostuma a não prestar atenção a elas. Quantas vezes ouvi pessoas repetirem a frase "O cheiro não me incomoda" ao se depararem com tinta fresca ou outros perigos tóxicos?

O fato é que nossa saúde é muito afetada pelas toxinas com que nos deparamos na vida cotidiana. Elas vêm de todos os lados, da esquerda à direita, de cima a baixo. Nós as respiramos com nossos narizes e pulmões. Nós as absorvemos pela pele, elas entram em nossos olhos e as engolimos nos alimentos e na água.

O ataque tóxico começa quando você acorda, antes mesmo de sair da sua casa. Tome uma xícara de café, aquela pela qual você ansiava desde que foi dormir à noite. Se não for orgânico, sua xícara pode conter pesticidas junto com seu café, pois os arbustos de café estão entre as plantas mais pulverizadas do mundo.

No chuveiro, você esfrega o xampu no cabelo até formar espuma. A maioria dos xampus industrializados contém substâncias químicas como o detergente sódio laurel sulfato, um conhecido irritante cutâneo que pode danificar a saúde da sua pele e levar à vermelhidão e coceira da dermatite de contato.

Ou você passa o creme de barbear. Agora você provavelmente tem um punhado de três mil substâncias químicas potenciais, usadas para criar sua fragrância e, muito provavelmente, a trietanolamina, um irritante cutâneo e respiratório, e o mesmo sódio laurel sulfato que estava no seu xampu. Eles estão todos na sua mão, indo direto para seu rosto. E seu dia só começou.

Toda essa toxicidade cobra um preço alto. A exposição a tóxicos, como sprays de limpeza, vapores de tinta, formaldeído, fragrâncias, sabão líquido perfumado para roupas ou milhares de outras coisas, pode explicar muitos dos sintomas misteriosos sentidos por meus pacientes. Para muitas pessoas, é a carga cumulativa total de toxinas que desequilibra a balança a um ponto máximo e elas ficam doentes.

Portanto, neste capítulo o envio em uma missão para aliviar sua carga e desintoxicar sua vida, usando as estratégias que ajudaram minha família a reduzir nossa exposição a muitas toxinas comuns.

Empregue Medidas Evasivas

No cerne da estratégia Galland está a flexibilidade. Quando acontece um evento tóxico, você quer estar pronto para ter uma ação evasiva. Veja como funciona:

- Digamos que sua galeria favorita acabou de pintar as paredes na preparação para uma grande e nova exposição. As obras de arte estão nos lugares e tudo parece perfeito. Mas o cheiro é terrível, com os vapores de tinta no ar. Então o que você pode fazer assim que entra? Simples – saia de lá!
- Você se aproxima de sua cafeteria favorita. Mas percebe que operários estão refazendo a calçada bem na frente dela, com britadeiras quebrando o concreto antigo e veículos de construção emitindo no ar gases de escapamento a diesel em escala industrial. O que você faz? Experimente uma cafeteria diferente hoje e volte quando eles tiverem terminado a obra.
- Você está andando com o carrinho no supermercado e chega ao corredor dos produtos de limpeza e do sabão líquido para roupas de perfume forte. Tenho certeza de que você sabe o que fazer a esta altura. Isso mesmo, continue empurrando o carrinho e saia desse corredor. É o que faço.

Você vai precisar se acostumar com esta estratégia. Se quiser, pense nela como um jogo. Talvez até como uma aventura. Mas é de verdade.

Limpeza no Estilo Solução para as Alergias

A limpeza é uma base do sonho americano. Os caras do marketing e da publicidade descobriram isso nos anos 1950. Dá para imaginar Don Draper de *Mad Men*, vestido de terno e gravata, mandando suas ideias para um cliente entrando em uma viagem sobre as virtudes e os benefícios de um produto de limpeza doméstica. Ele o faria parecer puro, belo, até sensual. Claro que ele está vendendo só uma garrafa de substâncias químicas, mas isso é o que atrai tanto às mentes inteligentes de *Mad Men*: como colocar emoção em algo tão trivial.

A verdadeira limpeza, no entanto, não vem de um desinfetante em spray cheio de substâncias químicas, de um limpa-piso cheio de detergente que produz vapores irritantes ou de um aromatizador de ar que apenas cobre os odores com algo artificial e potencialmente alergênico. Não deixe uma equipe de publicitários determinar quais produtos deve usar e a quais substâncias químicas ficará exposto. Quando você está disposto a eliminar alérgenos em sua casa (ou em seu escritório ou escola), por que trazer novos?

Estou propondo toda uma nova forma de ver a limpeza. Uma nova ideia de "frescor" que o ajuda a se livrar do pó, dos alérgenos e das substâncias química de uma vez só!

Sua missão é desintoxicar seu espaço pessoal, no melhor estilo Solução para as Alergias. Vou lhe dar três baldes para usar na faxina: um para pó e mofo, um para poluição do ar em ambientes fechados e outro para substâncias químicas, como aquelas em seu borrifador.

Balde de Pó e Mofo

O pó chega à sua casa de fora, entrando calmamente pelas portas e janelas e penetrando pelas frestas. Ele e outros alérgenos também são gerados por muitas coisas que já estão do lado de dentro, incluindo suas toalhas, roupas, animais de estimação e até seu corpo. Você se vira e lá está ele de novo. Pó. Ele se junta em todo lugar, como... bem, como pó. Cria um abrigo para toxinas transportadas pelo ar e por insetos tóxicos, como o ácaro.

O mofo, por sua vez, cresce em locais úmidos e pode destruir sua saúde, como vimos no caso de Kate no capítulo 4. Diminuir pó e mofo é um primeiro passo excelente para desintoxicar seu espaço pessoal e se proteger desses grandes alérgenos.

Deixe Pó e Alérgenos para Fora

Como acabei de dizer, o pó vem de fora, então não vamos lhe dar mais nenhuma carona para dentro de casa. Tire seus sapatos antes de entrar. Sejam sapatos de corrida cor de neon, sapatos sociais, sapatilhas, mocassins, botas de cano longo de couro, coturnos, todos podem levar pó, toxinas e alérgenos para dentro de sua casa.

Além de muitas bactérias, segundo uma pesquisa da Universidade do Arizona. Os pesquisadores descobriram sapatos contaminados com grandes colônias de bactérias, incluindo coliformes fecais e *Escherichia coli*, indicando contato com matéria fecal, que o estudo sugere vir de banheiros públicos ou dos excrementos de animais. No passo seguinte do estudo, os pesquisadores também descobriram que quando esses sapatos usados fora entravam em contato com pisos limpos, até 90% das bactérias que eles carregavam eram transferidas para o piso.[1]

Agora, dependendo de suas atividades ao ar livre, você pode querer tirar mais do que seus sapatos. Estava trabalhando no jardim? Cortando a grama? Suas roupas podem estar cobertas de terra e alérgenos como pólens de árvores e gramíneas. Você vai querer trocar de roupa e colocar as sujas para lavar.

Bichinhos Bons, Bichinhos Maus: Compreendendo a "Hipótese da Higiene"

A Hipótese da Higiene é a mal denominada, mas atualmente popular teoria das origens da epidemia de alergia. Baseia-se em um punhado de observações: 1) Alergias são muito incomuns nos países em desenvolvimento, onde o saneamento básico é bem menos intenso do que nos países mais avançados economicamente. 2) As crianças que vivem em grandes famílias ou crescem com animais de estimação têm menor probabilidade de terem alergias do que aquelas de famílias pequenas ou que não cresceram com animais. 3) Bebês nascidos por cesariana têm maior probabilidade de desenvolverem alergias do que aqueles nascidos de parto normal.

A teoria derivada por trás da Hipótese da Higiene é que a exposição a bactérias e outros microrganismos no início da vida condiciona o sistema imunológico a resistir ao desenvolvimento da alergia, e o mundo moderno excessivamente higienizado nos priva dessa proteção, deixando as alergias se propagarem. Na minha opinião, esta é uma hipótese incompleta e, de uma perspectiva de resolução dos problemas, é um beco sem saída, pois sugere que a solução para a crise alérgica é menos saneamento.

A Hipótese da Higiene ignora todos os dados apresentados neste capítulo e em todo este livro, que mostram que não é só a ausência de leveduras que leva às alergias. É a presença de substâncias tóxicas que danifica nossos tecidos, além das carências nutricionais que prejudicam a habilidade do nosso organismo de se proteger desse dano.

Nessa luta entre dano celular e reparo, há um papel para os "bichinhos bonzinhos": as bactérias que vivem normalmente em um organismo saudável e povoam o espaço em que você mora e trabalha. Descrevo os efeitos dessas bactérias nos vários capítulos a seguir. Aumentar nossa compreensão de como podemos ajudar esses organismos benéficos a nos manter saudáveis é uma área fascinante de minha pesquisa.

Tire Toda a Bagunça que Atraia Pó de sua Casa

Superfícies planas, como uma mesa de centro ou a bancada da cozinha, são como ímãs de pó. E o pó adora bagunça, não só porque bichinhos de pelúcia, porta-retratos, artesanato e todos os tipos de objetos decorativos e domésticos são lugares perfeitos para o pó se esconder, mas porque a bagunça dificulta a limpeza. Então vamos varrer o pó, purificar o ar e mandar limpar as coisas no estilo Solução para as Alergias.

Quanto mais coisas você tirar da bancada de sua cozinha, da mesa de centro e do criado-mudo, mais rápido e mais fácil será tirar o pó e os alérgenos. Depois, quando essas superfícies estiverem livres da bagunça e tão convidativas, você se verá limpando mais essas superfícies, mantendo sua casa ainda mais limpa do que antes.

Para tirar o pó, prefiro usar um pano úmido para a sujeira não se espalhar pela sala. Outra dica é usar uma máscara enquanto limpa, para você não inalar o pó. Passar um esfregão úmido no chão também ajuda.

Não Crie Ácaros

Aqui está outro motivo para praticar o controle do pó: daquela prateleira empoeirada difícil de alcançar à área ao redor do seu equipamento de som ou ao espaço embaixo da sua cama, o pó da sua casa pode conter bichinhos minúsculos chamados, adivinhe, ácaros. Você não consegue vê-los e eles não o veem. Essas criaturinhas primitivas não têm olhos, têm oito pernas e pertencem à família das aranhas. Eles se alimentam da pele deixada pelas pessoas e seus animais de estimação. Um grama de pó contém de 100 a 500 ácaros.

Eles são responsáveis pela maior parte de nossas alergias ao pó. Em outras palavras, a alergia ao pó é basicamente uma reação alérgica ao excremento e aos corpos de ácaros.[2] E mais, ácaros contêm enzimas tóxicas que danificam diretamente o revestimento respiratório, permitindo uma maior penetração de irritantes e alérgenos transportados pelo ar.[3]

Seu organismo tem uma resposta protetiva, um inibidor de enzimas natural que pode limitar o dano produzido pela enzima tóxica do ácaro, mas os poluentes do ar em ambientes fechados bloqueiam os efeitos desse inibidor.[4] A combinação de ácaro e poluição do ar em um ambiente fechado pode criar uma tempestade perfeita que leva direto à asma alérgica.

Na verdade, temos uma ideia errônea dos ácaros: eles não precisam do pó para sobreviver. Eles precisam de umidade e de um lugar macio para se esconder, como a cama e móveis estofados. Para combater os ácaros com mais eficácia, use um aspirador com um filtro HEPA. Um aspirador comum apenas sopraria os ácaros pela sala. Use um pano ou esfregão úmido, como observado anteriormente, para manter o pó no chão e lavar os ácaros. Usar um método seco apenas os espalha.

Substitua ou tapetes do quarto, quando possível, por piso de madeira ou cerâmica. Isso elimina um dos hábitats dos ácaros. Use protetores de colchão, travesseiro e mantas antiácaros. Lave toda a roupa de cama pelo menos uma vez por semana em água quente para matar os ácaros.[5] E mantenha baixa a umidade relativa de sua casa e local de trabalho.

Um artigo de 2014 da Escola de Medicina de Harvard, que analisou a pesquisa para diminuir os alérgenos em casa, confirmou esta como a estratégia mais eficaz para reduzir ácaros: limpar a casa com frequência, usar roupas de camas impermeáveis antiácaros, lavando-as em água quente uma vez por semana, manter a umidade abaixo de 50%, não usar carpetes nem ter bichos de pelúcia.[6]

Nocaute no Mofo

Os sinais óbvios de mofo são o cheiro de bolor ou uma descoloração visível. Mas o mofo pode estar à espreita em qualquer lugar, principalmente onde for úmido, escuro e quente. O mofo, assim como o ácaro, adora bastante umidade. Ele se desenvolve em lugares úmidos, molhados ou cheios de água. Em uma umidade de 70% ou mais, ele cresce rápido. Então você vai querer um nível de umidade muito mais baixo (o ideal seria de 30 a 45%) em toda sua casa ou apartamento.

Pense em todos os banhos que você toma em casa, soltando todo aquele vapor. A umidade em excesso precisa ir para algum lugar. Por isso você não quer sua casa trancada como o Fort Knox. Em vez disso, você quer que ela respire um pouco, para a condensação não aumentar. Tenha uma ventilação adequada, especialmente nas áreas mais úmidas da casa. Um desumidificador ou ar-condicionado limpos e bem cuidados também podem ajudar a reduzir a umidade.

Um grande esconderijo para o mofo é a geladeira, por isso, limpe-a regularmente. Verifique todos os alimentos e jogue fora todos os itens nos quais você achar mofo. Lembre-se, como ele também pode crescer nos alimentos e nas bebidas deixados fora da geladeira, coloque-os nela ou descarte-os.

Elimine as Baratas

Baratas podem causar grandes problemas em se tratando de alergias. A pele, a saliva e o excremento dessas criaturas nem tão pequenas são sérios alérgenos. Tome medidas para banir esses insetos da sua casa:

- Mantenha sua cozinha superlimpa, guardando bem os alimentos para as baratas não os acharem. Afinal, elas têm milhões de anos de prática em encontrar refeições. Precisamos ser mais espertos do que elas e deixar tudo que for comestível fora de alcance.
- Coloque o lixo em sacos e retire-o rápido.
- Use armardilhas para baratas para pegar os insetos e descarte-os. Você pode usar luvas para fazer isso, sem látex se você for sensível a esse material. (Visite <www.drgalland.com> para mais informações sobre alergia ao látex.)

Balde da Poluição do Ar em Ambientes Fechados

Por passarmos tanto de nosso tempo dentro de um ambiente fechado, compreender a importância da purificação do ar é um objetivo crucial de *A Solução para as Alergias*. Além de extinguir pó e mofo, você vai querer eliminar outros desafios à qualidade do ar em ambientes fechados. Destaco aqui alguns problemas importantes, mas como há muitos outros, você vai ter de pensar rápido e enfrentar os desafios de poluição do ar nesses ambientes.

Faça de seu Lar uma Área Livre de Fumo

Vamos parar de fumar de uma vez por todas. O fumo mata as pessoas e polui o planeta. O fumo passivo faz o mesmo. E tem também o problema do fumo de terceira mão, isto é, o resíduo tóxico da fumaça do cigarro que se prende no carpete, gruda nas paredes e se infiltra nos móveis. Um estudo recente da Universidade da Califórnia demonstra que o fumo de terceira mão causa um dano significativo aos pulmões e ao fígado.[7]

Nunca permita fumo dentro de casa e o elimine de qualquer lugar de sua propriedade. Você não vai querer nenhum fumo passivo entrando pelas janelas ou portas, nem bitucas de cigarro ou cinzas pelo chão, pois elas podem ser fontes de alérgenos mesmo depois de apagar o cigarro.

Apague o Fogo

Vamos purificar o ar: lenha, *pellets* de madeira ou carvão em um fogão ou lareira causam poluição em ambientes fechados e ao ar livre. A fumaça da madeira é considerada uma fonte significativa de matéria particulada, mais conhecida como fuligem, no ar em um ambiente fechado. A ciência mostra que essa fumaça é um fator de risco para doenças, incluindo asma.[8]

Um estudo da remota ilha da Tasmânia, no sul da Austrália, onde fogões à lenha são comuns, descobriu que a exposição à fumaça da lenha está ligada à asma mais grave em adultos. Isso foi observado tanto em pessoas que queimam lenha em casa como em outras que não fazem isso, mas ficam expostas à fumaça vinda das chaminés dos vizinhos. O efeito irritante da fumaça no sistema respiratório, junto com o aumento da inflamação pela fumaça, são fatores de agravamento da asma, segundo suspeitam os pesquisadores.[9]

Evite ao máximo o uso de fogões à lenha e lareiras para remover essa fonte de poluição do ar interna e externa.

Transforme seu Quarto em um Oásis de Ar Puro

Você provavelmente passa mais horas em seu quarto do que em qualquer outro cômodo de sua casa. Por isso você quer que seu quarto seja um lugar especial onde você possa descansar, se recuperar e relaxar corpo e mente depois de um longo dia. Para deixá-lo o mais tranquilo possível, sugiro que diminua os aparelhos eletrônicos ao mínimo no ambiente. Todo aquele volume alto das TVs, além dos toques e as vibrações de telefones, é muita agitação extra.

Além disso, você pode purificar o ar no seu quarto arrumando qualquer bagunça que atraia pó, deixando para fora do quarto jornais e revistas, com suas páginas impressas com emissão de gases. Alguém disse impressoras? Deixe-as fora do quarto, de qualquer maneira, pois elas emitem substâncias químicas que você não vai querer inalar. Não use nenhum tipo de aparelho de combustão, como lareira, fogão ou até mesmo velas em seu quarto.

Em seu oásis de descanso, conforto e segurança, você removeu as fontes de poluição e alérgenos. Agora pode descansar.

Estacione Fora de Casa e Mantenha sua Garagem Livre de Toxinas

Depois de você não medir esforços para tirar as toxinas de sua casa e de sua vida, por que deixar a maior máquina geradora de poluição de todas, o carro à gasolina, na sua garagem? A poluição do escapamento e dos pneus, o pó dos freios e do motor são fontes de toxinas e alérgenos colocados em um ambiente fechado. Você respira essas toxinas quando sai do carro. E, se sua garagem for ligada à sua casa, essas toxinas podem entrar na sua casa. Se possível, estacione do lado de fora e respire melhor.

A Poluição do Ar Oculta no seu Quintal

E se houvesse uma fonte oculta de poluição do ar na sua cidade? Você irá querer saber sobre isso, certo? E se essa poluição do ar estivesse no seu bairro? Você se levantaria e iria olhar. Mas, e se fosse em seu quintal? Você iria querer detê-la imediatamente e limpá-la.

Em um estudo incrível, o primeiro desse tipo, cientistas da Universidade de Washington revelaram uma fonte oculta de poluição do ar que emite substâncias químicas perigosas nos quintais de milhões de casas em toda a América. Não é a poluição de um carro ou caminhão. Não é a fumaça de uma lareira ou fogão à lenha. Não, os cientistas identificaram algo que parece bem inofensivo: a secadora de roupas típica. Não é a máquina em si, mas o que sai de trás da máquina que representa a ameaça.

A equipe de Washington rastreou metodicamente o problema até sua origem: sabões líquidos perfumados para roupas e toalhas com amaciantes. Esses produtos introduzem substâncias químicas na secadora, onde são aquecidos e liberados no ar, no quintal, por exemplo, criando uma nuvem tóxica de substâncias químicas, incluindo algumas classificadas como perigosas pela EPA.

Então agora você provavelmente vai querer saber que substâncias químicas contêm os produtos para lavar roupas. Descobrir isso é difícil, porque como a equipe da Universidade de Washington notou, só a fragrância já pode conter centenas de substâncias químicas e elas não precisam ser listadas no rótulo do produto. Então os pesquisadores prepararam um teste para identificar o que exatamente saía de uma secadora típica.

O lugar: Seattle. O projeto: duas casas, dois dias, duas secadoras em boas condições, ambas com saída para o ar livre. Os cientistas pegaram uma amostra do ar das secadoras durante o teste de secagem: 1) sem produtos, 2) apenas com detergente líquido perfumado e 3) detergente líquido perfumado e toalhas com amaciantes.

O que eles descobriram poderia deixá-lo branco de surpresa.

Durante o teste só com o detergente, as duas secadoras soltaram 21 compostos orgânicos voláteis (COVs), incluindo acetaldeído, acetona, benzaldeído, butanal, dodecano, hexanal, limoneno, nonanal, 1-propanal e 2 butanona.

Como observei no segundo capítulo, os COVs são tóxicos. Fazem os olhos arderem e irritam a pele e as vias aéreas. E um deles, o acetaldeído, é classificado como um poluente do ar carcinogênico pela EPA: "sem nível de exposição seguro", explicam os pesquisadores de Washington.[10]

Quando o que sai da sua secadora é um poluente perigoso, parece que você precisa pegar emprestada a máscara de gás do Walter de Breaking Bad *só para operá-la.*

E tem mais.

Quando o uso de detergente líquido perfumado com toalhas com amaciante foi testado, foram encontrados os seguintes COVs: acetaldeído, acetona, benzaldeído, butanal, dodecano, hexanal, limoneno, nonanal, octanal, tetrametilpropilideno ciclopropano. A lista continua, com uma química tão complexa que só um professor para compreender tudo. Os COVs detectados nos testes acima não estavam presentes no teste sem o detergente.

Então, o que podemos concluir desse estudo? Seria uma ideia muito boa deixar de lado o detergente perfumado e as toalhas com amaciante.[11] *Faça parte da solução e ajude a purificar o ar em sua casa e vizinhança. Use apenas produtos sem perfume.*

O Balde das Substâncias Químicas

Não vou botar panos quentes. Essa parte da sua missão vai precisar de vigilância. Com as milhares de substâncias químicas que já vão nos produtos que usamos diariamente, e muitos mais pelo caminho, esse balde enche cada vez mais rápido do que o esvaziamos. Vendo pelo lado bom, uma vez que você passa a ser mais natural, você vai gastar menos dinheiro!

O que me traz direto ao tópico dos produtos de limpeza.

Com os sprays de limpeza de casa ligados à asma (veja a seguir), é uma boa ideia manter distância deles. As fragrâncias estão ligadas às alergias, então é importante evitá-las. Qual é a solução? Não é tão simples quanto ir ao mercado e escolher um produto de limpeza cujo rótulo diz "natural" ou "verde". Fiquei decepcionado ao descobrir as mesmas substâncias irritantes da pele aparecendo em produtos de limpeza "naturais". Por isso uso água com um pouco de bicarbonato de sódio como minha solução de limpeza preferida para a maioria das tarefas. Descobri que é eficaz como um limpador multiúso em toda a casa.

Sprays de Limpeza Aumentam o Risco de Asma

No filme Karatê Kid, *o personagem principal, Daniel, é incomodado por alguém maior e mais forte. Ele conhece um sábio mestre de caratê, sr. Miyagi. Com uma série de lições, o mestre ensina o jovem estudante a se defender pensando por si. A princípio não é fácil. O jovem estudante precisa de alguma prática para absorver as lições de seu mestre. Mas, no fim, ele entende.*

Assim como Daniel em Karatê Kid, *uma grande parte deste livro quer fazer você pensar diferente sobre o mundo ao seu redor. Bem diferente. Porque há muitos artigos de consumo comuns no cotidiano que prejudicam sua saúde.*

Veja os sprays de limpeza, por exemplo. Eles estão nas prateleiras dos supermercados. São um produto popular nos Estados Unidos e na Europa. Entre em um restaurante, café ou loja de roupas e muitas vezes você verá um funcionário segurando uma garrafa deles, tentando manter o lugar limpo. Você pode notar o cheiro do spray, ou não. Mas uma coisa é certa: é feito de substâncias químicas.

Agora vários estudos recentes demonstraram que esses sprays estão ligados à asma. Em um deles, uma equipe internacional de pesquisadores analisou o relacionamento entre o uso de sprays de limpeza doméstica e um novo surto de asma em adultos. Analisando informações do Questionário de Saúde Respiratória da Comunidade Europeia, em países como Suécia, Itália, Noruega, Suíça, Alemanha, Bélgica, Estônia, França, Reino Unido e Espanha, eles identificaram 3.503 pessoas que limpavam suas casas e não tinham histórico de asma e as seguiram por nove anos.

Os sprays usados pelas pessoas no estudo continham uma variedade de ingredientes ativos, incluindo álcoois, amônia, hidróxido de sódio, polímeros acrílicos, terpenos, glicóis e éteres glicóis. Os pesquisadores notaram que a névoa de substâncias criada pelos sprays criaria uma exposição química ao trato respiratório.

O estudo descobriu que o risco de asma incidental (definida como um diagnóstico por um médico e o uso de medicação para tratamento) aumentou de 30 a 50% com o uso de produtos de limpeza em spray pelo menos uma vez por semana. Os resultados sugerem que usar sprays domésticos comuns pode ser um fator de risco importante para a asma em adultos. Os autores afirmam: "Um de cada sete casos de asma em adultos pode ser atribuído ao uso do spray comum. Isso indica uma contribuição relevante do uso de spray à crise de asma em adultos que limpam suas casas".[12]

Os pesquisadores também explicam que a exposição passiva a essas substâncias em lugares onde os sprays são ou foram usados poderia ser nociva para as pessoas expostas. Isso é algo a se pensar da próxima vez que você vir um funcionário de uma loja segurando uma dessas embalagens na mão.

Outro estudo analisou os dados do Estudo Epidemiológico sobre a Genética e o Ambiente da Asma (EGEA), que reuniu dados de sujeitos em cinco cidades na França. O objetivo do estudo era avaliar o elo entre o uso de sprays de limpeza e a asma nas mulheres. Os pesquisadores concluíram que o uso de sprays estava associado ao aumento dos sintomas de asma e que, portanto, era um fator de risco para as mulheres.[13]

Então, o que esses estudos nos ensinam? A ciência diz que os sprays de limpeza podem trazer o risco da asma. Largue os sprays de limpeza e reduza a exposição às substâncias químicas que eles contêm.

O que Espreita Debaixo da Pia na sua Cozinha?

Sua cozinha evoca uma sensação de lar, de segurança. É onde fica o alimento. Mas logo abaixo da superfície, debaixo da bancada, o perigo espreita. Um lugar escuro e fora de mão contém garrafas proibidas que dizem "PERIGO: Prejudicial se ingerido" ou "CUIDADO: Evite inalar os vapores. Use roupas protetoras quando trabalhar com substâncias químicas". Quem sabe quais toxinas e alérgenos espreitam debaixo da pia? Se você não pensou nisso ultimamente, veja o que está guardado lá.

As suspeitas típicas incluem todos os tipos de produtos domésticos cheios de substâncias químicas que entram de mansinho um por um. Pode começar com um spray de limpeza multiúso, depois detergente para a máquina de lavar pratos. A eles se juntam outras caixas, garrafas e sprays com substâncias químicas que você pode ter usado apenas uma vez e depois tirou de vista. Logo você tem um depósito de lixo tóxico na sua casa.

Essas substâncias devem ser descartadas e manuseadas com extremo cuidado. A Agência de Proteção Ambiental dos Estados Unidos dá informações sobre como descartar esses itens corretamente para diminuir o dano ao ambiente. Visite <www.epa.gov/osw/conserve/materials/hhw.htm>.

Lave as Roupas Novas antes de Vesti-las

"Ah, mas acabei de comprar e quero que elas pareçam novas quando usar." Eu sei. Mas o problema é que em geral as roupas novas estão cheias de tintas e formaldeído, substâncias químicas que você não vai querer perto da sua pele. Veja o que sugiro fazer com as roupas novas que você leva para casa da loja: tire as etiquetas, claro, e jogue as roupas na máquina de lavar. Deixe-as de molho em água quente de um dia para o outro. Quando você abrir a tampa da máquina de lavar no dia seguinte e olhar, veja como a tinta coloriu a água. Agora, lave-as em um ciclo regular e veja como elas cheiram. Você pode precisar lavá-las várias vezes. Elas não devem ter um odor químico quando você tiver terminado.

Liberte-se das Fragrâncias

Era uma vez uma fragrância que tinha uma variedade de formas muito mais limitada. Tinha perfume, colônia e loção pós-barba. Sabonete e xampu tinham um pouco de odor, mas nada exagerado.

Agora o mundo inteiro foi aromatizado. Gel de banho, spray de banho, maquiagem, gloss, tudo tem um cheiro nada sutil.

Mas as fragrâncias são feitas de até 3.000 substâncias diferentes cuja toxicidade ainda não é conhecida. O que *se sabe* é que ocorre um acúmulo de carga tóxica em seu organismo ao respirar essas outras substâncias químicas ou absorvê-las pela pele.

Você sabe que quando você abre uma revista de moda provavelmente vai se deparar com as páginas perfumadas das propagandas de fragrâncias. As lindas modelos olham para você, geralmente em um cenário natural imaculado, parecendo que estão tomando bastante ar puro enquanto elas lhe dão uma dose de substâncias químicas nada frescas.

Agora esse método de propaganda passou do balcão de perfumes para os anúncios de uma grande variedade de produtos domésticos. Anúncios perfumados para aromatizadores de ar, desodorantes, gel de banho e limpadoras enfeitam as páginas de revistas, tentando chamar nossa atenção.[14] Embora a maioria não saiba disso, algumas editoras estão dispostas a fornecer cópias sem cheiro de suas revistas aos leitores que pedirem[15]. Portanto, não só você tem a opção de escolher produtos sem perfume, você pode receber suas revistas sem cheiro também.

Aromatizadores de Ar – Problema para Alergias e Asma

A vida cotidiana está repleta de odores naturais. Algumas coisas têm um cheiro agradável, como café recém-coado ou um buquê de flores. Outros, como o lixo e o banheiro, sempre tiveram seus momentos desagradáveis de um ponto de vista olfativo. Mas esses odores, bons ou maus, transmitem informações importantes, que talvez exijam nossa atenção.

Em algum momento aprendemos a desprezar odores naturais desagradáveis e eles foram de um incômodo a serem praticamente intoleráveis. Os publicitários ficaram felizes demais em favorecer essa nova aversão. Eles tinham exatamente o que era preciso para cobrir odores repulsivos: um novo produto, o aromatizador de ar. Borrife um aromatizador perfumado no ar e, voilà, o velho cheiro era substituído por um novo. Mas o ar ficava puro? Seja o que for que estivesse causando o odor indesejado, para começo de conversa, ainda estava lá. Borrifar um aromatizador de ar não tira o lixo ou troca a caixinha do gato. Apenas introduz substâncias químicas em nosso ambiente sem nenhum ar puro entrando.

Um estudo da Universidade da Califórnia analisou os efeitos à saúde de coisas que causam odores em ambientes fechados, inclusive aromatizadores de ar. Os pesquisadores explicam que eles contêm uma variedade de perfumes naturais ou sintéticos. O efeito à saúde mais relatado de alguns perfumes é alergia, observa o estudo. Uma piora da asma é outro efeito relatado do perfume.

O estudo observa ainda que odores em ambientes fechados são um sinal de ventilação inadequada e, em vez de trazer mais ar fresco para o ambiente, as pessoas procuram uma solução rápida na forma de aromatizadores de ar, que trazem substâncias químicas aos lugares onde vivemos e trabalhamos. Com mais isolamento e edifícios impermeáveis ao ar, menos ar fresco entra, permitindo o aumento da poluição do ar em ambientes fechados. Esse estudo publicado de uma universidade de ponta destaca o fato que borrifar perfumes como aromatizadores de ar é um risco para alergias e asma.[16]

Outro estudo analisou o impacto dos aromatizadores na mucosa nasal de ratos. Um mês depois da exposição aos produtos, viu-se um aumento da congestão. Dois meses depois, notou-se uma leve inflamação. Depois de três meses de exposição, começou uma inflamação intensa.[17]

Esta é a ciência que informa e nos inspira a fazer mudanças para proteger nossa saúde. Ao trazer à baila os riscos pouco conhecidos das fragrâncias, ela nos desafia a pensar e agir de uma nova forma. Conseguiremos abandonar as fragrâncias? Evitar aromatizadores? Desfazermo-nos de perfumes?

Salve sua Pele

Neste exato momento, sua pele deve estar tentando chamar sua atenção. Enviando-lhe um bilhete, um *e-mail* ou uma mensagem em uma garrafa. Pois sua pele não está feliz. Não se sente macia e confortável, mas seca, vermelha, irritada e coçando. Você pode achar que precisa passar hidratante, mas quando o faz, isso mal faz a diferença, pois a pele ainda está seca. Se isso soa familiar, então continue a ler.

A pele seca e irritada pode ter muitos precedentes e se você tem esses sintomas, deve procurar seu médico para determinar a causa. Mas você também pode tomar atitudes para não piorar ainda mais as coisas pela forma com que trata sua pele. Já notou que ela piora quanto mais você toma banho? Um estudo publicado nos diz que produtos comuns do cotidiano como xampu e gel de banho contêm uma substância química conhecida por irritar a pele e causar dermatite. É o lauril sulfato de sódio, o culpado que mencionei logo no início deste capítulo. Ele serve para dar aos produtos a espuma que tanto esperamos.

Há muito tempo, quando as pessoas sentiam a vontade de tomar banho, elas recorriam a um rio ou uma lagoa. Como o sabão ainda não tinha sido inventado, elas se viravam com o que tinham: água. Depois, com o desenvolvimento da civilização, as pessoas descobriram novas formas de se lavar. Os antigos gregos aplicavam azeite na pele e depois o raspavam, esperando tirar a sujeira junto com ele. Para sorte deles, os pesticidas ainda eram desconhecidos, então o azeite era orgânico.

Em nossos tempos modernos, podemos escolher uma imensa gama de produtos de higiene pessoal. As substâncias usadas nesses produtos podem causar irritação mesmo com apenas um uso, de acordo com um estudo da Escola de Medicina da Universidade de Indiana. Na verdade, o lauril sulfato de sódio é tão eficaz em causar irritação que é usado em experimentos de laboratório para induzir a irritação cutânea quando esse for o efeito desejado pelos pesquisadores para estudar um remédio para a irritação, por exemplo. Demonstrou-se que ele causa a interrupção da função da barreira cutânea, o que pode levar à dermatite alérgica (atópica), uma doença inflamatória que se tornou muito mais prevalente nas últimas décadas. A coceira grave que causa pode ter um impacto no humor e na concentração, além de contribuir com o enfraquecimento da saúde.

Pense nisso por um momento. Ao usar xampus e sabonetes com uma substância química comum, você pode estar literalmente abrindo sua pele, deixando-a mais vulnerável ao mundo externo. Isso parece uma péssima ideia.[18]

Aqui está uma forma simples de ajudar sua pele seca e irritada. Tire umas férias de todo sabonete líquido e em barra, gel de banho, banho de espuma e xampu. Use apenas um pouquinho quando necessário e nada mais. Dê uma pausa em toda esse ensaboar dos pés à cabeça e veja como sua pele fica alguns dias depois.

E, a menos que você seja um cirurgião, evite sabonetes antissépticos. Eles servem para matar bactéricas, mas têm três efeitos indesejáveis.

Primeiro, muito provavelmente as substâncias químicas que eles contêm vão irritar ainda mais sua pele do que o sabonete comum.

Segundo, eles eliminam da sua pele as bactérias boas que contribuem com sua saúde, pois os microrganismos que vivem na pele saudável ajudam a organizar uma forte resposta imune protetiva.[19] Alguns deles, com nomes que você nunca ouviu falar, têm até efeitos antialérgicos.[20] Eles são seus amigos. Não faça deles um dano colateral.

Terceiro, matar as bactérias benéficas que vivem na sua pele permite o crescimento de outras não tão amigáveis que ficam resistentes aos agentes antissépticos do sabonete. As bactérias que vivem na sua pele não ficam lá. Elas flutuam no ar e se tornam parte do ambiente onde vivemos e que você compartilha com os outros.

O estudo de bactérias em casas e locais de trabalho, a "microbiota de ambientes fechados", e seus efeitos na saúde é uma área de pesquisa em rápido crescimento. A fonte principal dessas bactérias é você, principalmente sua pele. Portanto, as bactérias crescendo na sua pele determinam aquelas a que todos em sua casa são expostos.

Você aprenderá mais sobre essa área inovadora da ciência que transforma nossa visão da saúde no capítulo 14.

Consuma Orgânicos e Cure o Planeta

Isso é tão básico, tão simples e mesmo assim tão necessário. É uma forma excelente de reduzir sua exposição às toxinas e diminuir sua carga tóxica, a quantia total de toxinas que você absorve por alimentação, respiração e o contato com o mundo ao seu redor.

Você pode até dizer que consumir produtos orgânicos é heroico. Escolher os orgânicos não é só para você, é para o planeta e todas as pessoas que vivem nele também. Cada vez que você compra alface ou frutas orgânicas, por exemplo, está reduzindo o uso de pesticidas ao longo de uma vasta cadeia desde a fábrica até a fazenda e de lá para sua mesa. As pessoas que trabalham em fazendas orgânicas não precisam lidar com pesticidas tóxicos e isso é mais saudável para elas também. O próprio solo, que na realidade é um ser vivo, pode permanecer livre de pesticidas. Isso significa menos poluição correndo para córregos, rios e lagos.

Antigamente, para comprar produtos orgânicos você tinha de atravessar a cidade para uma lojinha de alimentação saudável que estocava alguns vegetais e frutas. Agora os orgânicos viraram moda, com frutas e vegetais congelados distribuídos para muitos supermercados. Então é mais fácil do que nunca escolher alimentos orgânicos. É um pouco mais caro? Sim, mas considero um investimento na saúde e no bem-estar.

Entre para a Revolução do Café Feito em Casa

Eu o convido para se juntar a uma pequena revolução. A boa notícia sobre ela é que será servido café.

Isso é um movimento completamente popular. Qualquer um pode aderir. Sem discursos enfadonhos, sem pagamento para entrar, apenas uma situação em que você, seu bolso e a Mãe Natureza saem ganhando. Estou falando de café orgânico, a melhor forma de curtir sua bebida favorita.

Anos atrás, encontrar café orgânico era um parto. O café orgânico estava fora do radar, era algo que você tinha de correr atrás. Você podia andar por quilômetros de corredores no supermercado e não o achava em nenhuma das prateleiras. Você tinha de fazer uma viagem especial para algum lugar ou encomendar de um catálogo.

Hoje tudo isso mudou. Empurre seu carrinho pelo corredor do supermercado, da superloja varejista ou de um hortifrúti e cafés orgânicos estarão lá esperando. Compras recentes em grandes lojas revelaram grandes estoques de café orgânico da Bolívia, de Sumatra, da Etiópia, da Nicarágua, da Colômbia e de Ruanda. Adoro abrir um pacote de um desses cafés e sentir seu aroma me levar a terras distantes onde crescem os viçosos pés de café. Em casa, moo os grãos e faço uma xícara muito gratificante e deliciosa.

Então isso nos leva à questão crucial: se você está desfrutando de um café orgânico em casa, por que toma café que não seja orgânico quando está fora dela? Para os amantes do café, tenho um plano melhor. Por que não fazer uma xícara extra de seu café favorito em casa e levá-la com você? Você sabe como seu café pode ser muito melhor. Além do mais, ao aderir ao orgânico, você está fugindo dos pesticidas que o café cultivado no método convencional contém, o que poderia ajudar a diminuir sua carga tóxica.

Um dos prazeres de levar seu café consigo para o trabalho ou a escola é a independência que isso lhe dá. Você não precisa mais fazer outra parada, ficar na fila, pegar um copo de papel e correr. Você pode fazer isso sozinho, com uma sensação de orgulho de que está fazendo a coisa certa para sua saúde e o meio ambiente. Pense nos milhões de copos de papel que não precisaríamos fabricar, guardar, usar e descartar em um aterro sanitário. Esqueça o copo de papel e entre para a revolução!

Conclusão

Nesse episódio de *Missão: Desintoxicar* esbocei uma missão vital para superar alergias e melhorar sua saúde. Orientei-o a desintoxicar seu espaço pessoal, tirando três baldes cheios de pó e mofo, poluição do ar em ambientes fechados e substâncias químicas tóxicas. Por estarmos cercados no cotidiano por toxinas como poluição do ar, substâncias químicas e fumaça de cigarro, mostrei-lhe medidas evasivas para se proteger dessas ameaças.

Você aprendeu a prestar atenção em dicas importantes sobre seus arredores, como um detetive, e a se livrar de aromatizadores de ar e sprays de limpeza que podem levar a asma e alergias. Informei-o sobre como limpar no estilo da Solução para as Alergias banindo o pó e nocauteando o mofo. Você tirou seus sapatos antes de entrar em casa para manter os alérgenos e bactérias aleatórias cercados e tomou uma xícara de café orgânico. Sem dúvida, encontrará novos desafios quando começar sua missão, se quiser aceitá-la.

É uma aventura na qual você viverá de uma forma um pouco mais ecológica e muito mais saudável, beneficiando a Mãe Natureza e você mesmo. Lembre-se, essa não é uma missão impossível, é a Missão: desintoxicar. Você pode!
Esta mensagem se biodegradará em cinco segundos... Boa sorte!

Notas do Capítulo 5

1. Sheri Maxwell BS, Charles P. Gerba, Ph.D. "Estudo dos sapatos", Departmento de Solo, Água e Ciência Ambiental, Universidade do Arizona, Tucson, Arizona, 31 de março de 2008.
2. 'Faculdade Americana de Alergia, Asma e Imunologia. "Alergia ao pó." <http://www.acaai.org/allergist/allergies/types/dust-allergy-information/pages/default.aspx>; Fundação Asma e Alergia da América, "Ácaros" <http://www.aafa.org/display.cfm?id=9&sub=18&cont=228>.
3. Wan *et al.*, 1999.
4. Hewitt CR, Brown AP, Hart BJ, Pritchard DI. "Um grande alérgeno de ácaros domésticos rompe a rede de imunoglobulina dividindo seletivamente a CD23: a proteção inata por antriproteases", *J Exp Med.*, 1º de novembro de 1995; 182(5); p. 1537-1544.
5. Instituto Nacional de Ciências da Saúde Ambiental, "Ácaros" <http://www.niehs.nih.gov/health/topics/agents/allergens/dustmites/index.cfm>.
6. Wright LS, Phipatanakul W. "Remediação ambiental no tratamento da alergia e da asma: últimas atualizações", *Curr Allergy Asthma Rep.*, março de 2014; 14(3); p. 419. doi: 10.1007/s11882-014-0419-7.
7. Martins-Green M *et al.* "Toxinas da fumaça de cigarro depositadas nas superficies: as implicações para a saúde humana", *PLoS ONE.*, 29 de janeiro de 2014.
8. Curtis W. Noonan Centro da Ciência da Saúde Ambiental, Universidade de Montana. "Ensaio clínico aleatório de asma causada pela fumação da lenha em ambientes fechados (ARTIS): análise racional e métodos", *Contemp Clin Trials*, setembro de 2012; 33(5); p. 1080-1087; publicado on-line em 23 de junho de 2012.
9. Bui DS *et al.* "Fumação de lenha no ambiente, poluição no tráfego e prevalência e gravidade de asma em adultos", *Respirology*, outubro de 2013; 18(7); p. 1101-1117; doi: 10.1111/resp.12108.
10. Steinemann AC, Gallagher LG, Davis AL, MacGregor IC. "Emissões de susbtâncias químicas das secadoras durante o uso de produtos perfumados", *Air Qual Atmos Health.*, março de 2013; 6(1); p. 151-156. doi: 10.1007/s11869-011-0156-1.
11. *Ibid.*
12. Zock JP *et al.* "O uso de sprays de limpeza domésticos e asma em adultos: um estudo longitudinal internacional", *Am J Respir Crit Care Med.*, 15 de outubro de 2007; 176(8); p. 735-741. Epub 21 de junho de 2007.
13. Le Moual N, Varraso R, Siroux V, Dumas O, Nadif R, Pin I, Zock JP, Kauffmann F; Estudo Epidemiológico sobre a Genética e o Ambiente da Asma. "Uso doméstico de sprays de limpeza e atividade da asma em mulheres", *Eur Respir J.*, dezembro de 2012; 40(6); p. 1381-1389. doi: 10.1183/09031936.00197611. Epub 10 de abril de 2012.
14. Anne Marie Kelly. "Anúncios perfumados: não mais só para perfumar", *Forbes*, 17 de janeiro de 2012. <http://www.forbes.com/sites/annemariekelly/2012/01/17/scented-ads-not-just-for-perfume-anymore>.

15. Bruce Horovitz. "Dólares e aromas: algumas revistas repensam os anúncios de perfumes", *Los Angeles Times*, 17 de novembro de 1992. <http://articles.latimes.com/1992-11-17/business/_-603_1_perfume-ads>.
16. Cone JE, Shusterman D. "Efeitos do uso de aromatizadores em ambientes fechados sobre a saúde", *Environ Health Perspect.*, novembro de 1991; 95; p. 53-59.
17. Akdag M et al. "O uso de aromatizadores de ar afeta a mucosa nasal?" *Am J Rhinol Allergy.*, 11 de setembro de 2014.
18. Da Silva SC et al. "Aumento da ruptura da barreira cutânea pelo lauril sulfato de sódio em camundongos expressando um STAT6 constituitivamente ativo em linfócitos T", *Arch Dermatol Res.*, janeiro de 2012; 304(1); p. 65-71; doi: 10.1007/s00403-011-1168-2. Epub 30 de setembro de 2011.
19. Belkaid Y, Segre JA. "Diálogo entre a microbiota da pele e a imunidade", *Science*, 21 de novembro de 2014; 346(6212); p. 954-959.
20. Fyhrquist N, Ruokolainen L, Suomalainen A, Lehtimäki S, Veckman V, Vendelin J, Karisola P, Lehto M, Savinko T, Jarva H, Kosunen TU, Corander J, Auvinen P, Paulin L, Von Hertzen L, Laatikainen T, Mäkelä M, Haahtela T, Greco D, Hanski I, Alenius H. "Espécies de acinetobacter na microbiota cutânea protegem contra a sensibilização alérgica e a inflamação", *J Allergy Clin Immunol.*, dezembro de 2014; 134(6); p. 1301-1309 e 1311.

Capítulo 6

A Limpeza Profunda de Três Dias

Vi resultados dramáticos e transformadores quando as pessoas retiram apenas uma coisa, um alimento ou bebida, de suas rotinas. A asma melhora. As dores de cabeça desaparecem. Os quilinhos a mais difíceis de perder derretem. A dor articular some. A digestão fica fácil. A pele para de coçar. A depressão acaba. Foco, humor e energia melhoram. E esse é só o início da lista de sintomas que podem melhorar quando um alimento problemático é tirado do cardápio.

Como vimos, as reações alérgicas são reações em cadeia autoamplificadas em que seu sistema imunológico amplifica o efeito de um gatilho. Um modo de pensar nisso é que seu corpo reage em excesso a um gatilho. Com a amplificação do sistema imunológico, um pequeno gatilho pode ter um grande efeito. Por isso, na minha experiência, as dietas de eliminação que simplesmente retiram um gatilho podem ser tão poderosas e eficazes em um período tão curto.

Mas nem todos têm o mesmo gatilho. Aprendi isso enquanto aplicava a ciência em *A Solução para as Alergias* para ajudar tantos de meus pacientes com suas alergias ocultas.

Para alguns, o alimento problemático é o laticínio. Para outros é o trigo, o milho, a soja, o amendoim ou o vinho. Para alguns poderia ser um (ou mais de um) alimento diferente.

Por isso é tão importante levar este livro com você na consulta com seu médico antes de começar o programa que estou prestes a compartilhar aqui, para ele poder colaborar com você nesta importantíssima jornada de descoberta.

Desobstruindo os Trilhos com a Limpeza Profunda

Você já usou as ferramentas no capítulo 4 para compreender melhor seus sintomas alérgicos. Agora vem o próximo passo no processo para reverter a alergia e restaurar sua saúde: identificar e eliminar seus alimentos problemáticos. No processo de cura, sua necessidade de restrição nutricional pode diminuir. Mas você não melhora se ignorar os alimentos ou bebida problemáticos. Não estou dizendo que quando você melhorar conseguirá comer os tipos de besteiras sem nutrientes, promovedoras de inflamação, que são responsáveis por tanta saúde fraca, mas que você conseguirá consumir uma grande variedade de alimentos integrais nutritivos e deliciosos.

Então, como descobrir seus alimentos problemáticos? Desenvolvi um método chamado Limpeza Profunda de Três Dias, baseada na minha experiência clínica e pesquisa em nutrição. É um primeiro passo para descobrir uma intolerância oculta aos alimentos.

A Limpeza Profunda não deve ser uma dieta de manutenção contínua. Por isso ela tem esse nome. É o primeiro estágio de um processo em três partes no qual você "desobstrui os trilhos" purificando seu organismo e reduzindo os alimentos alergênicos mais comuns. Uma vez purificado, você passará ao segundo estágio, o Desafio de Reintrodução Alimentar e reintroduzir um alimento por vez para determinar quais você precisa evitar. No terceiro estágio, você descobrirá a Dieta para Equilíbrio Imunológico: um plano de alimentação delicioso e diverso, criado para dar um suporte ao seu sistema imunológico e manter seu bem-estar, que você pode seguir por quanto tempo quiser.

Para a maioria de nós, a vida cotidiana ficou muito agitada, repleta de tantas coisas que pode ser difícil para uma se destacar. O mesmo vale para nossa alimentação: comemos alguma coisa rápida e empurramos a nutrição para as margens de nossas vidas ocupadas. Ao ingerirmos algo de um modo aleatório, podemos ter dificuldades em dizer que efeito qualquer alimento tem sobre nós.

A Limpeza Profunda é uma forma de você romper o barulho da vida cotidiana, os padrões de alimentação habituais, para chegar a um lugar mais silencioso onde você pode ouvir seu organismo. Dessa forma a Limpeza Profunda é como uma meditação, um programa para acessar a tranquilidade interna e a sabedoria do organismo.

Outra forma de pensar na Limpeza Profunda é compará-la a uma sinfonia. Quando você tem um monte de instrumentos tocando todos juntos, pode ser desafiador ouvir apenas um. Mas então há uma pausa dramática na música, um momento de silêncio no qual a plateia quase segura o fôlego. De repente você ouve o lindo som do solo de violino, ou do oboé, rompendo o silêncio com uma clareza surpreendente. Isso é o que representa a Limpeza Profunda, o silêncio e a reintrodução, o solo do instrumento. A Dieta para Equilíbrio Imune é como toda a orquestra voltando para você ouvir o conjunto rico e harmonioso.

Como Funciona a Limpeza Profunda

O objetivo da Limpeza Profunda de Três Dias é aumentar a ingestão de nutrientes de plantas que podem ajudar a equilibrar a imunidade, segundo demonstrações da ciência, e ajudar a evitar os principais alérgenos. Você não verá o seguinte na Limpeza:

- Leite e laticínios como iogurte, queijo, sorvete, manteiga, soro do leite (whey) e qualquer alimento que contenha caseína ou caseinato, os principais alérgenos do leite;
- Ovos;
- Peixe e frutos do mar;
- Carne bovina e suína;
- Trigo, centeio e cevada;
- Milho;
- Soja, feijões e chocolate;
- Nozes e amendoins;
- Levedura, encontrada em bebidas alcoólicas, vinagre, sucos de fruta, frutas secas, uvas, sopas e molhos prontos e qualquer coisa fermentada ou em conserva;
- Cogumelos;
- Vegetais da família das solanáceas, que inclui tomates, beringela, batatas e pimentões;
- Frutas cítricas;
- Açúcar de mesa, mel e outros adoçantes;
- Temperos;
- Alho e cebola;
- Café.

Não consuma nenhum dos alimentos anteriores durante a Limpeza Profunda. Em vez disso, você aprenderá a aproveitar os alimentos ricos em substâncias naturais chamadas flavonoides que podem ajudar a inibir as respostas alérgicas.[1] Você também apreciará alimentos que fortalecem as bactérias saudáveis em seu intestino, o que ajuda a reduzir a inflamação, e nutrientes concentrados que auxiliam na desintoxicação e na função imune.

A desintoxicação é um processo que seu organismo realiza espontânea e continuamente. É realizado por enzimas do fígado, rins, pulmões, pele e intestinos. Sua alimentação afeta o processo de desintoxicação natural de três importantes maneiras:

- Os alimentos fornecem as vitaminas, os minerais e aminoácidos que possibilitam o trabalho das enzimas de desintoxicação.
- Certos alimentos, como brócolis e outras crucíferas, contêm componentes químicos que estimulam suas células a fazer mais enzimas para desintoxicação.
- Comer alimentos aos quais você é alérgico deixa o intestino permeável. Seus intestinos contêm o ambiente mais tóxico ao qual você será exposto e a permeabilidade pode sobrecarregar os trajetos da desintoxicação para produzir uma inflamação sistêmica e uma disfunção imunológica.

A Limpeza Profunda tem três componentes: o suco vitaminado para equilíbrio imunológico para o café da manhã e o lanche da tarde. A sopa para equilíbrio imunológico para o almoço e o jantar e, além disso, você se deliciará com quatro xícaras por dia de chá oolong orgânico. Explicarei a ciência do chá oolong em um momento. Você encontrará as receitas de cada componente nas próximas páginas.

Durante a Limpeza Profunda você pode comer até se sentir saciado, mas não cheio demais. No capítulo 9 você aprenderá sobre os empecilhos digestivos, como azia e a DRGE, que podem aparecer por comer em excesso. A fome atrasará a recuperação, não a ajudará. Se você quiser mais suco, beba. Se quiser mais uma tigela de sopa, tome.

Nota Importante

Se você teve uma reação alérgica a um dos alimentos incluídos na Limpeza Profunda, não o coma. Não existe nenhum alimento que nunca tenha provocado uma reação alérgica. Sempre evite os alérgenos.

Se for alérgico a metais como níquel, você só estará pronto para a Limpeza Profunda se superar sua alergia. (Saiba mais sobre o níquel na alimentação em <www.drgalland.com>). Se for alérgico ao látex ou ao pólen de bétula, não inclua abacate no suco. Consulte seu médico antes de começar a Limpeza ou seguir qualquer uma das informações apresentadas neste livro.

Suco Vitaminado para o Equilíbrio Imunológico

Aveludado, cremoso e delicioso, esse suco reúne um monte de nutrientes em uma bebida fácil de tomar. Os vegetais simplesmente se misturam com as frutas e o abacate e o resultado é divino, com apenas um toque de doçura natural.

1 xícara de morangos, frescos ou congelados
1 abacate médio, sem casca e sem caroço
½ maço de alface romana, picada (6 folhas)
2 colheres de sopa de sementes de chia moídas
1 xícara de chá-verde, fervido por 5 minutos, adicionado quente
1 banana média, se quiser

Coloque as frutas em um liquidificador e acrescente os vegetais em cima. Adicione as sementes de chia, despeje o chá-verde e misture até ficar bem suave. Se você colocar na geladeira depois, o suco fica mais grosso e cremoso. As sementes de chia são uma fonte excelente de fibras e gorduras ômega-3.

Nota: o abacate pode provocar reações alérgicas em pessoas com alergia ao látex ou ao pólen de bétula. Não o inclua, se for o caso. Se você tiver alergia ao látex, não inclua a banana, pois essa fruta pode ter uma reação cruzada com o látex. Se você tiver alergia a morangos, não os coloque. Nesse caso, se você não for alérgico a mirtilos, pode substituir por eles ou outras frutas vermelhas. Se você for alérgico a algum ingrediente, não o use.

Sopa para Equilíbrio Imunológico

Esta é uma sopa para saciar a alma com um aroma delicioso, do tipo que o leva de volta à cozinha da vovó. Os sabores dos vegetais se mesclam para criar um caldo gostoso. Essa sopa é tão suave que você pode tomar um grande prato ou tigela a qualquer hora do dia ou da noite, e é uma forma excelente e gostosa de conseguir os nutrientes que dão suporte a uma função imunológica saudável. Ela lhe dá uma abundância de vegetais incríveis em uma refeição fácil de fazer e de comer: quatro porções de vegetais por tigela. É rica em carotenoides e flavonoides anti-inflamatórios.

Estou animado em compartilhar com você uma das receitas favoritas da família Galland, um clássico moderno que combina a arte da culinária com a ciência incrível da nutrição. Depois de começar, todos vão pensar que você fez aulas em uma escola de culinária saudável.

3 xícaras de cenouras em fatias
3 colheres de sopa de azeite extra virgem
1 xícara de salsinha picadinha (você pode incluir os talos)
2 xícaras de cebolinhas picadinhas (apenas a parte verde)
340 gramas de brócolis, cortados em pequenos pedaços (você pode incluir a parte mole dos talos)
85 gramas de couve picada
1 colher de chá de cúrcuma em pó
¼ de colher de chá de pimenta-do-reino moída na hora (ou mais para dar sabor; a pimenta-do-reino aumenta a absorção dos maravilhosos flavonoides anti-inflamatórios contidos na cúrcuma)
Sal a gosto
1 colher de sopa de nabo ralado, adicionado antes de servir

Refogue as cenouras no azeite por dez minutos e acrescente os outros vegetais e temperos. Aqueça e mexa por um minuto e, em seguida, acrescente 12 xícaras de água e deixe ferver, mexendo quando necessário. Cubra e cozinhe em fogo baixo por 20 minutos.

Antes de comer, acrescente uma colher de sopa de nabo ralado na hora por porção. O nabo cru contém uma enzima especial chamada mirosinase, que aumenta o valor nutricional do brócolis cozido. (É o segredo mais bem guardado da nutrição e uma forma de deixar o brócolis ainda mais saudável, o que parece bem incrível.) Ou, se quiser, deixe a sopa esfriar e transforme-a em um creme e reaqueça antes de servir. O nabo sempre deve ser acrescentado antes de comer.

Nota: se você for alérgico a algum ingrediente, não o use, por favor.

Se você tiver algum problema renal, ou se tiver um histórico pessoal ou familiar de pedras nos rins ou se sofrer de dor vulvar crônica ou desconforto na bexiga, consulte seu médico antes de aumentar o consumo de couve e salsinha, pois algumas pessoas com esses problemas podem ter reações adversas aos oxalatos.

Chá oolong orgânico

O chá é usado como uma bebida medicinal há mais de 3 mil anos. Agora, a ciência moderna descobriu que um tipo especial de chá, o oolong, pode oferecer benefícios antialérgicos únicos.

O chá oolong é feito com folhas de chá parcialmente fermentadas, dando a ele um sabor adocicado distinto. O oolong chinês é mais envelhecido do que o taiwanês.

As folhas de chá são ricas em componentes naturais chamados catequinas, uma família de flavonoides. A fermentação muda a natureza das catequinas, o que altera os efeitos fisiológicos da bebida.

Em estudos laboratoriais, as catequinas encontradas no chá oolong inibiram reações alérgicas em ratos e eram mais potentes do que aquelas encontradas no chá-verde. Em um ensaio clínico realizado no Japão, pessoas com eczema alérgico que não melhoravam com medicação receberam chá oolong para beber por seis meses. Enquanto bebiam o chá, a maioria das pessoas no estudo sentiu uma melhora de moderada a marcante no eczema em menos de um mês, com os benefícios sendo notados após uma ou duas semanas.

A quantia usada foi de dez gramas de folhas de chá, o equivalente a cerca de três colheres de chá de folhas secas ou quatro saquinhos, deixados em infusão na água fervente por cinco minutos. De acordo com o estudo japonês, a quantia certa de chá é de quatro xícaras por dia. Não exceda essa quantia.

Para garantir que seu chá tenha um nível elevado de catequinas extraídas das folhas, deixe-o em infusão na água fervente por cinco minutos. Se o chá for forte demais, ferva-o em uma pequena quantidade de água e o dilua em água quente até a concentração desejada.

Para reduzir a quantidade de cafeína de seu chá, deixe as folhas de molho na água quente por 30 segundos e descarte a água. Em seguida, acrescente mais água e ferva por cinco minutos. A maior parte da cafeína será extraída na água descartada no início. A maior parte das catequinas permanecerá no chá.

Nota: se você for alérgico ao chá, por favor, não beba. Você pode beber água quente, uma bebida comum na China e no Japão.

Como Tirar o Máximo da Limpeza Profunda

A Limpeza Profunda funciona bem em um fim de semana de três dias. Você pode iniciá-la na manhã de sexta-feira e passar para o estágio 2, a reintrodução, na segunda. Com a reintrodução, você começa a introduzir novos alimentos em uma sequência estruturada para você conseguir identificar aqueles que deve evitar.

A seguir, dou algumas orientações importantes para ajudá-lo a fazer esse processo funcionar.

Rastreie seus Sintomas

Assim como a Lista de Sintomas que você preencheu no capítulo 4, rastrear seus sintomas é essencial para entender a informação que a Limpeza Profunda pode lhe dar. É uma dor de cabeça, coceira, erupção cutânea, chiado, tosse, dor, palpitações, confusão mental, diarreia, distensão abdominal, edema ou qualquer um de uma centena de outros sintomas? Rastreie os sintomas que o incomodam mais, mas também preste atenção aos mais leves que você identificou quando completou a lista. Consulte seu médico, que pode ajudá-lo a decidir quais são mais importantes.

Faça um Diário

Para cada sintoma rastreado, estabeleça uma base de referência: qual sua gravidade em uma escala de 0 a 10? Mantenha então um registro diário de como você sente esse sintoma durante a Limpeza Profunda, junto com um registro alimentar. Você pode não ter uma melhora durante a limpeza. Na verdade, alguns deles podem até piorar antes de melhorarem. Isso costuma ser um bom sinal. A melhora pode demorar uma semana ou mais e só ocorrer durante a reintrodução.

Cuidado com a Síndrome de Abstinência Alimentar

Pessoas com alergias alimentares às vezes ficam tão viciadas fisicamente a esses alimentos que podem ter uma síndrome de abstinência. Elas podem se sentir melhor quando consomem o alimento alérgico e piorarem quando o evitam. As reações mais fortes que encontrei vieram logo no início, muito antes de eu desenvolver a Limpeza Profunda, quando comecei a explorar o papel da alergia alimentar nas doenças crônicas. São histórias extremas, mas ilustram os efeitos do fenômeno do vício/abstinência na alergia alimentar oculta. Você deve consultar seu médico se tiver uma síndrome de abstinência alimentar.

Síndrome de Abstinência Alimentar

Emily, uma professora de 50 anos, teve uma crise de artrite tão grave que precisou de hospitalização. Suas mãos, pés, cotovelos e joelhos ficaram tão inchados e doloridos que ela mal se movia. Suspeitei da alergia alimentar como uma causa subjacente, pois sua crise ocorrera durante as férias de Natal depois de ela ter visitado a família em cidades próximas diferentes e comido bem mais do que normalmente fazia.

Como Emily estava no hospital, prescrevi para ela uma dieta elementar para a fase de eliminação da Limpeza Profunda. Uma dieta elementar é uma fórmula líquida composta de aminoácidos, vitaminas e minerais. Não tem proteínas. No terceiro dia da eliminação, a dor de Emily ficou pior do que nunca e ela teve uma febre de 38º C. Tratei seus sintomas para ela passar bem a noite e no dia seguinte toda sua dor e o inchaço das articulações desapareceram. Quando teve alta um dia depois, ela não tinha mais sintomas sem medicação.

O caso de Emily é um exemplo dramático de uma síndrome de abstinência alimentar. Isso é o que pode acontecer com uma dieta de eliminação como a Limpeza Profunda que remove os gatilhos alérgicos.

Como Ficar Estável por Duas Semanas

Tente manter um ambiente estável por duas semanas enquanto você faz a Limpeza Profunda e a reintrodução. Isso pode ser desafiador porque você não mora em um laboratório, mas em um mundo onde não se pode controlar as variáveis. Se puder, tente comer fora o menos possível, caso precise. Nem pense em limpar seu sótão, viajar ou começar um novo trabalho enquanto faz isso. Tenha um estoque dos alimentos certos em sua cozinha sobre os quais você saberá mais enquanto o apresento à fase de reintrodução e à dieta para o equilíbrio imunológico nos próximos dois capítulos.

Dê um Suporte a sua Desintoxicação

Como está fazendo um esforço para desintoxicar e purificar seu corpo, recomendo que não fume nem use produtos de tabaco durante esse período. Na verdade, se fuma, esta pode ser a época perfeita para você parar de vez, o que seria a melhor coisa.

O álcool é uma toxina, portanto, o evite durante a Limpeza Profunda para ajudar a diminuir as toxinas em seu organismo.

Além da Alergia – Alimentos que Você Tem de Evitar

Agora que investigamos a fundo a alergia alimentar, gostaria de analisar a questão mais geral de por que você precisa evitar certos alimentos. Além da alergia, alimentos e bebidas podem fazer você se sentir pior de várias maneiras, como, por exemplo, provocando uma reação metabólica adversa. Outro motivo pode ser o modo com que esse alimento interage com sua flora intestinal.

Reações Metabólicas Adversas a Açúcar ou Café

Existem alimentos que, para alguns, levam a uma reação metabólica adversa e, portanto, precisam ser evitados. Dois exemplos muito comuns são 1) açúcar e doces e 2) a cafeína presente no café.

Açúcar e Doces

Muitos não toleram açúcar ou doces. Quando os consomem, seu nível de açúcar no sangue se eleva rápido demais e depois cai, deixando-os fadigados, tremendo e suando. Isso se chama hipoglicemia, ou baixa taxa de açúcar no sangue, e é causada pela insulina, hormônio secretado quando as pessoas consomem uma refeição com muito açúcar. Isso não é uma reação alérgica, mas hormonal.

Café

Com leite, expressos ou *cappuccinos*. Parece que o mundo inteiro anda com um copo de café. Mas nem todos. Muitos simplesmente não o toleram. Para alguns, a cafeína presente no café pode deixá-los desconfortavelmente acelerados e ansiosos e interferir no sono. Às vezes, eles conseguem beber chá sem problemas, mas outros precisam evitar a cafeína de qualquer forma. Por mais importante que sejam, no entanto, as respostas metabólicas à mudança na dieta são diferentes da alergia alimentar.

O que Acontece no seu Intestino Pode Tornar Alguns Alimentos um Problema

A partir do momento em que você começa a mastigar e engolir, seu organismo também começa a processar e interagir com o que você come. Enquanto o alimento consumido continua por seu longo trato digestório, ele entra em um mundo novo incrivelmente cheio onde uma variedade de microrganismos intestinais desempenha um papel importante, que às vezes ajuda, mas em outras causa problemas. Alimentos e bebidas comuns como leite, frutas, suco, vegetais e trigo podem interagir com os microrganismos em seu intestino, levando a uma variedade de sintomas.

Leite

Se você sofre de uma condição chamada intolerância à lactose, beber leite pode causar distensão e cólicas abdominais, gases e diarreia. O motivo: para ser absorvido por seu trato intestinal, o açúcar do leite, ou lactose, deve primeiro ser digerido em suas partes componentes, que são açúcares mais simples, chamados glucose e galactose.

Seus intestinos absorvem a glucose e a galactose rapidamente, mas não conseguem absorver a lactose. Se não você não tiver a enzima necessária para quebrar a lactose em glucose e galactose, a lactose não digerida chega ao intestino grosso, onde é fermentada pelas bactérias para produzir ácidos que o irritam. Essa fermentação pode levar aos sintomas abdominais mencionados anteriormente.

Frutas e Sucos

Em outra condição comum chamada má absorção da frutose, ocorre uma fermentação no intestino de algumas pessoas se elas comerem frutas com alto nível de frutose, o "açúcar da fruta". Os humanos têm uma habilidade limitada de absorver a frutose e ela varia muito de uma pessoa a outra. Quando você excede sua cota, qualquer frutose que consumir será fermentada em seu intestino grosso. Se você tiver uma má absorção, sucos de frutas e frutas secas de qualquer tipo podem sobrecarregar rapidamente a habilidade de seu intestino de lidar com a frutose. Maçãs e peras costumam ser as frutas mais problemáticas.

Trigo e Vegetais

O trigo e alguns vegetais contêm polímeros de frutose chamados frutanos. Para algumas pessoas, comer alimentos ricos em frutanos pode contribuir com os sintomas da má absorção da frutose.

A maioria dos pacientes que vi com queixas digestivas, quando eles comem trigo sofrem, na verdade, de má absorção de frutose. Nesses casos, determinamos que eles não são alérgicos ao trigo nem sensíveis ao glúten, a principal proteína do trigo. Para eles o problema não é com as proteínas encontradas no trigo, mas com os frutanos, que são carboidratos.

A interação profunda entre sua dieta e os microrganismos intestinais está na vanguarda da pesquisa nutricional. Durante minha carreira médica, fui um pioneiro em aplicar esse novo conhecimento da microbiota intestinal na prática clínica e ensinar outros médicos sobre isso em meus livros e palestras. Estou feliz em ver a medicina tradicional finalmente reconhecer sua importância.

Essas interações não são alérgicas. Mas como a dieta pode alterar a natureza de seus microrganismos intestinais, o que por sua vez influencia seu sistema imunológico, apliquei as descobertas profundas dessa pesquisa pioneira sobre os microrganismos intestinais e a saúde no programa de Solução para as Alergias. Você lerá mais sobre o que acontece em seu intestino (e como isso pode afetá-lo) no capítulo 14.

Conclusão

Este capítulo serviu chá, suco e sopa especiais que criei para ajudar a desintoxicar o organismo e supri-lo com nutrientes baseados em vegetais que ajudam a fortalecer o equilíbrio do sistema imunológico. Gosto de preparar essas receitas na minha cozinha, reunindo todos os vegetais maravilhosos na bancada prontos para a panela e o liquidificador! É uma ótima maneira de usar couve, brócolis, cenouras, cebolinha, salsinha e outros ingredientes ricos em nutrientes.

Expliquei as enzimas da desintoxicação em seu sistema digestório, fígado e outros órgãos que ajudam a livrar o organismo das toxinas e que as vitaminas, os minerais e os aminoácidos dos alimentos apoiam o trabalho dessas enzimas.

Eu também resumi alguns dos motivos não alérgicos pelos quais você precisa evitar certos alimentos. Por uma variedade de razões que mencionei neste capítulo, você pode ter de evitar alimentos como açúcar, café, trigo, leite, frutas, sucos ou vegetais porque eles não funcionam em harmonia com seu organismo.

Antes de começar a Limpeza Profunda de Três Dias, peça para seu médico dar uma olhada nas receitas e nas instruções, e peça seu conselho profissional sobre se esse programa é ou não apropriado para você.

Nota do Capítulo 6

1. Park HH, Lee S, Son HY, Park SB, Kim MS, Choi EJ, Singh TS, Ha JH, Lee MG, Kim JE, Hyun MC, Kwon TK, Kim YH, Kim SH. "Os flavonoide inibem a liberação de histamina e a expressão de citocinas pró-inflamatórias em mastócitos", *Arch Pharm Res.*, outubro de 2008; 31(10); p. 1303-1311; Park HH, Lee S, Oh JM, Lee MS, Yoon KH, Park BH, Kim JW, Song H, Kim SH. "Atividade anti-inflamatória da fisetina nos mastócitos humanos (HMC-1)", *Pharmacol Res.*, janeiro de 2007; 55(1); p. 31-37; Gong JH, Shin D, Han SY, Kim JL, Kang YH. "Kaempferol suprime a infiltração eosinofílica e a inflamação das vias aéreas nas células epiteliais das vias aéreas e em camundongos com asma alérgica", *Nutr.*, janeiro de 2012; 142(1); p. 47-56 (O kaempferol é um flavonoide de tipo flavonol natural que foi isolado em frutas cítricas, couve-de-bruxelas, brócolis, maçãs e outras plantas); Jung CH, Lee JY, Park JH, Cho BJ, Sim SS, Kim CJ. "Flavonóis atenuam as respostas imediata e tardia à exposição à ovalbumina aerossolizada no porco-da-índia consciente", *Fitoterapia.*, outubro de 2010; 81(7); p. 803-812; doi: 10.1016/j._tote.2010.04.011. Epub 10 de maio de 2010.

Capítulo 7

O Desafio da Reintrodução Alimentar

Jennie, uma jogadora de hóquei na grama universitário, sofria de crises de sinusite crônica durante a temporada no outono. A sinusite a deixava péssima e interferia em sua técnica. Ela se consultou com um alergista, que descobriu alergias a mofo e pó. Ele lhe prescreveu anti-histamínicos, mas até o tipo "não sedativo" a deixava meio grogue. Esteroides nasais faziam seu nariz sangrar. Uma medicação antialérgica prescrita causou oscilações de humor profundas. Jennie claramente precisava de uma abordagem diferente.

Ela era uma queijólatra. Um queijo cheddar forte era sua dose diária. Essa foi uma pista importante. Então, quando ela veio ao meu consultório, apliquei dois princípios: primeiro, se você sentir desejo por algum alimento, provavelmente é viciado e sensível a ele. Valeria a pena testar a reintrodução. Segundo, pessoas alérgicas a mofo costumam ter problemas com o mofo encontrado nos alimentos. O queijo envelhecido é um alimento mofado e o outono é a época do mofo ambiental, principalmente em Connecticut, onde Jennie mora. Suspeito de que o mofo possa ter um efeito viciante em criar sua congestão nasal.

Recomendei que Jennie parasse de consumir queijo e derivados de leite. Seu olhar me disse que eu estava certo: Jennie era completamente viciada em queijo. Pedi que ela o evitasse por cinco dias e me ligasse depois de reintroduzir seus queijos favoritos nos dias seis e sete.

A ligação veio na manhã do dia seis. Quinze minutos depois de comer 56 gramas de seu adorado cheddar, Jennie se sentiu muito inchada e congestionada. Ela tinha gases e precisava aliviar a pressão soltando-os várias vezes. Abdômen distendido, arrotos, gases, diarreia e outros sintomas digestivos são uma das formas nada sutis de o corpo nos alertar que não está feliz com algum alimento ou bebida. Para Jennie, os transtornos digestivos provavelmente eram a resposta de seu organismo a evitar seu alimento favorito por cinco dias e então comê-lo de novo. O abdômen distendido, gases e congestão foram suficientes para convencê-la de que a cura de suas alergias tinha de começar com a eliminação do queijo. Garanti que não seria para sempre. Havia formas de superar seu problema com os laticínios, mas elas não funcionariam se ela continuasse a consumir sua dose diária de cheddar.

Aprenda Quais Alimentos Deixam seu Organismo Feliz

Depois da Limpeza Profunda, o passo seguinte é o desafio alimentar da reintrodução. Ela segue um procedimento médico padrão de desafios alimentares estruturados, usados em centros médicos e universidades em todo o mundo, para descobrir sensibilidades alimentares ocultas. A história de Jennie é um exemplo de como reintroduzir alimentos pode produzir respostas fortes inesperadas, por isso você deve sempre consultar seu médico antes e durante a reintrodução. Se você tem uma alergia alimentar conhecida, não deve consumir esse alimento. Pessoas com asma não devem seguir o desafio alimentar da reintrodução: asmásticos *devem* evitar alimentos aos quais podem ser alérgicos.

Se você quiser continuar a Limpeza Profunda por mais alguns dias, vá em frente. Apenas se lembre de que a limpeza não foi pensada como uma dieta de manutenção contínua, portanto não continue por mais do que uma semana no total.

Durante a reintrodução, você continua bebendo o suco para equilíbrio imunológico, o chá oolong orgânico e a comer a sopa para o equilíbrio imunológico. Você também começa a expandir sua dieta aos pouquinhos. Continue anotando os sintomas em seu diário e mantenha um registro de cada alimento e bebida que você acrescenta a cada dia. Se tiver sintomas, precisará levar esse registro ao seu médico para avaliar e compreender quais alimentos podem contribuir para o surgimento deles.

A reintrodução baseia-se na ciência. Seu objetivo é ajudá-lo a se conectar com a sabedoria de seu organismo. Depois de completar a Limpeza Profunda, seu organismo consegue dizer quais alimentos você precisa evitar para a cura acontecer.

Durante a reintrodução, você expandirá sua dieta em três estágios. Você provavelmente notará mudanças no corpo durante cada um deles.

Às vezes, as mudanças serão as respostas imediatas a um alimento que acabou de adicionar. Pode ser um alimento que você consumia sempre e não fazia ideia de que tivesse um problema com ele, como Jennie com o queijo. Outras respostas da reintrodução podem ser tardias: uma resposta pode precisar de mais de uma exposição ao alimento ou pode ocorrer só um ou dois dias depois de comê-lo. Uma resposta tardia é bem comum.

Se você sentir uma resposta adversa depois de começar um novo estágio de reintrodução, pare e vá para a seção chamada "Zerar" nas páginas seguintes. Se você não sentir nenhum sintoma, continue a seguir a programação de reintrodução até completar todos os três estágios.

Reintrodução em um Importante Centro Médico

Nos anos 1980, o famoso imunologista britâncio, professor J. F. Soothill, reuniu-se com o neurologista alemão Josef Egger, sobre cuja pesquisa sobre alergia alimentar e TDAH você leu no capítulo 1, para investigar o papel da alergia alimentar na epilepsia e na enxaqueca entre crianças. Eles conduziram sua pesquisa no principal hospital pediátrico no Reino Unido, o Hospital para Crianças Doentes em Londres, entre pacientes que tinham epilepsia e não respondiam à medicação.[1] Por ser um estudo com crianças muito doentes, eles usaram um protocolo extenso e rigoroso que não deveria ser tentado fora do centro médico, mas suas descobertas provam a importância das reações alimentares tardias.

Deram às crianças uma dieta de eliminação com uma gama limitada de alimentos por duas semanas. Essa dieta consistia em um ou dois alimentos com amido, como arroz ou inhame, frango ou cordeiro de proteína, uma verdura e uma fruta. Eles descobriram que 80% das crianças que tinham epilepsia combinada com dor de cabeça, dor abdominal ou hiperatividade responderam à dieta com menos ou nenhuma convulsão, junto com a melhora de outros sintomas. As crianças que apenas tinham epilepsia não melhoraram com a dieta. Eles então colocaram as crianças em uma fase de desafio alimentar, na qual cada uma recebia um novo alimento por semana, para ver se alimentos específicos provocariam os sintomas. Eles foram provocados por 31 alimentos diferentes, com a maioria das crianças reagindo a vários deles.

Quando os pesquisadores confirmaram esses resultados com um desafio alimentar duplo-cego controlado por placebo, eles observaram que as reações poderiam demorar vários dias para acontecer. Com essa técnica, Soothill, Egger e seus colegas ajudaram 60% dessas crianças a permanecerem completamente livres da epilepsia sem drogas.

Notas Importantes

SEMPRE consulte seu médico antes de tentar o desafio alimentar de reintrodução.

Se sofrer de anafilaxia ou asma, você NÃO deve tentar a reintrodução.

Se tiver sentido uma reação adversa comendo um dos alimentos mencionados neste capítulo, não o coma durante a reintrodução. Reintroduza apenas aqueles que você se sentir seguro para consumir.

Primeiro Estágio da Reintrodução

O estágio durará no mínino dois dias. Depois de completar a Limpeza Profunda, você pode adicionar arroz integral e aves domésticas (frango ou peru) em sua dieta. Pode misturá-las na sopa para equilíbrio imunológico ou comê-las juntas como um prato separado. A ave deve ser assada e temperada apenas com sal, pimenta ou cúrcuma, se quiser. Coma tanto quanto precisar para não sentir fome.

- Se preferir não comer aves por ser vegetariano, você pode tirar a ave e colocar ervilhas no arroz. Também pode substituir as aves por cordeiro, se preferir. Aves e cordeiros são as carnes incluídas nos programas clássicos de eliminação e desafio.
- A alergia ao arroz é rara na Europa e nas Américas, mas comum na Ásia. Se suspeitar de uma alergia, escolha aveia ou farinha de aveia em vez de arroz. A farinha pode ser consumida com mirtilos para dar mais sabor, mas sem leite.
- Se preferir evitar amido ou grãos, tire o arroz e coma couve-flor ou ervilhas junto com frango ou peru.

Continue com o suco para equilíbrio imunológico, a sopa e o chá oolong orgânico. Quando você incluir todos os componentes, pode seguir o primeiro estágio por até uma semana ou pode entrar no segundo estágio no seu tempo.

Se sentir qualquer tipo de sintomas durante o primeiro estágio, pare e siga as instruções sob o título "Zerar" a seguir. Se não teve sintomas depois de dois dias do primeiro estágio, prossiga com o segundo estágio.

Segundo Estágio da Reintrodução

Esse estágio dura geralmente cinco dias. Serve para que possa expandir sua dieta até comer uma variedade de alimentos nutritivos e saborosos. Você pode continuar com o suco e o chá pelos nutrientes únicos que eles fornecem. A sopa é opcional. Os alimentos permitidos são:

- Quaisquer vegetais que você quiser, exceto aqueles da família das solanáceas, como tomates, pimentões e beringela. Use vegetais frescos ou congelados, mas não enlatados. Também evite milho, por ser um grão. Você pode consumi-los cozidos ou crus. Recomendo abóbora, batata-doce, repolho e couve-flor. Não coma nenhum tipo de pimenta vermelha.
- Feijões, ervilhas, lentilhas e outras leguminosas. Mas não coma castanhas ou amendoins, nem sementes de cacau ou chocolate.
- Carne bovina, suína e cordeiro. São opcionais e não devem ser consumidas mais do que duas vezes por semana. A carne deve ser de um gado criado livre e alimentado por capim.
- Café orgânico, se quiser, mas ele não deve ser adoçado e deve ser tomado preto ou com leite de arroz ou de coco. Nesse ponto você ainda não sabe se pode tolerar soja, amêndoas ou leite de vaca. Por que orgânico? Porque o café é uma das plantas mais tratadas com pesticidas no planeta.
- Frutas (exceto as cítricas) frescas ou congeladas, mas não enlatadas. Nada de frutas secas, sucos e xarope. Limite as frutas a não mais do que três porções por dia. Se você já teve alguma reação alérgica, como coceira na boca ou na garganta, continue a evitá-las.
- Ervas e temperos que preferir, frescos ou secos, exceto as pimentas caiena, habañero, jalapeño e páprica. Esses condimentos são membros da família das solanáceas.

Se você sentir qualquer tipo de sintomas durante o segundo estágio, pare e siga as instruções em "Zerando". Os alimentos do segundo estágio são diversos e nutritivos o suficiente para que você consiga permanecer nele pelo tempo que quiser, embora cinco dias seja o mínimo. Se você não tiver nenhuma reação adversa depois dos cinco dias do segundo estágio, prossiga com o terceiro.

Terceiro Estágio da Reintrodução

Neste momento, você testa mais alimentos e expande mais seu cardápio até ter muitas escolhas deliciosas. Recomendo que você teste cada alimento ou grupo alimentar em separado por dois dias. Durante o teste de dois dias, você pode comê-lo duas vezes por dia. Lembre-se de que pode não ocorrer uma resposta na sua primeira exposição ao alimento e ela pode ser tardia. Se você sentir sintomas em qualquer ponto, pare de adicionar novos alimentos e vá para a seção "Zerar". Se você quiser parar de testar novos alimentos em qualquer momento e manter a dieta que vinha seguindo, faça isso. Neste instante, você chegou a um ponto em que há vários alimentos disponíveis para você conseguir manter a dieta pelo tempo que quiser.

Esta é a ordem na qual você pode adicionar alimentos no terceiro estágio. Não precisa comer nenhum deles se não quiser. Apenas deixe de lado o que não aprecia e passe para a escolha seguinte.

- Ovos: cozidos, poché, fritos ou em omeletes. Se usar óleo na preparação, dê preferência a um pouco de azeite extra virgem, pois ele contém flavonoides anti-inflamatórios e antioxidantes que desempenham um papel importante na Solução para as Alergias.
- Peixes. Escolha peixes selvagens ou orgânicos com baixo índice de mercúrio, como salmão, sardinhas, linguado, solha e tilápia. Mariscos e peixes ricos em mercúrio, como atum, robalo ou peixe-espada não devem estar entre seus alimentos básicos e não estão incluídos na dieta para equilíbrio imunológico.
- Castanhas e sementes: secas, assadas ou frescas e cruas, sem sal. Nozes e amêndoas têm mais benefícios nutricionais. A castanha-do-pará é rica em selênio e deve estar limitada a não mais do que duas por dia, em um total de 14 por semana. Os amendoins não fazem parte da mesma família; na verdade, são leguminosas. Eles são naturalmente contaminados com mofo, que cresce *dentro* da casca. Algumas das sementes mais saudáveis para mastigar são as de abóbora, uma fonte excelente de zinco, além de sementes de girassol. A linhaça deve ser moída fresca para transmitir seus benefícios saudáveis. Por sua vez, tome cuidado com o gergelim. É um grande alérgeno.
- Vegetais da família das solanáceas. Os membros mais nutritivos dessa família são os tomates e pimentões, principalmente

o amarelo e o vermelho. Todas as pimentas, exceto pela pimenta-do-reino (pimenta-preta), são membros da família das solanáceas. Exclua a jalapeño, habañero, a caiena e a páprica, pois elas podem imitar uma alergia e agravar dor, inflamação e asma por uma reação bioquímica não alérgica. Pimentas picantes fazem as terminações nervosas liberar uma substância química chamada substância P, que pode aumentar a inflamação em seus tecidos. Por isso recomento que não consuma pimentas durante a reintrodução.

- Algumas frutas vermelhas vêm de plantas da família das solanáceas. As mais comuns delas são as goji berries. Elas são nativas da Ásia e agora são populares como um alimento saudável na América da Norte e Europa. Podem ser consumidas cruas, secas ou na forma de suco. Você pode experimentar goji berries sem açúcar como parte da família das solanáceas.
- Outros alimentos comuns das solanáceas são batatas e beringelas. Elas não desempenham um papel importante na dieta para equilíbrio imunológico por não terem os benefícios anti-inflamatórios de tomates, pimentões e goji berries.
- Frutas cítricas: limão-siciliano, limão-galego, toranja, tangerina e todas as variedades de laranjas. Elas podem ser consumidas frescas ou em suco, mas limite a quantidade de suco a não mais do que 236 mililitros por dia. A fruta orgânica é recomendada, pois as frutas cítricas podem ser tratadas com muitos pesticidas.

Os Quatro Finais: Leite, Trigo, Milho e Soja

Esses quatro alimentos fazem parte da cesta básica da dieta industrial ocidental, o que os torna parte do problema, pois não deveriam fazer parte por vários motivos, incluindo modificação genética e contaminação. Eles não são pilares da dieta para equilíbrio imunológico e você pode muito bem viver sem eles.

Se estiver satisfeito evitando leite, trigo, milho e soja, mantenha-os fora do cardápio. Porém, se quiser tentá-los, saiba se algum deles pode ser um problema, teste cada grupo em separado, seguindo o mesmo protocolo que acabei de descrever para outros alimentos no terceiro estágio:

- Você pode consumir a soja no tofu ou como um grão inteiro (edamame) ou beber leite de soja sem açúcar.

- Você pode consumir o milho em tortilhas, farinha, grãos inteiros ou a espiga.
- Você pode consumir o trigo em massas, no pão ázimo ou em cereais. Pão, bolachas e produtos assados contêm ingredientes demais para permitir um desafio "apenas com trigo".
- O leite pode ser de vaca, ovelha ou cabra. Os laticínios incluem leite, iogurte e queijo.
    - A caseína, uma proteína de leite alergênica, é concentrada no coalho, portanto seu nível é elevado em queijos. Ela também é um aditivo alimentar comum, listado nos rótulos com caseinato de sódio ou caseinato de cálcio. Quando testar o leite de vaca, você pode incluir alimentos acrescidos de caseinato.
    - O whey protein é a proteína do soro do leite. Há até uma cantiga em inglês sobre a Little Miss Muffet comendo coalho e soro. O whey é mais solúvel do que a caseína. Apresenta-se como um pó e, nesse ponto, você pode misturá-lo ao seu suco para equilíbrio imunológico.

A reintrodução só funcionará se você já tiver limpado o caminho com a Limpeza Profunda e diminuído o nível de inflamação alérgica no organismo. Caso contrário, será barulho demais para você conseguir ouvir seu corpo.

Zerar

Se você sentir sintomas durante a reintrodução, vai querer determinar qual alimento pode ter sido um problema e se o efeito foi apenas uma associação casual. Faça o seguinte:

- Pare de testar novos alimentos.
- Evite qualquer alimento adicionado à sua dieta nos últimos três ou quatro dias. Lembre-se de que as respostas podem ser tardias, então o que você sente pode ser por causa de um alimento que começou a comer dois ou três dias antes em vez de um que comeu no mesmo dia. Rever sua dieta até alguns dias antes ajudará a eliminar qualquer alimento que possa ter participado das respostas tardias e deixá-lo com uma dieta melhor.
- Mantenha sua dieta melhorada até a reação acabar, o que pode demorar de um a quatro dias.

- Comece testando alimentos individuais, começando com o que você comeu logo antes de os sintomas aparecerem. O diário que mantém será bem útil agora. Digamos que no sábado você adicionou ervilhas e lentilhas, no domingo você acrescentou carne bovina e na segunda você comeu ovos mexidos pela primeira vez. Então, na tarde de segunda você tem uma erupção cutânea. O ovo seria o culpado mais provável, então você os testa de novo primeiro, mas apenas depois de cortar carne bovina, ervilhas e lentilhas e deixando a erupção cessar. Se comer ovos mais uma vez não provocar uma erupção, então desafie-se com carne bovina, ervilhas e lentilhas, um por vez. Se a segunda rodada de desafios não provocar uma erupção, o sintoma pode ter sido uma coincidência, resultado de uma exposição ambiental, estresse ou algum fator além da alergia alimentar. Se você tiver uma erupção, terá uma teoria melhor sobre qual alimento possa ser o problema.

Conclusão

Apresentei aqui o conceito de reintrodução, com base no procedimento médico padrão dos desafios alimentares estruturados usados em centros médicos e universidades em todo o mundo. Para Jennie, a jogadora de hóquei com sinusite, o problema era com alimentos derivados do leite, como queijo. Depois de cortar todos os laticínios por cinco dias, ela sentiu o abdômen distendido e gases depois de reintroduzir na dieta seu queijo favorito. Eliminar o queijo de sua dieta era o próximo passo.

A alergia alimentar carrega o risco de uma reação alérgica perigosa. A reintrodução deve ser supervisionada por um médico. Se você sofrer de anafilaxia ou asma, não deve tentar a reintrodução.

Depois de usar a reintrodução para identificar e eliminar os alimentos que possam ser um problema, você está pronto para criar um equilíbrio duradouro aprendendo sobre a pesquisa em ciência da nutrição no próximo capítulo.

Nota do Capítulo 7

1. Egger J, Carter CM, Soothill JF, Wilson J. "Tratamento de crianças com epilepsia e enxaqueca com uma dieta oligoantigênica", *J Pediatr.*, janeiro de 1989; 114(1); p. 51-58.

Capítulo 8

A Dieta para Equilíbrio Imunológico

Picos branquinhos se projetam do céu. São 9h30 e estou de pé no topo de uma montanha no Colorado. Respiro fundo o revigorante ar da manhã, aponto meus esquis para baixo, me inclino e me lanço no pó de neve profunda. Meus esquis viram de lado na neve, cortando arcos para a direita e para a esquerda enquanto me viro. É um ato de equilíbrio, sentindo a neve, o ar e a inclinação da montanha enquanto desço rápido por ela. Chego ao fim da corrida sentindo-me bem disposto.

O equilíbrio é tudo. Não importa o quanto você é forte; se seu equilíbrio não estiver bom, você cairá. O simples ato de andar lhe mostra como o equilíbrio funciona em seu corpo: é a coordenação de opostos. Direita e esquerda. Você usa as duas pernas para andar. Quando um pé avança, o outro fica sustentando o peso do corpo. Quando você caminha, seus braços se movem em sincronia com as pernas. Alternando braço direito, perna esquerda. Braço esquerdo, perna direita.

Seu sistema imunológico também depende do equilíbrio para sua função adequada e descobri que a nutrição desempenha um papel fundamental no equilíbrio da imunidade. Nossa dieta moderna, rica em açúcar e carboidratos refinados e cheia de fast-food, nos tirou do equilíbrio e nos jogou de nossos esquis.

Neste capítulo, revelarei os avanços na ciência do combate à alergia com nutrientes de alimentos e bebidas naturais deliciosos. Esses avanços na nutrição me inspiraram a criar a dieta para equilíbrio imunológico para dar um suporte ao organismo contra as alergias, alimentando os linfócitos chamados T-reg sobre os quais falei no terceiro capítulo.

A ciência nos ensina que esses linfócitos adoram vitaminas e fitonutrientes de frutas, vegetais e chás, por isso a dieta é cheia dessas fontes de nutrientes naturais deliciosas. Explicarei a instigante pesquisa mundial sobre nutrição e também apresentarei alguns alimentos naturais incríveis que você pode encontrar no supermercado ou na feira.

A lista completa vem no fim deste capítulo, mas posso dar uma prévia. Suculentos morangos vermelhos, salsinha fresca e suaves chás verdes e oolong são apenas três dos astros da nutrição sobre os quais quero falar.

Você também saberá por que estou tão entusiasmado sobre os nutrientes especiais em vegetais como espinafre, aspargo e couve-de-bruxelas e por que sou um grande fã de leguminosas, como lentilhas, feijões pretos e grão-de-bico. A batata-doce está no topo da lista como uma fonte de um nutriente importante que explorarei e recebe a companhia de cenouras, pimentões e mangas. Todos esses alimentos que satisfazem ajudarão a restaurar o equilíbrio e nos colocar de volta no eixo. Vai ser um passeio delicioso e animado. Você está pronto?

Como Combater a Alergia Naturalmente – com Alimentação

Você acredita que há algo fresco e vital em alimentos naturais, como frutas e vegetais, que você não consegue de um frasco de comprimidos? Claro que há. A Mãe Natureza nos dá presentes únicos de fibras, vitaminas, minerais e outros diretamente de alimentos naturais integrais, que formam o alicerce da nutrição.

O objetivo da dieta para o equilíbrio imunológico é ajudar a alimentar as células T regulatórias e dar suporte à sua função. Quando elas trabalham bem, nos ajudam a superar alergias. A dieta é uma forma saudável de se alimentar que pode fornecer um suporte nutricional para ajudar a combater alergias com o tempo. Segui-la por um período de 6 a 12 meses pode levar à diminuição gradativa das alergias.

Entre os fatores alimentares descobertos para aumentar as células T regulatórias estão os folatos dos alimentos, a vitamina A e vários nutrientes derivados de plantas chamados flavonoides, principalmente um encontrado no chá.[1] Alguns flavonoides também inibem a atividade de células que causam inflamação, por isso nocauteiam as alergias de duas formas.[2]

Depois de passar pela Limpeza Profunda e pela reintrodução, você já começou a equilibrar sua imunidade enriquecendo sua dieta com alguns nutrientes que elevam as células T regulatórias. A dieta para equilíbrio imunológico serve para ajudar a nutrir ainda mais suas células e também para combater as alergias de outras quatro importantes maneiras. A dieta:

- Ajuda a evitar os alimentos problemáticos descobertos na reintrodução.
- Fornece uma nutrição melhor às células do seu organismo.
- Dá suporte ao crescimento e à manutenção dos microrganismos intestinais saudáveis que auxiliam em seus esforços para reverter a alergia.
- Ajuda a afastá-lo da *junk food* inflamatória, que teve um papel tão importante no desenvolvimento da epidemia de alergia.

Como Equilibrar a Imunidade na Dieta para Equilíbrio Imunológico

Então, quais alimentos consumir para equilibrar a imunidade? A ciência tem a resposta. Para começar, pelo menos nove porções de vegetais e frutas bem coloridos por dia, escolhendo aqueles ricos em folatos naturais, vitamina A e fibras. Os folatos dos alimentos são necessários para o crescimento celular e o reparo da função imunológica e cerebral. A carência pode causar anemia, fadiga, depressão, transtornos cognitivos e dano imunológico. Vegetais e frutas bem coloridos também são fontes ricas em flavonoides.

Na dieta para o equilíbrio imunológico, a sopa e o suco ainda podem ser a base do cardápio. O suco é rico em folatos, flavonoides e vitamina A, e a sopa é cheia de nutrientes, além de uma tigela suprir quatro porções de vegetais. Você pode acrescentar outros ingredientes de sua escolha na sopa, como o talo da cebolinha, feijões, frango ou peixe e adicionar temperos como alho ou gengibre. Mantenha os ingredientes originais e adicione outros para deixar a sopa com a sua cara.

Além da sopa e do suco, você pode comer qualquer um dos alimentos aprovados nos testes durante o processo de reintrodução descrito no último capítulo: carne, peixe, aves, ovos, castanhas, sementes, feijões, frutas, vegetais, temperos e ervas, até laticínios e grãos integrais. Na reintrodução, você pode experimentar as formas nas quais os diferentes grupos alimentares o afetam como um indivíduo único. Conheça seu corpo e o escute.

Se você não for alérgico a elas, sementes e castanhas são uma fonte excelente de vitaminas, minerais, proteínas e fibras, além de ser um lanche excelente. Faço meu próprio mix, usando amêndoas, nozes, sementes de girassol e de abóbora e algumas castanhas-do-pará. As amêndoas têm quantidades elevadas de magnésio. As nozes fornecem gorduras saudáveis. As sementes de girassol são uma fonte excelente de vitamina B6 e folatos. As sementes de abóbora são a fonte vegetal mais rica em zinco. As castanhas são ricas em selênio. Mas os benefícios do consumo de castanhas e sementes não podem se resumir aos nutrientes individuais que contêm. Pessoas que consomem sementes e castanhas regularmente têm menor probabilidade de sofrerem de obesidade, diabetes e doenças cardíacas, de acordo com pesquisas.

Vamos dar uma olhada nos nutrientes que formam o cerne da dieta para equilíbrio imunológico.

Folatos Naturais dos Alimentos

É necessário tirar folatos naturais dos alimentos. Verduras folhosas verde-escuras e leguminosas, como lentilhas e feijões, estão entre as melhores fontes. Na tabela a seguir, listei as melhores fontes alimentares de folatos naturais com a quantia deles por porção. Escolha os de que mais gostar e os consuma regularmente como parte da dieta. Você pode adicionar feijões, ervilhas, lentilhas e aspargos à sopa, se quiser. Os aspargos podem ser usados frescos, mas as leguminosas precisam ser pré-cozidas, pois a sopa é fervida por apenas 20 minutos, o que não é tempo suficiente para cozinhar leguminosas.

Criei o suco para o equilíbrio imunológico para fornecer muitos folatos dos alimentos. Apenas 340 mililitros por dia já fornecem folatos naturais abundantes para uma melhora na função das células T regulatórias. Ele é tão fresco, cremoso e delicioso que não vejo a hora de beber o meu todos os dias. Além disso, o suco fornece grandes quantias de vitamina A de fontes vegetais e flavonoides escolhidos a dedo.

Fontes Alimentares Excelentes de Folatos

Alimento	Folatos
Lentilhas	358 mcg
Feijão-fradinho	356 mcg
Feijão-carioca	294 mcg

Grão-de-bico	282 mcg
Espinafre	263 mcg
Aspargos	262 mcg
Feijão-preto	256 mcg
Feijão-branco	254 mcg
Feijão-roxinho	229 mcg
Fava	156 mcg
Beterraba	136 mcg
Ervilha partida	127 mcg
Mamão papaia (um médio)	115 mcg
Ervilha	101 mcg
Couve-de-bruxelas	100 mcg
Brócolis	96 mcg
Abacate	90 mcg
Alface-romana	76 mcg
Abóboras de inverno	57 mcg
Couve-flor	55 mcg
Vagem	42 mcg
Laranjas (uma média)	40 mcg
Abóboras de verão	36 mcg
Toranja (uma média)	30 mcg
Morangos	25 mcg

As medidas baseiam-se em uma xícara, salvo indicação em contrário.

Vitamina A de Fontes Alimentares

A vitamina A é um nutriente crucial para o reparo celular, a visão, a saúde da pele e uma função imunológica adequada. Sua carência pode provocar cegueira, cicatrização lenta e falta de resistência a infecções. As fontes integrais dos blocos de construção da vitamina A são a melhor forma de obter esse importante nutriente.

A vitamina A é um termo geral usado para identificar famílias de moléculas naturais chamadas *retinoides* e *carotenoides pró-vitamínicos*. Os retinoides têm origem animal e os carotenoides vêm das plantas. Você pode criar todos os retinoides de que precisa a partir dos carotenoides pró-vitamínicos encontrados em plantas, ou seja, os vegetarianos podem desfrutar de uma condição melhor de vitamina A do que os onívoros se suas dietas forem ricas em vegetais e frutas.[3] Os nomes dos carotenoides pró-vitamínicos são betacaroteno, alfa-caroteno e beta-criptoxantina.

Recomendo que extraia sua vitamina A de alimentos ricos nela, como cenouras, espinafre e batata-doce, pois eles não só contêm vitamina

A natural, como também muitos fitonutrientes que vêm apenas de fontes integrais.

O caroteno recebe seu nome das cenouras e é sua concentração elevada de betacaroteno que deixa a cenoura laranja. Carotenoides e retinoides são mais bem absorvidos se você consumí-los junto com gordura. Por isso a receita da sopa para o equilíbrio imunológico começa com cenouras refogadas no azeite.

Creio que a alimentação é a melhor forma de suprir sua necessidade de vitamina A, especialmente com vegetais ricos em carotenoides que fornecem ao mesmo tempo flavonoides, fibras e fitonutrientes. Na tabela a seguir, há uma lista de vegetais ricos em vitamina A. Esses alimentos também o suprem com carotenoides relacionados, como licopeno, luteína e zeaxantina. Embora seu organismo não os converta em vitamina A, eles concedem benefícios à saúde por importantes mecanismos próprios. A sopa e o suco para o equilíbrio imunológico foram criados para fornecer bastante vitamina A de alimentos de origem vegetal.

Excelentes Fontes Alimentares de Vitamina A

Alimento	*Vitamina A*
Batata-doce, uma média	1.403 RE (Equivalente de Retinol)
Espinafre, ½ xícara	573 RE
Cenouras, ½ xícara	459 RE
Melão cantaloupe, ½ xícara	135 RE
Pimentão vermelho ½ xícara	117 RE
Manga crua, 1 inteira	112 RE
Feijão-fradinho, cozido, 1 xícara	66 RE
Brócolis, cozido, ½ xícara	60 RE

Flavonoides Fabulosos: o Segredo Mais Bem Guardado da Nutrição

Você não verá flavonoides mencionados em nenhum rótulo. Isso porque a carência de flavonoide ainda não foi descrita da mesma forma que as carências de vitaminas e sais minerais, portanto eles não são tratados como nutrientes essenciais. Mas os flavonoides são tão importantes quanto vitaminas e sais minerais.

Na minha opinião, as doenças inflamatórias crônicas que resultam do estilo de vida e da dieta ocidental são causadas em parte pelas carências de flavonoides. Uma ingestão elevada de flavonoides alimentares foi associada a um risco reduzido de doenças cardíacas, diabetes, câncer e asma em estudos. A dieta ocidental moderna contém cerca de mil miligramas de flavonoides por dia. Uma dieta asiática tradicional contém quatro vezes mais, em grande parte vindo de ervas, temperos e chás.

O Flavonoide do Chá Ajuda a Reduzir a Inflamação e a Combater Alergias

Há mais de 400 flavonoides na dieta humana. Como um grupo, eles têm efeitos anti-inflamatórios e antioxidantes potentes. Gostaria de me concentrar em dois flavonoides importantes para as células T regulatórias que desempenham um papel fundamental na dieta para equilíbrio imunológico.

O primeiro é encontrado no chá, por isso vamos chamá-lo de flavonoide do chá. Embora o chá-verde seja uma fonte conhecida desse flavonoide, os níveis no chá oolong são igualmente elevados.[4]

Estuda-se a habilidade do flavonoide do chá para combater a inflamação há mais de 25 anos. Seu efeito nas células T regulatórias foi estudado pela primeira vez na Universidade da Califórnia e relatado em 2010. Nessa pesquisa:

- Os pesquisadores da Universidade da Califórnia mediram a função e o número de células T regulatórias no sangue de pessoas magras e com sobrepeso. A obesidade prejudicava sua função e número, que eram restaurados após a exposição dos glóbulos sanguíneos ao flavonoide do chá.[5]
- Os pesquisadores da Universidade Tufts demonstraram efeitos semelhantes quando camundongos receberam doses baixas do chá.[6]
- Outros estudos laboratoriais demonstraram que o aumento nas células T regulatórias produzido pelo flavonoide do chá provoca uma redução nos níveis do anticorpo IgE no sangue, indicando um efeito antialérgico funcional.[7]
- Baixas doses de flavonoide do chá parecem funcionar melhor na redução da inflamação do que doses muito elevadas.[8] Por isso prefiro obter o flavonoide bebendo quatro xícaras de chá por dia em vez de consumir suplementos alimentares.

Curta sua Própria Cerimônia do Chá

Você só precisa de um momento de silêncio, longe das pressões do cotidiano. Eu entendo. Você precisa de um momento para organizar seus pensamentos. Ou talvez até deixar sua mente vazia e permitir que toda sua ansiedade e preocupação sumam. Deixar para trás a correria do presente e se dar um tempinho de calma.

Escape com uma tranquila cerimônia do chá particular.

Deixe seu celular longe sem som. Acomode-se em uma poltrona ou sofá confortáveis.

Mas, primeiro, aquela xícara de chá. A cozinha. Sua caneca favorita. Concentre-se no ritmo simples e prazeroso de preparar o chá, como você anda pela cozinha, o som da água fervendo, a cor e a textura do chá. Enquanto você o prepara, note o chá em infusão na água e como o aroma convidativo inunda o ar.

Com a xícara na mão, sente-se devagar. Sinta o calor da xícara aquecendo as mãos e observe uma tênue nuvem de vapor se elevar. Você vai começar uma jornada imaginária a um lugar distante onde pode acalmar sua mente.

Tranquilizar a mente pela meditação ou oração, mesmo que por apenas um período curto por dia, proporciona benefícios reais para sua saúde. Embora a ideia da medicina mente-corpo já tenha sido considerada esotérica, em um estudo recente da Universidade Harvard ela se aproxima da medicina tradicional, com prestadores de saúde "prescrevendo" meditação e ioga aos seus pacientes.[9]

Falarei mais sobre o bem-estar mente-corpo no capítulo 10. Por ora, beba seu chá e saiba que você não só está recebendo flavonoides valiosos, mas também se dando um momento de paz inestimável.

O Superantioxidante dos Morangos

Um dos segredos mais bem guardados na nutrição é o flavonoide fisetina, e a fonte alimentar mais rica nessa substância é o morango. A fisetina é um poderoso antioxidante que aumenta a concentração de glutationa em suas células, de acordo com um estudo do Instituto Salk para Estudos Biológicos.[10] (Você leu sobre a glutationa no primeiro capítulo e a discutiremos com mais detalhes no capítulo 13.) A glutationa ajuda a proteger suas células T regulatórias do dano. Sua falta deixa as células suscetíveis à destruição induzida pelas toxinas ambientais e alimentares,[11] um dos fatores que contribuem com a epidemia de alergia.

Embora o primeiro efeito da fisetina seja proteger as células T regulatórias do dano elevando os níveis de glutationa, experimentos laboratoriais demonstraram outros benefícios importantes. A administração de fisetina diminui vários aspectos da resposta alérgica e protege as cobaias da asma alérgica, por exemplo.[12] No Instituto Salk para Estudos Biológicos os cientistas demonstraram vários efeitos protetores da fisetina no envelhecimento do sistema nervoso.[13]

Eu criei o suco para equilíbrio imunológico para supri-lo com fisetina, flavonoide do chá, folatos dos alimentos e vitamina A. Tome-o fresco todos os dias. Um copo de 340 mililitros fornece quatro porções de frutas e vegetais, quase metade de suas necessidades diárias. Para aumentar a quantidade de flavonoide no chá-verde usado no suco, recomendo que você ferva as folhas por cinco minutos em vez de apenas deixar em infusão na água quente.

Morangos, uma Forma Deliciosa de Ajudar a Combater Alergias

Com cor, aroma e sabor deliciosos e inconfundíveis, morangos naturalmente doces e suculentos distribuem nutrição da forma que a natureza quer. Uma xícara dessas lindas frutinhas tem apenas 49 calorias e fornece 98 miligramas de vitamina C, além de potássio, cálcio e magnésio e 3 gramas de fibras.

E esse é só o início. Em laboratórios em todo o mundo, a ciência está desvendando o poder nutritivo incrível do morango simples. Acontece que os morangos são uma fonte deliciosa do nutriente antialérgico fisetina, um flavonoide que consegue combater reações alérgicas fortalecendo a saúde das células T regulatórias. Por isso fiz dos morangos um ingrediente principal no meu suco.

No auge da época de morango, nada se compara a encontrar lindas frutas maduras, que são um lanche perfeito ou uma sobremesa natural. Sempre compro morangos orgânicos. Quando os frescos estão fora de época, gosto de usar frutas orgânicas congeladas, que agora são mais fáceis de encontrar do que nunca. Elas dão aos meus sucos o aroma delicioso e a doçura dos morangos o ano todo.

Um estudo da Universidade Estadual de Washington descobriu que morangos orgânicos tinham níveis mais elevados de vitamina C e antioxidantes totais do que morangos cultivados da forma convencional. E mais, o estudo descobriu que no teste de comparação entre consumidores, as frutas orgânicas foram consideradas mais doces e com mais sabor e uma melhor aparência do que as convencionais. O estudo também testou a qualidade do solo onde os morangos eram cultivados e descobriu que o solo nas fazendas orgânicas era mais saudável e mantinha mais vida do que o solo das fazendas convencionais.

Então, vale a pena aderir aos orgânicos? Em se tratando de morangos, a ciência confirmou. Mais nutrição, menos pesticidas, melhor gosto e práticas agrícolas melhores para o ambiente – tudo isso faz da compra de orgânicos algo que pode nos fazer sentir muito bem.[14]

Curta o Maravilhoso Frescor da Salsinha

A salsinha aromática verde traz um frescor indiscutível a uma incrível variedade de pratos. Adicionei salsinha em sopas, saladas, salpiquei-a sobre massas e a refoguei com arroz e vegetais. Adoro colocar um maço grande de salsinha fresca na bancada da cozinha para fazer a sopa. As folhas são fascinantes, mas não se esqueça dos talos, que dão uma crocância deliciosa. Descobri que depois de começar a usar salsinha, ela se torna um tempero favorito fácil de usar e adiciona um sabor incrível em seus pratos.

Mas as delícias culinárias da salsinha são apenas o início. Além de aumentar o prazer de comer, ela é uma excelente fonte de nutrientes. É rica em carotenoides; tem mais desse nutriente do que as cenouras. É também uma grande fonte do flavonoide apigenina. Assim como outros flavonoides, a apigenina tem efeitos antialérgicos e anti-inflamatórios, mas também ativa uma chave na resposta imune.

Uma pesquisa incrível sobre a apigenina da Universidade Médica de Nanjing na China descobriu que a chave de apigenina diminui a atividade dos linfócitos indutores de alergia e reduz os níveis de IgE.[15] Esse é outro motivo para continuar a comer sopa para equilíbrio imunológico, que é cheia de salsinha.

Então, o que você procura quando compra essa erva? A salsinha fresca pode ser encontrada no mercado, na feira e na loja de produtos naturais. O frescor é o segredo. A salsinha deve parecer um lindo punhado de florzinhas recém-cortadas.

Assim como as flores, a salsinha gosta de água, por isso antes de usá-la, deixe-a de molho em uma tigela com água para tirar a terra. Enxague bem e seque-a com um papel toalha. Agora ela está pronta para ser utilizada em suas criações culinárias!

O que Não Comer

Para começar, você deve evitar consumir qualquer alimento ou grupo alimentar ao qual for intolerante durante a reintrodução e quando precisar zerar. Evite-os com cuidado por pelo menos seis meses. Ao fim desse período, você pode conseguir comer alguns desses alimentos de novo, se seguiu todos os aspectos do programa deste livro descobrirá que esses alimentos não lhe provocam nenhum sintoma.

Você provavelmente notou que a reintrodução não incluiu doces, massas, alimentos processados, cores e sabores artificiais, melado rico em frutose, a maioria dos óleos vegetais ou qualquer um dos alimentos considerados como *junk food*. Quando você tiver terminado a Limpeza Profunda, terá se limpado desses alimentos. Não há reintrodução para rosquinhas, bolos, tortas, muffins ou fritas. Esses alimentos fazem parte do problema, por isso não podem fazer parte da solução. Essas coisas são obstáculos à cura. A história do Brian é um bom exemplo.

Brian era um designer de software de 35 anos que tinha eczema desde criança. No auge ele cobria seus braços, rosto e pernas, com uma predileção especial por suas pálpebras e as dobras dos cotovelos e atrás dos joelhos. Era uma erupção escamosa que coçava e geralmente sumia no verão. No resto do ano, ele a controlava com uma pomada de cortisona. O estresse sempre a deixava pior. Em um verão a erupção não sumiu e sua pele queimava sempre que ele tomava banho. Foi quando ele veio ao meu consultório.

Brian já tinha começado o que chamo de dieta pseudossaudável. Ele comia muita salada, tirou glúten, carne vermelha e começou a usar grãos alternativos como amaranto e quinoa, além de misturar sementes de cânhamo em seu iogurte grego sem gordura. Mas então ele colocava duas colheres de sopa de agave no iogurte, punha duas colheres de chá de mel em seu chá-verde orgânico e ficava acordado até as duas da manhã surfando na Internet enquanto comia biscoitos sem glúten e chocolate natural.

Como se Libertar do Desejo por Doce

Se você tem desejo por doce, sabe como ele pode ser atrativo, insistente, dominador e real. É como ter Darth Vader o provocando para passar para o lado negro, forçando-o contra sua vontade a devorar aquele bolo de chocolate ou pote de sorvete. O lado negro do desejo por doce faz você comer coisas contra sua vontade.

Então, como você escapa do forte domínio desses desejos? Você sabe que, assim como o vilão de um filme, os desejos não desaparecem sozinhos. Continue a se fartar de açúcar e os desejos vão continuar com você, não vão para nenhum lugar, porque a cada vez que você consome açúcar, na verdade, está alimentando e estimulando seu desejo por mais. Não, você vai precisar tomar uma medida heroica.

A magia acontece quando você dá esse passo corajoso e se afasta do açúcar, deixando-o de lado. Acontece algo extraordinário: os desejos somem. Em apenas dois ou três dias, eles desaparecem. Essa fissura por açúcar e a necessidade de comer um cookie ou barra de chocolate somem. Você pode literalmente sentir o peso saindo dos ombros. Está livre.

Quando começam a eliminar o açúcar de sua rotina, muitas pessoas ficam surpresas ao descobrir que ele se esconde em seus produtos favoritos. O açúcar tem um talento para aparecer em lugares que não deveria. Você espera que ele seja o astro de sobremesas decadentes como o bolo red velvet (veludo vermelho) ou cupcakes com cobertura. Mas ele tem uma maneira de entrar furtivamente em itens temperados como sopa, molho de macarrão e bolachas, apenas para dizer alguns. O açúcar se mistura em quase tudo e pode passar despercebido até você ler o rótulo. Passe a ter o hábito de olhar com atenção a lista de ingredientes nos rótulos dos alimentos, nos quais o açúcar pode ser listado como cana-de-açúcar, suco de cana, sucrose, dextrose, frutose, xarope de glucose, açúcar de beterraba e malte – e você conseguirá eliminar grande parte dele.

Já é difícil permanecer vigilante ao açúcar oculto em sua própria cozinha, onde você tem o controle. Quando está fora, é ainda mais. Então não empaque tentando improvisar esse esforço, vou lhe dar um plano. Você não quer ficar à mercê do que consegue pegar em uma máquina de vendas quando está fora de casa – e petiscos cheios de açúcar estão em todo lugar, enquanto escolhas saudáveis requerem um pouco de planejamento. Lembre-se de que você está fazendo algo heroico e se dê bastante crédito.

Planeje sua Fuga do Açúcar

- *Leve muitos lanchinhos e bebidas saudáveis com você quando sair. Corte alguns vegetais e coma-os à vontade. Cenouras e talos de salsão têm bastante crocância e o ajudarão a evitar as tentações do açúcar.*
- *Se não for alérgico a castanhas, então amêndoas, castanhas de caju, nozes e noz-pecã são um lanchinho gostoso e crocante.*
- *Faça um pacote com suas frutas frescas favoritas, como maçãs, laranjas, peras, mirtilos e morangos. A fruta tem fibra, antioxidantes e outros nutrientes que vêm com uma doçura natural.*
- *Leve um iogurte sem açúcar com você e acrescente suco de fruta concentrado sem açúcar para dar mais sabor e cor.*
- *Coloque guacamole ou homus em um pequeno recipiente para comer com batatas assadas.*
- *Carregue um saquinho com sementes, como de abóbora, pinholes ou de girassol.*
- *Opte por bebidas saudáveis como chá, água e café orgânico que o impedirão de ingerir açúcar. Elimine refrigerantes, isotônicos, limonadas e chás gelados adoçados.*

Ouça seu Corpo

O caminho de Brian para a cura mais parecia uma montanha-russa. Ele ficou na Limpeza Profunda por cinco dias e continuou no primeiro estágio da reintrodução por uma semana. Embora fosse o meio do inverno, sua pele ficou melhor do que nunca em anos.

Então ele parou de usar a pomada de cortisona e sua pele começou a coçar de novo. Expliquei ao Brian que sua pele se tornara dependente da cortisona e o que ele sentia era uma crise de abstinência. Dei-lhe um prazo de duas semanas para terminar a pomada, o que diminiu o efeito de reação da abstinência de esteroides e a cura da sua pele continuou. Então, as coisas ficaram mais interessantes.

Primeiro, ele começou a perder peso. Quando o vi pela primeira vez, ele estava uns 13 quilos acima do peso e não tinha conseguido perder nem cortando os doces. Expliquei para ele que os esteroides interferem na perda de peso, por isso, depois de tanto tempo recorrendo a pomadas com esteroides para controlar seu eczema, ele tinha dificuldade em controlar o peso mesmo cortanto calorias ou se exercitando. Parando com os esteroides e seguindo a dieta para equilíbrio imunológico, a perda de peso veio naturalmente.

Depois vieram os feriados e celebrações: Memorial Day, a formatura de seu sobrinho no colégio, o casamento de um primo, o Dia da Independência. Cada um deles foi uma ocasião para comer bolo ou doce, uma cerveja ou duas, e todas as vezes Brian tinha uma reincidência do eczema, tipicamente um ou dois dias depois. Todas as vezes demorava uma semana para curar.

A cada reincidência ele ganhava alguns quilos, suas mãos pareciam maiores e seu rosto inchava o bastante para sua namorada notar a diferença. Essas mudanças não aconteceram por causa das alergias alimentares, como estabelecemos pelo processo de reintrodução. O corpo de Brian era muito sensível aos efeitos inflamatórios do açúcar, que discuto com mais detalhes em meu livro sobre perda de peso, *The Fat Resistance Diet*. Para Brian, a coceira na sua pele era uma espécie de barômetro de sua ingestão de açúcar.

A cada reincidência do eczema de Brian, ele me ligava e dizia: "Doutor, não acredito que sou tão sensível ao açúcar. Isso pode ser verdade?"

E eu respondia todas as vezes: "Você sabe a resposta, Brian. Ouça seu corpo".

Uma função imune ideal depende de uma ótima nutrição. O alimento nutre as células que previnem a alergia, ajudam a combater a infecção e trabalham para controlar a inflamação. A melhor dieta não é a mesma para todo mundo. Uma ótima nutrição é individualizada. Ela deve levar em conta suas alergias e sensibilidades alimentares específicas, seus gostos e sua cultura. Criei o programa Solução para as Alergias para ajudá-lo a encontrar os alimentos nutritivos que atendam-a suas necessidades; melhore sua dieta com alimentos que garantam uma função ideal das células T regulatórias.

Conclusão

Este capítulo destacou a pesquisa mundial instigante sobre nutrição e alergia, com um foco nos fatores alimentares que ajudem a equilibrar o sistema imune e reduzir alergias. Avanços na ciência da nutrição revelaram que podemos dar um suporte à função das células T regulatórias especiais, condutoras do sistema imunológico. Com o bom funcionamento dessas células, as reações alérgicas podem ser prevenidas.

Eu criei a dieta para equilíbrio imunológico como uma fonte natural de vitaminas e fitonutrientes, com base na pesquisa em nutrição mundial. Exploramos fontes alimentares naturais de vitamina A e folatos. Aprendemos sobre os nutrientes especiais nos morangos, na salsinha e no chá que podem ajudar a combater as alergias.

O caso de Brian, o designer de software, demonstrou como a predileção por açúcar e doces pode contribuir para o eczema: seu processo de limpeza de sua dieta foi uma montanha-russa; ao ver uma melhora na pele e depois sucumbindo ao desejo por açúcar levando a reincidências, ele se convenceu de como seu corpo é sensível ao impacto inflamatório do açúcar. Por sorte, o desejo por açúcar pode ser superado, como expliquei na seção "Como se Libertar do Desejo por Açúcar".

Sei que quando você mostrar este capítulo ao seu médico e discutir com ele o que aprendeu, ele conseguirá decidir sobre seu programa de nutrição e guiará sua jornada de cura.

Notas do Capítulo 8

1. Kim W, Lee H. "Avanços na pesquisa em nutrição sobre as células T regulatórias", *Nutrients*, novembro de 2013; 5(11); p. 4305-4315; Issazadeh-Navikas S, Teimer R, Bockermann R. "Influência dos componentes da dieta nas células T regulatórias", *Mol Med.* 2012; 18(1); p. 95-110; Wong CP, Nguyen LP, Noh SK, Bray TM, Bruno RS, Ho E. "Indução de células T regulatórias pelo polifenol do chá-verde EGCG", *Immunol Lett.*, 30 de setembro de 2011; 139(1-2); p. 7-13.
2. Singh A, Holvoet S, Mercenier A. "Polifenois dietéticos na prevenção e no tratamento das doenças alérgicas", *Clin Exp Allergy,* outubro de 2011; 41(10); p. 1346-1359.
3. Chiu TH, Huang HY, Chiu YF, Pan WH, Kao HY, Chiu JP, Lin MN, Lin CL. "Vegetarianos e onívoros taiwaneses: composição da dieta, prevalência de diabetes e IFG", *PLoS One*, 11 de fevereiro de 2014; 9(2): e88547; Yen CE, Yen CH, Huang MC, Cheng CH, Huang YC. "Ingestão alimentar e status nutricional de crianças pré-escolares vegetarianas e onívoras e seus pais em Taiwan", *Nutr Res.*, julho de 2008; 28(7); p. 430-436; Krajcovicová-Kudláčková M, Simoncic R, Béderová A, Grancicová E, Magálová T. "Influência da nutrição vegetariana e mista sobre os parâmetros hematológico e bioquímico em crianças", *Nahrung.*, outubro de 1997;41(5); p. 311-314.
4. Kuo KL, Weng MS, Chiang CT, Tsai YJ, Lin-Shiau SY, Lin JK, "Estudos comparativos sobre os efeitos hipolipidêmico e supressor do crescimento das folhas de chá oolong, preto, pu-erh e verde em ratos", *J Agric Food Chem.*, 26 de janeiro de 2005; 53(2); p. 480-489.

5. Yun JM, Jialal I, Devaraj S. "Efeitos da epigalocatequina galato no número e no funcionamento dos lifócitos T em voluntários obesos e magros", *Br J Nutr.* junho de 2010; 103(12); p. 1771-1777.
6. Wang J, Ren Z, Xu Y, Xiao S, Meydani SN, Wu D. "A epigalocatequina-3-galato melhora a encefalomielite autoimune experimental alterando o equilíbrio entre os subgrupos linfócitos CD4+", *Am J Pathol.*, janeiro de 2012; 180(1); p. 221-234.
7. Kuo CL, Chen TS, Liou SY, Hsieh CC. "Efeitos imunomodulatórios da fração de EGCG do extrato de chá-verde na imunidade inata e adaptativa via células T regulatórias no modelo murino", *Immunopharmacol Immunotoxicol.*, outubro de 2014; 36(5); p. 364-370.
8. Pae M, Ren Z, Meydani M, Shang F, Smith D, Meydani SN, Wu D. "A suplementação dietética com uma dose elevada de epigalocatequina-3-galato promove uma resposta inflamatória em camundongos", *J Nutr Biochem.*, junho de 2012; 23(6); p. 526-531.
9. Nerurkar A *et al.* "Quando prestadores de assistência médica convencionais recomendam a medicina não convencional: resultados de um estudo nacional", *Arch Intern Med.*, 9 de maio de 2011; 171(9); p. 862-864. doi: 10.1001/archinternmed.2011.160.
10. Ehren JL, Maher P. "A regulação coordenada dos fatores de transcrição Nrf2 e ATF4 serve de mediadora para o aumento dos níveis de glutationa pelo flavonoide fisetina", *Biochem Pharmacol.*, 5 de junho de 2013; 85(12); p. 1816-1826.
11. Tada-Oikawa S, Murata M, Kato T. "Indução preferencial da apoptose em céulas T regulatórias pela tributiltina: envolvimento possível na exacerbação de doenças alérgicas", *Nihon Eiseigaku Zasshi*, setembro de 2010; 65(4); p. 530-535.
12. Wu MY, Hung SK, Fu SL. "Efeitos imunossupressores da fisetina na asma induzida pela ovalbumina pela inibição da atividade de NF-κB", *J Agric Food Chem.*, 12 de outubro de 2011; 59(19); p. 10496-10504; Goh FY1, Upton N, Guan S, Cheng C, Shanmugam MK, Sethi G, Leung BP, Wong WS. "Fisetina, um flavonol bioativo, atenua a inflamação alérgica das vias aéreas pela regulação negativa do NF-κB", *Eur J Pharmacol.*, 15 de março de 2012; 679(1-3); p. 109-116.
13. Maher P. "Modulação dos múltiplos trajetos envolvidos na manutenção da função neuronal durante o envelhecimento pela fisetina", *Genes Nutr.*, dezembro de 2009; 4(4); p. 297-307.
14. Reganold JP, Andrews PK, Reeve JR, Carpenter-Boggs L, Schadt CW. "Qualidade do morango e do solo de agroecossistemas orgânico e convencional", *PLoS One.*, 1º de setembro de 2010; 5(9). pii: e12346. Erratum in *PLoS One.* 2010; 5(10). doi: 10.1371/annotation/1eefd0a4-77af-4f48-98c3-2c5696ca9e7a.
15. Li RR, Pang LL, Du Q, Shi Y, Dai WJ, Yin KS. "A apigenina inibe a inflamação das vias aéreas induzida pela alergia e altera a resposta imune em um modelo murino de asma", *Immunopharmacol Immunotoxicol.*, setembro de 2010; 32(3); p. 364-370.

Capítulo 9

As Alergias o Engordam?

"Não entendo", choramingou Madeline. "Meu corpo mudou quando engravidei e nunca mais foi o mesmo."

Madeline ganhou 22 quilos na primeira gravidez e luta para perdê-los há dez anos. Com exercícios intensos e dieta, ela perdeu 4,5 quilos, mas ainda faltam mais de 17 quilos para perder.

Quando ela veio me ver, citou infecções respiratórias recorrentes e fadiga como os motivos da consulta. Quando ela começou a falar, sua frustração com seu peso logo fez da perda dele o principal tópico.

Crescendo em Minneapolis, ela era magra e tinha um bom condicionamento físico, embora sofresse desde criança com alergias a pólen e pó e resfriados frequentes. Na adolescência, ela desenvolveu constipação e dor abdominal e soube que tinha um intestino irritável. Aconselharam-na a parar de comer carne e aumentar as fibras com grãos integrais. Sua constipação passou.

Com 20 e poucos anos ela se casou com seu namorado de colégio Brad, que tinha acabado de conseguir um emprego novo em Atlanta. Desistindo de seu emprego para se mudar e cozinhando para seu marido todos os dias, Madeline ganhou os primeiros quatro quilos. Ela sempre correu, que era uma das formas de se manter magra, mas com a longa estação de pólen em Atlanta seu nariz escorria e coçava sempre que ela saía para correr entre março e novembro. Um forte anti-histamínico resolveu esse problema.

Duas gravidezes lhe deram duas crianças saudáveis, mas a deixaram 22 quilos acima do peso e sofrendo com azias diárias. Apesar de sua mudança para uma dieta vegetariana, seu peso se recusava a se mexer.

Depois de terminar de amamentar, Madeline voltou ao anti-histamínico prescrito nos oito meses do ano. Seu médico acrescentou um segundo medicamento, mas para a azia. Era um inibidor de bomba de prótons (IBP), que alivia a azia suprimindo a produção do ácido estomacal. Ele criou um novo sintoma, o inchaço abdominal, o que deixou Madeline se sentindo ainda pior com o peso que ganhou.

A pneumonia levou-a ao meu consultório. Ela teve dois episódios em dois anos, sempre depois de um resfriado e respondendo prontamente aos antibióticos. Eu tinha ajudado uma amiga dela a se recuperar da pneumonia, por isso, quando Brad veio para Nova York a trabalho, ela veio junto e os dois foram à consulta.

"Não tem apenas uma causa para seu problema com o peso", expliquei. "Há um círculo vicioso no qual o ganho de peso aumenta as alergias e elas aumentam o ganho de peso, e os medicamentos que você tomou na verdade pioraram tudo. Seu problema não é raro. Eu o vi muitas vezes."

Brad trabalhava para uma empresa de biotecnologia e tinha formação em química. "Eu já imaginava algo assim", ele disse. "Mas nenhum outro médico pensou assim." Ele me pediu uma prova.

Obesidade e Alergia: um Círculo Vicioso

"Há uma ligação direta entre alergia e ganho de peso", expliquei. "É resultado da interação entre células adiposas e aquelas que criam as respostas alérgicas, chamadas de mastócitos e eosinófilos."

Como expliquei no terceiro capítulo, os mastócitos armazenam dúzias de substâncias químicas que criam a inflamação. Sempre que houver uma reação alérgica, os mastócitos descarregam essas substâncias nos seus tecidos, onde eles produzem a maior parte dos sintomas comuns da alergia, como coceira, inchaço, vermelhidão, espirros e chiado. O que poucos sabem é que algumas dessas substâncias também promovem o crescimento das células adiposas.[1]

As células adiposas, por sua vez, também armazenam muitas substâncias químicas. Ao ganhar peso, essas substâncias são liberadas pelas células adiposas e circulam no sangue. A maioria delas provoca mais inflamação.

Há algo nas suas células adiposas que faz o oposto: um hormônio que reduz a inflamação. Chama-se adiponectina. A adiponectina tem efeitos antialérgicos diretos.[2] Ela acalma os eosinófilos, células que liberam enzimas que podem danificar tecidos e enfraquecer seu sistema imunológico.[3]

Aqui está o problema: quanto maiores forem suas células adiposas, menos adiponectina elas fazem. Portanto, quando suas células adiposas aumentam, os eosinófilos ficam agitados e produzem mais inflamação alérgica, aumentando a ativação dos mastócitos, o que promove o crescimento da gordura.[4]

Creio que esse círculo vicioso explica o forte elo entre alergias e o sobrepeso documentado na pesquisa médica. A ciência nos demonstra:

- Uma maior gordura corporal está associada com o aumento da prevalência de asma, rinite alérgica e eczema.[5]
- Pessoas com sobrepeso tem duas vezes e meia mais probabilidade de terem sinusite alérgica crônica do que uma população controle sem alergias.[6]
- O uso de anti-histamínicos prescritos, um sinal de alergia clínica, está associado com o aumento do peso corporal, de acordo com um estudo da Universidade Yale usando dados da Pesquisa Nacional de Avaliação de Nutrição e Saúde do governo americano.[7]
- No caso de crianças e adolescentes, o sobrepeso ou a obesidade aumentam os níveis de anticorpos IgE alérgicos no sangue, principalmente aos alimentos.[8]
- Mesmo em mulheres de peso normal, um acréscimo na circunferência da cintura aumenta o risco e a gravidade da asma. As implicações disso são muito sérias, porque a taxa de obesidade abdominal entre mulheres nos Estados Unidos é quase duas vezes a taxa de obesidade geral e reflete um estado elevado de inflamação no organismo. O efeito inflamatório do excesso de gordura abdominal pode explicar por que a perda de peso em si melhora o controle da asma em pessoas com sobrepeso.[9]

Expliquei o círculo vicioso da alergia e do ganho de peso para Madeline e, então, lembrei que a medicação que ela tomava poderia piorar a situação. Para pessoas alérgicas ou com sobrepeso, o desenvolvimento da azia e seu tratamento com inibidores de bomba de prótons acelera o giro desse círculo vicioso.

A Ligação com a Azia

Nos últimos 30 anos, a epidemia de alergia foi acompanhada pelas epidemias de obesidade e de DRGE, a doença do refluxo gastroesofágico, ou simplesmente refluxo. Cientistas acreditam que essas três epidemias estão intimamente relacionadas. O sobrepeso não só aumenta o risco de alergia, como também o risco de desenvolver DRGE, o que pode aumentar os sintomas respiratórios alérgicos.

Se você sofre de azia, refluxo, asma, tosse, rinosinusite crônica ou se usa medicamento contra azia habitualmente, você precisa ler esta seção com atenção, porque o tratamento convencional contra azia pode piorar suas alergias.

A azia é o principal sintoma de DRGE e ocorre quando os sucos gástricos retornam ao esôfago, onde podem produzir dor e inflamação. Esse fluxo reverso chama-se refluxo e a inflamação é chamada de esofagite. Às vezes, a sensação de azia é chamada de indigestão ácida, pois a queimação parece acidífera.

Propagandas de remédios tentam separar a azia comum da DRGE, porém, elas são basicamente a mesma condição, diferindo apenas no nível de inflamação causada.

A DRGE pode intensificar seus sintomas de alergia das seguintes formas:

- A esofagite pode estimular um aumento na produção de muco no nariz e seios paranasais por um reflexo envolvendo seu nervo vago, agravando os sintomas de alergias nasais ou de seios paranasais.[10]
- Pesquisa médica da Universidade de Emory em Atlanta determinou que a DRGE é muito comum entre pessoas que passaram por cirurgia nos seios paranasais e ainda sofrem com rinossinusite recorrente.[11] Os pesquisadores acreditam que a DRGE é o principal motivo para inflamação nasal e dos seios paranasais nesse grupo de pessoas.
- Se os sucos gástricos atingirem a garganta, eles podem causar dor de garganta, rouquidão ou gosto amargo na boca. Essa condição, chamada RLF (refluxo laringofaríngeo), é essencialmente uma extensão da DRGE.
- O suco gástrico também pode ser inalado pelos bronquíolos, onde provoca tosse ou agrava a asma. Vários estudos descobriram que os asmáticos têm uma taxa muito maior de DRGE e de RLF do que pessoas sem asma. Estudos indicam que a DRGE impede um bom controle da asma.[12]

Se você sofre de asma crônica ou de rinossinusite recorrente, é importante considerar a DRGE como um fator. Mas é aí que as coisas ficam desafiadoras, pois o tratamento padrão da DRGE pode piorar suas alergias.

O Problema com as Drogas contra a Azia

As drogas que suprimem a produção do ácido gástrico são o tratamento padrão para a DRGE e o RLF. Esses medicamentos se dividem em duas categorias. As mais fortes são chamadas inibidores de bomba de prótons (IBPs); esse é o tipo de droga prescrita pelo médico de Madeline. Os mais fracos são chamados de bloqueadores de H2. O IBP mais famoso é o Omeprazol (Prilosec) e o bloqueador de H2 mais famoso é a Ranitidina (Zantac). Aqui está uma lista dos supressores de ácido mais comuns:

Drogas Supressoras de Ácido

Os inibidores de bomba de próton suprimem as enzimas que transportam o ácido clorídrico das células secretoras de ácido para a superfície do revestimento gástrico. Alguns exemplos de IBPs incluem:

- *Prilosec, Zegerid (Omeprazol) [no Brasil: Prepazol, Losec]*
- *Prevacid, Dexilant (Lanzoprazol e dexlansoprazol) [no Brasil: Prazol, Neozol)*
- *Nexium (Esomeprazol) [vendido no Brasil]*
- *Aciphex (Rabeprazol) [no Brasil: Pariet]*
- *Protonix (Pantoprazol) [no Brasil: Ziprol]*

Os bloqueadores de H2 impedem que a histamina desempenhe uma de suas funções normais: aumentar a liberação do ácido gástrico. Alguns exemplos comuns de bloqueadores de H2 incluem:

- *Zantac (Ranitidina) [no Brasil: Antak]*
- *Tagamet (Cimetidina) [vendido no Brasil]*
- *Pepcid AC (Famotidina) [no Brasil: Famox]*
- *Axid (Nizatidina) [vendido no Brasil]*

Os antiácidos são drogas que neutralizam o ácido gástrico sem suprimir sua liberação. Há muitas marcas, todas disponíveis sem prescrição. Todos eles contêm sais minerais altamente alcalinos, como hidróxido de magnésio (leite de magnésia) e hidróxido de alumínio. Alguns exemplos são Maalox, Mylanta e Gelusil.

Embora as drogas supressoras de ácido estejam entre as mais usadas nos Estados Unidos, há quatro motivos por que você não deve contar com elas para tratar sua azia:

1. Drogas supressoras de ácido não previnem o refluxo. Elas apenas convertem o refluxo ácido em não ácido, que ainda pode ser irritante e danoso. Muito do dano feito pela DRGE se deve à bile e à enzima pepsina, presentes no suco gástrico mesmo quando a produção de ácido é suprimida.
2. Drogas supressoras de ácido, principalmente os IBPs, podem ter efeitos colaterais graves. Com o uso prolongado elas aumentam o risco de perda óssea, fraturas e deficiências nutricionais. Com qualquer uso elas aumentam o risco de pneumonia, infecção alimentar e colite por *Clostridium difficile,* uma infecção letal do intestino grosso.[13]
3. Um importante estudo dos efeitos dos IBPs na asma realizado em 19 centros acadêmicos americanos e conduzido pela Associação Americana do Pulmão encontrou um aumento na frequência de infecções respiratórias em sujeitos que receberam um IBP, mas nenhuma melhora no controle da asma.[14] Creio que a pneumonia recorrente de Madeline estivesse diretamente ligada ao uso de IBPs.
4. Três quartos de quem usa IBP por mais de um ano têm aumentos indesejáveis de peso.[15]

O Risco da Supressão do Ácido Gástrico

Existe outro motivo importante pelo qual você não deve confiar em drogas supressoras de ácido para tratar azia: suprimir o ácido gástrico aumenta o risco de alergias a alimentos e medicações.

Segundo a pesquisa:

- Cientistas da Universidade de Medicina de Viena estudaram 152 adultos que receberam drogas supressoras de ácido por três meses. Esses pacientes não tinham história prévia de alergia alimentar. Depois de tomar IBPs, 15% deles desenvolveram anticorpos IgE a alimentos como leite, trigo, batatas, salsão, cenouras, maçãs, laranjas e farinha de centeio. Um terço ainda apresentou anticorpos alérgicos cinco meses depois que as drogas foram descontinuadas.[16]

- Um estudo na Universidade Emory em Atlanta descobriu que o uso de medicação supressora de ácido por crianças com alergias estava associado a um aumento de 500% nos níveis de anticorpos IgE a amendoins e a um aumento de 70% em alergia alimentar diagnosticada clinicamente.[17] Estudos em laboratório confirmam que a alergia alimentar induzida pela supressão de ácido pode produzir uma reação cutânea anafilática.[18]
- Pacientes hospitalizados recebendo IBPs têm quatro vezes mais reações alérgicas a drogas administradas via oral do que pacientes similares que não receberam IBPs.[19] A falta do ácido gástrico é considerada a causa.
- O uso das drogas supressoras de ácido na gravidez está associado a um risco 70% maior de asma na criança.[20]

Por que a supressão do ácido gástrico aumenta o risco de alergia alimentar? Basicamente porque um dos principais efeitos do ácido gástrico é iniciar a digestão de proteína. A digestão reduz a habilidade de a proteína induzir respostas alérgicas por um fator de 10 mil! Dessa forma, suprimir ácido gástrico permite às proteínas que chegam ao intestino delgado manter um nível muito maior do que o normal de potencial alérgico.[21]

Moral da história: se você sofre de azia ou tem evidência de DRGE ou RLF, o refluxo pode agravar seus sintomas alérgicos respiratórios, mas você precisa de uma estratégia para revertê-lo, exceto a supressão do ácido. Felizmente, há uma e a usei para ajudar muitas pessoas com DRGE crônica ou RFL superarem sua dependência de IBPs ou bloqueadores de H2.

Como Quebrar o Ciclo: Controle DRGE sem Drogas

Meu programa para aliviar alergias respiratórias agravadas pelo refluxo, *sem* usar drogas supressoras de ácido, baseia-se em uma compreensão clara de que a DRGE não é causada pelo excesso de ácido. Ela é causada por um mau funcionamento da válvula do esfíncter esofágico inferior (EEI), que separa o esôfago do estômago, e permite que os conteúdos do estômago retornem ao esôfago por uma má motilidade esofágica, o que impede o refluxo de ser expelido rapidamente.

O principal gatilho para a DRGE é um estômago cheio e distendido. O tratamento correto para a doença, portanto, não é a supressão do ácido, mas evitar a distensão estomacal, a melhora da motilidade esofágica e o fortalecimento da válvula do EEI.

Expliquei para Madeline e Brad que controlar seu refluxo sem uso de drogas supressoras de ácido era um passo inicial essencial para ajudá-la a perder peso. Passei a eles meu programa simples para controlar a DRGE sem drogas. Com esse programa, 90% dos pacientes que tratei descontinuaram o uso de drogas para azia. Ele consiste em:

O Jeito Certo de Comer

Como você faz suas refeições pode ter uma diferença significativa em como você lida com o refluxo:

- Faça refeições relativamente pequenas, pare de comer antes de se sentir cheio e tome cuidado para não comer demais. Isso pode evitar a distensão de seu estômago, que é o principal gatilho da DRGE.
- Relaxe enquanto se alimenta. Faça da hora da refeição um momento de silêncio para se concentrar no alimento e mastigue bem. Isso melhora a motilidade esofágica normal.
- Espere duas horas para se deitar depois da refeição. Dê ao seu estômago uma chance de esvaziar enquanto a gravidade ajuda a prevenir o refluxo.

Água Alcalina

Use água alcalina, com um pH de 8,5 a 9 como sua fonte principal de água. Ela está disponível em várias fontes naturais.

Beber água alcalina é muito diferente de suprimir o ácido gástrico: a água não é forte o bastante para reverter a acidez no seu estômago, mas pode ajudar a neutralizar a acidez da matéria estomacal fora do seu estômago, na garganta e no esôfago.

Muito do dano provocado pela DRGE resulta da atividade da enzima pepsina, que requer um ambiente muito ácido para ser ativa; a água alcalina pode inativar a pepsina na sua garganta e esôfago.

Nota: não use antiácidos líquidos ou mastigáveis com alumínio em uma tentativa de inativar a pepsina. O alumínio altera a função imunológica na direção da promoção de alergias e os antiácidos com alumínio podem ser tão prejudiciais para suas alergias quanto os IBPs.[22]

Citrato de Cálcio em Pó

O citrato de cálcio em pó, com cerca de 150 miligramas, dissolvido em uma pequena quantidade de água alcalina, pode ser tomado depois de cada refeição e antes de dormir. Ele pode ser encontrado facilmente em vários lugares.

O cálcio é necessário para uma motilidade esofágica normal e para o fechamado do EEI. Quando seu esôfago está saudável, há cálcio o suficiente armazenado nas células do esôfago para regular a motilidade adequadamente. Estudos de laboratório demonstraram, no entanto, que quando o esôfago está inflamado, a motilidade passa a depender de fontes externas de cálcio. Suplementos de cálcio podem ajudar a melhorar a motilidade esofágica e reduzir ou prevenir a DRGE.

A maioria das pessoas compreende mal o papel do cálcio na prevenção da DRGE. Elas pensam no cálcio como um antiácido. O cálcio ajuda na prevenção do refluxo por meio de dois mecanismos que nada tem a ver com neutralizar o ácido gástrico. Ele acelera a motilidade esofágica, levando o que tiver subido ao esôfago de volta para o estômago e pode também fortalecer o esfíncter esofágico inferior (EEI). Na minha experiência clínica, descobri que o citrato de cálcio, uma forma levemente ácida do cálcio, funciona melhor do que o carbonato de cálcio. O motivo: o citrato de cálcio é mais solúvel do que o carbonato, por isso penetra mais rápido nas células do esôfago.

Mas tem um ponto importante: os comprimidos de cálcio não funcionam para isso. O cálcio deve ser mastigado ou engolido na forma de pó ou líquido, porque deve estar disponível em solução no esôfago inferior e no estômago superior. Lá, ao contrário das drogas que diminuem o ácido, previne o refluxo sem baixar o ácido gástrico.[23]

Limpeza Profunda

Siga o programa de Limpeza Profunda e reintrodução para ajudá-lo a determinar quais dos alimentos que você come podem contribuir com azia, dor de garganta, nariz entupido, tosse, chiado ou ganho de peso. Depois de passar pela Limpeza Profunda, esses alimentos costumam mostrar seus efeitos bem rápido. Evitá-los pode aliviar muito os sintomas da DRGE ou do RLF.

Nota: se você estiver usando um IBP ou um bloqueador de H2 há várias semanas ou mais, pode ser desaconselhável parar a medicação de repente, porque o uso prolongado de drogas para diminuir o ácido pode levar a uma condição conhecida como rebote ácido. Quando a secreção do ácido gástrico é desligada pela ação de uma droga, seu estômago responde aumentando o número de células produtores de ácido. Então, quando você para com a droga, terá uma verdadeira hiperacidez. É melhor diminuir a dose gradativamente. Pergunte ao seu médico como fazer isso.

Essas drogas podem afetar a forma como seu corpo responde a outros medicamentos que você toma, por isso sempre peça orientação médica antes de mudá-las ou quando parar de tomá-las.

Alergias Alimentares e Azia

Até agora você aprendeu que a DRGE pode agravar os sintomas da alergia respiratória, piorando asma e sinusite, e que as drogas supressoras de ácido, que são o tratamento padrão para a azia, podem piorar suas alergias.

Aqui está a terceira parte do círculo azia/alergia: *as alergias alimentares podem ser a causa da azia.*

O nome dessa doença é esofagite eosinofílica (EE). Você vai se lembrar do terceiro capítulo que os eosinófilos (Eos) são as células efetoras da alergia. Quando acontece uma reação alérgica, eles são ativados para inflamar os tecidos. Desempenham um papel importante no dano pulmonar permanente que ocorre com a asma crônica.

A invasão do esôfago pelos eosinófilos foi descrita pela primeira vez há mais de 30 anos. A princípio ela foi considerada uma doença rara que produzia dor no peito e dificuldade para engolir. Durante os últimos 20 anos, a EE recebeu uma atenção crescente. Pode afetar até 150 mil pessoas nos Estados Unidos. Uma pesquisa abrangente deixou claro que ela é causada pela alergia alimentar e que a eliminação dos gatilhos alimentares pode produzir uma remissão completa e permanente dessa doença em muitos que sofrem com ela.[24]

Cerca de 90% dos adultos com EE respondem bem a uma dieta de eliminação de seis alimentos, evitando leite de vaca, soja, trigo, ovos, amendoins/castanhas e frutos do mar. Cerca de 40% das pessoas com EE são alérgicas à levedura *Candida albicans,* que pode colonizar a boca e o esôfago.[25] Para reduzir os níveis de *Candida* você deve ter uma dieta pobre em açúcar, para você não dar às leveduras o açúcar onde elas proliferam.

A cura da EE é um processo lento que demora vários meses. Se você recebeu esse diagnóstico, deve modificar o processo de reintrodução depois de passar pela Limpeza Profunda. Você deve atrasar a reintrodução dos seis grupos alimentares mencionados por vários meses e pedir ao seu médico para fazer um novo exame para esofagite antes de colocá-los de volta na sua dieta.

A Solução para Perda de Peso de Madeline

Usando meu programa para controlar a DRGE sem drogas, Madeline conseguiu descontinuar o uso da medicação para azia bem rápido. Ela tomava supressores de ácido há tanto tempo que tive de reduzir a dose de acordo com o cronograma que criei, em vez de parar abruptamente. Depois ela seguiu os protocolos para Limpeza Profunda e reintrodução.

Ela perdeu dois quilos durante a limpeza e outros dois durante os primeiros dez dias da reintrodução. Quando ela se desafiou com tofu e soja integral (edamame) durante a segunda semana da reintrodução, ganhou quase dois quilos em 24 horas e sentiu azia e congestão nasal.

Para Madeline, o principal alimento problemático era a soja, que ela aumentou muito em sua dieta depois de se tornar vegetariana. Assim que eliminou totalmente a soja de sua dieta, conseguiu perder peso normalmente seguindo a dieta para equilíbrio imunológico e ficando atenta ao tamanho das porções.

Vi esse padrão várias vezes entre pessoas incapazes de perder peso, apesar de uma dieta saudável com as calorias controladas. Há um alimento básico específico que precisa ser eliminado porque a reação alérgica que provoca interfere na perda de peso. Pessoas com sobrepeso por causa de alergias alimentares costumam perder vários quilos durante a Limpeza Profunda, como aconteceu com a Madeline. Grande parte do que elas perdem inicialmente não é gordura. É distensão abdominal e inchaço alérgico. Se esse for seu problema, verá que vai parecer que você perdeu ainda mais peso e seus amigos comentarão como parece estar bem, mesmo antes de você eliminar muitos quilos. O motivo: antes de perder gordura de verdade, você elimina aquela distensão alérgica que o faz parecer e se sentir inchado.

Alimentos que Podem Impedir a Perda de Peso

Os alimentos mais prováveis de impedir a perda de peso por alergia são:

- Trigo e produtos feitos com ele. Lembre-se de que a farinha de trigo branca é apenas refinada. O trigo é o ingrediente principal em muitos pães, bolachas, tortas, massas e macarrões. A farinha também é usada para engrossar molhos, sopas, geleias e gelatinas.
- Leite e laticínios, como queijo, iogurte, creme de leite, sorvete e manteiga. A nata ou as proteínas do leite como caseína ou

whey são adicionadas a alimentos preparados, então verifique as listas de ingredientes para ter a certeza de evitar todas as formas de laticínios.
- A levedura, adicionada a pães e outros assados, bem como a cerveja, sopas e molhos industrializados. Ela também ocorre naturalmente nas superfícies de muitas frutas e vegetais. Vinagre, vinho, chucrute e outros alimentos fermentados contêm proteínas de leveduras, assim como frutas secas e sucos de frutas industrializados e cidras.
- A soja, que muitas vezes é adicionada a alimentos como proteína, óleo ou lecitina de soja. Muitas vezes ela é listada como um ingrediente com um pseudônimo, como proteína vegetal hidrolisada ou texturizada, óleo vegetal ou mono e diglicerídeos. A soja pode ser um ingrediente oculto em alimentos como linguiça, rosquinhas e caldo de carne.[26] É usada em muitos alimentos enlatados, no fast-food, produtos de panificação, embutidos, sorvetes e chocolates.
- Milho, que está amplamente presente em nossos suprimentos alimentares como xarope de glucose, amido, adoçante e óleo de milho ou oculto sob um pseudônimo como dextrose ou maltodextrina. Quando goma xantana, ácido acético, acetato de etila, ácido ascórbico (vitamina C) ou extrato de baunilha aparecem em um rótulo, o milho provavelmente foi a fonte da qual isso foi feito. O milho é o alicerce do agronegócio americano.

A Ciência da Nutrição para Perda de Peso

Adaptei a dieta para equilíbrio imunológico para elevar a adiponectina, o hormônio antialérgico que aumenta quando você perde peso. Estudos científicos demonstraram que alimentos ou componentes específicos podem aumentar a produção de adiponectina pelas células adiposas de forma direta, independentemente do peso corporal. Entre eles estão:
- Chá Oolong. Cientistas japoneses deram quatro xícaras de chá oolong por dia para diabéticos com sobrepeso. Trinta dias depois, o grupo que recebeu o chá apresentou um aumento significativo nos níveis de adiponectina no sangue. O grupo de controle, que recebeu água, não apresentou mudanças.[27] Em outro estudo, cientistas chineses deram quatro xícaras de chá oolong por dia para homens e mulheres com sobrepeso por

seis semanas e encontraram reduções significativas no peso corporal e na circunferência da cintura, apesar de não haver mudanças na dieta.[28]

- A fisetina, encontrada nos morangos (um ingrediente do suco para equilíbrio imunológico). Pesquisas demonstram que a fisetina estimula a produção de adiponectina.[29] Demonstrou-se também que a fisetina previne a obesidade em camundongos com uma dieta rica em gorduras.[30]
- Apigenina, encontrada na salsinha. Na maioria das receitas, a salsinha é apenas uma guarnição. Isso sempre pareceu um verdadeiro desperdício do potencial da salsinha! Ela não é só uma erva deliciosa, mas também cheia de nutrientes, incluindo o fabuloso flavonoide apigenina. Por isso enchi a sopa para equilíbrio imunológico com montes de salsinha. Quando suas células adiposas são submetidas ao estresse da inflamação, a produção de adiponectina cai dramaticamente. A apigenina pode evitar essa diminuição.[31] Uma ingestão maior de apigenina entre mulheres em particular está associada aos níveis mais elevados de adiponectina no sangue.[32]

A adiponectina é um hormônio anti-inflamatório tão importante que vários estudos analisaram as influências alimentares nos níveis de adiponectina, independentemente do peso corporal. A ciência nos diz que os alimentos sempre associados com níveis mais elevados de adiponectina são castanhas, sementes e frutas vermelhas.[33] Por isso recomendo sua inclusão na dieta para equilíbrio imunológico.

Como vimos, as alergias aos alimentos do cotidiano podem interferir com as tentativas de perder peso. O caso de Madeline nos mostrou como controlar suas alergias por uma análise cuidadosa dos alimentos aos quais você pode ser alérgico para ajudá-lo a eliminar os quilos que não conseguiu perder apenas com a dieta e superar o círculo de vício de desejo alimentar que está tão ligado às alergias alimentares ocultas.

Se você prestar atenção às flutuações no peso e em sensações como inchaço e distensão abdominal quando você passa pela Limpeza Profunda e reintrodução, deve conseguir determinar se a conexão alergia-peso se aplica ao seu caso. Pode então identificar e eliminar os alimentos que o impedem de perder peso. Você provavelmente notará outros benefícios por evitar esses alimentos também, incluindo a melhora da energia e da clareza mental.

Estratégias Avançadas para Controlar Azia sem Drogas

Se seu problema com o peso estiver associado a azia, DRGE ou RFL, não caia na rotina de tomar drogas que suprimam o ácido gástrico todos os dias para controlar os sintomas. Essas drogas podem aumentar a gravidade de suas alergias e contribuir com o ganho de peso. Se você precisa de mais do que os passos simples que destaquei neste capítulo para superar sua dependência das drogas supressoras de ácido, a medida pede estratégias avançadas. Consulte seu médico sobre tomar uma ou mais das atitudes a seguir.

- *Tome enzimas digestivas, na forma de comprimido ou em pó, com cada refeição para diminuir a distensão estomacal.*

- *Experimente a melatonina, principalmente se você sofrer de refluxo noturno ou tosse. Muitos consideram a melatonina um auxílio para o sono, mas ela tem dois outros efeitos importantes. É o único produto, além do cálcio, que fortalece diretamente o EEI. A dose necessária é 3 a 6 miligramas, que pode ser tomada na hora de dormir.[34] Segundo, a melatonina altera a função imunológica em uma direção oposta à alergia. Cuidado: algumas pessoas não podem tomar melatonina, pois se sentem grogues no dia seguinte. Essa sensibilidade não melhora com o tempo, então se você se sentir drogada com a melatonina, pare imediatamente.*

- *Reduza o consumo de açúcar e amido. Pessoas que usaram drogas para diminuir o ácido por um longo período são suscetíveis à proliferação bacteriana ou de leveduras no estômago. Esses microrganismos fermentam amidos e açúcares, produzindo gases que podem distender seu estômago. A distensão estomacal, como eu já disse, é o principal gatilho para a DRGE. Se seus sintomas melhoram quando você elimina fontes alimentares de amido e açúcar, você desenvolveu uma proliferação bacteriana ou de leveduras causada pela falta do ácido gástrico. Discuta essa possibilidade com seu médico.*

- *Peça para seu médico exames para doença celíaca. A doença celíaca é um transtorno genético comum no qual os sintomas são provocados pelo consumo de glúten, uma proteína encontrada no trigo, na aveia e no centeio. Para pessoas com doença celíaca, uma dieta sem glúten pode ajudar a aliviar a DRGE. Peça um exame de sangue para seu médico.*

Conclusão

Neste capítulo, revelei a ciência poderosa que liga as alergias e seu peso. Expliquei como as reações alérgicas contribuem com a inflamação e o crescimento das células adiposas e discuti o círculo vicioso no qual o ganho de peso aumenta as alergias e a alergia aumenta o peso. Analisei também a relação entre o refluxo esofágico, as alergias e o ganho de peso e discuti a pesquisa sobre como as drogas para azia podem aumentar a reatividade alérgica.

Conhecemos Madeline, mãe de dois filhos, que tinha polinose e azia e lutava para perder os 22 quilos que ganhou depois das gestações. Ensinei-a a controlar sua azia sem depender de drogas supressoras de ácido que podem piorar as alergias. Explorei como as alergias alimentares podem impedir a perda de peso e analisei a ciência de nutrição instigante que mostra como o chá oolong, morangos e salsinha podem ajudar com a perda de peso.

Como você deve procurar um profissional da saúde para avaliar os cuidados com sua saúde e a medicação, leve este capítulo com você na próxima consulta com seu médico e trabalhe junto com ele em cada aspecto de sua saúde.

Notas do Capítulo 9

1. Tanaka A, Nomura Y, Matsuda A, Ohmori K, Matsuda H. "Os mastócitos funcionam como um modulador alternativo da adipogênese pela 15-deoxy-delta-12, 14-prostaglandina J2", *Am J Physiol Cell Physiol.*, dezembro de 2011; 301(6); C1360-7; Liu J, Divoux A, Sun J, Zhang J, Clement K, Glickman JN, Sukhova GK, Wolters PJ, Du J, Gorgun CZ, *et al.* "A deficiência genética e a estabilização farmacológica reduzem a obesidade induzida pela dieta e a diabetes em camundongos", *Nat. Med.* 2009; 15: p. 940-945.
2. Sood A, Seagrave J, Herbert G, Harkins M, Alam Y, Chiavaroli A, Shohreh R, Montuschi P, Campen M, Harmon M, Qualls C, Berwick M, Schuyler M. "O nível elevado de adiponectina total no escarro está associado com baixa probabilidade de asma", *J. Asthma.*, junho de 2014; 51(5); p. 459-466.
3. Yamamoto R, Ueki S, Moritoki Y, Kobayashi Y, Oyamada H, Konno Y, Tamaki M, Itoga M, Takeda M, Ito W, Chihara J. "A adiponectina atenua a adesão eosinofílica e a quimiotaxia humanas: implicações na inflamação alérgica", *J Asthma.*, outubro de 2013; 50(8); p. 828-835.

4. Grotta MB, Squebola-Cola DM, Toro AA, Ribeiro MA, Mazon SB, Ribeiro JD, Antunes E. "A obesidade aumenta a atividade eosinofílica em crianças e adolescentes asmáticos", *BMC Pulm Med.*, 18 de junho de 2013; 13; p. 39.
5. Rönmark E, Andersson C, Nyström L, Forsberg B, Järvholm B, Lundbäck B. "A obesidade aumenta o risco de asma incidental entre adultos", *Eur Respir J.*, fevereiro de 2005; 25(2); p. 282-288 ("O índice de massa corporal elevado foi um fator de risco significativo para homens e mulheres"); Zhang X, Morrison-Carpenter T, Holt JB, Callahan DB. "Tendências na prevalência atual de asma em adultos e os fatores de risco contribuintes nos Estados Unidos por estado: 2000-2009", *BMC Public Health.*, 10 de dezembro de 2013; 13; p. 1156; Sideleva O, Dixon AE. "As muitas faces da asma na obesidade", *J Cell Biochem.*, março de 2014; 115(3); p. 421-416 (NOTA: A obesidade é um dos principais fatores de risco para o desenvolvimento da asma, causando uma doença grave e descontrolada que responde mal à terapia. O estado obeso altera a reação imediata da asma alérgica e leva ao desenvolvimento de uma nova forma de asma tardia secundária à obesidade. A apresentação da reação imediata da asma alérgica é alterada pelos efeitos sobre a função imunológica. Fatores como carga mecânica, os efeitos das adipocinas nas vias aéreas, a alteração na dieta, a resistência à insulina e o metabolismo alterado do óxido nítrico contribuem provavelmente a uma maior reatividade das vias aéreas na obesidade, causando uma reação tardia da asma na obesidade. A obesidade também altera as respostas a fatores ambientais, como o ozônio e a matéria particulada. Estudos específicos para entender a importância desses fatores na patogênese da doença das vias aéreas na obesidade serão essenciais para desenvolver terapias para intervir nessa nova epidemia de doenças das vias aéreas); Ma J, Xiao L. "Associação da obesidade central e geral e da asma atópica e não atópica em adultos americanos", *J Asthma.*, maio de 2013; 50(4); p. 395-402; Forno E, Acosta-Pérez E, Brehm JM, Han YY, Alvarez M, Colón-Semidey A, Canino G, Celedón JC. "Indicadores de obesidade e adiposidade, asma, e atopia em crianças porto-riquenhas", *J Allergy Clin Immunol.*, maio de 2014; 133(5); p. 1308-1314, 1314.e1-5 (A análise de uma grande base de dados demográficos americanos descobriu que a proporção de cintura pela altura estava associada com a presença de asma alérgica em homens e mulheres); Kilpeläinen M, Terho EO, Helenius H, Koskenvuo M. "Índice de massa corporal e atividade física em relação a asma e doenças atópicas em adultos jovens", *Respir Med.*, setembro de 2006; 100(9); p. 1518-1525 ("O risco de rinoconjutivite alérgica e dertamite atópica aumentou de forma linear com o IMC entre mulheres, mas não entre homens. Pouca atividade física nas horas de lazer não parece explicar o maior risco de asma entre homens e mulheres obesos. A associação bem linear entre o IMC e a rinoconjuntivite alérgica e o chiado entre mulheres sugere o efeito independente da gordura corporal em doenças atópicas"); Silverberg JI, Silverberg NB, Lee-Wong M. "Associação entre dermatite atópica e obesidade na idade adulta", *Br J Dermatol.*, março de 2012; 166(3); p. 498-504.
6. Chung SD, Chen PY, Lin HC, Hung SH. "Perfil de comorbidade da rinosinusite crônica: um estudo de base populacional", *Laryngoscope.*, julho de 2014;124(7); p. 1536-1541.
7. Ratliff JC, Barber JA, Palmese LB, Reutenauer EL, Tek C. "Associação da prescrição do uso de anti-histamínico H1 com a obesidade: resultados da Pesquisa Nacional de Avaliação de Nutrição e Saúde", *Obesity* (Silver Spring), dezembro de 2010; 18(12); p. 2398-2400.

8. Visness CM, London SJ, Daniels JL, Kaufman JS, Yeatts KB, Siega-Riz AM, Liu AH, Calatroni A, Zeldin DC. "Associação da obesidade com os níveis de IgE e sintomas de alergia em crianças e adolescentes: resultados da Pesquisa Nacional de Avaliação de Nutrição e Saúde 2005-2006", *J Allergy Clin Immunol.*, maio de 2009; 123(5); p.1163-1169, 1169.e1-4.
9. Brumpton B, Langhammer A, Romundstad P, Chen Y, Mai XM. "Obesidade geral e abdominal e asma incidental em adultos: o estudo HUNT", *Eur Respir J.*, fevereiro de 2013; 41(2); p. 323-329; Von Behren J, Lipsett M, Horn-Ross PL, Delfino RJ, Gilliland F, McConnell R, Bernstein L, Clarke CA, Reynolds P. "Obesidade, circunferência da cintura e prevalência de asma atual nos estudos de coorte com professores da Califórnia", *Thorax.*, outubro de 2009; 64(10); p. 889-893; Shore SA. "Obesidade e asma: localização, localização, localização", *Eur Respir J.*, fevereiro de 2013; 41(2); p. 253-254; Jensen ME, Gibson PG, Collins CE, Hilton JM, Wood LG. "Perda de peso com dieta em crianças obesas com asma: um ensaio clínico aleatório controlado", *Clin Exp Allergy.*, julho de 2013; 43(7); p. 775-784; Scott HA, Gibson PG, Garg ML, Pretto JJ, Morgan PJ, Callister R, Wood LG. "Dieta e exercícios melhoram a inflamação das vias aéreas e os efeitos clínicos na asma por sobrepeso e obesidade: um ensaio clínico aleatório", *Clin Exp Allergy.*, janeiro de 2013; 43(1); p. 36-49.
10. Hanna BC, Wormald PJ. "Refluxo gastroesofágico e rinosinusite crônica", *Curr Opin Otolaryngol Head Neck Surg.*, fevereiro de 2012; 20(1); p. 15-18.
11. Del Gaudio JM. "Refluxo nasofaríngeo de ácido gástrico direto é um fator que contribui com a rinosinusite crônica refratária", *Laryngoscope.*, junho de 2005; 115(6); p. 946-957.
12. McCallister JW, Parsons JP, Mastronarde JG. "A relação entre o refluxo gastroesofágico e a asma: atualização", *Ther Adv Respir Dis.*, abril de 2011; 5(2); p. 143-150; Sontag SJ. "O espectro dos sintomas pulmonares devido ao refluxo gastroesofágico", *Thorac Surg Clin.*, agosto de 2005; 15(3); p. 353-368; Komatsu Y, Hoppo T, Jobe BA. "Refluxo proximal como uma causa da crise de asma em adultos: o caso para o teste de impedância hipofaríngea para melhorar a sensibilidade do diagnóstico", *JAMA Surg.*, janeiro de 2013; 148(1); p. 50-58; Banaszkiewicz A1, Dembinski L, Zawadzka-Krajewska A, Dziekiewicz M, Albrecht P, Kulus M, Radzikowski A. "Análise do refluxo laringofaríngeo em pacientes pediátricos com asma usando uma nova técnica de monitoramento do pH faríngeo", *Adv Exp Med Biol.* 2013; 755; p. 89-95; Kilic M, Ozturk F, Kirmemis O, Atmaca S, Guner SN, Caltepe G, Sancak R, Kalayci AG. "Impacto do refluxo gastroesofágico e laringofaríngeo no controle da asma em crianças", *Int J Pediatr Otorhinolaryngol.*, março de 2013; 77(3); p. 341-345.
13. Canani RB, Cirillo P, Roggero P, Romano C, Malamisura B, Terrin G, Passariello A, Manguso F, Morelli L, Guarino A, Grupo de Trabalho em Infecções Intestinais da Sociedade Italiana de Gastroenterologia, Hepatologia e Nutrição Pediátrica (SIGENP). "A terapia com inibidores de acidez gástrica aumenta o risco de gastroenterite aguda e pneumonia adquirida na comunidade em crianças", *Pediatrics,* maio de 2006; 117(5); e817-20; Hauben M, Horn S, Reich L, Younus M. "A associação entre supressores de ácido gástrico e a colite por *Clostridium difficile* e a pneumonia adquirida na comunidade: análise usando as ferramentas de farmacovigilância", *Int J Infect Dis.*, 2 de março de 2007; Vestergaard P, Rejnmark L, Mosekilde L. *Calcif Tissue Int.*, agosto de 2006; 79(2); p. 76-83; Gulmez SE, Holm A, Frederiksen H, Jensen TG, Pedersen C, Hallas J. "O uso de inibidores de bomba de próton e o risco de pneumonia adquirida na comunidade: um estudo de caso-controle com base populacional", *Arch Intern Med.*, 14 de maio de 2007; 167(9); p. 950-955; Jalving M, Koornstra JJ, Wesseling J, Boezen HM, De Jong S, Kleibeuker JH. "Aumento do risco de pólipos de glândulas fúndicas

durante a terapia de longo prazo com inibidor de bomba de próton", *Aliment Pharmacol Ther.*, 1º de novembro de 2006; 24(9); p. 1341-1348; Laheij RJ, Sturkenboom MC, Hassing RJ, Dieleman J, Stricker BH, Jansen JB. "Risco de pneumonia adquirida na comunidade e o uso de drogas supressoras de ácido gástrico", *JAMA*, 27 de outubro de 2004; 292(16); p. 1955-1960; Dial S, Delaney JA, Barkun AN, Suissa S. "O uso de agentes supressores de ácido gástrico e o risco de doença associada ao *Clostridium difficile* adquirida na comunidade", *JAMA.*, 21 de dezembro de 2005; 294(23); p. 2989--2995; Dial S, Alrasadi K, Manoukian C, Huang A, Menzies D. "Risco de diarreia por *Clostridium difficile* entre pacientes hospitalizados que receberam inibidores de bomba de próton: estudos de coorte e caso-controle", *CMAJ.*, 6 de julho de 2004; 171(1); p. 33-38; Laheij RJ, Van Ijzendoorn MC, Janssen MJ, Jansen JB. "Terapia de supressão de ácido gástrico e infecções respiratórias adquiridas na comunidade", *Aliment Pharmacol Ther.*, 15 de outubro de 2003; 18(8); p. 847-851; Yang YX, Lewis JD, Epstein S, Metz DC. "Terapia de inibidor de bomba de próton de longo prazo e risco de fratura no quadril", *JAMA*, 27 de dezembro de 2006; 296(24); p. 2947-2953.
14. Blake K, Teague WG. "Doença do refluxo gastroesofágico e asma infantil", *Curr Opin Pulm Med.*, janeiro de 2013; 19(1); p. 24-29; Writing Committee for the American Lung Association Asthma Clinical Research Centers [Comitê de Escrita dos Centros de Pesquisa da Associação Americana do Pulmão], Holbrook JT, Wise RA, Gold BD, Blake K, Brown ED, Castro M, Dozor AJ, Lima JJ, Mastronarde JG, Sockrider MM, Teague WG. "Lansoprazol para crianças com asma mal controlada: um ensaio clínico controlado aleatório", *JAMA*, 25 de janeiro de 2012; 307(4); p. 373-381.
15. Yoshikawa I, Nagato M, Yamasaki M, Kume K, Otsuki M. "O tratamento longo com inibidor de bomba de próton está assoicado ao ganho de peso indesejado", *World J Gastroenterol.*, 14 de outubro de 2009; 15(38); p. 4794-4798.
16. Untersmayr E, Bakos N, Schöll I, Kundi M, Roth-Walter F, Szalai K, Riemer AB, Ankersmit HJ, Scheiner O, Boltz-Nitulescu G, Jensen-Jarolim E. "As drogas antiúlcera promovem a formação de IgE contra os antígenos alimentares em pacientes adultos", *FASEB J.*, abril de 2005; 19(6); p. 656-658.
17. DeMuth K, Stecenko A, Sullivan K, Fitzpatrick A. "Relação entre o tratamento com antiácidos e a prevalência de alergia alimentar nas crianças", *Allergy Asthma Proc.*, maio-junho de 2013; 34(3); p. 227-232.
18. Pali-Schöll I, Herzog R, Wallmann J, Szalai K, Brunner R, Lukschal A, Karagiannis P, Diesner SC, Jensen-Jarolim E. "Antiácidos e suplementos alimentares com uma influência no pH gástrico aumentam o risco da sensibilização alimentar", *Clin Exp Allergy.*, julho de 2010;40(7); p. 1091-1098.
19. Ramírez E, Cabañas R, Laserna LS, Fiandor A, Tong H, Prior N, Calderón O, Medrano N, Bobolea I, Frías J, Quirce S. "Os inibidores de bomba de próton estão associados com as reações de hipersensibilidade a drogas em pacientes hospitalizados: um caso-controle aninhado em um estudo de coorte retrospectivo", *Clin Exp Allergy,.* março de 2013; 43(3); p. 344-352.
20. Hak E, Mulder B, Schuiling-Veninga CC, De Vries TW, Jick SS. "Uso de drogas supressoras de ácido na gravidez e o risco de asma infantil: estudo cruzado bidirecional usando a base de dados de pesquisa de prática geral", *Drug Saf.*, novembro de 2013; 36(11); p. 1097-1104.
21. Diesner SC, Pali-Schöll I, Jensen-Jarolim E, Untersmayr E. "Mecanismos e fatores de risco para alergias do tipo 1: a função da digestão gástrica", *Wien Med Wochenschr.*, dezembro de 2012; 162(23-24); p. 513-518.

22. Pali-Schöll I, Jensen-Jarolim E. "Medicamentos antiácidos como um fator de risco para a alergia alimentar", *Allergy.*, abril de 2011; 66(4); p. 469-477.
23. Rodriguez-Stanley S, Ahmed T, Zubaidi S, Riley S, Akbarali HI, Mellow MH, Miner PB. "Antiácidos de carbonato de cálcio alteram a motilidade esofágica em pessoas com azia", *Dig Dis Sci.*, novembro-dezembro 2004; 49(11-12); p. 1862-1867; Rich H, Sohn UD, Behar J, Kim N, Biancani P. "A esofagite experimental afeta o armazenamento de cálcio intracelular no esfíncter esofágico inferior de gatos", *Am J Physiol.*, junho de 1997; 272(6 Pt 1): G1523-9; Kovac JR, Preiksaitis HG, Sims SM. "Análise funcional e molecular dos canais de cálcio tipo L no esôfago humano o músculo liso do esfíncter esofágico inferior", *J Physiol Gastrointest Liver Physiol.*, 289: G998-G1006, 2005; Harnett KM, Cao W, Kim N, Sohn UD, Rich H, Behar J, Biancani P. "Transdução de sinal na contração esofágica e do músculo circular do EEI", *Yale J Biol Med.*, março-junho de 1999; 72(2-3); p. 153-168.
24. Lucendo AJ, Arias A. "Tratamento da esofagite eosinofílica adulta com dieta", *Dig Dis.*, 2014; 32(1-2); p. 120-125; Kagalwalla AF. "Tratamento alimentar da esofagite eosinofílica em crianças", *Dig Dis.*, 2014; 32(1-2); p. 114-119.
25. Simon D, Straumann A, Dahinden C, Simon HU. "Sensibilização frequente a *Candida albicans* e *profilins* na esofagite eosinofílica adulta", *Allergy.*, julho de 2013; 68(7); p. 945-498.
26. Vidal C, Pérez-Carral C, Chomón B. "Fontes inesperadas de exposição ao óleo de soja", *Ann Allergy Asthma Immunol.*, outubro de 1997; 79(4); p. 350-352.
27. Shimada K, Kawarabayashi T, Tanaka A, Fukuda D, Nakamura Y, Yoshiyama M, Takeuchi K, Sawaki T, Hosoda K, Yoshikawa J. "O chá oolong aumenta os níveis de adiponectina no plasma e o tamanho da partícula de lipoproteína de baixa intensidade em pacientes com doença arterial coronariana", *Diabetes Res Clin Pract.*, setembro de 2004; 65(3); p. 227-234.
28. He RR, Chen L, Lin BH, Matsui Y, Yao XS, Kurihara H. "Efeitos benéficos do consume do chá oolong em sujeitos obesos e com sobrepeso induzido pela dieta", *Chin J Integr Med.*, fevereiro de 2009; 15(1); p. 34-41.
29. Jin T, Kim OY, Shin MJ, Choi EY, Lee SS, Han YS, Chung JH. "A fisetina induz uma regulação ascendente da expressão de adiponectina nos adipócitos 3T3-L1 pela ativação do homólogo 1 da proteína reguladora silenciosa da informação (SIRT1)-deacetilase e dos receptores ativados por proliferadores de peroxissoma (PPARs)", *J Agric Food Chem.*, 29 de outubro de 2014; 62(43); p. 10468-10474.
30. Jung CH, Kim H, Ahn J, Jeon TI, Lee DH, Ha TY., "A fisetina regula a obesidade atingindo a sinalização mTORC1", *J Nutr Biochem.*, agosto de 2013; 24(8); p. 1547-1554.
31. Nisha VM, Anusree SS, Priyanka A, Raghu KG. "Apigenina e quercetina melhoram as alterações mitocondriais alteradas causadas pelo estresse de RE induzido por tunicamicina nos adipócitos 3T3-L1", *Appl Biochem Biotechnol.*, outubro 2014; 174(4); p. 1365-1375.
32. Jennings A, Welch AA, Spector T, Macgregor A, Cassidy A. "A ingestão de antocianinas e flavonas está associada com os biomarcadores de resistência à insulina e à inflamação em mulheres", *J Nutr.*, fevereiro de 2014; 144(2); p. 202-208.
33. Jennings et al., 2014; Yannakoulia M1, Yiannakouris N, Melistas L, Fappa E, Vidra N, Kontogianni MD, Mantzoros CS., "Fatores alimentares associados com o elevado peso molecular do plasma e os níveis de adiponectina totais em mulheres aparentemente saudáveis", *Eur J Endocrinol.*, outubro de 2008;159(4): R5-10; Simão TN, Lozovoy MA, Simão AN, Oliveira SR, Venturini D, Morimoto HK, Miglioranza LH, Dichi I. "O suco de cranberry com calorias reduzidas aumenta o ácido fólico e a adiponectina e reduz a homocisteína e o estresse oxidativo em pacientes com síndrome metabólica", *Br J Nutr.*, novembro de 2013; 110(10); p. 1885-1894; Gulati S, Misra A,

Pandey RM, Bhatt SP, Saluja S. "Os efeitos do pistache sobre os parâmetros de composição corporal, metabólicos, inflamatórios e de estresse oxidativo de indianos asiáticos com a síndrome metabólica: um ensaio clínico de controle aleatório de 24 semanas", *Nutrition.*, fevereiro de 2014; 30(2); p. 192-197; Ostrowska L, Fiedorczuk J, Adamska E. "Efeito da dieta e outros fatores sobre as concentrações séricas de adiponectina em pacientes com diabetes tipo 2", *Rocz Panstw Zakl Hig.*, 2013; 64(1); p. 61-66; Yeung EH, Appel LJ, Miller ER 3rd, Kao WH. "Os efeitos da ingestão de macronutrientes sobre a adiponectina de peso molecular elevado: resultados do ensaio clínico OMNI--Heart", *Obesity (Silver Spring).*, agosto de 2010; 18(8); p. 1632-1637; Lehtonen HM, Suomela JP, Tahvonen R, Vaarno J, Venojärvi M, Viikari J, Kallio H. "Refeições com frutas vermelhas e os fatores de risco associados com a síndrome metabólica", *Eur J Clin Nutr.*, junho de 2010; 64(6); p. 614-621; Lozano A, Perez-Martinez P, Marin C, Tinahones FJ, Delgado-Lista J, Cruz-Teno C, Gomez-Luna P, Rodriguez-Cantalejo F, Perez-Jimenez F, Lopez-Miranda J. "A ingestão aguda de uma refeição rica em nozes melhora a resposta da adiponectina pós-prandial em adultos jovens saudáveis", *Nutr Res.*, dezembro de 2013; 33(12); p. 1012-1028.
34. Pereira R de S. "Regressão dos sintomas da doença do refluxo gastroesofágico usando uma suplementação alimentar com melatonina, vitaminas e aminoácidos: comparação com o omeprazol", *J Pineal Res.*, outubro de 2006; 41(3); p. 195-200; Werbach MR. "Melatonina para o tratamento da doença do refluxo gastroesofágico", *Altern Ther Health Med.*, julho-agosto de 2008; 14(4); p. 54-58; Kandil TS, Mousa AA, El-Gendy AA, Abbas AM. "O efeito terapêutico potencial da melatonina na doença do refluxo gastroesofágico", *BMC Gastroenterol.*, 18 de janeiro de 2010; 10:7.

| Capítulo 10 |

Cura Mente-Corpo

Laura sofreu com alergias alimentares a vida toda. Se ela desviasse de uma dieta restrita, sentia as consequências: dor abdominal, diarreia e dores de cabeça. Comer em restaurantes era especialmente difícil para ela, pois sempre havia algum ingrediente oculto em uma refeição que a deixava doente. Ela havia lido meu livro *Superimmunity for Kids* durante sua primeira gravidez e aplicou seus conceitos na alimentação de sua família nas duas décadas seguintes.

"Sei exatamente o que devo fazer", ela me disse. "Mas simplesmente não tenho tempo."

Entre criar uma família e administrar um comércio, Laura tinha pouco tempo para cuidar de si. Quando seus filhos saíram de casa, seu pai ficou doente e se mudou para lá. Assim como muitas mulheres, ela passou dos cuidados com seus filhos aos cuidados com seu pai. "Talvez eu só precisasse de um apoio moral", ela disse.

E considerei o estilo de vida de Laura – um círculo infinito de responsabilidades, rodando em uma velocidade frenética. Já passei por isso e tenho certeza de que você também. Quando as responsabilidades da vida se tornam desgastantes, impor mais regras para seguir não é a solução. Precisávamos de uma abordagem diferente. Se Laura não conseguia manter uma dieta que melhorasse sua saúde e sua qualidade de vida diária, se não conseguia regular o que entrava em seu organismo apesar de tudo que aprendera e até tinha posto em prática por sua família, precisávamos lidar com o problema mais perto de seu início, ou seja, não de uma forma física, mas de uma mental.

A Ligação entre Estresse e Alergia

Muito parecido com a mente maligna em um filme do James Bond, o estresse pode ser encontrado no cerne de muitas doenças e transtornos físicos. Os sintomas alérgicos não são exceção. A associação entre estresse e alergias remonta à origem da medicina ocidental na Grécia Antiga. Há referências à asma como "asma nervosa" em textos antigos e há 2.500 anos Hipócrates teorizou sobre um elo entre uma mente raivosa e a falta de fôlego.

A pesquisa médica continua a explorar a ligação entre estresse e alergia. Um estudo realizado na Universidade Estadual de Ohio revelou que nos alérgicos a frequência de crises está diretamente ligada à persistência do estresse mental e menos estresse pode levar a menos crises.[1] Algumas pessoas no estudo relataram crises alérgicas em dias de maior estresse. A pesquisa sugere um efeito bola de neve perturbador: sintomas como espirros, coriza e olhos lacrimejando podem dar mais estresse aos alérgicos e, para alguns, se tornar até a principal causa de estresse. Embora aliviar o estresse pode não reverter alergias, pode ajudar a diminuir episódios de sintomas intensos.

Pesquisadores da Universidade Estadual de Ohio também demonstraram que o estresse psicológico e o humor podem ter um impacto direto na reatividade alérgica. Eles fizeram testes epicutâneos em pessoas com alergias nasais antes e depois de pedirem para os sujeitos fazerem um cálculo mental na frente de um pequeno público. A ansiedade aumentou o tamanho da pústula vermelha de erupção cutânea que se formou em resposta ao exame. Esse aumento na reatividade alérgica persistiu por mais de 24 horas e isso não ocorreu nas pessoas que não receberam a tarefa estressante, mas apenas estavam sentadas na mesma sala.[2]

Em um artigo do Centro Médico da Universidade de Mississippi, os pesquisadores analisaram vários estudos sobre estresse e alergia e resumiram os dados, descobrindo que o estresse estava ligado:

- ao desenvolvimento da asma;
- a uma taxa maior de internações por asma;
- a mais reações alérgicas em testes epicutâneos.[3]

Os cientistas do Mississippi recomendaram a redução do estresse junto com o treinamento para melhorar as habilidades para lidar com situações adversas. Eles notaram que intervenções psicológicas, como a terapia de escrita expressiva e relaxamento, ajudaram a melhorar a asma. Além disso, notaram que a psicoterapia reduziu as visitas ao pronto-socorro e o agravamento da asma em pacientes deprimidos.

Um estudo de universitários da Finlândia concluiu que eventos estressantes, como um conflito pessoal ou a doença de um familiar, aumentaram o risco de desenvolvimento da asma e da rinoconjuntivite alérgica.[4]

A Mente Derrota as Alergias

O estresse não só provoca sintomas alérgicos como também é um fator bem documentado em promover a inflamação. A confluência de estresse e inflamação levou os cientistas da Universidade de Wisconsin a declarar: "O estresse psicológico é um dos principais fatores provocadores de sintomas em condições inflamatórias crônicas".[5] O papel da inflamação na asma (descrito no capítulo 12) faz do gerenciamento do estresse uma importante modalidade de tratamento para asmáticos.

Os pesquisadores de Wisconsin compararam um curso de meditação de oito semanas com outra intervenção de práticas saudáveis para ver como cada modalidade pode reduzir o estresse e, por consequência, a inflamação. A intervenção de práticas saudáveis, chamada de Programa de Melhora da Saúde, consistia em exercícios como caminhada; treinamento de força, equilíbrio e agilidade; educação nutricional; e terapia musical.

O programa de meditação era uma redução do estresse baseado na consciência, desenvolvido no Centro de Estudos da Consciência do Centro Médico da Universidade de Massachusetts. Considerada a principal forma de meditação em instituições de saúde, a meditação com base na atenção plena ou meditação mindfulness busca cultivar uma consciência do momento presente pela atenção focada no corpo e na mente enquanto estiver sentado, caminhando ou praticando formas de movimento, como ioga.

No estudo de Wisconsin, os participantes fizeram um teste de estresse que consistia em falar em público por cinco minutos seguido de cinco minutos de cálculos. Tanto a meditação como o programa de práticas saudáveis ajudaram seus participantes a lidar melhor com o estresse mental do teste. No entanto, a redução do estresse baseada na atenção plena também produziu uma diminuição na inflamação que não foi vista no programa de práticas saudáveis. Os pesquisadores notaram que a habilidade da meditação para reduzir a inflamação torna-a particularmente útil como uma ferramenta terapêutica para condições inflamatórias.

Fazer Menos o Ajuda a Fazer Mais

Um dos grandes paradoxos de nossa experiência compartilhada na Terra é que *não fazer nada* pode deixá-lo mais produtivo. Estou falando sobre a criação da tranquilidade, que não deve ser confundida com inatividade descuidada. Essa verdade não só foi compreendida por todas as religiões do mundo, como também foi estudada por cientistas modernos. A pesquisa médica provou que apenas algumas horas de treinamento em meditação podem aumentar a eficiência das conexões cerebrais e aprimorar sua habilidade de focar seus pensamentos.[6]

A prática regular da meditação aumenta a eficiência com a qual você toma decisões, melhora a profundidade e a velocidade com que processa novas informações e o ajuda a preservar a função cerebral ao envelhecer.[7]

Descrevi os benefícios da "criação da tranquilidade" para Laura e lhe contei sobre um estudo realizado na Universidade Duke há alguns anos no qual os pesquisadores desenvolveram um programa de redução do estresse no trabalho, consistindo em meditação ou ioga para funcionários muito estressados. As duas técnicas de relaxamento diminuíram a angústia mental dos participantes e melhoraram a qualidade de seu sono.[8]

Recomendei que Laura separasse um tempo por dia para meditação, ioga ou relaxamento concentrado, porque encontrar a tranquilidade diariamente a ajudaria a administrar uma agenda cheia com menos pressão e mais eficiência. Dessa forma, ela logo encontraria tempo e energia para administrar suas necessidades alimentares com menos esforço. Dei-lhe vários métodos simples que descrevo depois neste capítulo. Não há evidência de que uma técnica seja superior à outra. Escolha aquela que mais o agradar. É o método que você usa mesmo que o ajudará mais.

A Tranquilidade Mental Leva à Força Mental

À primeira vista, o conselho que dei a Laura naquele dia parece bem simples: encontrar um tempo para meditação e um relaxamento concentrado. Mas se você experimentar isso e não achar tão fácil assim a princípio, tudo bem. O que importa é a repetição. Se você não conseguir separar dez minutos por dia para meditar ou relaxar de alguma forma, faça isso em cinco. Se cinco demorar demais, tente fazer em dois. Assim que você se acostumar com a prática na sua vida, conseguirá levar sua mente a um lugar de relaxamento profundo em menos de 30 segundos, de modo que você nunca se distancia muito da tranquilidade, por mais ocupado que esteja.

Essa prática também é uma forma de desenvolver a qualidade que muitas vezes separa os melhores atletas dos outros, o fator que coloca alguém no pódio com uma medalha ou um grande troféu. Essa qualidade é conhecida como força mental. É o que dá aos atletas a habilidade de resistir à pressão tremenda da competição e fazer o seu melhor quando importa. É o resultado de cultivar calma e foco, e praticar como mantê-los diariamente.

Se você for como minha paciente Laura, que busca equilíbrio e calma para manter um estilo de vida saudável em meio à tempestade da vida moderna, você é um atleta olímpico do seu jeito. O princípio de criar tranquilidade e desenvolver a força mental no processo para trabalhar com mais eficiência e com mais capacidade não está reservado apenas a eventos como a Copa do Mundo. Cada dia em que fazemos malabarismos com nossas responsabilidades no local de trabalho e em casa, pode parecer algo como um campeonato de tênis, assim devemos lembrar de acalmar nossas mentes em nome de nossa saúde geral.

Acalmar a Mente Cura o Corpo

Antes de Laura sair do meu consultório, disse-lhe que havia ainda outro benefício, ainda mais profundo, da criação da tranquilidade: provavelmente reduziria a gravidade de seus sintomas, basicamente deixando-a menos alérgica. Falei de um estudo no qual uma única meditação de 20 minutos era capaz de reduzir de forma significativa a dor nas pessoas com enxaquecas e de outro demonstrando que a meditação regular e o relaxamento focado podem diminuir a dor abdominal e a diarreia em pessoas com síndrome do intestino irritável.[9]

Há outros exemplos. Um relaxamento muscular progressivo (descrito a seguir) diminui a coceira sentida por pessoas com eczema, melhorando a qualidade do seu sono.[10] Diminui também os sintomas de asma em grávidas e nas adolescentes.[11] Tanto a ioga como a meditação melhoram a qualidade de vida dos asmáticos.[12]

A meditação com visualização especialmente melhorou a função pulmonar e os sintomas respiratórios de um grupo de asmáticos.[13] Um estudo de sujeitos com enxaquecas e dor abdominal realizado na Universidade Case Western Reserve em Cleveland descobriu que a meditação focada e a visualização não só reduziram a dor, mas também diminuíram os sinais laboratoriais da inflamação alérgica.[14]

Como Começar com a Meditação

Você não precisa estar sentado em silêncio para meditar; descreverei alguns tipos de meditação em movimento e de relaxamento ativo logo mais neste capítulo. Porém, sentar em silêncio é uma boa forma de começar. Encontre um lugar silencioso e confortável para sentar, talvez na cama ou no sofá. Antes de começar, desligue a TV, o rádio, seu telefone e curta o silêncio.

Relaxamento dos Pés à Cabeça

Solte os braços de lado. Feche os olhos. Observe sua respiração, apenas vendo como respira, sem mudar nada. Você pode sentir sua barriga subindo ao inspirar e descendo ao expirar. Isso é bom. Você acabou de atingir um nível de consciência corporal.

Preste atenção nos dedos dos pés. Veja como eles se sentem, apenas preste atenção neles. Dobre os dedos e relaxe. Afaste bem os dedos. Deixe-os aproveitar a liberdade.

Agora leve sua atenção para a sola do pé. Talvez você esteja com o pé rígido ou cansado. Flexione devagar, curvando os dedos na direção dos calcanhares e voltando. Deixe a tensão sair de seu pé e sinta seu corpo relaxar. Talvez você suspire enquanto faz isso, o que é perfeitamente normal. Você pode precisar de um momento para agradecer seus pés por todo o esforço que eles fazem para sustentar todo seu corpo durante o dia.

Em seguida, leve sua atenção para os tornozelos. Eleve suavemente os dedos para trás e os solte, relaxando seus tornozelos e canelas. Daí, passe para as partes posteriores das pernas, para as panturrilhas. Eleve os dedos como você fez anteriormente e sinta os músculos das panturrilhas contraírem. Solte e sinta o peso das panturrilhas enquanto elas relaxam.

Passe agora para suas coxas, um dos músculos mais fortes de seu corpo. Sem mexer as pernas, apenas contraia os quadríceps e sinta os músculos incharem um pouquinho e solte. Você pode sentir um leve calor nas suas pernas pela contração.

Agora sinta as partes posteriores das pernas, dos tendões aos glúteos. Contraia essa área e solte, deixando-a relaxar suavemente.

Voltando para a frente do corpo, observe sua barriga. Contraia suavemente os músculos do estômago e solte. Continuando a subir, flexione os músculos peitorais apertando os cotovelos nas laterais suavemente e solte.

Agora flexione os músculos na clássica pose do "muque" e solte. Sinta os braços relaxarem. Feche as mãos devagar e depois abra. Encolha um pouco os ombros e solte os braços e as mãos.

Seu rosto também quer liberar a tensão. Esfregue o rosto por um momento e solte. Você sentirá toda sua cabeça relaxar.

Agora veja como todo seu corpo se sente, da cabeça aos pés. Sinta a tranquilidade, o silêncio, a calma. Relaxe e curta o momento. Lembre-se dessa sensação durante o dia e volte a ela em sua mente quando achar que precisa desestressar.

Meditação para Desintoxicar Pensamentos

Você já sentiu seus pensamentos se revirando na sua cabeça? Talvez você se sinta irritado por alguns pensamentos que passam na sua mente. Talvez ache que eles o distraem na hora de se concentrar em algo mais importante. Cortar essa estática, diminuindo o barulho, é um dos principais objetivos da meditação.

Apresento aqui uma prática curta para ajudá-lo a desintoxicar esses pensamentos perturbadores e ganhar uma paz de espírito na hora. Usei esse método muitas vezes e descobri que pode promover uma sensação única de calma em um período bem curto.

Sente-se em um lugar confortável, como onde você fez o Relaxamento já descrito. Imagine uma mão sobre sua testa. Ela está lá para dar conforto a sua mente e acalmar seus pensamentos. Dê a essa mão imaginária a habilidade de absorver qualquer pensamento irritante. Deixe os pensamentos saírem da mente para a mão. Note a sensação única de vastidão e calma que você tem sem esses outros pensamentos.

Agora imagine qua uma mão aninha a parte posterior da sua cabeça, logo acima da nuca. Deixe seus pensamentos serem absorvidos por ela e permita que sua mente se acalme.

Você pode perguntar o que você fará com toda a força cerebral extra que pode acessar com a meditação. A resposta é: muita coisa. Todas as atitudes positivas que quiser tomar por sua saúde e sua vida exigem muito foco e energia, e é exatamente isso o que a meditação pode lhe dar.

Meditação para Asma Baseada na Ioga

Há muitos tipos de ioga. Algumas parecem mais um esporte competitivo do que meditação pessoal. Uma ioga mais vigorosa parece ser a moda em certas academias com posturas mantidas por uma eternidade, testando a agilidade e a força, ou com o instrutor passando por uma série de manobras difíceis enquanto faz todas parecerem fáceis. Mas quero falar agora sobre o tipo de prática que silencia a mente, que está no cerne da ioga.

Pesquisadores indianos quiseram descobrir se um tipo de ioga meditativa chamada Sahaja ioga poderia ajudar a amenizar os sintomas e melhorar a função pulmonar de asmáticos. Eles recrutaram as pessoas para o estudo em anúncios de jornal, com médicos generalistas e em clínicas de tratamento da asma. Todos os participantes tinham mais de 18 anos e sofriam de asma leve a moderada há mais de seis meses. Eles formaram dois grupos, um praticou a Sahaja ioga por duas semanas e um grupo de controle recebeu o tratamento médico convencional.

O grupo do Sahaja ioga foi orientado a conseguir a calma mental pelo uso de afirmações silenciosas de saúde e bem-estar. Eles também viram vídeos instrutivos e tiveram a oportunidade de discutir qualquer problema com o instrutor. Além disso, esse grupo foi estimulado a praticar em casa de 10 a 20 minutos por dia para alcançar um estado de tranquilidade mental. O grupo fazia a meditação sentado.

O grupo que recebeu o treinamento de ioga mostrou uma melhora progressiva na função pulmonar medida pela primeira vez duas semanas depois e continuou por outras seis semanas seguidas do fim da instrução. Os dois grupos mostraram uma melhora na qualidade de vida relativa à asma e diminuíram o uso da medicação, mas os benefícios foram mais marcantes e apareceram mais rápido no grupo que praticou ioga.

O estudo destaca os benefícios das técnicas de relaxamento mente-corpo e da meditação da ioga como um tratamento complementar da asma. O que tornou a meditação da ioga útil no estudo? Ao tentar dar uma explicação, os autores apontam como a meditação busca criar uma visão positiva ou benevolente de si e dos outros. Eles enfatizam que tanto o relaxamento mente-corpo como a ioga devem ser considerados como um complemento da terapia convencional, não como um substituto.[15]

Relaxe sua Mente Mexendo seu Corpo e Alimentando seu Espírito

Às vezes não estou muito disposto a ficar sentado para meditar e preciso me mexer para me livrar do estresse. Muitos tipos de movimento podem aliviá-lo, principalmente aqueles que o ajudam a clarear a mente, aproveitar a respiração profunda ou até entrar em silêncio profundo, seja caminhando, praticando ioga ou no tai chi. Essas práticas o estimulam a focar totalmente no corpo e na respiração e a diminuir o barulho mental. Para aqueles que preferem modos mais físicos de desestressar, aqui vão algumas ideias para ajudá-lo a relaxar.

Caminhe para Afastar o Estresse

Às vezes quando você está se sentindo estressado, apenas mexer o corpo, nem que seja para dar uma volta por uns cinco minutinhos, pode ajudá-lo a acabar com aquele estresse. Quando você pensa na ligação entre mente e corpo, faz todo o sentido que liberar a tensão física contida pode levar a um novo estado de calma. Se estiver se sentindo estressado por um problema no trabalho, se afastar desse problema por alguns minutos pode ser um modo eficaz de desestressar e talvez até encontrar um novo caminho para a solução. Você pode considerar o balanço rítmico dos braços e o movimento repetitivo de colocar um pé na frente do outro como uma forma de meditação que pode reconectá-lo com seu corpo e revigorar sua mente.

Volte à Natureza

Nós todos somos profundamente ligados ao nosso ambiente natural, por isso nos reconectarmos com a natureza de vez em quando pode nos trazer de volta às nossas raízes. De acordo com um artigo da Univerisade de Illinois, nosso contato com ambientes naturais tem muitos benefícios para nossa saúde física e mental. A natureza pode ajudar a reduzir o estresse e a amenizar tristeza e depressão. O acesso à natureza também está ligado a uma maior potência cerebral, mais autodisciplina e melhora da saúde mental.

Entrar em contato com a natureza melhora o funcionamento do sistema imunológico, possibilita um melhor condicionamento físico e ajuda diabéticos a controlar mais facilmente os níveis de glicose no sangue.[16] Os pesquisadores de Illinois apontam que a experiência da natureza pode abranger desde estar em uma floresta até aproveitar um parque urbano ou olhar uma paisagem natural pela janela. Qualquer contato com a natureza é preferível a nenhum contato.

Tome um Banho Mineral Relaxante

O estresse pode reduzir nossos níveis de magnésio.[17] No capítulo 13, explico algumas consequências da depleção de magnésio e sugiro excelentes fontes alimentares desse mineral essencial. Aqui vai outro modo de superar os efeitos do estresse causado pela carência de magnésio. Separe meia hora para um banho quente. Pegue uma toalha felpuda e seu roupão favorito. Você só vai precisar de uma caixa de sal de Epsom, composto de sulfato de magnésio. Jogue duas xícaras de sal de Epsom na banheira enquanto você a enche de água.

O magnésio no sal de Epsom é um relaxante muscular natural que pode ajudá-lo a relaxar enquanto entra na banheira. Em um estudo da Universidade de Birmingham na Grã-Bretanha, pessoas que tomaram banho com sal de Epsom por 12 minutos por dia, por sete dias, tiveram os níveis de magnésio elevados de forma mensurável.[18] Dar-se um prazer maravilhoso como esse pode ser apenas aquilo de que precisa para mudar de "fazer" para "ser". Com suas ansiedades e preocupações sumindo na água, você pode sair do banho se sentindo relaxado e revigorado.

Banhe seus Pés

Se não tiver tempo para tomar um banho calmante, tente molhar seus pés por uns cinco minutos em um bidê ou bacia com água quente. Fique sentado ou reclinado em uma posição confortável, mergulhe os pés e feche os olhos. Se for um dia quente, você pode preferir mergulhar os pés em água fria ou em temperatura ambiente, o que pode ajudar a abaixar sua temperatura corporal. Para ter mais benefícios, respire devagar e foque totalmente na sua respiração e nas sensações corporais, esquecendo todas as suas tarefas e obrigações.

Música para seus Ouvidos

Ouvir músicas bonitas é um dos maiores prazeres da vida. Quando você mergulha na música que adora, é facilmente levado pelas emoções que ela induz e esquece suas preocupações. A música é uma grande fonte de inspiração que pode nos ajudar a reunir nossas forças e nos estimular à ação. Ela também pode nos ajudar a relaxar e encontrar paz interior.

Um time de pesquisadores dos Estados Unidos, do Canadá e da França notou que ouvir música pode influenciar pessoas a serem mais felizes e mais positivas. Eles demonstraram também em seu estudo, o que é ainda mais importante, que uma música relaxante pode reduzir os níveis do hormônio do estresse, cortisol, o que pode explicar o efeito redutor de estresse da música.[19]

Para relaxar, gosto de música clássica. Poderia ser até canto gregoriano ou os sons da natureza, como o canto das aves, as ondas quebrando ou o barulho da chuva. O importante é que você selecione algo que ache realmente bem relaxante. Como um exercício de relaxamento, deite-se na sua cama ou em um sofá confortável e coloque a música para tocar em um volume baixo ou médio. Deixe sua mente vagar com o som, quase como se ele fosse os doces murmúrios de seus entes queridos ou uma canção de ninar acariciando sua alma. Mergulhe na beleza da música. Siga sua imaginação e deixe a melodia encantadora conduzi-lo a um lugar distante. Assim como a meditação, isso pode levá-lo a um estado de paz e relaxamento profundo.

Quem Dança seus Males Espanta

Música e dança são uma fonte de alegria e expressão desde os primeiros momentos de nossa existência. Usamos a dança para celebração, entretenimento, comunicação e expressão de um êxtase religioso. O ritmo da dança pode aliviar o fardo do trabalho. A dança pode ser individual ou em grupo, mas sempre transforma a experiência.

Pesquisadores modernos demonstraram os benefícios da terapia da dança para fibromialgia, depressão, hipertensão, insuficiência cardíaca, fadiga relacionada ao câncer e qualidade de vida, mal de Parkinson, artrite reumatoide e asma.[20]

A dança melhora o equilíbrio, o humor e o condicionamento físico de pessoas de todas as idades. Quando pesquisadores da Faculdade de Medicina Albert Einstein de Nova York acompanharam 469 idosos saudáveis por cinco anos, descobriram que aqueles que dançavam socialmente tinham uma redução de 76% no risco de desenvolver diminuição da capacidade cognitiva.[21]

Dance a música que você adora sempre que puder. Não importa o tipo de dança ou de música. O prazer de dançar é o que conta. Em seu maravilhoso livro *Goddesses Never Age*, a dra. Christiane Northrup relata a alegria que ela sentia dançando tango em Buenos Aires. Ela descreve isso como um evento épico que falava verdadeiramente com sua alma. Com uma compreensão profunda, ela explica: "O movimento afinado com nosso ser interior é sustentável e é o tipo de 'exercício' de que todos precisamos".[22]

Reconecte-se com as Pessoas

Tantas pessoas passam muito tempo olhando para telinhas... e telonas... que parece não haver tempo para conversar com os outros. Mas essa dependência da tecnologia pode acabar nos isolando. Você já ouviu dizer que os humanos são animais sociais. Conectar-se com os outros é uma parte profunda de quem somos.

Os cientistas argumentam que em todos os nossos anos de evolução, fazer parte de um grupo que trabalhava junto aumentou nossas chances de sobrevivência.[23] A pesquisa médica atual nos diz que a solidão está ligada a uma má saúde, imunidade enfraquecida, mais doenças crônicas, aumento da inflamação e *menores* possibilidades de sobrevivência.

Os relacionamentos são tão importantes que os chamei de primeiro pilar da cura no meu livro *Power Healing*. Um senso de comunidade, de pertencimento, pode ajudar a amortecer os efeitos do estresse e contribuir com nossa saúde geral. Por isso, encontre formas de se reconectar com as pessoas de quem você gosta e veja como fazer isso favorece seu bem-estar.

Um estudo da Universidade Carnegie Mellon e da Universidade da Califórnia analisou o impacto de um curso de meditação de oito semanas no elo entre a solidão e a inflamação em cidadãos idosos. Eles estavam particularmente interessados em descobrir como participar de uma instrução em grupo em Mindfulness-Based Stress Reduction [Redução do Estresse Baseada na Consciência Plena] (MBSR na sigla em inglês) afetaria as percepções de solidão e os níveis elevados de inflamação que costumam acompanhá-la.

No início do estudo, antes do treinamento em MBSR, os idosos tinham níveis elevados de proteína C-reativa (PCR) no sangue. A PCR está tão ligada a efeitos adversos à saúde que se tornou o marcador de inflamação mais usado em exames clínicos. Um gene crítico envolvido na produção de inflamação também foi encontrado mais ativo ou com regulação ascendente.[24]

O treinamento em MBSR consistia em uma sessão de duas horas em grupo por semana, um retiro de um dia na sexta ou sétima semana e 30 minutos de prática em casa. O grupo controle foi estudado enquanto estava em uma lista de espera para receber o treinamento MBSR, que fez ao final do teste. Ao fim de oito semanas, os participantes que fizeram o treinamento estavam perceptivelmente menos solitários, enquanto aqueles da lista da espera se sentiam mais solitários. A MBSR produziu uma redução na regulação ascendente do gene pró-inflamação e tendeu a reduzir a PCR.

O mais importante neste estudo é que a participação em um grupo de meditação reduziu a inflamação sistêmica em sua origem, diminuindo a atividade de um gene que promove inflamação. Embora você não possa mudar seus genes, *pode* mudar o que eles fazem.

Exercite seu Lado Verde

Se você tem um canteiro de vegetais ou de flores no quintal, apenas olhar para eles pode encher seu coração de prazer. Veja como as plantas crescem, amadurecem e envelhecem. Esse é o ciclo da vida. Rudolf Steiner, o místico e filósofo austríaco, acreditava que compreender esse ciclo era o primeiro passo na instrução espiritual. Arar o solo de vez em quando, cultivando hortaliças para sua cozinha ou apenas molhá-las com uma mangueira em silêncio pode ser extremamente terapêutico. Mesmo apenas cinco minutos de jardinagem podem relaxar sua mente e revigorar seu espírito.

Se não tiver um quintal, tente cultivar ervas dentro de casa. A salsinha italiana é minha favorita. É fácil de cultivar em vasos, cresce com a luz da janela e não precisa de muita água. As folhas são de um verde vibrante e ótimas para mastigar, com um aroma fresco maravilhoso. Elas são um dos principais ingredientes na sopa para equilíbrio imunológico.

Divirta-se com Criatividade na Cozinha

Para muitas pessoas, o ato calmo e silencioso da culinária pode ser uma experiência meditativa. Lavar as verduras, escolher os ingredientes para uma bela salada e arranjar frutas e legumes com cuidado em uma fruteira podem trazer uma alegria imensa. Quando tudo é feito e o alimento chega à mesa, apenas ver seus amigos ou entes queridos apreciarem o alimento que você criou pode ser terapêutico e relaxante, aliviando o estresse de um dia de trabalho.

Meditação com Café de Manhã

Para os que apreciam aquela gloriosa primeira xícara de café pela manhã, tenho ótimas notícias. Proponho uma meditação que combina perfeitamente com sua rotina. Embora esses dois não pareçam se dar bem juntos, um olhar mais atento revela que tanto o café quanto a meditação podem ajudá-lo a se sentar quieto, preencher seus sentidos e contemplar a natureza. Dessa forma, eles se complementam surpreendentemente bem.

Como verá, essa prática funciona melhor com o café orgânico, descafeínado ou tradicional, de pequenas fazendas ou plantações. A magia começa logo ao passar o café, quando o aroma maravilhoso invade o ar, sinalizando o início de um novo dia. Aqueça sua caneca despejando um pouco de água quente, espere uns segundos e descarte a água. Encha sua caneca devagar com o café recém-preparado e sente em sua cadeira favorita. Segure a caneca com as duas mãos e sinta o calor, saborando o aroma de novo por uns segundos. Aguarde ansiosamente enquanto esfria o bastante para beber e aprecie muito bem aquele primeiro gole.

Segurando a caneca com cuidado para não derramar durante o processo, deixe a mente viajar para exuberantes montanhas subtropicais verdes cheias de plantações de café. Imagine na sua mente fileiras e mais fileiras de arbustos de café verdinhos, adornados com grãos vermelhos. É uma área rural, perdida no tempo, com apenas umas fazendas tradicionais com teto de argila e uma estrada de terra.

Agora imagine os flancos levemente escarpados de uma majestosa montanha se elevando ao longe. Enquanto inspira, imagine que você pode personificar a montanha, absorvendo sua força e massa sólida. Ela o ajuda a se sentir centrado e é uma imagem que você pode carregar consigo durante o dia.

Enquanto toma seu café, agradeça os fazendeiros orgânicos que cuidaram das plantas com esmero e os torrefadores que tiraram habilmente o sabor dos grãos. Fique contente por apoiar a agricultura orgânica, ajudar a proteger as fazendas e os fazendeiros. Enquanto continua a beber seu café, sinta a satisfação de se conectar com as pessoas que o criaram e os lugares onde se origina, até o solo fértil.

Ao voltar seus pensamentos para onde você está, poderá descobrir que o aroma convidativo do café se espalhou pela casa. Se houver outras pessoas ao redor, você pode se conectar com elas por alguns minutos tomando café e espalhar a sensação prazerosa de sua meditação. Se você trabalha em casa, essa meditação é uma ótima forma de sentir uma ligação com o mundo externo desde o início do dia.

E se você não faz o café em casa, mas o compra no caminho para o trabalho? Mesmo se estiver com pressa, ainda dá para fazer essa meditação no trem, no ônibus ou no metrô, segurando bem seu copo de café.

Perceba como você se sente talvez um pouco mais calmo e relaxado ao fim de sua jornada.

Durma para o Estresse Ir Embora

O sono é essencial ao nosso bem-estar. Nada nos ajuda tanto a derrotar o estresse e repor nossa energia do que uma boa noite de sono. Nosso sistema imunológico natural depende de horas suficientes de sono para reforçar nossa defesa contra qualquer ameaça física ou mental.

Há evidências científicas da interação entre o estresse crônico e os problemas de sono. A Academia Americana de Medicina do Sono descobriu que pessoas com estresse crônico se queixam de uma menor duração do sono, má qualidade e uma redução da funcionalidade. O contrário também acontece: o estudo indica que a má qualidade do sono pode ser uma causa de estresse. Quem se queixa de mais fadiga e pouco sono total também reclama de mais estresse. A recomendação mais simples, e provavelmente a melhor, dada pelos pesquisadores aos indivíduos com estresse elevado e má qualidade do sono é analisar algumas das escolhas de estilo de vida que eles fazem e garantir que as horas de sono suficientes estejam no centro dessas escolhas.[25]

O sono é um processo de cura, um momento ativo em que seu organismo dissolve os momentos estressantes do dia e se recupera, preparando-o para enfrentar novos desafios. Descobriu-se em experimentos com animais que a privação do sono aumenta a suscetibilidade a infecções virais e bacterianas. Nos humanos, a insônia reduz a atividade das células exterminadoras naturais. Homens saudáveis despertos do sono entre 3 e 7 horas da manhã apresentam uma redução de 30% na atividade das células exterminadoras naturais na manhã seguinte.

O sono também é um importante marcador da saúde. Um levantamento da Fundação Nacional do Sono revelou que o estresse e a má saúde estão ligados a menos horas de sono ou insônia. Aqueles que alegam estar com uma saúde muito boa ou excelente dormem de 18 a 23 minutos mais do que aqueles que dizem que sua saúde não é tão boa. Se você assume o controle do seu sono de uma forma positiva, está no caminho certo para diminuir o estresse e ter uma saúde melhor.

O tempo ideal de sono para adultos varia de 6 a 10 horas por dia, sendo que a maioria das pessoas precisa de 7 a 9 horas, de preferência sem interrupção. O relaxamento durante o dia também é crucial. Uma meditação silenciosa por dia pode diminuir a pressão arterial, aliviar a ansiedade, melhorar o sono à noite e reduzir o desconforto da dor de cabeça crônica e outros problemas dolorosos.

No entanto, fatores ambientais como barulho, luz, temperatura e o colchão onde você deita podem dificultar uma boa noite de sono, por isso você também precisa cuidar do seu quarto.

Aqui vão algumas dicas saudáveis para ajudá-lo a dormir melhor:
- Exercite-se durante o dia. Pode ser sua rotina de exercícios regular ou uma caminhada de meia hora.
- Evite bebidas com cafeína, como chá e café, e álcool à noite. Todas essas bebidas podem atrapalhar seu sono. Faça uma refeição leve. Tente não comer de duas a três horas antes de dormir. Nunca fume.
- Escolha colchão e travesseiros confortáveis. Se sua roupa de cama for convidativa e relaxante, isso terá um maravilhoso efeito de descanso sobre você. Além, é claro, de deixar seu quarto livre de pó e outros alérgenos.
- Mantenha seu quarto na temperatura certa. Ele deve estar frio – entre 15 e 19º C.
- Faça um ritual relaxante antes de dormir. Pode ser beber uma xícara de chá de camomila quente, colocar lavanda perto de sua cama ou usar um óleo relaxante de lavanda como aromaterapia.
- Faça atividades relaxantes até cerca de uma hora antes de dormir. Você pode ler um livro, mas evite televisão e outras telas, como computadores e smartphones, pois eles podem afetar a qualidade do seu sono. A exposição à luz ao anoitecer e logo antes de dormir suprime a liberação do hormônio facilitador do sono, melatonina, e altera o relógio circadiano, dificultando o adormecer à noite.
- Tome dois copos de suco de cereja por dia para ajudar no sono. Pesquisadores da Universidade Northumbria na Inglaterra descobriram que o suco de cereja dá aos adultos mais horas de sono em média, reduz os cochilos durante o dia e aumenta a eficiência geral do sono. O segredo está na melatonina contida nas cerejas, um antioxidante poderoso e crucial para a regulação do ciclo do sono.[26]

De acordo com os Centros para Controle e Prevenção de Doenças, cerca de um terço de todos os americanos sofre com problemas do sono. Se você melhorar seu sono, reduzirá seu nível de estresse e isso fará uma grande diferença na sua qualidade de vida, inclusive nos seus sintomas de alergia.

Conclusão

Neste capítulo, olhamos para dentro para ver como nossas vidas e nossas respostas ao estresse podem se refletir no nosso bem-estar. Trouxemos à baila uma importante pesquisa médica que está esclarecendo os segredos de como estresse, inflamação e alergia estão interligados.

Você conheceu Laura, uma mãe trabalhadora com alergias alimentares, dores de estômago, problemas digestivos e dores de cabeça que não conseguia manter sua dieta por estar sobrecarregada com estresse e responsabilidades. Recomendei que ela experimentasse meditação ou outros métodos de relaxamento. Ela se matriculou em uma aula de ioga para iniciantes e descobriu que gostou bastante. Foi um passo positivo que deu a ela uma sensação de tranquilidade e ao mesmo tempo energia e foco. Conseguimos prosseguir até Laura poder comer da forma que sempre quis. Aos poucos, ela melhorou das dores de cabeça e do problema de estômago.

Nós exploramos a ligação entre estresse e alergia, e aprendemos sobre a ciência que nos ensina que o estresse pode levar a um aumento da inflamação, a mais internações por asma e a uma maior reatividade alérgica. Aprendemos como, usando técnicas de mente e corpo simples como meditação e ioga, podemos assumir um papel ativo e poderoso na redução do estresse e para fomentar nosso bem-estar. Voltar à natureza, ouvir música relaxante, dançar e tomar um banho mineral são outros métodos que examinamos para derrotar o estresse. Experimente um e você poderá descobrir uma relação nova mais harmoniosa consigo e o mundo ao seu redor.

Notas do Capítulo 10

---

1. Marshall GD Jr. "Estresse e doenças alérgicas – ainda mal identificado e subestimado", *Ann Allergy Asthma Immunol.*, abril de 2014; 112(4); p. 275.

2. Kiecolt-Glaser JK, Heffner KL, Glaser R, Malarkey WB, Porter K, Atkinson C, Laskowski B, Lemeshow S, Marshall GD. "Como o estresse e a ansiedade podem alterar as respostas imediata e tardia em um teste cutâneo na rinite alérgica", *Psychoneuroendocrinology.*, junho de 2009; 34(5); p. 670-680.
3. Dave ND, Xiang L, Rehm KE, Marshall GD Jr. "Estresse e doenças alérgicas", *Immunol Allergy Clin North Am.*, fevereiro de 2011; 31(1); p. 55-68.
4. Kilpeläinen M, Koskenvuo M, Helenius H, Terho EO. "Os acontecimentos estressantes promovem a manifestação de asma e doenças atópicas", *Clin Exp Allergy*, fevereiro de 2002; 32(2); p. 256-263.
5. Rosenkranz MA et al. "Uma comparação da redução do estresse baseado na atenção plena e um controle ativo na modulação da inflamação neurogênica", *Brain Behav Immun.*, janeiro de 2013; 2 7(1); p. 174-184; doi: 10.1016/j.bbi.2012.10.013. Epub 22 de outubro de 2012.
6. Posner MI, Tang YY, Lynch G. "Mecanismos da alteração da massa branca induzida pela prática da meditação", *Front Psychol.*, 27 de outubro de 2014; 5; p. 1220; Moore A, Gruber T, Derose J, Malinowski P. "Uma prática breve e regular da meditação de atenção plena melhora os marcadores eletrofisiológicos do controle da atenção", *Front Hum Neurosci.*, 10 de fevereiro de 2012; 6; p. 18.
7. Kozasa EH, Sato JR, Lacerda SS, Barreiros MA, Radvany J, Russell TA, Sanches LG, Mello LE, Amaro Jr. E. "A prática da meditação aumenta a eficiência cerebral em uma tarefa que requer atenção", *Neuroimage*, 2 de janeiro de 2012; 59(1); p. 745-749; Van Leeuwen S, Singer W, Melloni L. "A medicação aumenta a profundidade do processamento de informação e melhora a alocação da atenção no espaço", *Front Hum Neurosci.*, 15 de maio de 2012; 6; p. 133; Gard T, Taquet M, Dixit R, Hölzel BK, De Montjoye YA, Brach N, Salat DH, Dickerson BC, Gray JR, Lazar SW."Inteligência fluida e organização funcional cerebral em praticantes idosos de ioga e meditação", *Front Aging Neurosci.*, 22 de abril de 2014; 6; p. 76.
8. Wolever RQ, Bobinet KJ, McCabe K, Mackenzie ER, Fekete E, Kusnick CA, Baime M. "Redução do estresse mente-corpo eficaz e viável no local de trabalho: um ensaio clínico controlado aleatório", *J Occup Health Psychol.*, abril de 2012; 17(2); p. 246-258.
9. Tonelli ME, Wachholtz AB. "O tratamento baseado na meditação traz um alívio imediato para portadores de enxaqueca iniciantes na prática", *Pain Manag Nurs.*, março de 2014; 15(1); p. 36-40; Keefer L, Blanchard EB. "Acompanhamento de um ano da meditação relaxante como um tratamento da síndrome do intestino irritável", *Behav Res Ther.*, maio de 2002; 40(5); p. 541-546.
10. Bae BG, Oh SH, Park CO, Noh S, Noh JY, Kim KR, Lee KH. "Terapia de relaxamento muscular progressivo para a dermatite atópica: avaliação objetiva da eficácia", *Acta DermVenereol.*, janeiro de 2012; 92(1); p. 57-61.
11. Nickel C, Lahmann C, Muehlbacher M, Pedrosa Gil F, Kaplan P, Buschmann W, Tritt K, Kettler C, Bachler E, Egger C, Anvar J, Fartacek R, Loew T, Rother W, Nickel M. "Grávidas com asma brônquica se beneficiam do relaxamento muscular progressivo: um ensaio clínico controlado, prospectivo e aleatório", *Psychother Psychosom.*, 2006; 75(4); p. 237-243; Nickel C, Kettler C, Muehlbacher M, Lahmann C, Tritt K, Fartacek R, Bachler E, Rother N, Egger C, Rother WK, Loew TH, Nickel MK. "Efeito do relaxamento muscular progressivo em mulheres adolescentes com asma brônquica: um estudo controlado, duplo-cego, aleatório", *J Psychosom Res.*, dezembro de 2005; 59(8); p. 393-398.
12. Bidwell AJ, Yazel B, Davin D, Fairchild TJ, Kanaley JA. "A prática da ioga melhora a qualidade de vida de mulheres com asma", *J Altern Complement Med.*, agosto de 2012; 18(8); p. 749-755; Pbert L, Madison JM, Druker S, Olendzki N, Magner R, Reed

G, Allison J, Carmody J. "Efeito da prática da atenção plena na qualidade de vida e na função pulmonar de asmáticos: um ensaio clínico controlado aleatório", *Thorax.*, setembro de 2012; 67(9); p. 769-776.
13. Henry M, De Rivera JL, Gonzalez-Martin IJ. Abreu J. "Melhora na função respiratória em pacientes com asma crônica com a terapia autogênica", *J Psychosom Res.*, abril de 1993; 37(3); p. 265-270.
14. Olness K, Hall H, Rozniecki JJ, Schmidt W, Theoharides TC. "Ativação de mastócitos em crianças com enxaqueca antes e depois do treinamento em autoregulação", *Headache.*, fevereiro de 1999; 39(2); p. 101-107.
15. Vempati R, Bijlani RL, Deepak KK. "A eficácia de um programa abrangente de modificação do estilo de vida baseado na ioga e no controle da asma brônquica: um ensaio clínico controlado aleatório", *BMC Pulm Med.*, 30 de julho de 2009; 9; p. 37.
16. Kuo FE. "Parques e outros ambientes naturais: os componentes essenciais de um hábitat humano saudável", *Australas.*, Parks Leisure. 2010; 14; p. 1-48.
17. Epsom Salt Council [Conselho do Sal de Epson]. "Sobre os Sais de Epsom", <http://www.epsomsaltcouncil.org/articles/universal_health_institute_about_epsom_salt.pdf>.
18. Epsom Salt Council. "Relatório sobre a absorção do sulfato de magnésio (sais de Epsom) pela pele", <http://www.epsomsaltcouncil.org/articles/report_on_absorption_of_magnesium_sulfate.pdf>.
19. Khalfa S *et al.* "Efeitos da música relaxante no nível de cortisol salivar depois de um estresse psicológico", *Ann N Y Acad Sci.*, novembro de 2003; 999; p. 374-376.
20. **Fibromialgia**: Baptista AS, Villela AL, Jones A, Natour J. "Eficácia da dança em pacientes com fibromialgia: um estudo controlado, duplo-cego, aleatório", *Clin Exp Rheumatol.*, novembro-dezembro de 2012; 30(6 Suppl 74); p. 18-23; Carbonell-Baeza A, Aparicio VA, Martins-Pereira CM, Gatto-Cardia CM, Ortega FB, Huertas FJ, Terceder P, Ruiz JR, Delgado-Fernandez M. "Eficácia da biodança no tratamento de mulheres com fibromialgia", *J Altern Complement Med.*, novembro de 2010; 16(11); p. 1191-1200. **Depressão**: Pinniger R, Brown RF, Thorsteinsson EB, McKinley P. "O tango comparado à meditação de atenção plena em um controle de lista de espera: um ensaio clínico aleatório para tratar a depressão", *Complement Ther Med.*, dezembro de 2012; 20(6); p. 377-384; Akandere M, Demir B. "O efeito da dança sobre a depressão", *Coll Antropol.*, setembro de 2011; 35(3); p. 651-656. **Hipertensão:** Aweto HA, Owoeye OB, Akinbo SR, Onabajo AA. "Os efeitos da dançaterapia sobre parâmetros cardiovasculares selecionados e o consumo de oxigênio estimado em pacientes hipertensos", *Nig Q J Hosp Med.*, abril-junho de 2012; 22(2); p. 125-129. **Insuficiência cardíaca:** Belardinelli R, Lacalaprice F, Ventrella C, Volpe L, Faccenda E. "Valsa para pacientes com insuficiência cardíaca crônica: uma nova prática de exercício", *Circ Heart Fail.*, julho de 2008; 1(2); p. 107-114. **Fadiga relacionada ao câncer e à qualidade de vida:** Sturm I, Baak J, Storek B, Traore A, Thuss-Patience P. "O efeito da dança sobre a fadiga pelo câncer e na qualidade de vida", *Support Care Câncer*, agosto de 2014; 22(8); p. 2241-2249; Sandel SL, Judge JO, Landry N, Faria L, Ouellette R, Majczak M. "Programa de dança e movimento melhora as medições da qualidade de vida em pacientes sobreviventes de câncer de mama", *Cancer Nurs.*, julho-agosto de 2005; 2 8(4); p. 301-309. **Mal de Parkinson:** McKee KE, Hackney ME. "Os efeitos do tango adaptado na cognição espacial e na gravidade da doença de Parkinson", *J Mot Behav.* 2013; 45(6); p. 519-529; Volpe D, Signorini M, Marchetto A, Lynch T, Morris ME. "Uma comparação da dança tradicional irlandesa e exercícios para pessoas com o mal de Parkinson: um estudo de praticabilidade de fase II", *BMC Geriatr.*, 4 de junho de 2013; 13; p. 54; Duncan RP, Earhart GM. "Ensaio controlado aleatório de dança baseado em comunidade para

modificar a progressão da doença no mal de Parkinson", *Neurorehabil Neural Repair.*, fevereiro de 2012; 26(2); p. 132-143. **Artrite reumatoide:** Moffet H, Noreau L, Parent E, Drolet M. "Praticabilidade de um programa de exercícios de oito semanas baseado na dança e seus efeitos na habilidade de locomoção de pessoas com artrite reumatoide funcional de classe III", *Arthritis Care Res.*, abril de 2000; 13(2); p. 100-111; Van Deusen J, Harlowe D. "A eficácia do Programa de dança ROM para adultos com artrite reumatoide", *Am J Occup Ther.*, fevereiro de 1987; 41(2); p. 90-95. **Asma:** Wolf SI, Lampl KL. "Reabilitação pulmonar: o uso da aeróbica como um exercício terapêutico para pacientes asmáticos", *Ann Allergy,* novembro de 1988; 61(5); p. 357-360.

21. Verghese J, Lipton RB, Katz MJ, Hall CB, Derby CA, Kuslansky G, Ambrose AF, Sliwinski M, Buschke H. "Atividades de lazer e o risco de demência nos idosos", *N Engl J Med.*, 19 de junho de 2003; 348(25); p. 2508-2516.
22. Christiane Northrup, *Goddesses Never Age* (Carlsbad, CA: Hay House, 2014), p. 261.
23. Jaremka LM et al. "A solidão promove inflamação durante a fase aguda do estresse", *Psychol Sci.*, 1º de julho de 2013; 24(7); p. 1089-1097; doi: 10.1177/0956797612464059. Epub 29 de abril de 2013.
24. Creswell JD, Irwin MR, Burklund LJ, Lieberman MD, Arevalo JM, Ma J, Breen EC, Cole SW. "O treinamento de atenção plena para a redução do estresse reduz a solidão e a expressão do gene pró-inflamatório em adultos mais velhos: um pequeno ensaio clínico controlado aleatório", *Brain Behav Immun.*, outubro de 2012; 26(7); p. 1095-1101.
25. Powell E. "O estresse habitual causa problemas do sono e mau funcionamento durante o dia ou o estresse é resultado da má qualidade do sono?" Resumo de pesquisa apresentado em uma quarta-feira, 10 de junho de 2009, no SLEEP 2009, o 23º Encontro Anual das Associações do Sono Profissionais Associadas.
26. Howatson G, Bell PG, Tallent J, Middleton B, McHugh MP, Ellis J. "O efeito do suco de cereja (Prunuscerasus) nos níveis de melatonina e na melhora da qualidade do sono", *European Journal of Nutrition.*, 30 de outubro de 2011.

Capítulo 11

Mais do que Apenas um Nariz Escorrendo: Alergias Nasais e dos Seios Paranasais

Grace trabalhava como compradora para uma loja de luxo. Ela adorava seu emprego porque amava comprar, mas isso exigia viagens frequentes, o que era bem difícil para seus seios nasais. Como compradora de roupas, ela entrava com frequência em showrooms cheios da última moda. Ela descobriu que o ar em muitos dos showrooms e dos depósitos de roupas irritava seu nariz e a fazia espirrar. O motivo: o tecido novo costuma ser tratado com formaldeído, uma substância química irritante que evapora e inunda o ar em lojas de fábrica, showrooms, armazéns e lojas de roupas.

Ela veio me ver, pois estava cansada de ficar doente e porque queria salvar seu emprego, que estava em risco porque ela faltava muito por causa da doença.

Grace sofre de alergias nasais desde criança e se consultou com um alergista pela primeira vez quando tinha dez anos. Os testes epicutâneos realizados pelo médico apresentaram reações alérgicas a pó, ácaros e vários tipos de mofo. As injeções antialérgicas não ajudaram.

Na adolescência, Grace começou a ter resfriados frequentes, o que às vezes causava infecções dos seios paranasais. Na faculdade, ela passou por uma cirurgia, primeiro para corrigir um desvio de septo e depois para limpar e drenar os seios paranasais. Pólipos nasais foram encontrados e removidos na hora da cirurgia e ela foi aconselhada a usar um spray nasal esteroide diariamente para impedir o retorno.

Depois da cirurgia, Grace teve algum alívio da sua congestão nasal e dos seios paranasais crônica e do gotejamento de muco, mas ela ainda pegava um resfriado atrás do outro e cada um levava a uma nova infecção dos seios paranasais, tratada com antibióticos e esteroides.

Quando ela veio me ver pela primeira vez, estava doente há cerca de quatro anos com uma congestão nasal e dos seios paranasais contínua apesar do uso diário de anti-histamínicos e sprays nasais. Ela estava ficando cada vez pior e chegou a um ponto no qual quase toda viagem de avião causava uma infecção nasal que exigia terapia com antibióticos. Seus médicos recomendaram outra cirurgia, mas Grace duvidava de que fosse ajudar, porque a primeira não impediu a piora de sua saúde.

Um médico achou que seus problemas nos seios paranasais fossem o resultado de refluxo. Esse é um problema comum que pode afetar até 40% das pessoas com rinossinusite crônica (RSC), o termo para a doença nasal e dos seios paranasais que afligia Grace.[1] No refluxo, como vimos no capítulo 9, os conteúdos de seu estômago voltam ao esôfago e chegam à garganta. O sintoma mais comum é a azia, mas podem ocorrer irritação da garganta e nasal, o que contribui para o desensolvimento da RSC.

O tratamento padrão do refluxo é o uso de medicamentos supressores da produção do ácido gástrico, mas, como notei no capítulo 9, há muitos motivos para evitar o uso dessas drogas. No caso de Grace, elas simplesmente não funcionaram. Ela tomou por dois anos sem qualquer benefício.

Em um esforço para buscar alívio, Grace modificou sua dieta, eliminando laticínios como leite, iogurte, queijo e sorvete e alimentos com glúten, como trigo, centeio e cevada. Sua congestão diária melhorou um pouco, mas sua energia caiu e ela continuava a ficar doente sempre que viajava.

Quando a vi pela primeira vez, seu nariz e seios paranasais estavam claramente inflamados e ela tinha um gotejamento pós-nasal espesso e amarelo. Suspeitei de que a queda extrema de energia que ela sentiu na dieta sem glúten possa ter sido pela diminuição drástica no consumo de carboidratos quando ela eliminou o trigo. Alguns de meus pacientes sentem mais energia em uma dieta pobre em carboidratos, mas outros sentem mais fadiga. Esse é um exemplo dos modos diversos nos quais a alteração da dieta pode afetar indivíduos diferentes que descrevi no capítulo 6.

Achei que Grace precisasse de uma mudança adicional em sua dieta. Mas, como ela estava prestes a viajar de novo, a Limpeza Profunda e a reintrodução tinham de esperar até a volta. Enquanto isso, ela precisava de ajuda imediata. Minha solução tinha três componentes:

- Como acontece com muitos de meus pacientes alérgicos ao mofo, a alteração na dieta que ela mais precisava fazer, depois de eliminar açúcar e *junk food*, era eliminar levedura e mofo. Ela já tinha parado de comer pão e queijo, por causa de seu regime sem laticínios e sem glúten e raramente bebia álcool. Ao examinar sua dieta, percebi que os principais alvos eram o vinagre e as frutas secas. Ela comia salada duas vezes por dia e adorava enchê-la de tempero e comia sempre uvas-passas de lanche. Recomendei que ela usasse apenas limão e azeite nas saladas e comesse castanhas em vez de uvas-passas.
- Ao eliminar o trigo, ela reduziu drasticamente sua ingestão de carboidratos e as passas que ela beliscava o dia todo apenas satisfaziam aquela fissura por açúcar, o que na verdade não supria o déficit. Recomendei que ela consumisse mais legumes ricos em carboidratos, como batatas-doces e abóbora, e pedisse arroz ou batatas quando comesse fora.
- Achei que Grace pudesse se beneficiar também de alguns suplementos nutricionais. Entre eles:
  - NAC e bromelina por seus efeitos demonstrados nas sinusites aguda e crônica (discuto mais sobre isso adiante).
  - Um extrato de *Lactobacillus* que achei útil na prevenção de infecções respiratórias entre pessoas que adoeciam ao viajar de avião.
  - Vitamina D e zinco, pois os níveis sanguíneos estavam baixos.

O que São as Alergias Nasais e de Seios Paranasais?

A alergia nasal, ou rinite alérgica, é a doença alérgica mais comum dos Estados Unidos, afetando quase 60 milhões de pessoas.[2] Em todo o mundo, ela afeta um total de 500 milhões de pessoas.[3] Ela pode deixá-lo péssimo. Nariz entupido. Coriza. Espirros. Além desses sintomas implacáveis, ela causa muito tempo perdido de trabalho ou estudos e causa estragos na qualidade de vida.[4] Pode facilmente arruinar uma noite de sono, produzindo outros sintomas como fadiga, irritabilidade e depressão, além de prejudicar a memória e a concentração.

Uma pesquisa científica identificou um fato pouco conhecido, mas perturbador: a alergia nasal pode prejudicar o tempo de reação e o desempenho na direção, aumentando o risco de acidentes de trânsito. Em um experimento controlado realizado na Holanda, pessoas com polinose foram testadas em uma via fechada fora da temporada antes e depois de serem expostas ao pólen ao qual eram alérgicas.[5] A diminuição da capacidade produzida pela exposição ao pólen equivalia à vista em pessoas com um nível de álcool no sangue de 0,05%, o limite legal em muitos países. O tratamento dos sintomas com anti-histamínicos ou sprays nasais bloqueou apenas parcialmente essa diminuição da capacidade.

Em um experimento semelhante organizado pelo Centro Médico de Assuntos dos Veteranos em Washington, D.C., a exposição ao pólen teve um grande impacto adverso na atenção e nos tempos de resposta, além de diminuir a eficiência da memória profissional e a velocidade do raciocínio e de computação.[6] O efeito foi comparável a de um sedativo. Mas esse não foi o efeito de uma droga. Foi efeito direto da alergia. Da perspectiva da segurança e da saúde pública, a alergia nasal é uma doença grave que precisa ser levada a sério.

Ter rinite alérgica aumenta sua suscetibilidade à asma, a resfriados e sinusite, como observa a pesquisa médica.[7] O tratamento adequado da rinite alérgica também melhora o desempenho escolar.[8] No entanto, a pesquisa demonstrou que muitas vezes o tratamento é inadequado.[9]

Os tratamentos usuais para a rinite alérgica são anti-histamínicos tomados via oral ou por sprays nasais com esteroides e drogas como o monteleucaste, que bloqueia a atividade dos mediadores alérgicos chamados leucotrienos. Todas essas drogas funcionam melhor quando usadas diariamente de forma contínua, mas os efeitos colaterais, como fadiga, sangramentos nasais e secura excessiva podem limitar seus benefícios.

Alergias Nasais e o Resfriado Comum

A interação entre a rinite alérgica e o rinovírus, o grupo de vírus que causa o resfriado comum, cria um círculo vicioso. O rinovírus entra nas células se ligando a uma molécula chamada ICAM-1, uma mediadora da inflamação. Ter alergias nasais aumenta os níveis de ICAM-1 nas células que revestem seu nariz, aumentando a oportunidade de o rinovírus causar infecção.

A infecção por rinovírus então aumenta ainda mais os níveis de ICAM-1, agravando as alergias nasais.[10] Uma pesquisa laboratorial demonstrou que o zinco, um mineral essencial muitas vezes ausente das dietas modernas, pode se unir à ICAM-1 e impedir que o rinovírus se ligue a ela.[11] Esse efeito provavelmente explica os benefícios do tratamento com zinco diminuindo a gravidade e duração do resfriado comum, o que foi demonstrado em vários testes clínicos controlados.[12] Manter um nível ideal de zinco é um componente do programa de Solução para as Alergias que pode ajudar a aumentar suas defesas antivirais.

Tipos de Rinite e Sinusite

A rinite alérgica o predispõe a desenvolver a sinusite alérgica. A doença combinada, a rinossinusite crônica (RSC), afeta 12,5% da população dos Estados Unidos.[13] Além dos sintomas nasais, a RSC causa gotejamento pós-nasal, dor de garganta, tosse, dor facial, dor de cabeça e fadiga. Assim como a rinite simples, a RSC pode interferir com o sono e a concentração mental e é um importante fator para causar ou agravar a asma.[14]

Há dois tipos principais de rinite alérgica e dois de RSC. A rinite alérgica pode ser sazonal (RAS) ou anual (rinite perene); a RSC pode ocorrer com ou sem pólipos nasais, que são tumores benignos moles e indolores na mucosa do nariz. Compreender essas distinções pode ajudá-lo a aplicar o programa da Solução para as Alergias para curar a sua. Os pólipos nasais, por exemplo, estão associados à alergia alimentar, e o tratamento nutricional pode aumentar muito o efeito do tratamento convencional.

A **rinite sazonal** costuma ser provocada por pólens ou esporos de mofo ao ar livre. Se você sofre de RAS, a cronologia e a gravidade de seus sintomas dependerão do que está no ar. Infelizmente, a quantidade de pólen aumenta quase todos os anos, resultado do maior teor de dióxido de carbono da atmosfera terrestre por causa das emissões industriais.

A **rinite perene** é provocada pelos alérgenos aos quais você é exposto sempre, como alimentos, pó, pelo de animais ou mofo em lugares fechados e também pode ser causada pelas reações alérgicas a bactérias ou fungos crescendo em seu nariz ou seios paranasais.

A poluição do ar agrava todos os tipos de rinite e sinusite, irritando o revestimento do trato respiratório.

Losna Cresce Fora do Controle na sua Cidade?

Em muitos filmes de ação, o futuro é uma terra devastada onde poucas plantas crescem. Mas e se o futuro real parecer diferente, com a natureza invadida de alguma maneira por gases do efeito estufa e plantas crescendo de forma anormal?

Esse cenário está em pré-estreia em uma cidade perto de você. Losnas estão crescendo mais rápido, florescendo antes e aumentando de tamanho. O motivo? Temperaturas mais altas e níveis mais elevados de dióxido de carbono na cidade do que no campo. Acontece que mais poluição e temperaturas mais elevadas criam um efeito estufa que faz a losna se proliferar. Porém, mais losna significa um grande problema para milhões de alérgicos, pois essa planta é o principal alérgeno que provoca a rinite alérgica sazonal.

Os cientistas do Departamento de Agricultura dos Estados Unidos tentaram descobrir o impacto da mudança climática global sobre o pólen de losna. Incapazes de viajarem para o futuro, eles foram até o centro decadente de Baltimore, onde a poluição já gerou níveis elevados de dióxido de carbono e temperaturas mais elevadas, assim como o aquecimento global produzirá em todo o mundo. Eles plantaram sementes de losna em latas de alumínio, usando o mesmo solo e colocaram as latas na cidade, em um subúrbio próximo e no campo a 64 quilômetros de distância. A losna urbana cresceu duas vezes mais do que a rural e lançou cinco vezes mais grãos de pólen.[15]

Sinusite Fúngica Alérgica

Fungos são organismos parecidos com plantas sem clorofila que se alimentam de matéria orgânica. Entre eles estão a levedura, mofo, bolor, ferrugens e cogumelos. Uma forma de alergia dos seios paranasais chamada sinusite fúngica alérgica (SFA) ocorre quando fungos ambientais comuns que crescem no nariz e nos seios paranasais provocam reações alérgicas. A sinusite crônica resultante da SFA resiste aos tratamentos convencionais, direcionados para a sinusite bacteriana. A SFA costuma ocorrer em adultos jovens e causa secreções nasais espessas, muito viscosas. Foram encontrados nas pessoas com SFA os tipos de reações alérgicas aos fungos 1, 3 e 4.[16]

O maior mistério da SFA é por que a colonização fúngica do nariz e dos seios paranasais estimula uma resposta inflamatória grave nas pessoas com esse tipo de alergia e nenhuma resposta em pessoas em sinusite crônica. Pesquisas médicas buscaram respostas:

- Os cientistas da Universidade do Texas lidaram com esse mistério com um exame laboratorial. Eles expuseram as células sanguíneas de pessoas com SFA com extratos fúngicos e compararam a resposta com um grupo de controle saudável. Nas pessoas saudáveis, a exposição aos fungos estimulou um aumento na atividade das células T regulatórias. Essa resposta protetiva não ocorreu nas pessoas com SFA.[17] Assim como a maioria das doenças alérgicas, a SFA se desenvolve por causa do mau funcionalmente das células T regulatórias.
- A carência de vitamina D também contribui com o desenvolvimento da SFA e pode ser corrigida com suplementação.[18]

Além disso, um médico de Atlanta observou que o grau de inflamação nasal entre pacientes com sinusite crônica se relacionava diretamente com o nível de mofo em seus lares.[19] Isso sugere que a exposição ao mofo ambiental pode ter um impacto no quanto você é alérgico aos fungos que crescem normalmente em suas vias aéreas.

A SFA é uma doença complexa e difícil que deve ser tratada por um médico com experiência nela. Você pode complementar o tratamento médico adequado controlando a exposição ao mofo (veja o capítulo 5), mantendo um nível saudável de vitamina D e usando a dieta para equilíbrio imunológico para melhorar a função das células T regulatórias.

Dieta, Meio Ambiente e Alergia Nasal

O papel dos alérgenos ambientais em provocar a rinite alérgica é bem reconhecido. Entretanto, o papel do alimento em provocar ou aliviar a alergia nasal é subestimado. Na rinite perene, só o alimento pode ser o gatilho. No caso da RAS, demonstrou-se que alimentos peculiares agravam as reações alérgicas a pólens específicos. Esse agravamento é chamado de reatividade cruzada. É especialmente forte nos pólens de losna e bétula (veja "A Ligação entre Pólen e Alimentos", a seguir). Na minha prática, descubri que os alérgicos ao mofo ambiental são mais sensíveis ao mofo nos alimentos e podem melhorar seus sintomas evitando o mofo alimentício e a levedura. Esse foi o caso da Kate, cuja história contei no capítulo 4.

Sinusite Crônica e Alergia Alimentar: a Conexão com os Estafilococos

Vários estudos europeus demonstraram uma frequência elevada de alergias alimentares em pessoas que tenham RSC com pólipos nasais. Em um estudo, 81% das pessoas com pólipos nasais tiveram resultado positivo em testes epicutâneos para alergia para alimentos específicos.[20] Em outro estudo, a alergia alimentar ocorreu em 70% das pessoas com pólipos nasais e era duas vezes mais comum como alergia inalante.[21]

Os pesquisadores ligaram esse fenômeno à proliferação de estafilococos nos narizes e seios paranasais daqueles que desenvolveram pólipos nasais. Essa bactéria produz toxinas chamadas superantígenos que são engolidos quando o muco goteja na garganta. Essas toxinas percorrem o trato intestinal, onde induzem reações alérgicas aos alimentos que você comeu.[22] As toxinas dos estafilococos estimulam reações inflamatórias e desativam as células T regulatórias ou até alteram suas funções, fazendo-as promover inflamação em vez de reduzir.[23] O tratamento médico padrão para pólipos nasais é um spray nasal com esteroide, que encolhe o pólipo. Porém, as pessoas com pólipos nasais e alergias não respondem tão bem aos esteroides em spray quanto as pessoas com pólipos sem alergias.[24] Isso é uma surpresa, porque os sintomas das doenças alérgicas costumam ser bem controlados por esteroides. Os estafilococos podem ser o motivo. Suas toxinas induzem uma resistência aos efeitos dos esteroides[25] e ao mesmo tempo induzem a alergia alimentar, dois componentes cruciais da sinusite crônica para muitas pessoas.

Uma pesquisa nutricional observou que os flavonoides são capazes de se ligar às toxinas dos estafilococos e desativá-las[26], e esse é um dos muitos mecanismos pelos quais a dieta para equilíbrio imunológico ajuda no combate à RSC.

Sabonete Antibacteriano Ligado aos Estafilococos

As toxinas ambientais podem aumentar o crescimento de estafilococos no seu nariz. O triclosano é uma substância química sintética não regulada cada vez mais usada nos últimos 40 anos como um ingrediente antibacteriano em sabonetes, géis e cremes dentais. Também é aplicado em roupas, bancadas de cozinha e equipamento médico como um desinfetante. É absorvido ao entrar em contato com a pele ou a boca.

Pesquisadores da Universidade de Michigan encontraram triclosano nas secreções nasais de quase metade das pessoas testadas. Níveis mais elevados dessa substância foram associados com uma maior colonização das espécies mais perigosas de estafilococo. Analisando mais, os pesquisadores descobriram que o triclosano aumentava a habilidade do estafilococo de se unir a células humanas e a exposição a ele deixou as cobaias mais suscetíveis à infecção por estafilococo.[27]

O triclosano também polui o ambiente externo. A contaminação dos lençóis freáticos aumenta com a urbanização e pode alterar dramaticamente a ecologia da água potável, reduzindo a diversidade de bactérias normais e aumentando a abundância de cianobactérias potencialmente tóxicas, um grande problema ecológico e de saúde no mundo todo[28].

A história do triclosano demonstra um tema fundamental deste livro: toxinas ambientais podem alterar a ecologia microbiana de seu organismo, criando mudanças que aumentam sua suscetibilidade à alergia. Leia os rótulos e evite produtos feitos com triclosano. Evitar toxinas é bom para você e para o planeta.

Levedura e Mofo em Alimentos

Leveduras e mofos são aditivos alimentares comuns, usados como conservantes, para induzir a fermentação e intensificar o sabor. Eles também ocorrem naturalmente em alguns alimentos. A cerveja, por exemplo, é produzida pela adição de levedo de cerveja em uma mistura de cevada maltada. O vinho é criado quando uvas esmagadas são fermentadas por leveduras que vivem naturalmente na casca. O mofo pode ser encontrado se proliferando em qualquer alimento fermentado, velho ou estragado.

Com toda essa fermentação de levedura e proliferação de mofo, não é de se admirar que uma profusão tão grande de alérgenos nos confronte. De fato, estudos científicos identificaram mais de 150 alérgenos humanos em várias leveduras e mofos[29]. Pesquisadores do famoso Hospital Nacional Judaico em Denver demonstraram que os alérgicos a mofo inalado costumam ter reações alérgicas a um desafio oral com extratos de mofo[30]. Recomendo que os alérgicos ao mofo transportado pelo ar tentem eliminar fontes alimentares de levedura e mofo para testar sua reatividade.

Aqui estão alguns alimentos e bebidas típicas com mofo ou levedura. Observe, por favor, que o mofo e a levedura podem ser encontrados em uma grande variedade de alimentos e bebidas:

- *Pães e bolachas;*
- *Cerveja, vinho e outras bebidas fermentadas;*
- *Vinagre e conservas de legumes;*
- *Frutas secas e sucos de fruta industrializados;*
- *Muitos queijos e outros alimentos envelhecidos;*
- *Suco de tomate industrializado;*
- *Chá preto;*
- *Extrato de levedura, um componente comum de sopas e molhos industrializados;*
- *Cogumelos;*
- *Qualquer coisa maltada;*
- *Alimentos defumados, incluindo carne e peixe;*
- *Uvas e cranberries, mesmo frescas;*
- *Melões, por conterem antígenos que podem ter uma reação cruzada com o mofo.*

A Ligação entre Pólen e Alimentos

Alérgicos podem ter sintomas quando comem alimentos que contenham proteínas semelhantes àquelas encontradas no pólen ao qual têm alergia. Essa reatividade cruzada foi mais estudada com pólens de losna, gramíneas e bétula. Consegui ajudar Vivian, que você conheceu na Introdução, a controlar sua doença aguda misteriosa usando a ligação entre o pólen de bétula e o alimento.

Losna, Gramíneas e Pan-alergias

O pólen de losna é o principal gatilho para a polinose do fim do verão na maior parte dos Estados Unidos. Cientistas estimam que só uma losna pode liberar um bilhão de grãos de pólen no curso de uma única estação. Os grãos são tão leves que flutuam com facilidade em brisas suaves e podem percorrer distâncias incríveis. O pólen de losna foi detectado a uma distância de 643 quilômetros do mar e a uma altura de três quilômetros na atmosfera.[31] Pessoas com alergia a losna são sensíveis a melões ou bananas e podem desenvolver sintomas que vão desde coceira na boca ou lábios inchados até a agravação da polinose.

Os alérgenos com reação cruzada entre losna e alimentos parecem ser proteínas chamadas pan-alérgenas, encontradas em muitas plantas e pólens, incluindo os pólens de losna e gramíneas. Os pan-alérgenos são os causadores de cerca de um terço de todas as polinoses e são os gatilhos prováveis se uma pessoa com polinose também for alérgica a melão, melancia, bananas, frutas cítricas, tomates ou látex.

Os pan-alérgenos também podem provocar sintomas fora do trato respiratório, incluindo urticária, diarreia, cólicas abdominais, anafilaxia e coceira ou inchaço da garganta ou dos lábios, a chamada síndrome da alergia oral.[32] Às vezes os pan-alérgenos precisam de um fator adicional, como exercício ou o uso de analgésicos (como aspirina, ibuprofeno ou naproxeno) para provocar os sintomas.

Se você tiver rinite no fim do verão por causa do pólen de losna (polinose) ou rinite no fim da primavera por causa do pólen das gramíneas (alergia de primavera), seus sintomas podem ser agravados ao consumir alimentos com pan-alérgenos, principalmente durante a estação das alergias.

Bétula

A polinização da bétula ocorre no início da primavera e pode causar espirros, tosse e coceira nos olhos. Pesquisadores do norte da Europa, onde existem muitas bétulas, determinaram que quase três quartos das pessoas com polinose são alérgicas a plantas que contêm proteínas semelhantes aos principais alérgenos ao pólen, chamados de Bet v 1 e Bet v 6.

Maçãs, salsão, cenouras, avelãs, soja, pêssegos e outras drupas, laranjas, lichias, morangos, caquis e abobrinhas podem ter uma reação cruzada com o pólen da bétula e causar sintomas alérgicos em pessoas com polinose, principalmente na primavera.

Em um estudo no Instituto Paul Ehrlich da Alemanha, observou-se cerca de 70% dos pacientes alérgicos ao pólen da bétula com sintomas quando expostos aos alimentos relacionados a esse tipo de pólen.[33] Embora os alérgenos alimentares relacionados com o pólen sejam destruídos no cozimento, estudos recentes demonstraram que avelãs e salsão podem provocar sintomas mesmo depois de serem bem cozidos.[34]

Em um experimento clínico criativo feito na Finlândia, pessoas com polinose comeram pólen de bétula no mel diariamente de novembro a março. Durante a estação do pólen seguinte em abril e maio, elas relataram uma redução de 60% nos sintomas de alergia, tiveram o dobro de dias sem sintomas e diminuíram em 50% o uso de anti-histamínicos, comparados com um grupo de controle.[35] Presumiu-se que o mecanismo para os efeitos protetores do pólen de bétula oral seja o fenômeno chamado tolerância oral, discutido no capítulo 3.

Poluição do Ar e a Ligação com a Alergia Pólen-Alimento

A maioria dos alérgenos responsáveis pela síndrome pólen-alimento são proteínas de defesa produzidas pelas plantas para se protegerem. A ciência revelou um fato perturbador: estresses ambientais como a poluição do ar ou uma mudança climática podem estimular a manifestação dessas proteínas, facilitando as reações alérgicas a pólens e alimentos.[36] A pesquisa indica que a crescente poluição global do ar e as mudanças climáticas não só aumentam a quantidade de pólen à qual estamos expostos, como também torna os grãos de pólen mais alergênicos.

Probióticos para Alergias Nasais

Os probióticos são culturas de bactérias vivas com possíveis benefícios à saúde. A maioria das culturas contém espécies de *Lactobacillus* ou *Bifidobacterium* ou ainda combinações de espécies diferentes. Ensaios clínicos duplo-cego controlados por placebo demonstraram que vários ajudam as pessoas com alergias nasais aliviando os sintomas e melhorando o equilíbrio imunológico.[37]

A espécie com o melhor histórico para rinite alérgica é o Lactobacillus paracasei. Diferentes cepas de Lactobacillus paracasei foram usadas em indivíduos com rinite sazonal ou perene. Todas parecem produzir efeitos semelhantes e podem melhorar os sintomas e a qualidade de vida e também estimular o sistema imunológico de forma a neutralizar a alergia de Tipo 1. Em uma competição direta com uma mistura de Bifidobacterium lactis e Lactobacillus acidophilus, o L. paracasei venceu.[38] *A ciência sobre os probióticos para a rinite alérgica revela o seguinte:*

- Pessoas que receberam por quatro semanas a cepa ST-11 (LP-11) do *Lactobacillus paracasei*, na forma de um produto lácteo fermentado, tiveram a resposta alérgica ao pólen de gramíneas diminuída.[39]
- O LP-11 reduziu muito a coceira no nariz durante a estação de pólen das gramíneas, quando administrado como um pó suprindo 10 bilhões de bactérias por dia.[40]
- Outra cepa da mesma espécie, a cepa 33 do *Lactobacillus paracasei* (LP-33), reduziu os sintomas de pessoas com alergia aos ácaros e melhorou sua qualidade de vida.[41]

- Quando administrados a pessoas com alergia às gramíneas que sentiram um alívio incompleto com anti-histamínicos, o LP-33 intensificou a resposta ao tratamento diminuindo a coceira nos olhos e melhorando a qualidade de vida.[42]
- Quando sujeitos que dependiam de doses diárias de anti-histamínicos para controlar seus sintomas nasais crônicos receberam a cepa HF A00232 do *Lactobacillus paracasei,* eles conseguiram descontinuar os anti-histamínicos oito semanas depois sem sentir uma piora nos sintomas. A qualidade de vida relacionada à alergia até melhorou quando os anti-histamínicos foram descontinuados.[43]
- A cepa EM1 do *Lactobacillus johnsonii* foi adicionada por 12 semanas em um tratamento com anti-histamínicos em sujeitos com rinite perene. Os benefícios dos probióticos ficaram evidentes em quatro semanas, aumentaram de forma progressiva nas oito semanas seguintes e ainda eram evidentes três meses depois da interrupção do probiótico.[44]

Outros probióticos que ajudaram a aliviar os sintomas das alergias nasais em ensaios clínicos controlados incluem:

- A cepa PM-A0006 do *Lactobacillus salivarius* foi administrada como um pó, em 4 bilhões de unidades ao dia por 12 semanas, para sujeitos com alergia ao pó. Ela produziu uma melhora significativa nos sintomas nasais e oculares que começaram entre quatro e oito semanas da suplementação.[45]
- A cepa L-92 do *Lactobacillus acidophilus*, administrada como um produto lácteo fermentado, aliviou os sintomas de pessoas com rinite perene por alergia a ácaros.[46]
- A cepa NCC2818 do *Bifidobacterium lactis,* administrada durante o auge da estação de pólen das gramíneas na Suíça, reduziu as alergias nasais e diminuiu a resposta inflamatória alérgia, com benefícios notados três semanas depois.[47]
- As cepas NCFM (ATCC 700396) do *Lactobacillus acidophilus* e BL-04 (ATCC SD 5219) do *Bifidobacterium lactis* foram administradas na forma de cápsulas suprindo cinco bilhões de bactérias por dia para sujeitos com alergia ao pólen da bétula por quatro meses, começando dois meses antes da estação do pólen da bétula na Finlândia. Quem recebeu os probióticos

apresentou uma diminuição na inflamação alérgica em amostras nasais e certa diminuição nos sintomas.[48]
- A cepa BBS36 do *Bifidobacterium longum*, administrada no iogurte por 14 semanas, reduziu os sintomas associados com a alergia ao pólen de cedro japonês e reduziu muito o uso da medicação.[49]

Essa pesquisa fascinante indica que os probióticos das bactérias *Lactobacillus* ou *Bifidobacteria* podem melhorar os sintomas da rinite alérgica. Eles parecem funcionar alterando o equilíbrio imunológico em uma direção que resista às respostas alérgicas. Os *Lactobacilli* podem ter um efeito mais potente do que os *Bifidobacteria*. Os benefícios dos probióticos para as alergias nasais podem durar até muitas semanas depois da interrupção dos probióticos.

Produtos com múltiplos tipos de bactérias não são melhores do que aqueles com apenas uma espécie. As bactérias não precisam nem estar vivas para ter um efeito. Minha experiência clínica me ensinou várias vezes que cada pessoa se dá melhor com um probiótico específico. Se seu principal sintoma de alergia for rinite, há muitos tipos de probióticos para você escolher.

Além disso, demonstrou-se que os probióticos ajudam a reduzir a incidência e a duração dos resfriados.[50] Reduzir a incidência de resfriados é importante para diminuir a alergia nasal, porque a gravidade dos dois depende do mediador inflamatório ICAM-1, como mencionado antes neste capítulo. Os resfriados também são um dos principais fatores no desenvolvimento da RSC.

Grace Encontra o Equilíbrio

Então, o que aconteceu com Grace, que você conheceu no início deste capítulo? Ela conseguiu viajar sem ficar doente. Quando voltou, nós nos preocupamos em deixá-lo bem. Ainda havia muito a fazer:

- Primeiro, aconselhei-a a parar de umidificar seu apartamento. O excesso de umidade estimula o crescimento de mofo e ácaro, dois alérgenos importantes. Umidificar o apartamento piorava seus problemas nos seios paranasais, não ajudava em nada. Também recomendei o uso de protetores para sua roupa de cama para limitar sua exposição aos ácaros, que vivem confortavelmente em colchões.

- Segundo, orientei-a durante a limpeza e a reintrodução para ajudá-la a encontrar sua dieta ideal. O vinagre logo provocou congestão nasal e dor de cabeça e descobrimos ser o principal alérgeno alimentar para Grace, seguido de perto pelos laticínios. O glúten era inocente no caso dela, mas a levedura não. Além do vinagre, ela evitou todos os alimentos que contivessem levedura e mofo listados antes neste capítulo.

- Terceiro, avaliei o impacto no seu organismo de anos de antibióticos, que acabaram com as bactérias benéficas do organismo e estimularam a proliferação de leveduras em seus próprios tecidos, junto com bactérias indesejáveis que provocavam inflamação em vez de equilíbrio imunológico. Esse processo de cura, que chamo de reflorestamento, é descrito no capítulo 14.

- Por fim, ajudei-a a perceber que para ter equilíbrio imunológico ela precisava de equilíbrio em toda sua vida, não só na sua dieta. Ela raramente se exercitava. Ela quase nunca via os amigos. Suas horas de lazer eram passadas assistindo à TV. Ela precisava de uma vida fora do trabalho.

Para muitas pessoas, equilibrar a vida é a parte final do programa para Solução das Alergias, como foi o caso de Grace. Para controlar sua vida ela precisava se livrar do círculo vicioso de doenças que resultava de suas alergias e as piorava. Estabelecendo o controle em uma área vital, esforçando-se para melhorar sua saúde, ela ganhou a confiança que a ajudou a fazer outras mudanças. Ela até acabou mudando de emprego e se tornou estilista em vez de compradora. Isso foi um paradoxo, pois ela veio me ver para não perder seu emprego por ficar doente o tempo todo e quando ela ficou saudável, resolveu trocar seu emprego por outro do qual gostava mais.

O Programa de Solução para as Alergias para as Alergias Nasais e dos Seios Paranasais

Alergias nasais e dos seios paranasais não envolvem apenas essas partes do corpo, mas o corpo todo. São doenças sistêmicas que exigem soluções sistêmicas. Dito isso, há alguns tratamentos locais que podem dar alívio, principalmente se estafilococos ou fungos nasais estiverem ajudando a criar a disfunção das células T regulatórias que formam a base da alergia.

Aqui estão alguns passos que podem ajudar a melhorar a saúde de seu nariz, seios nasais e trato respiratório superior:

- *Crie um oásis em seu lar e local de trabalho. Apesar da crescente poluição ambiental, você pode diminuir sua exposição a toxinas e mofos seguindo os passos do capítulo 5.*
- *Siga os protocolos nutricionais dos capítulos 6, 7 e 8 para eliminar alimentos alergênicos, aumentar a resistência à poluição do ar e melhorar o funcionamento de suas células T regulatórias anti-inflamatórias.*
- *Se você for alérgico a pólen, tente evitar alimentos com uma reação cruzada com eles durante a estação de pólen, mas comer esses alimentos livremente antes da estação começa a ajudar a induzir a tolerância oral. NOTA: se você sentir coceira ou inchaço no rosto, boca ou garganta; tiver chiado, espirros ou falta de ar; tontura ou dificuldades para ficar de pé quando comer qualquer alimento com reação cruzada, não deve tentar estabelecer a tolerância oral. Discuta a reação com seu médico.*
- *Corrija as deficiências e os desequilíbrios nutricionais que prejudicam a função imunológica.*
- *A carência de vitamina D é comum entre pessoas com RSC e os níveis mais baixos dessa vitamina no sangue têm relação com doenças dos seios paranasais mais graves.[51] A vitamina D tem efeitos únicos na imunidade: ela estimula a defesa contra vários tipos de infecção e ao mesmo tempo age para suprimir a inflamação.[52] Pergunte ao seu médico se você deveria suplementar a vitamina D e se um exame de sangue não ajudaria.*
- *Se tiver propensão a infecções respiratórias frequentes, peça ao seu médico para checar o nível sérico ou plasmático do zinco no sangue para ver se uma suplementação valeria a pena.*
- *Eleve seu nível de glutationa, o desintoxicante e antioxidante mais potente feito em suas células, seguindo as orientações que encontrará no capítulo 13.*
- *A NAC (N-acetilcisteína) é um aminoácido e um antioxidante que eleva os níveis de glutationa e também tem benefícios respiratórios. Um dos principais problemas na RSC é a viscosidade do muco, que é difícil de limpar e estimula infecções. A NAC diminui a viscosidade das secreções respiratórias e aumenta a*

habilidade das células respiratórias de eliminar o muco.⁵³ Recomendo frequentemente a NAC para meus pacientes com RSC em uma dose de 600 a 900 miligramas, duas ou três vezes por dia.

- *A bromelina é um complexo de enzimas derivadas da haste do abacaxi e disponível sem prescrição médica. É usada no tratamento da sinusite desde os anos 1960.⁵⁴ Ela costuma ser administrada como uma complementação da terapia convencional. Ensaios clínicos duplo-cego controlados por placebo descobriram que a bromelina acelera a recuperação da sinusite aguda muito melhor do que um placebo.⁵⁵ Para pessoas com RSC, a bromelina melhora a pontuação dos sintomas, a pontuação da qualidade de vida e a inflamação dos tecidos.⁵⁶ Assim como a NAC, a bromelina diminui a viscosidade das secreções nasais.⁵⁷ Ela também tem efeitos anti-inflamatórios diretos. A dose típica é de 500 a 1.000 miligramas por dia.*

Conclusão

Este capítulo analisou a alergia mais comum nos Estados Unidos, a rinite alérgica, com sintomas como congestão, nariz entupido ou escorrendo e frequente interferência no sono. A qualidade de vida é prejudicada e costumam ocorrer irritabilidade e fadiga.

Eu contei sobre pesquisas feitas nos Estados Unidos e Europa que demonstraram uma diminuição direta do foco mental e do desempenho resultante de alergias nasais. Examinei os tipos de sinusites e o papel crítico da nutrição e do ambiente nessa condição. Explorei como o que você come pode aumentar os sintomas da polinose, e como a poluição e a mudança climática podem piorar os sintomas de alergia, aumentando a quantidade de pólen produzida por plantas como losna e tornando o pólen mais alergênico. Analisei a pesquisa sobre suplementos que podem ajudar, incluindo um roteiro das cepas fascinantes de probióticos que aliviam os sintomas da rinite alérgica.

Conhecemos Grace, a compradora de uma loja de luxo que viajava pelo mundo. Ela sempre tinha contato com roupas e o formaldeído que elas contêm, o que exacerbava suas alergias nasais. Reduzindo sua exposição ao mofo, ajustando sua dieta e curando sua digestão conseguimos colocá-la no caminho da recuperação.

Para sua própria jornada de recuperação, recomendo que repasse o material deste capítulo com seu médico para colaborar com ele em seu tratamento.

Notas do Capítulo 11

1. Nation J, Kaufman M, Allen M, Sheyn A, Coticchia J. "A incidência de doença do refluxo gastroesofágico e as culturas de punção antral do seio maxilar positivas em crianças com sintomas de rinosinusite crônica", *Int J Pediatr Otorhinolaryngol.*, fevereiro de 2014; 78(2); p. 218-822; De Bortoli N1, Nacci A, Savarino E, Martinucci I, Bellini M, Fattori B, Ceccarelli L, Costa F, Mumolo MG, Ricchiuti A, Savarino V, Berrettini S, Marchi S. "Quantos casos de refluxo laringoesofágico suspeitos por laringoscopia estão relacionados com a doença do refluxo gastroesofágico?", *World J Gastroenterol.*, 28 de agosto de 2012; 18(32); p. 4363-4470. doi: 10.3748/wjg.v18.i32.4363.
2. Bernstein JA. "Rinite alérgica e mista: epidemiologia e história natural", *Allergy Asthma Proc.*; setembro-outubro de 2010; 31(5); p. 365-369.
3. Greiner AN, Hellings PW, Rotiroti G, Scadding GK. "Rinite alérgica", *Lancet,* 17 de dezembro de 2011; 378(9809); p. 2112-2122. doi: 10.1016/S0140-6736(11)60130-X. Epub 23 de julho de 2011.
4. Bousquet J, Bullinger M, Fayol C, Marquis P, Valentin B. Burtin B. "Avaliação da qualidade de vida em pacientes com rinite alérgica perene com a versão francesa do Questionário de Status da Saúde SF-36", *J Allergy Clin Immunol.*, 1994; 94(2 Pt 1); p. 182-188.
5. Vuurman EF, Vuurman LL, Lutgens I, Kremer B. "A rinite alérgica é um fator de risco à segurança no trânsito", *Allergy.*, julho de 2014; 69(7); p. 906-912.
6. Wilken JA, Berkowitz R, Kane R. "Diminuição da vigilância e do funcionamento cognitivo associados com a rinite alérgica induzida pelo pólen da losna", *Ann Allergy Asthma Immunol.*, outubro de 2002; 89(4); p. 372-380.
7. Ciprandi G, Passalacqua G. "A alergia e o nariz", *Clin Exp Immunol.*, setembro de 2008; 153(Suppl 1); p. 22-26; Ciprandi G, Tosca MA, Fasce L. "Crianças alérgicas têm mais infecções respiratórias graves do que crianças não alérgicas", *Pediatr Allergy Immunol.*, 2006; 17; p. 389-391; Cirillo I, Marseglia GL, Klersy C, Ciprandi G. "Pacientes alérgicos têm um maior número de infecções respiratórias prolongadas do que sujeitos sem alergia", *Allergy,* 2007; 62; p. 1087-1090.
8. Jáuregui I, Mullol J, Dávila I, Ferrer M, Bartra J, Del Cuvillo A, Montoro J, Sastre J, Valero A. "A rinite alérgica e o desempenho escolar", *J Investig Allergol Clin Immunol.*, 2009; 19 Suppl 1; p. 32-39.
9. Camelo-Nunes IC, Solé D. "Rinite alérgica: indicadores da qualidade de vida", *J Bras Pneumol,* janeiro-fevereiro 2010; 36(1); p. 124-133.
10. Bianco A, Whiteman SC, Sethi SK, Allen JT, Knight RA, Spiteri MA. "Expressão da molécula de adesão intercelular 1 (ICAM-1) nas células epiteliais nasais de sujeitos atópicos: um mecanismo para um aumento da infecção por rinovírus?", *Clin Exp Immunol.*, agosto de 2000; 121(2); p. 339-345.
11. Novick SG, Godfrey JC, Pollack RL, Wilder HR. "Supressão da inflamação no trato respiratório induzida por zinco causada pela infecção com o rinovírus humano e outros irritantes", *Med Hypotheses*, outubro de1997; 49(4); p. 347-357.
12. Hulisz D. "Eficácia do zinco contra os vírus do resfriado comum: visão geral", *J Am Pharm Assoc* (2003), setembro-outubro de 2004; 44(5); p. 594-603.

13. Hamilos DL. "Rinosinusite crônica: epidemiologia e tratamento médico", *J Allergy Clin Immunol*, outubro de 2011; 128(4); p. 693-670.
14. Lotvall J, Ekerljung L, Lundback B. "Asma multissintomática está relacionada com a congestão nasal, rinorreia e sintomas evidentes de rinosinusite crônica – evidência do Estudo sobre Asma do Oeste da Suécia", *Respir Res.*, 2010; 11; p. 163; Ten Brinke A, Sterk PJ, Masclee AA, *et al.* "Fatores de risco de exacerbações frequentes na asma de difícil tratamento", *Eur Respir J.*, 2005; 26; p. 812-818; Bresciani M, Paradis L, Des Roches A, *et al.* "Rinosinusite na asma grave", *J Allergy Clin Immunol.*, 2001; 107; p. 73-80; Braunstahl GJ. "O conceito das vias aéreas unidas: o que ele nos ensina sobre a inflamação sistêmica na doença das vias aéreas?", *Proc Am Thorac Soc.*, 2009; 6; p. 652--654; Leynaert B, Neukirch C, Kony S, Guénégou A, Bousquet J, Aubier M, Neukirch F. "Associação entre asma e rinite de acordo com a sensibilização atópica em um estudo com base populacional", *J Allergy Clin Immunol.*, janeiro de 2004; 113(1); p. 86-93; Ciprandi G, Cirillo I. "A patologia das vias áreas inferiores da rinite", *J Allergy Clin Immunol.*, 2006; 118; p. 1105-1109.
15. Ziska LH, Gebhard DE, Frenz DA, Faulkner S, Singer BD, Straka JG. "As cidades como precursoras da mudança climática: losna comum, urbanização e saúde pública", *J Allergy Clin Immunol.*, fevereiro de 2003; 111(2); p. 290-295.
16. Glass D, Amedee RG. "Rinosinusite fúngica alérgica: um artigo", *Ochsner J.*, outono de 2011; 11(3); p. 271-275.
17. Luong A, Davis LS, Marple BF. "Os glóbulos mononucleares periféricos da rinosinusite fúngica alérgica expressam uma resposta de Th2 citocina aos antígenos fúngicos", *Am J Rhinol Allergy.*, maio-junho de 2009; 23(3); p. 281-287.
18. Mulligan JK, Bleier BS, O'Connell B, Mulligan RM, Wagner C, Schlosser RJ. "A vitamina D3 tem uma relação inversamente proporcional com os números de células dendríticas sistêmicas e a erosão óssea na rinosinusite crônica com pólipos nasais e na rinosinusite fúngica alérgica", *Clin Exp Immunol.*, junho de 2011; 164(3); p. 312-320.
19. Dennis DP. "Sinusite crônica: células T defeituosas respondendo a superantígenos, tratadas com uma redução dos fungos no nariz e no ar", *Arch Environ Health.*, julho de 2003; 58(7); p. 433-441.
20. Pang YT, Eskici O, Wilson JA. "Polipose nasossinusal: a função da hipersensibilidade alimentar tardia subclínica", *Otolaryngol Head Neck Surg.*, fevereiro de 2000; 122(2); p. 298-301.
21. Collins MM, Loughran S, Davidson P, Wilson JA. "Polipose nasossinusal: prevalência de testes cutâneos inalantes e alimentares positivos", *Otolaryngol Head Neck Surg.*, novembro de 2006; 135(5); p. 680-683.
22. Yang SB, Li TL, Chen X, An YF, Zhao CQ, Wen JB, Tian DF, Wen Z, Xie MQ, Yang PC. "Haptenos derivados da enterotoxina B estafilocócica promovem sensibilização", *Cell Mol Immunol.*, janeiro de 2013; 10(1); p. 78-83.
23. Tilahun AY, Chowdhary VR, David CS, Rajagopalan G. "Resposta inflamatória sistêmica provocada por um superantígeno desestabiliza as células T regulatórias, tornando-as ineficazes na síndrome do choque tóxico", *J Immunol.*, 15 de setembro de 2014; 193(6); p. 2919-2930; Ou LS, Goleva E, Hall C, Leung DY. "Células T regulatórias na dermatite atópica e a subversão de sua atividade pelos superantígenos", *J Allergy Clin Immunol.*, abril de 2004; 113(4); p. 756-763.
24. Kirtsreesakul V, Atchariyasathian V. "Polipose nasossinusal: a função da alergia na resposta terapêutica da inflamação dominada ou não por eosinófilos", *Am J Rhinol.*, janeiro-fevereiro de 2006; 20(1); p. 95-100.

25. Verhaar AP, Wildenberg ME, Duijvestein M, Vos AC, Peppelenbosch MP, Löwenberg M, Hommes DW, Van den Brink GR. "Resistência a esteroides induzida por superantígenos depende da ativação da fosfolipase Cβ2", *J Immunol.*, 15 de junho de 2013; 190(12); p. 6589-6595.
26. Hisano M, Yamaguchi K, Inoue Y, Ikeda Y, Iijima M, Adachi M, Shimamura T. "Efeito inibidor da catecina contra o superantígeno enteroxina estafilocócica B (SEB)", *Arch Dermatol Res.*, setembro de 2003; 295(5); p. 183-189; Watson JL, Vicario M, Wang A, Moreto M, McKay DM. "A ativação da resposta imune celular e a subsequente disfunção epitelial pela enterotoxina B estafilocócica são atenuadas pela epigalocatequina galato do polifenol do chá-verde", *Cell Immunol.*, setembro de 2005; 237(1); p. 7-16; Rasooly R, Do PM, Friedman M. "Inibição da atividade biológica da enterotoxina A estafilocócica (SEA) pelo suco e pelos polifenóis da maçã", *J Agric Food Chem.*, maio de 2010 12; 58(9); p. 5421-5426; Benedik E, Skrt M, Podlipnik C, Ulrih NP. "Ligação dos flavonoides com a enterotoxina B estafilocócica", *Food Chem Toxicol.*, dezembro de 2014; 74; p. 1-8.
27. Syed AK, Ghosh S, Love NG, Boles BR. "O triclosano promove a colonização nasal pelo *Staphylococcus aureus*", *M Bio.*, 8 de abril de 2014; 5(2): e01015; doi: 10.1128/mBio.01015-13.
28. Drury B, Scott J, Rosi-Marshall EJ, Kelly JJ. "A exposição ao triclosano aumenta a resistência a essa substância e influencia a composição taxonômica de comunidades bacterianas bentônicas", *Environ Sci Technol.*, 6 de agosto de 2013; 47(15); p. 8923--8930; Luděk Bláha, Pavel Babica e Blahoslav Maršálek. "Toxinas produzidas na floração de cianobactérias na água – toxicidade e riscos", *Interdiscip Toxicol.*, junho de 2009; 2(2); p. 36-41.
29. Simon-Nobbe B, Denk U, Pöll V, Rid R, Breitenbach M. "O espectro da alergia fúngica", *Int Arch Allergy Immunol.*, 2008; 145(1); p. 58-86.
30. Luccioli S, Malka-Rais J, Nsouli TM, Bellanti JA. "A reatividade clínica ao desafio de ingestão com estrato de mofo misto pode ser intensificada em sujeitos sensíveis ao mofo", *Allergy Asthma Proc.*, julho-agosto de 2009; 30(4); p. 433-442.
31. Zauli D, Tiberio D, Grassi A, Ballardini G. "O pólen de losna percorre uma longa distância", *Ann Allergy Asthma Immunol.*, julho de 2006; 97(1); p. 122-123.
32. Pascal M, Muñoz-Cano R, Reina Z, Palacín A, Vilella R, Picado C, Juan M, Sánchez--López J, Rueda M, Salcedo G, Valero A, Yagüe J, Bartra J. "Síndrome da Proteína de Transferência Inespecífica de Lípidios: padrão clínico, efeito do cofator e perfil da sensibilização molecular a alimentos de origem vegetal e pólens", *Clin Exp Allergy*, outubro de 2012; 42(10); p. 1529-1539; Alvarado MI, Jimeno L, De La Torre F, Boissy P, Rivas B, Lázaro MJ, Barber D. "A profilina como um alérgeno alimentar grave em pacientes alérgicos expostos em excesso ao pólen das gramíneas", *Allergy.*, dezembro de 2014; 69(12); p. 1610-1616.
33. Vieths S, Scheurer S, Ballmer-Weber B. "Compreensão atual da reatividade cruzada de alérgenos alimentares e pólen", *Ann N Y Acad Sci.*, maio de 2002; 964; p. 47-68.
34. Bohle B. "O impacto dos alérgenos alimentares relacionados ao pólen na polinose", *Allergy*, janeiro de 2007; 62(1); p. 3-10.
35. Saarinen K, Jantunen J, Haahtela T. "Mel do pólen de bétula contra a alergia ao pólen de bétula – um estudo piloto controlado aleatório", *Int Arch Allergy Immunol.*, 2011; 155(2); p. 160-166.
36. Yagami T. "Alergias a proteínas vegetais responsáveis por reações cruzadas. A síndrome látex-fruta é comparável à síndrome de alergia pólen-alimento", *Int Arch Allergy Immunol.*, agosto de 2002; 128(4); p. 271-279.

37. Kramer MF, Heath MD. "Probióticos no tratamento da rinoconjuntivite e na rinosinusite crônicas", *J Allergy* (Cairo), 2014; 2014: 983635; Klaenhammer TR, Kleerebezem M, Kopp MV, Rescigno M. "O impacto dos probióticos e dos prebióticos no sistema imunológico", *Nature Reviews Immunology*, 2012; 12; p. 728-734.
38. Perrin Y, Nutten S, Audran R, et al. "Comparação de duas preparações orais de probióticos em um ensaio clínico cruzado aleatório destaca um efeito potencialmente benéfico da cepa NCC2461 do *Lactobacillus* paracasei em pacientes com rinite alérgica", *Clinical and Translational Allergy*, 2014; 4 (1, article 1).
39. Wassenberg J, Nutten S, Audran R, et al., "Efeito da cepa ST11 do *Lactobacillus paracasei* em um teste de provocação nasal com o pólen de gramínea na rinite alérgica", *Clinical and Experimental Allergy*, 2011; 41(4); p. 565-573.
40. Perrin et al, 2014.
41. Wang MF, Lin HC, Wang YY, Hsu CH. "Tratamento da rinite alérgica perene com bactérias do ácido lático", *Pediatric Allergy and Immunology*, 2004; 15(2); p. 152-158.
42. Costa DJ, Marteau P, Amouyal M, Poulsen LK, Hamelmann E, Cazaubiel M, Housez B, Leuillet S, Stavnsbjerg M, Molimard P, Courau S, Bousquet J. "Eficácia e segurança da cepa LP-33 do *Lactobacillus paracasei* na rinite alérgica: um ensaio clínico duplo-cego, aleatório, controlado por placebo (Estudo GA2LEN)", *Eur J ClinNutr.*, maio de 2014; 68(5); p. 602-607.
43. Lin WY, Fu LS, Lin HK, Shen CY, Chen YJ., "Avaliação do efeito do *Lactobacillus paracasei* (HF.A00232) em crianças (6-13 anos) com rinite alérgica perene: um estudo duplo-cego, aleatório, controlado por placebo de 12 semanas", *Pediatrics & Neonatology*, 2013.
44. Lue KH, Sun HL, Lu KH, Ku MS, Sheu JN, Chan CH, Wang YH. "Um ensaio clínico adicionando o *Lactobacillus johnsonii* EM1 à levocetirizina para o tratamento da rinite alérgica perene em crianças de 7-12 anos", *Int J Pediatr Otorhinolaryngol.*, julho de 2012; 76(7); p. 994-1001.
45. Lin TY, Chen CJ, Chen LK, Wen SH, Jan RH. "Efeito dos probióticos na rinite alérgica em crianças sensíveis a Df, Dp ou ao pó: um ensaio clínico duplo-cego, aleatório controlado", *Indian Pediatrics*, 2013; 50(2); p. 209-213.
46. Ishida Y, Nakamura F, Kanzato H, et al. "Efeitos clínicos da cepa L-92 do *Lactobacillus acidophilus* na rinite alérgica perene: um estudo duplo-cego controlado por placebo", *Journal of Dairy Science*, 2005; 88(2); p. 527-533.
47. Singh A, Hacini-Rachinel F, Gosoniu ML, et al. "Efeito imunomodelador do probiótico *Bifidobacterium lactis* NCC2818 em indivíduos que sofrem de rinite alérgica ao pólen da gramínea: um ensaio clínico exploratório, aleatório, controlado por placebo", *European Journal of Clinical Nutrition.*, 2013; 67(2); p. 161-167.
48. Ouwehand AC, Nermes M, Collado MC, Rautonen N, Salminen S, Isolauri E. "Probióticos específicos aliviam a rinite durante a estação do pólen de bétula", *World Journal of Gastroenterology*, 2009; 15(26); p. 3261-3268.
49. Xiao JZ, Kondo S, Yanagisawa N, et al., "Efeito do probiótico *Bifidobacterium longum* BBS36 no alívio dos sintomas clínicos e na modulação dos níveis de citocina no plasma da polinose ao cedro japonês durante a estação do pólen. Um ensaio clínico duplo-cego, aleatório, controlado por placebo", *Journal of Investigational Allergology and Clinical Immunology*, 2006; 16(2); p. 86-93; Xiao J-Z, Kondo S, Yanagisawa N, et al., "Eficácia clínica do probiótico *Bifidobacterium longum* no tratamento dos sintomas da alergia ao pólen de cedro japonês em sujeitos avaliados em uma unidade de exposição ambiental", *Allergology International*, 2007; 56(1); p. 67-75.

50. Hao Q, Lu Z, Dong BR, Huang CQ, Wu T. "Probióticos para prevenir as infecções agudas do trato respiratório superior", *Cochrane Database Syst Rev.*, 7 de setembro de 2011; (9):CD006895; King S, Glanville J, Sanders ME, Fitzgerald A, Varley D. "Eficácia dos probióticos na duração das doenças em crianças saudáveis e em adultos que desenvolvem transtornos respiratórios agudos comuns: revisão sistêmica e meta-análise", *Br J Nutr.*, 14 de julho de 2014; 112(1); p. 41-54.
51. Schlosser RJ, Soler ZM, Schmedes GW, Storck K, Mulligan JK. "Impacto da carência de vitamina D na apresentação clínica na polipose nasossinusal", *Int Forum Allergy Rhinol.*, março de 2014; 4(3); p. 196-199; Wang LF, Lee CH, Chien CY, Chen JY, Chiang FY, Tai CF. "Os níveis séricos de 25-hidroxivitamina D são mais baixos na rinosinusite crônica com polipose nasossinusal e são relacionadas à gravidade de doenças em pacientes taiwaneses", *Am J Rhinol Allergy.*, novembro-dezembro de 2013; 27(6); p. 162-165; Pinto JM, Schneider J, Perez R, DeTineo M, Baroody FM, Naclerio RM. "Os níveis séricos de 25-hidroxivitamina D são mais baixos em sujeitos afroamericanos urbanos com rinosinusite crônica", *J Allergy Clin Immunol.*, agosto de 2008; 122(2); p. 415-417.
52. Akbar NA, Zacharek MA. "Vitamina D: imunomodulação da asma, da rinite alérgica e da rinosinusite crônica", *Curr Opin Otolaryngol Head Neck Surg.*, junho de 2011; 19(3); p. 224-248.
53. Sheffner AL. "A redução da solução mucoproteica in vitro por um agente mucolítico, a N-acetil-L-cisteína", *Ann N Y AcadSci.*, 1963; 106; 298310; Todisco T, Polidori R, Rossi F, *et al.*, "Efeito da N-acetilcisteína em sujeitos com uma limpeza mucociliar pulmonar lenta", *Eur J Respir Dis Suppl.*, 1985; 139; p. 136-141; Stafanger G, Bisgaard H, Pedersen M, *et al.* "O efeito da N-acetilcisteína da atividade ciliar nasal humana in vitro", *Eur J Respir Dis.*, 1987; 70; p. 157-162.
54. Seltzer AP. "Uso adjuvante de bromelinas na sinusite: estudo controlado", *Eye Ear Nose Throat Mon.*, 1967; 46; p. 1281-1288.
55. Taub SJ. "O uso da bromelina na sinusite: uma avaliação clínica duplo-cega", *Eye Ear Nose Throat Mon.*, 1967; 46; p. 361-362.
56. Büttner L, Achilles N, Böhm M, Shah-Hosseini K, Mösges R. "Eficácia e tolerabilidade da bromelina em pacientes com rinosinusite crônica – um estudo piloto", *B-ENT.*, 2013; 9(3); p. 217-225.
57. Rimoldi R, Ginesu F, Giura R. "O uso da bromelina na terapia pneumológica", *Drugs Exp Clin Res.*, 1978; 4; p. 55-66.

Capítulo 12

Cada Vez que Você Respira: Asma

Sarah, uma estudante no fim do ensino médio, arfava e mal conseguia respirar. As vias aéreas vitais que levam o oxigênio revigorante aos pulmões estavam obstruídas por um grave ataque de asma. Seu cabelo loiro grudou na testa e seu rosto ficou muito pálido. Havia desespero em seus olhos verdes. Ela já tinha sofrido de ataques de asma antes e estava tomada pelo medo. Ela precisava de atendimento médico e rápido.

De noite, seus pais a levaram à toda velocidade ao hospital, com o carro fazendo curvas repentinas e correndo nas retas e Sarah sibilando alto no banco de trás. Estavam a 9,5 quilômetros ao hospital no centro, mas parecia uma eternidade. Dirigindo-se ao grande hospital, eles vasculharam o edifício atrás da placa do pronto-socorro. Eles tiraram Sarah do banco de trás e correram com ela para dentro, com os olhos momentaneamente cegos pelas fortes luzes fluorescentes. Uma multidão de pessoas de todas as idades, algumas de pijamas, esperava pelo atendimento.

Uma cena como essa acontece 2 milhões de vezes ao ano em pronto-socorros nos Estados Unidos.

Nós conhecemos os vilões nos capítulos 2: "Por que Ficamos Tão Doentes" e 5: "Missão Desintoxicar": poluição do ar, fumaça de cigarro e substâncias químicas tóxicas, que voltam aqui para se vingar, prontos para devastar nossas vias aéreas. Esses vilões são alimentados por uma vasta máquina industrial que jamais descansa. Sua ameaça percorre o globo, nos deixando doentes com alergias, asma e inúmeras outras doenças. Quem está do outro lado? O indivíduo tentando proteger sua saúde. É Davi contra Golias.

A Epidemia de Asma

Mais de 300 milhões de pessoas sofrem de asma em todo o mundo, segundo um estudo da Universidade Tulane e da Universidade de Ciências da Saúde de Oregon. O Centro Nacional de Estatísticas da Saúde, parte dos Centros de Controle e Prevenção de Doenças, relata que 25 milhões tenham asma nos Estados Unidos. A asma na população americana tem aumentado constantemente e agora atingiu seu maior nível de todos os tempos: uma pessoa de cada dez terá asma em algum momento de sua vida. O artigo da *New England Journal of Medicine*, "The Asthma Epidemic", destacou o alcance do problema. Ocorrem mais de 2 milhões de visitas a pronto-socorros por asma por ano nos Estados Unidos e cerca de 4.500 mortes.[1] Essas vidas poderiam ser salvas.

A asma é uma doença complexa e heterogênea. Os principais sintomas da asma aguda (chiado, falta de ar, aperto no peito e tosse) são causados por dois eventos principais: 1) as células que revestem os brônquios produzem muco em excesso e promovem inflamação; e 2) os músculos que revestem as paredes dos brônquios se contraem. Esses dois eventos juntos produzem um estreitamento crítico, mas reversível, das vias aéreas.

Entre 50 e 80% dos casos de asma são resultados de alergias.[2] A asma é a doença alérgica mais complicada de todas, pois há muitos tipos de reações asmáticas. Tanto o tipo 1 como o 4 de alergia podem induzir asma. Os dois tipos podem operar juntos ou separadamente e a natureza da reação é influenciada por uma série de fatores incluindo, mas não se limitando, ao nível de poluição no ar que respira, se você está ou não com sobrepeso ou sujeito ao refluxo esofágico e se tem sinusite ou pólipos nasais. Tanto as reações alérgicas de fase tardia como retardada podem deixar uma cicatriz na delicada arquitetura de seus pulmões por um processo denominado remodelação das vias aéreas.

Estímulos ambientais como pó, ácaros, pelos de animais, mofo e pólens são os gatilhos mais comuns de asma. Além disso, as alergias alimentares ocorrem em 10 a 50% dos asmáticos.[3] As alergias alimentares podem ter um papel crucial no agravamento das reações asmáticas, e a presença de asma aumenta o risco de um alérgico a alimentos podendo sofrer uma reação fatal com a exposição a um alérgeno alimentar. Os asmáticos não devem seguir o desafio alimentar de reentrada descrito no capítulo 7; eles *devem* evitar os alimentos aos quais possam ser alérgicos.

O tratamento convencional da asma baseia-se no uso de esteroides para controlar a inflamação e broncodilatadores para evitar o estreitamento dos brônquios. Cerca de 10% dos asmáticos desenvolvem a doença crônica grave que não respondem à medicação.

O que é o Controle da Asma?

O controle da asma foi definido como não ter qualquer restrição em atividades, não acordar à noite com crise, não precisar de terapia com broncodilatador para aliviar os sintomas mais do que três vezes por semana, não perder escola ou trabalho por causa de asma e não ter reações asmáticas agudas graves. Dados de vários estudos demonstraram que apenas um em cada três ou um em cada quatro pessoas com asma têm esse nível de controle.[4] Obviamente, muito mais precisa ser feito.

Neste capítulo, discutirei os fatores nutricionais que a pesquisa científica e os ensaios clínicos humanos revelaram como os mais úteis para reverter ou controlar a asma. As conclusões desses estudos são:

- Evite alimentos que provoquem reações asmáticas.
- Coma frutas e vegetais desintoxicantes e antioxidantes.
- Consuma gorduras benéficas de castanhas, sementes e frutos do mar.
- Use probióticos para aumentar o equilíbrio imunológico.
- Consuma alimentos e suplementos alimentares que aumentem a atividade da glutationa, o antioxidante mais importante de seu organismo.

Embora esses fatores tenham sido considerados eficazes em vários estudos, admite-se cada vez mais que os mecanismos de amplificação imune em asmáticos não sejam os mesmos para todos e, por isso, é essencial ter uma abordagem individualizada ao tratamento.[5] A natureza complexa e multifacetada da asma salienta a necessidade de trabalhar com seu médico em qualquer método de tratamento.

A Asma na Casa Branca: Theodor Roosevelt

Antes de ser aluno em Harvard, boxeador, um caçador lendário, boiadeiro em Dakota do Norte, autor de mais de uma dúzia de livros, um Rough Rider *em Cuba ou o governador do estado de Nova York, antes de ser Secretário da Marinha, antes de ser Vice-Presidente e depois Presidente dos Estados Unidos e antes de ganhar o Prêmio Nobel da Paz, Theodore Roosevelt foi um menininho com asma.*

Nascido em 1858 na East 20th Street, em Manhattan, foi incomodado pela doença quando criança. "Eu era um menino delicado e doente, sofria muito com asma e muitas vezes precisava ser levado em viagens para encontrar um lugar onde conseguisse respirar", ele escreveu em sua autobiografia.

Quando os ataques vinham, eles eram terríveis, fazendo-o se sentir como se fosse morrer. Sentia falta de ar como se estivesse sendo estrangulado. Ouvia seus pais dizendo que ele poderia morrer cedo. Ele se viu com receio de sair de casa, tomado por um medo terrível e precisando de uma forma de lidar com esse medo.

Se pai lhe disse que para superar a aflição terrível da asma, ele precisaria "criar corpo". A missão de Teddy era fortalecer corpo e mente. Na varanda da casa da família ele se dedicava a um programa de treinamento rigoroso, passando uma hora atrás de outra na ginástica. Depois vieram as aulas de boxe e então a caça, caminhadas, equitação, natação, salto em distância, corrida, remo e luta livre. Ele desenvolveu uma adoração vitalícia por ar livre e acreditava no poder restaurador do tempo passado na natureza.

Ele lia muitos livros, chegando a devorar aproximadamente 20 mil títulos. Ele era sem dúvida um homem com uma missão de melhorar. Teddy Roosevelt tentou fazer o máximo o mais rápido possível, com sua doença o ensinando que a vida era preciosa. Seus lemas se tornaram "Agir" e "Fazer".

Quando foi governador do estado de Nova York, ele enfrentou o forte sistema político vigente e tentou usar seu poder para resolver os problemas do povo. Ele apoiou uma legislação progressiva que limitava as horas de trabalho para mulheres e crianças, cobrou impostos de corporações e protegeu a terra nas Montanhas Catskill e Adirondack.

Quando irrompeu a guerra contra a Espanha, ele insistiu em participar pessoalmente. Ingressou no exército americano e liderou seus Rough Riders *na famosa batalha de San Juan Hill em Cuba. Seus atos de bravura o catapultaram à fama nacional e ele virou um herói para milhões de americanos que acharam que ele personificava os ideais vigorosos do jovem país. Vivendo em um passo acelerado, ele se tornou o presidente mais novo dos Estados Unidos com 42 anos.*

Durante um tempo de um desenvolvimento industrial acelerado, quando florestas inteiras foram devastadas atrás de lenha e áreas enormes eram destruídas atrás de carvão e petróleo, Roosevelt admitiu que os recursos naturais eram finitos, que até em um continente tão grande como a América do Norte a natureza precisava de proteção imediata. Embora fosse um caçador voraz, sua experiência o ensinou que a natureza tinha seus limites e que até a fértil vida selvagem das planícies americanas um dia poderia ser extinta. No final das contas, isso o levou a patrocinar o estabelecimento do Sistema de Parques Nacionais, para que as matas vitais pudessem ser protegidas para sempre contra o desenvolvimento.

Roosevelt nos mostra que você pode melhorar sua condição se assumir um papel ativo nos cuidados com sua saúde. Como o caso mais famoso de asma na história americana, ele nos ensinou que a fraqueza do corpo pode ser superada. Você conquistará ou chegará mais perto de tudo que quiser cuidando muito bem de sua saúde.[6]

Estresse Oxidativo, Alergia e Asma

Uma coisa que os pulmões de todos os asmáticos têm em comum é uma condição chamada estresse oxidativo, que aumenta com a gravidade da asma.[7]

Seu organismo usa o oxigênio para queimar combustível para energia e destruir bactérias perigosas. O processo, chamado oxidação, parece uma explosão bem controlada, com um conceito semelhante a um motor de combustão. Seu organismo também tem um sistema de defesa antioxidante, que controla a explosão e a impede de danificar suas células.

O estresse oxidativo resulta de um desequilíbrio entre essas duas atividades essenciais, oxidação e antioxidação. Como todo o oxigênio nos seus tecidos entra em seu organismo pelo sistema respiratório, seus pulmões são especialmente propensos ao estresse oxidativo e nada agrava mais essa tendência do que a inflamação.

Provou-se que o estresse oxidativo estimula diretamente a broncoconstrição, induz a hiperirritabilidade das vias aéreas e aumenta a secreção de muco.[8] Tem também um papel crucial no famoso elo entre poluição do ar e asma alérgica. A poluição do ar é um importante fator no desenvolvimento e na piora da asma. Ela pode provocar estresse oxidativo em qualquer um, mas uma pesquisa atual revela que os asmáticos têm uma resposta inflamatória exagerada ao estresse oxidativo induzido pela poluição do ar.[9]

É importantíssimo que os asmáticos minimizem sua exposição aos poluentes do ar, principalmente fumaça de cigarro. A fumaça contém mais de 4.700 componentes químicos e concentrações muito elevadas de oxidantes (10 trilhões de moléculas por lufada). Alguns deles ficam presos nas células que revestem o trato respiratório e continuam a causar dano por muito tempo depois do fim da exposição ao cigarro.[10]

Nutrição x Asma: Antioxidantes

Na última década, os cientistas pesquisaram com cuidado o papel dos antioxidantes na prevenção e no controle da asma. Essa pesquisa é instigante e apresenta ótimas possibilidades. Uso muito essas descobertas em *A Solução para as Alergias*.

Depois de eliminar os alérgenos alimentares de sua dieta, seu próximo passo para superar a asma é garantir uma ingestão elevada de antioxidantes de alimentos naturais. Segundo a ciência:

- Asmáticos têm níveis reduzidos de antioxidantes alimentares como as vitaminas A, C e E no sangue.[11] Esses níveis podem melhorar com suplementação. Além do mais, quanto mais grave a asma, mais baixos são os níveis dos antioxidantes alimentares.[12] Ainda não está claro se isso ocorre porque o estresse oxidativo da asma destrói esses antioxidantes ou se porque os asmáticos têm dietas menos nutritivas para começo de conversa. De qualquer maneira, uma ingestão maior dos antioxidantes vindos dos alimentos pode ajudar a prevenir e controlar a asma.
- Pessoas com dietas ricas em antioxidantes de frutas e vegetais têm menor incidência de asma, comparadas àquelas com uma dieta ocidental típica, pobre em frutas e vegetais. Um estudo finlandês com mais de 10 mil participantes demonstrou uma relação inversa significativa entre o consumo alimentar de antioxidantes denominados flavonoides, encontrados em frutas e vegetais, e o desenvolvimento da asma.[13]

Frutas e Vegetais Ajudam com a Asma, Descobre Pesquisa

Em um artigo publicado em *The American Journal of Clinical Nutrition*, cientistas australianos demonstraram o potencial dos antioxidantes de frutas e vegetais na prevenção de ataques de asma colocando adultos asmáticos em duas dietas: uma rica em antioxidantes com cinco porções de verduras e duas porções de frutas por dia e outra pobre em antioxidantes, com não mais do que duas porções de verduras e uma de fruta por dia.[14]

Duas semanas depois, as pessoas do estudo que consumiam a dieta rica em antioxidantes apresentaram uma melhor função pulmonar nos exames do que as pessoas com a outra dieta. Quatorze semanas depois, aqueles da dieta pobre em antioxidantes não só apresentaram uma má função pulmonar, como também níveis mais elevados de proteína C-reativa (PCR) no sangue, um importante marcador de inflamação sistêmica.

Os cientistas australianos demonstraram então que adicionar o suco de tomate (cerca de dois copos por dia) à dieta pobre em antioxidantes produziu uma diminuição na inflamação pulmonar.[15] Os tomates são uma excelente fonte alimentar de carotenoides e vitamina C. Os asmáticos que tiveram o suco de tomate adicionado à sua dieta pobre em antioxidantes apresentaram uma diminuição nos níveis de glóbulos brancos no muco quando comparados com aqueles com a dieta pobre em antioxidantes que não suplementaram com o suco de tomate. No entanto, apenas o suco não melhora a corrente de ar. A dieta com alimentos integrais ricos em antioxidantes foi mais eficaz para isso do que o suco de tomate.

As Duas Faces da Vitamina E

A vitamina E é provavelmente o antioxidante alimentar mais famoso. Na verdade, ela não é uma substância só, mas oito, cada uma com um efeito diferente em seu organismo. Pesquisas indicam que a vitamina E de alimentos ou suplementos podem prevenir ou agravar a asma, dependendo da forma de vitamina E consumida.

Há oito formas de vitamina E naturais, das quais duas predominam nos tecidos humanos: a alfa-tocoferol e a gama-tocoferol. Ambas têm efeitos antioxidantes semelhantes em tubos de ensaio, mas suas células absorvem preferencialmente alfa-tocoferol e quebram gama-tocoferol, portanto a concentração de alfa-tocoferol é tipicamente dez vezes maior do que a concentração de gama-tocoferol nos seus tecidos.[16]

Alfa e gama-tocoferol também diferem no modo como combatem a inflamação. Em experimentos laboratoriais com animais e humanos, demonstrou-se que gama-tocoferol tem efeitos únicos que podem beneficiar a inflação não alérgica aguda causada pela exposição a bactérias, fumaça ou ozônio.[17]

Porém, pesquisadores da Universidade Northwestern em Chicago demonstraram que em camundongos alérgicos, gama-tocoferol aumenta a hiper-reatividade brônquica e o recrutamento dos eosinófilos inflamatórios no tecido pulmonar, ao passo que alfa-tocoferol faz o oposto.[18] Eles concluem que na asma alérgica crônica, em oposição à lesão ou infecção pulmonar aguda, alfa-tocoferol é anti-inflamatório e bloqueia a hiperatividade das vias aéreas, enquanto gama-tocoferol é pró-inflamatório, aumentando a hiperatividade das vias aéreas e interferindo com os efeitos benéficos de alfa-tocoferol.[19]

Os pesquisadores da Norhtwestern observaram que os últimos 40 anos testemunharam um aumento de gama-tocoferol na dieta americana e nas fórmulas infantis, em grande parte por causa do consumo crescente de óleo de soja, rico em gama-tocoferol.[20] Por sua vez, outros óleos vegetais, como o azeite, contêm o mínimo de gama-tocoferol. Como os vários suplementos de vitamina E usam o óleo de soja como um carreador, os suplementos de vitamina E (mesmo se forem rotulados como alfa-tocoferol) podem agir como fontes ocultas de gama-tocoferol.

Vários estudos encontraram níveis reduzidos de alfa-tocoferol no sangue de asmáticos.[21] Os pesquisadores da Northwestern conduziram um estudo com 4.500 indivíduos e descobriram que níveis mais elevados de gama-tocoferol no sangue estavam associados com uma má função pulmonar, ao passo que níveis mais elevados de alfa-tocoferol estavam associados com uma melhor função pulmonar.[22] Eles também revelaram o que acreditavam ser o mecanismo para os efeitos opostos dessas duas formas de vitamina E nos asmáticos: as duas formas têm efeitos opostos em uma enzima chamada PKCa (proteína quinase C alfa), que transporta as células inflamatórias nos tecidos durante a inflamação.[23] A PKCa agrava a inflamação na asma e aumenta a remodelação das vias aéreas que acompanha a resposta asmática tardia.[24] Nos pulmões de camundongos alérgicos, o alfa inibe e o gama aumenta a atividade da PKCa.

O suporte para a teoria dos pesquisadores da Northwestern vem de um estudo realizado na Universidade Vanderbilt em Nashville no qual as pessoas com asma alérgica receberam uma dose elevada de alfa-tocoferol, 1.500 miligramas por dia por quatro meses.[25] Os pesquisadores escolheram a forma alimentar de alfa-tocoferol chamada d-alfa-tocoferol, derivada *de uma fonte natural, em vez da forma sintética, o d,l-alfa-tocoferol, encontrada em muitos suplementos. A distinção é importante, pois apenas o d-alfa-tocoferol desempenha as funções normais da vitamina E. O efeito da suplementação era aumentar os níveis sanguíneos de alfa-tocoferol e reduzir os de gama-tocoferol. Junto com essa alteração na vitamina E, diminuíram os níveis de mediadores alérgicos e os marcadores do estresse oxidativo nos pulmões. A reatividade das vias aéreas à metacolina, uma substância química que causa broncoconstrição, também diminuiu. Esse estudo clínico defende o argumento dos pesquisadores da Northwestern de que o alfa-tocoferol pode ser bom para os asmáticos e o gama-tocoferol pode ser prejudicial.*

Ensaios clínicos com baixas doses de vitamina E (em geral como alfa-tocoferol) demonstraram resultados mistos; os maiores benefícios parecem ocorrer em pessoas expostas a poluentes como ozônio ou dióxido de enxofre. A vitamina E nesse cenário parece capaz de prevenir o aumento na inflamação das vias aéreas produzida pela poluição do ar.[26]

Essa pesquisa moldou a forma como penso sobre a vitamina E na asma e nas doenças alérgicas, embora seja necessária mais pesquisa, principalmente ensaios clínicos. Não creio que a vitamina E deva ser usada como um suplemento autônomo em pessoas com asma. Porque, quando usada sozinha, a suplementação com uma dose alta de vitamina E pode ter um efeito pró-oxidante em vez de antioxidante e pode aumentar o estresse oxidativo com o tempo.[27] *Além disso, a suplementação de vitamina E pode reduzir os níveis sanguíneos da coenzima Q10, um nutriente essencial à função celular. Um estudo europeu demonstrou níveis reduzidos de coenzima Q10 no sangue de asmáticos.*[28] *Quando pessoas que precisavam de esteroides inalantes para controlar a asma receberam suplementos de coenzima Q10 (120 miligramas/dia), houve uma redução significativa na dose necessária de esteroide.*[29]

Moral da história: os suplementos de vitamina E devem ser escolhidos com cuidado. A melhor forma de vitamina E para asmáticos pode ser o d-alfa-tocoferol em uma base sem soja. Ele não deve ser usado sozinho, apenas como parte de uma dieta antioxidante total, como a dieta para equilíbrio imunológico, descrita no capítulo 8. Além dos suplementos com alta dose de vitamina E, pode também ser necessária a coenzima Q10 em uma dose de 120 miligramas por dia ou mais.

Nutrição x Asma: Controle da NOX

Uma das principais fontes de estresse oxidativo em asmáticos é uma enzima chamada NOX, sigla da NADPH oxidase. A NOX é encontrada nos mastócitos e nos glóbulos brancos. Ajuda a combater infecções, mas há muitas doenças humanas, incluindo asma, nas quais a atividade da NOX causa inflamação e estresse oxidativo.

Conforme se demonstrou, os grãos de pólen contêm sua própria versão da NOX e, por isso, contagens elevadas de pólen podem agravar a asma mesmo nas pessoas que não sejam alérgicas ao pólen específico. Quando os grãos de pólen são depositados nas vias aéreas junto com os gases de escape de motores a diesel, o estresse oxidativo é amplificado de um modo sinérgico: o efeito inflamatório combinado é maior do que apenas a soma de grãos de pólen ou partículas de diesel.[30]

Um estudo da Universidade de Lecce, na Itália, revelou que flavonoides de vegetais, frutas, ervas e condimentos podem inibir a atividade excessiva da NOX. Os ácidos graxos ômega-3 presentes nos óleos de peixe (EPA, ou ácido eicosapentaenoico e DHA ou ácido docosahexaenoico) também mostraram potencial para inibir a atividade excessiva da NOX. Isso pode explicar por que vários ensaios clínicos descreveram um efeito benéfico da suplementação de ômega-3 em asmáticos.[31]

Os óleos de peixe parecem ser especialmente eficazes para reduzir a reação alérgica de fase tardia em pessoas com asma. Um estudo a longo prazo (20 anos) com americanos jovens (com idades entre 18 e 30 anos) apoiado pelo Instituto Nacional de Coração, Pulmão e Sangue dos Institutos Nacionais de Saúde descobriu que uma baixa ingestão de ômega-3 de peixes mais do que dobrou o risco do desenvolvimento da asma.[32]

Você Precisa Trocar o Óleo?

A gordura alimentar tem um efeito significativo no risco de asma, e mudar a natureza da gordura que você consome nas escolhas alimentares ou na suplementação pode ter um grande impacto no controle da doença.

As gorduras são formadas por componentes chamados ácidos graxos, que se dividem em duas categorias principais: saturados e insaturados. Esses termos descrevem sua estrutura química. Os ácidos graxos insaturados têm ligações duplas entre os átomos. Os monoinsaturados têm uma ligação dupla. Os poli-insaturados possuem duas ou mais ligações duplas. Os alimentos compostos na maior parte de ácidos graxos saturados costumam ser sólidos à temperatura ambiente. A manteiga é um bom exemplo. Os alimentos compostos na maior parte de ácidos graxos insaturados são líquidos à temperatura ambiente, como os óleos vegetais. Quanto mais insaturada a gordura, mais frio é o ponto de fusão e, portanto, mais provavelmente ele continuará líquido, mesmo quando frio:

- O azeite, composto principalmente de ácido oleico, um ácido graxo monoinsaturado, é líquido à temperatura ambiente, mas fica sólido na geladeira.
- O óleo de milho, composto principalmente de ácidos graxos poli-insaturados, permanece líquido na geladeira, mas pode solidificar no congelador.
- Os óleos de peixes são ainda mais poli-insaturados do que o óleo de milho e permanecem líquidos no congelador.

A maioria dos ácidos graxos insaturados tem uma configuração química chamada *cis*, que alinha os átomos no mesmo lado de uma ligação dupla, criando uma curva na molécula. Algumas gorduras processadas e manufaturadas têm uma configuração chamada *trans*, que alinha os átomos em lados opostos de uma ligação dupla, criando uma molécula reta em vez de curvada. Ácidos graxos *trans* são produzidos quando ácidos graxos *cis* poli-insaturados são sujeitos a um processo chamado hidrogenação, que é a tentativa da indústria alimentícia para prolongar a validade. A hidrogenação natural também ocorre nos rúmenes do gado, portanto carne e leite contêm ácidos graxos trans em níveis baixos.

Alertei os pais sobre os perigos dos ácidos graxos trans no meu primeiro livro, *Superimmunity for Kids*, publicado em 1988. Desde então, muitas pesquisas confirmaram os efeitos deletérios das gorduras trans na saúde. Um estudo global com meio milhão de crianças, o International Study of Asthma and Allergies in Childhood [Estudo Internacional de Asma e Alergias na Infância] (ISAAC na sigla em inglês), identificou um consumo maior de ácidos graxos trans como o fator alimentar mais importante associado com o desenvolvimento da asma.[33] Um estudo europeu mais modesto revelou que o consumo de margarina, uma das principais fontes de ácidos graxos trans, provocou um maior risco do desenvolvimento da asma entre adultos.[34]

Os Ácidos Graxos Essenciais: Ômega-6 e Ômega-3

Seu organismo tem a habilidade de criar ácidos graxos saturados e monoinsaturados, mas não consegue criar os principais ácidos graxos poli-insaturados. Eles são chamados de ácidos graxos essenciais (AGE) e se dividem em duas famílias, chamadas ômega-6 e ômega-3, baseados em suas estruturas químicas.

Escrevo e dou palestras sobre o impacto dos AGEs na saúde e nas doenças durante a maior parte da minha carreira médica. Em 1986, escrevi um artigo acadêmico que foi publicado em *The Journal of the American College of Nutrition*. Expliquei que pessoas alérgicas têm uma maior necessidade de AGEs por causa de um bloqueio na forma como suas células os utilizam.[35] Um dos princípios fundamentais é que os AGEs devem vir dos alimentos e tanto vegetais quanto animais podem supri-lo com ômega-6 e ômega-3. A diferença entre as fontes vegetais e animais é que os AGEs encontrados em alimentos de origem animal são mais insaturados do que os encontrados nos vegetais.

Os ômegas-3 têm atraído muito interesse por terem efeitos anti-inflamatórios no organismo. Mas os ômegas-6, a categoria predominante de AGE, não são tão diretos, isto é, eles podem favorecer ou inibir a inflamação. Certos AGEs ômega-6 podem beneficiar os asmáticos, principalmente quando balanceados com a ingestão apropriada de ômegas-3. Na minha experiência, o equilíbrio é a solução: o excesso mais não é necessariamente o melhor.

Como Equilibrar os Ômegas para Ajudar na Asma

A pesquisa que realizei nos anos 1980 com o dr. David Horrobin, um pioneiro no estudo dos AGEs, e o dr. Ross Rocklin, um professor de alergia e imunologia da Universidade Tufts, confirmou um defeito no metabolismo do ômega-6 em pessoas com alergias, sugerindo que alguns alérgicos possam precisar de suplementos de ômega-6 para conseguir um equilíbrio adequado.[36] Esse conceito vem sendo aplicado com benefícios significativos nos ensaios clínicos descritos a seguir neste capítulo.

Como mencionado antes, um estudo com adultos jovens americanos revelou que a incidência de asma em 20 anos estava diretamente ligada a um consumo reduzido de ômega-3 de peixes. Em outras palavras, o consumo do ômega-3 e o início da asma estavam inversamente relacionados.[37] Como expliquei em um artigo de revisão de minha autoria sobre dieta e inflamação para a revista *Nutrition in Clinical Practice*, os níveis mais elevados do ômega-3 alimentar foram associados com uma evidência menor de inflamação na população geral. Isso também foi observado em pessoas com asma: uma maior ingestão de ômega-3 dos alimentos acarreta menos inflamação. Produz também um controle da asma, ao passo que uma proporção elevada de ômega-6 e ômega-3 acarreta uma asma má controlada.[38]

Eu discuti a melhor forma de equilibrar as gorduras alimentares alimentando as gorduras trans, aumentando o ômega-3 e reduzindo o ômega-6 em meu livro *The Fat Resistance Diet*, escrito para ajudar as pessoas a perder peso com uma dieta anti-inflamatória. Os princípios básicos, descritos no tópico a seguir, são simples e fáceis de implementar.

A Troca de Óleo da Solução para as Alergias

Para mudar da dieta ocidental moderna para uma dieta balanceada para combater a alergia, considere as seguintes escolhas. Se você for alérgico a algumas das seleções listadas aqui, evite e escolha outra coisa.

Consuma quantias adequadas de alimentos com ômega-3. A principal forma de ômega-3 em plantas é o ácido alfa-linolênico. Os peixes têm dois outros tipos de ômegas-3, EPA (ácido eicosapentaenoico) e DHA (ácido docosahexaenoico) e seu organismo tem a habilidade de converter um pouco do ácido alfa-linolênico em EPA e DHA. Todas as formas de ômega-3 parecem ter benefícios à saúde. Boas fontes de ácido alfa-linôlenico são:

Sementes como chia, linho, cânhamo e alfavacão.

Eu coloquei sementes de chia no suco para equilíbrio imunológico.

Nozes inglesas. Com o óleo de nozes dá para fazer um gostoso molho para saladas.

Vegetais de folhas verdes-escuras, como espinafre e couve. Embora sejam pobres em gorduras totais, as verduras verdes-escuras podem suprir bastante ômega-3 se consumidas com regularidade. As folhas de espinafre no suco para a força imunológica fornecerão cerca de 300 miligramas por porção.

Consuma peixes ricos em ômega-3 duas vezes por semana, a menos que seja alérgico a peixe. Boas fontes de EPA e DHA incluem salmão, sardinhas, truta, cavala, arenque e anchovas. Cuidado: o atum é naturalmente rico em mercúrio por ser um peixe predador. Não coma atum mais do que uma vez por mês.

Evita gorduras trans eliminando alimentos feitos com óleo vegetal hidrogenado ou parcialmente hidrogenado, encontrado em margarinas e muitos alimentos assados. Não confie em um rótulo que diga "Zero Gordura Trans" ou "Sem Gorduras Trans". Os fabricantes podem alegar isso se houver menos de 500 miligramas de gordura trans por porção. Ao diminuir o suficiente o tamanho da porção, muitos alimentos com essas gorduras tóxicas podem alegar estarem livres delas.

Faça do azeite extra virgem seu óleo principal. Elimine óleos ricos em ômega-6 como os de milho, cártamo, girassol e soja. Preocupo-me principalmente com o óleo de soja, pois pesquisadores da Universidade Northwestern ligaram o aumento no consumo do óleo de soja a um maior risco de asma. (Veja "As Duas Faces da Vitamina E").

Suplementos de AGE e Asma: a Promessa dos Ensaios Clínicos

A dieta é a melhor forma de iniciar uma troca de óleo antiasmática, mas seus efeitos podem ser amplificados pelo uso sensato dos suplementos de ômega-3. Pesquisadores de todo o mundo analisaram como o consumo de ômega-3 se relaciona aos sintomas, ao fluxo de ar e à inflamação em asmáticos. Muitos desses estudos foram feitos usando suplementos, mas sem mudanças na dieta. Creio que para uma cura ideal, os suplementos podem ser usados junto com a dieta, em vez de serem um substituto.

Os estudos realizados até agora analisaram parâmetros diferentes. O que importa mais para as pessoas são seus sintomas. O que mais importa aos médicos são as mudanças na função pulmonar, geralmente medidas como fluxo de ar. Os pesquisadores podem medir os sintomas e o fluxo de ar, mas também medem outras respostas. Entre elas estão a evidência de inflamação em secreções respiratórias, além da reatividade dos brônquios aos vários desafios administrados em um laboratório, como metacolina, uma substância que contrai os brônquios ou a alérgenos inalados.

Em geral, as medições laboratoriais costumam melhorar bem antes de ocorrer uma mudança nos sintomas ou no fluxo de ar medido fora do laboratório. Respostas clinicamente significativas podem demorar.

Ômega-3: Estudos Mundiais

Quase todos os estudos descritos aqui usam um protocolo aleatório, duplo-cego, controlado por placebo. Como afirmei antes, esse é considerado o padrão ouro para pesquisas clínicas.

- Em um dos primeiros estudos, pesquisadores franceses administraram óleo de peixe para um grupo de asmáticos e os acompanharam por um ano. Nove meses depois, houve uma melhora significativa no fluxo de ar medido entre aqueles que receberam o óleo quando comparados com quem recebeu placebo.[39]
- Um estudo japonês revelou que suplementos de óleo de peixe ajudaram os asmáticos. Depois de dez meses tomando os suplementos, a pontuação dos sintomas de asma e a hipersensibilidade das vias aéreas diminuíram significativamente.[40]
- Cientistas italianos testaram pessoas com asma sazonal por alérgenos transportados pelo ar. Eles administraram 3 gramas por dia de ômega-3 para asmáticos por 30 dias e viram uma redução significativa na hiper-reatividade brônquica comparada com o placebo. Eles testaram novamente seus pacientes 30 dias depois da interrupção da suplementação com ômega-3 e descobriram que a hiper-reatividade das vias aéreas voltou aos níveis pré-tratamento, sugerindo que a suplementação deve ser contínua.[41]
- Cientistas ingleses e alemães testaram os efeitos dos suplementos de óleo de peixe na resposta asmática a alérgenos inalados.

Os pesquisadores alemães administraram uma dose relativamente baixa de ômega-3 (690 miligramas por dia por cinco semanas) a pessoas com asma causada por alergia a ácaro. Eles observaram uma redução nas medidas de inflamação brônquica quando os pacientes foram desafiados com um aerossol contendo alérgeno de ácaro.[42]

Os pesquisadores ingleses administraram seis gramas por dia de ômega-3 por dez semanas e demonstraram uma melhora significativa na resposta asmática tardia quando seus sujeitos foram expostos a alérgenos inalados.[43]

- Pesquisadores americanos do Laboratório de Desempenho Humano da Universidade de Indiana testaram o efeito do ômega-3 na asma induzida por exercício. Eles administraram 5,2 gramas por dia de ômega-3 de óleo de peixe por três semanas em asmáticos cuja asma piorava sempre com o esforço físico.

Eles descobriram que o óleo de peixe auxiliava na prevenção da asma induzida por exercício e diminuiu a necessidade de medicação broncodilatadora durante o exercício nos sujeitos do estudo. Eles encontraram efeitos semelhantes entre atletas de elite que sofriam de asma induzida por exercícios.[44]

- Pesquisadores dinamarqueses conduziram o tipo de experimento a longo prazo que pode ser concluído sem dificuldade em um cenário como a Escandinávia, onde históricos de saúde cuidadosos são mantidos pela vida toda por todos. Grávidas receberam uma dose de 2,7 gramas por dia de ômega-3 de óleo de peixe ou azeite como placebo, desde a 30ª semana de gestação até o parto.[45] Os pesquisadores acompanharam os filhos dessas grávidas por 16 anos e descobriram que nos adolescentes cujas mães tomaram o óleo de peixe no final da gravidez, o desenvolvimento da asma alérgica foi 87% menor do que no grupo de controle.

- Pesquisadores suecos do Instituto Karolinska, lar do Prêmio Nobel, demonstraram que suplementos de óleo de peixe não só reduziram a proporção de ômega-6 para ômega-3 no sangue, como também diminuíram a produção de mediadores potentes de inflamação em asmáticos.[46]

Esses estudos sugerem que a suplementação de ômega-3 pode ajudar a diminuir as respostas asmáticas em diversos grupos de pessoas em todo o mundo. As alterações na hiper-reatividade das vias aéreas podem ocorrer em algumas semanas, mas uma melhora clínica significativa nas respostas asmáticas pode demorar vários meses.

Fontes Alternativas de Ômega-3

Os óleos de peixe não são a única fonte de ômega-3 que podem ajudar os asmáticos. A equipe de pesquisadores do Laboratório de Desempenho Humano da Universidade de Indiana e outro grupo da Universidade Médica Pavlov em São Petersburgo, Rússia, testaram ômega-3 extraído do mexilhão de lábios verdes da Nova Zelândia.

Com o ômega-3 dos mexilhões, a equipe americana demonstrou uma diminuição nos sintomas de asma e no uso de medicação, junto com uma menor produção de mediadores químicos de inflamação e uma maior resistência à asma induzida por exercícios.[47]

A equipe russa encontrou uma diminuição significativa nos chiados durante o dia e nas medições de estresse oxidativo, além de um aumento no fluxo de ar pela manhã no grupo tomando o extrato de mexilhão, se comparado com o grupo placebo (a dose de ômega-3 foi de apenas 100 miligramas por dia).[48] Uma pesquisa conduzida na Escola de Medicina da Universidade Okayama no Japão comparou os efeitos do óleo de perila, uma fonte vegetariana de ômega-3, com os efeitos do óleo de milho, sem ômega-3, mas rico em ômega-6.[49] Duas semanas depois, o grupo do óleo de perila apresentou níveis reduzidos de leucotrienos causadores de asma comparados com o grupo do óleo de milho. Quatro semanas depois, a função pulmonar estava significativamente melhor no primeiro grupo do que no segundo.

Quando o Ômega-3 Não é o Bastante

Pesquisadores da Universidade de Wyoming descobriram um subgrupo de asmáticos que na verdade piorou com altas doses de ômega-3. Ao contrário daqueles que respondem bem aos ômega-3, o grupo que responde mal não apresentou diminuição nos níveis de leucotrienos inflamatórios depois de receber os óleos de peixe.[50]

Uma explicação para essa resposta paradoxal ao ômega-3 pode ser encontrada na pesquisa já mencionada que conduzi com os professores Horrobin e Rocklin na década de 1980. Algumas pessoas com alergias podem realmente precisar de fontes especiais de gorduras ômega-6 por causa de um bloqueio na forma como seus organismos utilizam o ômega-6. Para essas pessoas, aumentar a ingestão de ômega-3 sem tratar seu problema com o ômega-6 pode piorar ainda mais esse bloqueio.

A solução poderia ser combinar o ômega-6 com um único ácido graxo ômega-6 anti-inflamatório chamado ácido gama-linolênico (AGL), encontrado nos óleos de prímula, de semente de groselha preta e no de semente de borragem. Crianças amamentadas no peito recebem o AGL no leite materno. Esse ácido pode ajudar a superar o bloqueio no metabolismo de ômega-6 que eu e meus colegas demonstramos nos indivíduos alérgicos durante os anos 1980.

A pesquisa médica destaca:

- Uma mistura de AGL (750 mg/dia) e EPA (um ômega-3 purificado, em apenas 500 mg/dia), administrada por quatro semanas como uma emulsão líquida em asmáticos alérgicos, acarretou uma redução significativa na produção de leucotrienos pelos glóbulos brancos e também diminuiu os sintomas

de asma e o uso de inaladores broncodilatadores quando comparada com placebos. Como resultado, a qualidade de vida relativa à asma teve uma melhora expressiva.[51]
- No Centro Médico Nacional Judaico em Denver, uma das principais instituições do mundo para o estudo e o tratamento das doenças respiratórias, uma mistura de óleos de peixe e de semente de borragem, fonte de AGL, foi adicionada a uma fórmula líquida com proteína do leite, whey, vitaminas e minerais e administrada a crianças asmáticas por 12 semanas.[52] O grupo que recebeu os óleos teve mais redução do estresse oxidativo e um aumento maior no fluxo de ar medido do que o grupo que recebeu apenas whey e proteína do leite.
- Médicos egípcios descobriram que os asmáticos respondiam melhor quando recebiam vitamina C (200 mg/dia) e zinco (15 mg/dia) junto com o óleo de peixe do que quando o óleo era administrado sozinho.[53]

Eu gosto de usar ômega-3 e às vezes AGL como parte de um programa nutricional, como a dieta para o equilíbrio imunológico, e costumo adicionar zinco e antioxidantes selecionados.

A Ecologia da Asma

Seu corpo é como uma floresta tropical. É cheio de vida. Cem trilhões de microrganismos cobrem cada superfície, por dentro e por fora. Há muito mais microrganismos em seu corpo do que células humanas e sua presença é essencial para sua saúde. Eles estimulam seu sistema imunológico, ajudam a regular seus hormônios e o protegem de uma inflamação indesejada. Seu relacionamento com eles é tão complicado quanto a ecologia da Bacia Amazônica e está em perigo pelos seguintes motivos:

- A dieta moderna, rica em açúcar e gordura e pobre em fibras e flavonoides.
- A exposição contínua a antiobióticos, que permeiam nosso estoque de alimentos.
- O uso de sabonetes e xampus antibacterianos.
- Os efeitos da inflamação crônica

Todos esses fatores perturbam a relação que se desenvolveu entre nós e nossos amigos microbianos. Nossos microrganismos estão sob ataque e estamos pagando o preço. A epidemia de alergia faz parte desse preço. A asma é uma consequência.

A pesquisa sobre o impacto da ecologia do organismo na asma acaba de começar, mas há duas descobertas interessantes que quero compartilhar com você agora, porque as achei muito importantes na minha prática clínica.

- Os microrganismos que colonizam as vias aéreas dos asmáticos são diferentes daqueles que colonizam as vias aéres de pessoas sem asma. Isso vale não só para bactérias, mas também para leveduras.[54] Essas diferenças podem ser o resultado de ter asma e não a causa inicial. Os tipos de microrganismos crescendo nas vias aéreas dos asmáticos são mais propensos a provocar inflamação do que os microrganismos crescendo nas vias aéreas daqueles sem asma. Estudo a ecologia microbial do organismo há mais de 30 anos e vi esse mesmo padrão várias vezes. A inflamação em qualquer parte do organismo cria um ambiente local que favorece o crescimento de microrganismos que promovem mais inflamação. Esse estado é chamado disbiose. Da perspectiva dos microrganismos, faz todo sentido. Eles se propagam na inflamação, então provocam mais dela. Não importa se os microrganismos causaram o problema para começo de conversa. Eles se tornam o problema.
- Microrganismos intestinais podem ter um efeito profundo no desenvolvimento da alergia. Assim como a perda da biodiversidade enfraquece uma floresta tropical, a diminuição da diversidade de nossa flora intestinal predispõe as pessoas ao desenvolvimento da alergia, provavelmente com o enfraquecimento das respostas imunes protetivas.[55] Isso levanta a possibilidade de que os probióticos certos podem ajudar alérgicos e asmáticos.

Os Probióticos Ajudam com a Asma?

Ter um animal de estimação altera a ecologia de seu lar e do seu organismo. Famílias com animais domésticos têm mais probabilidade de compartilhar os mesmos micróbios, provavelmente porque todos afagam o mesmo animal. Eles provavelmente terão uma diversidade maior de microrganismos. E ter um animal de estimação mudará os microrganismos encontrados no pó.

Pesquisadores da Universidade da Califórnia-São Francisco expuseram camundongos ao pó doméstico obtido de uma casa com um cachorro de estimação e o pó de uma casa sem animais. Eles então tentaram provocar asma alérgica nos camundongos sensibilizando-os a baratas e clara de ovo. Aqueles expostos ao pó da casa com cachorro conseguiram resistir ao desenvolvimento da alergia. Quando sua flora intestinal foi examinada, eles tinham uma diversidade maior de bactérias do que aqueles expostos ao pó da casa sem animais. Uma espécie específica de bactéria, o *Lactobacillus johnsonii*, estava presente nos camundongos resistentes à alergia. Quando os cientistas administraram o *Lactobacillus johnsonii* a um grupo novo de camundongoss, esse único probiótico protegeu os camundongos contra o desenvolvimento da asma alérgica.[56]

Os resultados do estudo em humanos dependem do probiótico usado e o projeto do ensaio clínico. Apresento a seguir dois estudos de pesquisa interessantes:

- A cepa A5 do *Lactobacillus gasseri*, administrada por oito semanas para crianças em Tawain, melhorou de forma expressiva todas as consequências estudadas: função pulmonar, sintomas e medidas de inflamação no sangue.[57]
- A cepa DSM 17938 do *Lactobacillus reuteri* foi administrada por duas semanas para crianças italianas com alergia a ácaros que tinham asma bem controlada. O probiótico reduziu a inflamação das vias aéreas sem influenciar a função pulmonar.[58] Esse ensaio foi breve demais. Como vimos nos estudos com o ômega-3, duas semanas é o período suficiente para reduzir a inflamação, mas não é o tempo necessário para melhorar a função pulmonar.

Pesquisas sugerem que a suplementação com probióticos com cepas selecionadas de *Lactobacillus* ou *Bifidobacteria* pode ser um bom adjuvante na redução da inflamação e dos sintomas de pessoas com asma alérgica. Os maiores benefícios de qualquer tipo de suplementação podem ocorrer quando ela for usada como parte do programa completo de Solução para as Alergias.

Foi com esse programa completo que minha paciente Alexa manteve seu emprego dos sonhos.

Respirando Bem de Novo

Alexa era uma repórter de 40 anos de uma grande revista de notícias que conseguiu um emprego como diretora do escritório da Índia. Isso exigia que ela passasse uma grande parte do tempo em Nova Delhi, uma das cidades mais poluídas do mundo. Semanas depois de começar no novo emprego, uma velha doença da infância que tinha sumido há décadas reapareceu: a asma alérgica. Os sintomas de Alexa (chiado, tosse e dificuldade para respirar) ficaram piores ao ar livre e sua gravidade variava de acordo com o nível de poluição.

Ela consultou um médico local e foi tratada com comprimidos de montelucaste e um inalador que consistia em um esteroide combinado com um broncodilatador de ação prolongada. Isso controlou seus sintomas até uma viagem a Calcutá, durante a qual ela desenvolveu uma infecção pulmonar, foi hospitalizada e precisou de esteroides por via oral para controlar sua asma. De volta a Nova Delhi, ela descobriu que não poderia parar com os comprimidos de esteroide. Sempre que ela reduzia a dose, sua asma voltava.

Conheci Alexa durante suas férias, quando ela visitou Nova York para passar um tempo com a família. Sua asma melhorou um pouco em Nova York, mas ela ainda notava que a fumaça dos escapamentos dos automóveis fazia seu nariz queimar, ela tinha chiado no metrô e tossia na maior parte da noite. A falta de ar ainda a impedia de se exercitar. Ela me disse que sentia como se não conseguisse escapar da poluição e dos sintomas que ela causava. Seu caso realça a natureza global do problema da poluição do ar.

Quando examinei Alexa, podia ouvir o chiado em seus pulmões e ver a evidência da alergia em seu nariz, que tinha um revestimento pálido e inchado, característico de pessoas com alergia nasal. Sua língua tinha uma espessa camada branca. O resultado da cultura da camada foi a levedura *Candida albicans*. Uma proliferação de *Candida* em sua boca era sem dúvida um resultado do uso de esteroides e provavelmente foi agravada pelos antibióticos que ela recebera em Calcutá um ano antes.

Um teste epicutâneo revelou que ela era alérgica a *Candida,* um achado que ocorre em cerca de um terço das pessoas com asma grave.[59] A inalação de fragmentos de *Candida* da levedura se proliferando na boca pode provocar sintomas de asma em asmáticos com alergia a levedura.⁶⁰ Achei esse um fator agravante importante para muitos asmáticos durante minha carreira médica.

No caso de Alexa, não achei que a alergia a *Candida* fosse o gatilho principal para sua asma. Foi um fator secundário que resultou dos efeitos da medicação, mas precisava ser tratado, pois era parte do círculo vicioso da inflamação e da disbiose que tornou impossível a interrupção dos esteroides.

Eu tive quatro semanas para ajudar Alexa a recuperar sua saúde para ela poder voltar ao trabalho. Precisávamos melhorar sua habilidade de desintoxicação, aumentar suas defesas antioxidantes e corrigir a disbiose, resultado de seu tratamento com esteroides e antibióticos.

Prescrevi uma medicação antifúngica para eliminar a proliferação de levedura em sua boca. Uma única dose aumentou seu chiado, um sinal da gravidade de sua alergia à levedura crescendo em seu corpo. Quando os microrganismos começaram a morrer, eles liberaram alérgenos que agravaram sua asma. Com essa reação, eu soube que a alergia à *Candida* era um gatilho crítico para Alexa.

Decidi que a medicação antifúngica teria de esperar. Tivemos de reduzir levemente sua carga de levedura com ervas. Escolhi a berberina, um composto muito bem estudado, que é um componente de várias ervas muito usadas. Ela não só mata a levedura, como também tem efeitos antioxidantes e anti-inflamatórios e pode suprimir as respostas alérgicas nas células sanguíneas de pacientes com alergia alimentar⁶¹. A berberina foi eficaz para Alexa e duas semanas depois ela conseguiu usar o antifúngico que tinha prescrito.

Com o passar do mês, ela começou a reduzir a dose de esteroides e interromper o montelucaste. Comecei a me concentrar em aumentar seus níveis do antioxidante glutationa usando métodos que explicarei no próximo capítulo. Alexa não era alérgica a laticínios e descobriu que o iogurte natural melhorava sua respiração.

No fim de suas férias, Alexa não tomava mais os esteroides. Ela não tinha sintomas de asma e sua função pulmonar estava normal. Ela seguia a dieta para equilíbrio imunológico e lhe expliquei como continuar com a dieta na Índia. Lá há muitos vegetais e temperos anti-inflamatórios. As sementes de alfavação poderiam substituir as sementes de chia no suco e como o iogurte é um dos alimentos básicos indianos, ela nem ia precisar de um suplemento probiótico.

Ela viajou para a Índia e aguardei. Um mês depois ela me ligou para dar as boas notícias: estava sem tosse, sem chiado e sem falta de ar. Nos dias de ar mais poluído, ela ficava em ambientes fechados, só por precaução. Ela saiu de Nova Delhi logo depois e sua condição continuou a melhorar.

O cenário da doença de Alexa era o seguinte:

- A poluição do ar inflamou seus pulmões e eliminou seus antioxidantes.
- Esteroides e antibióticos criaram uma disbiose que a levaram ao limite.
- A alergia a *Candida* junto com a proliferação dela criaram uma espiral descendente.
- O Programa de Solução para as Alergias a ajudou a restaurar sua saúde.

$ 190 Milhões para Pesquisa sobre Asma no Centro

A prevalência de asma é desproporcionalmente elevada nas grandes cidades. Nos Estados Unidos, você tem mais probabilidade de ter asma se:
Mora no centro.
Faz parte de uma minoria.
Tem uma condição financeira inferior.
Sofre de níveis elevados de estresse.

Agora um pequeno raio de esperança ruma para lugares muito atingidos pela epidemia de asma. Um financiamento no montante de 190 milhões de dólares chega do Instituto Nacional de Alergia e Doenças Infecciosas para apoiar o Consórcio de Asma do Centro da Cidade.[62] *Esse consórcio é um esforço de vários centros para entender as causas da epidemia de asma em centros urbanos e desenvolver tratamentos para prevenção e controle. A pesquisa é liderada por cientistas da Universidade de Wisconsin. Os centros clínicos participantes incluem as Universidades John Hopkins, Columbia, da Califórnia-São Francisco, do Texas e muitas outras. Eles explorarão:*

- *Os fatores de risco para asma nos centros das cidades.*
- *Os tratamentos para alergias a camundongos e baratas.*
- *A segurança e a eficácia de novos tratamentos.*

Conclusão

O ataque de asma de Sarah e sua ida ao pronto-socorro abriram este capítulo. Dois milhões dessas visitas ao hospital por asma ocorrem todo ano nos Estados Unidos. Estudos confirmam que apenas uma parte dos casos de asma é considerada bem controlada.

Apresentei destaques da pesquisa em nutrição sobre o controle da asma e, em seguida, explorei o papel do estresse oxidativo, o que levou a uma discussão do potencial dos antioxidantes dos alimentos em ajudar a reduzir o estresse. Descrevi um fascinante estudo australiano que demonstrou como os antioxidantes de frutas e verduras podem ajudar a combater a asma. Depois compartilhei a ciência sobre o ômega-3 e a asma, sugerindo que muitos poderiam fazer uma troca de óleo.

Analisei também a relação entre a microbiota e a asma. Por fim, o problema da poluição do ar e da asma foi exemplificado pelo caso de Alexa, uma repórter cuja asma voltou quando ela se deparou com a poluição do ar.

A asma requer o cuidado de um profissional de saúde, portanto, recomendo que você leve este livro quando for ao seu médico.

Notas do Capítulo 12

1. Bice JB, Leechawengwongs E, Montanaro A. "Terapia alvo biológica na asma alérgica", *Ann Allergy Asthma Immunol.,* fevereiro de 2014; 112(2); p. 108-115; Akinbami LJ, Moorman JE, Liu X. "Prevalência da asma, uso do serviço de saúde e mortalidade: Estados Unidos, 2005-2009", *Natl Health Stat Report.,* janeiro de 2011; 12(32); p. 1-14; Follenweider LM, Lambertino A. "Epidemiologia da asma nos Estados Unidos, *Nurs Clin North Am.,* março de 2013; 48(1); p. 1-10.
2. Erle DJ, Sheppard D. "A biologia celular da asma", *J Cell Biol.,* 9 de junho de 2014; 205(5); p. 621-631.
3. Bird JA, Burks AW. "Alergia alimentar e asma", *Prim Care Respir J.,* dezembro de 2009; 18(4); p. 258-265.
4. Cowie RL, Conley DP, Underwood MF, Reader PG. "Um ensaio clínico controlado aleatório da técnica Buteyko como um adjuvante ao tratamento convencional da asma", *Respir Med.,* maio de 2008; 102(5); p. 726-732.

5. Stephen T Holgate. "Abordagens estratificadas ao tratamento da asma", *Br J Clin Pharmacol.*, agosto de 2013; 76(2); p. 277-291.
6. *Theodore Roosevelt, An Autobiography* (New York: Charles Scribner's Sons, 1913); <http://www.pbs.org/wgbh/americanexperience/features/interview/tr-mccullough>; *The Roosevelts: An Intimate History*, filme de Ken Burns, 2014; <http://www.pbs.org/kenburns/films/the-roosevelts>; Edmund Morris, *Theodore Rex* (New York: Random House, Reprint edition, 2010).
7. Murata K, Fujimoto K, Kitaguchi Y, Horiuchi T, Kubo K, Honda T. "Conteúdo e pH do peróxido de hidrogênio no ar expirado condensado de pacientes com asma e DPOC", *COPD*, fevereiro de 2014; 11(1); p. 81-87; Holguin F. "Estresse oxidativo nas doenças das vias aéreas", *Ann Am Thorac Soc.*, dezembro de 2013; 10 Suppl: S150-7.
8. Zuo L, Otenbaker NP, Rose BA, Salisbury KS. "Mecanismos moleculares das espécies reativas de oxigênio na inflamação pulmonar e na asma", *Mol Immunol.*, novembro de 2013; 56(1-2); p. 57-63.
9. Auerbach A, Hernandez ML. "O efeito do estresse oxidativo ambiental na inflamação das vias aéreas", *Curr Opin Allergy Clin Immunol.*, abril de 2012; 12(2); p. 133-139.
10. Church DF, Pryor WA. "A química dos radicais livres da fumaça do cigarro e suas implicações toxicológicas", *Environ Health Perspect*, dezembro de 1985; 64; p. 111-126; Nakayama T, Church DF, Pryor WA. "Análise quantitativa do peróxido de hidrogênio formado nos extratos aquosos de alcatrão do cigarro", *Free Radic Biol Med.*, 1989; 7(1); p. 9-15.
11. Guo CH, Liu PJ, Lin KP, Chen PC. "A terapia de suplementação nutricional melhora o estresse oxidativo, a resposta imune, a função pulmonar e a qualidade de vida em pacientes com asma alérgica: um estudo piloto aberto", *Altern Med Rev.*, março de 2012; 17(1); p. 42-56.
12. Wood LG, Gibson PG. "As defesas antioxidantes circulantes reduzidas estão associadas com a hiper-responsividade das vias aéreas, um mau controle e um padrão de doença grave na asma", *Br J Nutr.*, março de 2010; 103(5); p. 735-741.
13. Knekt P, Kumpulainen J, Järvinen R, Rissanen H, Heliövaara M, Reunanen A, Hakulinen T, Aromaa A. "A ingestão de flavonoides e o risco de doenças crônicas", *Am J Clin Nutr.*, setembro de 2002; 76(3); p. 560-568.
14. Wood LG, Garg ML, Smart JM, Scott HA, Barker D, Gibson PG. "A manipulação da ingestão de antioxidantes na asma: um ensaio clínico controlado aleatório", *Am J Clin Nutr.*, setembro de 2012; 96(3); p. 534-543.
15. Wood LG, Garg ML, Powell H, Gibson PG. "Os tratamentos ricos em licopeno modificam a inflamação não eosinofílica das vias aéreas na asma: prova do conceito", *Free Radic Res.*, janeiro de 2008; 42(1); p. 94-102.
16. Leonard SW, Paterson E, Atkinson JK, Ramakrishnan R, Cross CE, Traber MG. "Estudos em humanos usando alfa e gama-tocoferóis marcados por deutério demonstram um desaparecimento do gama-tocoferol no plasma e uma maior produção de gama-metabólitos", *Free Radic Biol Med.*, 2005; 38; p. 857-866.
17. Patel A, Liebner F, Netscher T, Mereiter K, Rosenau T. "A química da vitamina E. Nitração dos não alfa-tocoferóis: produtos e considerações sobre o mecanismo", *J Org Chem.*, 2007; 72; p. 6504-6512; Fakhrzadeh L, Laskin JD, Laskin DL. "A produção induzida por ozônio do óxido nítrico, do alfa-TNF e da lesão de tecidos depende do NF-κB p50", *Am J Physiol Lung Cell Mol Physiol.*, 2004; 287: L279-L285; Hernandez ML, Wagner JG, Aline Kala R, Mills K, Wells HB, Alexis NE, Lay JC, Jiang Q, Zhang H, Zhou H, *et al.* "A vitamina E, γ-tocoferol, reduz o recrutamento de neutrófilos nas vias aéreas depois do desafio de endotoxina inalada em ratos e voluntários saudáveis", *Free Radic Biol Med.*, 2013; 60; p. 56-62; Wiser J, Alexis NE, Jiang Q, Wu W, Robinette C,

Roubey R, Peden DB. "A suplementação do gama-tocoferol *in vitro* diminui as respostas dos monócitos humanos ao estresse oxidativo sistêmico e às citocinas em sujeitos normais e asmáticos", *Free Radic Biol Med.*, 2008; 45; p. 40-49; Wagner JG, Harkema JR, Jiang Q, Illek B, Ames BN, Peden DB. "O gama-tocoferol atenua a exacerbação induzida pelo ozônio da rinosinusite alérgica em ratos", *Toxicol Pathol.*, 2009; 37; p. 481-491; Wagner JG, Jiang Q, Harkema JR, Ames BN, Illek B, Roubey RA, Peden DB. "O gama-tocoferol previne a eosinofilia nas vias aéreas e a hiperplasia celular na mucosa na rinite alérgica e na asma induzidas em experimento", *Clin Exp Allergy*, 2008; 38; p. 501-511; Hamahata A, Enkhbaatar P, Kraft ER, Lange M, Leonard SW, Traber MG, Cox RA, Schmalstieg FC, Hawkins HK, Whorton EB, *et al.* "A nebulização de gama-tocoferol por um aparelho de aerosolização de lipídios melhora a função pulmonar em carneiros com queimadura e lesão por inalação de fumaça", *Free Radic Biol Med.*, 2008; 45; p. 425-433.

18. Berdnikovs S, Abdala-Valencia H, McCary C, Somand M, Cole R, Garcia A, Bryce P, Cook-Mills J. "As isoformas da vitamina E têm funções imunorreguladoras opostas durante a inflamação pela regulação do recrutamento de leucócitos", *J Immunol.*, 2009; 182; p. 4395-4405.

19. Cook-Mills JM, McCary CA. "As isoformas de vitamina E regulam a inflamação de formas diferentes", *Endocr Metab Immune Disord Drug Targets*, 2010; 10; p. 348-366; McCary CA, Abdala-Valencia H, Berdnikovs S, Cook-Mills JM. "Doses suplementares e bem elevadas de tocoferol regulam a inflamação alérgica de formas diferentes: a reversabilidade dos efeitos dos alfa e gama-tocoferóis", *J Immunol.* 2011; 186; p. 3674-3685; Cook-Mills JM, Marchese ME, Abdala-Valencia H. "A expressão e a sinalização vascular da molécula de adesão celular-1 durante a doença: regulação por um por uma espécie reativa de oxigênio e antioxidantes", *Antioxid Redox Signal.*, 2011; 15; p. 1607-1638.

20. Cook-Mills JM, Abdala-Valencia H, Hartert T. "As duas faces da vitamina E no pulmão", *Am J Respir Crit Care Med.*, 1º de agosto de 2013; 188(3); p. 279-284.

21. Troisi RJ, Willett WC, Weiss ST, Trichopoulos D, Rosner B, Speizer FE. "Um estudo prospectivo da dieta e da crise de asma no adulto", *Am J Respir Crit Care Med.*, 1995; 151; p. 1401-1408; Dow L, Tracey M, Villar A, Coggon D, Margetts BM, Campbell MJ, Holgate ST. "A ingestão alimentar de vitaminas C e E influencia a função pulmonar de idosos?", *Am J Respir Crit Care Med.*, 1996; 154; p.1401-1404; Kalayci O, Besler T, Kilinc K, Sekerel BE, Saraclar Y. "Os níveis séricos das vitaminas antioxidantes (alfa-tocoferol, betacaroteno e ácido ascórbico) em crianças com asma brônquica", *Turk J Pediatr.*, 2000; 42; p. 17-21; Kelly FJ, Mudway I, Blomberg A, Frew A, Sandstrom T. "Status antioxidante alterado do pulmão em pacientes com asma leve", *Lancet*, 1999; 354; p. 482-483; Schunemann HJ, Grant BJ, Freudenheim JL, Muti P, Browne RW, Drake JA, Klocke RA, Trevisan M. "A relação dos níveis séricos das vitaminas antioxidantes C e E, retinol e carotenoides com a função pulmonar na população geral", *Am J Respir Crit Care Med.* 2001; 163; p. 1246-1255; Al-Abdulla NO, Al Naama LM, Hassan MK. "Status antioxidante no ataque agudo de asma em crianças", *J Pak Med Assoc.*, 2010; 60; p. 1023-1027.

22. Marchese ME, Kumar R, Colangelo LA, Avila PC, Jacobs Jr. DR, Gross M, Sood A, Liu K, Cook-Mills JM. "As isoformas da vitamina E, α-tocoferol e γ-tocoferol, têm associações opostas com os parâmetros espirométricos: o estudo CARDIA", *Respir Res*, 15 de março de 2014; 15; p. 31.

23. Abdala-Valencia H, Berdnikovs S, Cook-Mills JM. "As isoformas da vitamina E regulam de diferentes formas a ativação da molécula de adesão intercelular de PKCα nas células endoteliais humanas", *PLoS ONE.*, 2012; 7: e41054; McCary CA, Yoon Y, Panagabko C, Cho W, Atkinson J, Cook-Mills JM. "As isoformas de vitamina E unem diretamente o PKCα e regulam diferentemente a ativação de PKCα, *Biochem J.*, 2012; 441; p. 189-198.
24. Du CL, Xu YJ, Liu XS, Xie JG, Xie M, Zhang ZX, Zhang J, Qiao LF. "A regulação ascendente da expressão da ciclina D1 no músculo liso das vias aéreas humanas sensibilizadas com soro na asma promove a proliferação via proteína quinase c alfa", *Exp Lung Res.*, maio de 2010; 36(4); p. 201-210; Tang YJ, Xu YJ, Xiong SD, Zhao JP, Zhang ZX. " O efeito do glucocorticoesteroide inalado na expressão da proteína cinase c alfa e da produção de interleucina-5 nas células inflamatórias do escarro induzido de pacientes asmáticos", *Zhonghua Nei Ke Za Zhi.*, novembro de 2004; 43(11); p. 849-852.
25. Hoskins A, Roberts JL 2nd, Milne G, Choi L, Dworski R. "Fonte natural de d-α-tocoferol acetato inibe o estresse oxidativo e modula a asma atópica em humanos in vivo", *Allergy*, maio de 2012; 67(5); p. 676-682.
26. Romieu I, Sienra-Monge JJ, Ramírez-Aguilar M, Téllez-Rojo MM, Moreno-Macías H, Reyes-Ruiz NI, Del Río-Navarro BE, Ruiz-Navarro MX, Hatch G, Slade R, Hernández-Avila M. "A suplementação de antioxidante e as funções pulmonares entre crianças com asma expostas a níveis elevados de poluentes do ar", *Am J Respir Crit Care Med.*, 1º de setembro de 2002; 166(5); p. 703-709; Trenga CA, Koenig JQ, Williams PV. "Antioxidantes alimentares e hiper-responsividade brônquica induzida pelo ozônio em adultos com asma", *Arch Environ Health.*, maio-junho de 2001; 56(3); p. 242-249.
27. Pearson P, Lewis SA, Britton J, Young IS, Fogarty A. "A atividade pró-oxidante da dose elevada de suplementos de vitamina E in vivo", *Bio Drugs*, 2006; 20(5); p. 271-273.
28. Gazdík F1, Gvozdjáková A, Nádvorníková R, Repická L, Jahnová E, Kucharská J, Piják MR, Gazdíková K. "Níveis reduzidos da coenzima Q10 em pacientes com asma brônquica", *Allergy*, setembro de 2002; 57(9); p. 811-814.
29. Gvozdjáková A, Kucharská J, Bartkovjaková M, Gazdíková K, Gazdík FE. "A suplementação da coenzima Q10 reduz a dosagem dos corticosteroides em pacientes com asma brônquica", *Biofactors*, 2005; 25(1-4); p. 235-240.
30. Taylor PE, Jacobson KW, House JM, Glovsky MM. "Ligações entre pólen, atopia e a epidemia de asma", *Int Arch Allergy Immunol.*, 2007; 144(2); p. 162-170; Behrendt H, Becker WM. "Localização, liberação e biodisponibilidade de alérgenos ao pólen: a influência dos fatores ambientais", *Curr Opin Immunol.*, dezembro de 2001; 13(6); p. 709-715.
31. Carluccio MA, Ancora MA, Massaro M, Carluccio M, Scoditti E, Distante A, Storelli C, De Caterina R. "A homocisteína induz a expressão do gene VCAM-1 pela ativação do NF-κB e da NAD(P)H oxidase: função protetiva dos antioxidantes polifenólicos da dieta mediterrânea", *Am J Physiol Heart Circ Physiol.*, outubro de 2007; 293(4): H2344-54; Schneider SM, Fung VS, Palmblad J, Babior BM. "Atividade da enzima NADPH oxidase dos leucócitos em neutrófilos íntegros e preparações cell-free de neutrófilos estimulados com ácidos graxos poli-insaturados de cadeia longa", *Inflammation.*, fevereiro de 2001; 25(1); p. 17-23.
32. Arm JP, Horton CE, Spur BW, Mencia-Huerta JM, Lee TH. "Os efeitos da suplementação alimentar com lipídios de óleo de peixe na resposta das vias aéreas ao alérgeno inalado na asma brônquica", *Am Rev Respir Dis.*, junho de 1989; 139(6); p. 1395-1400 (A magnitude da resposta asmática tardia induzida por alérgenos foi bem atenuada de duas a sete horas depois do desafio alergênico seguindo a suplementação alimentar com Max-EPA, suprindo 5,5 gramas EPA/dia [p menor do que 0,005] mas não com placebo); Arm JP, Horton CE, Mencia-Huerta JM, House F, Eiser NM, Clark TJ, Spur

BW, Lee TH. "O efeito da suplementação alimentar com lipídios de óleo de peixe na asma leve", *Thorax.*, fevereiro de 1988; 43(2); p. 84-92 (A dieta suplementada com óleo de peixe suprindo 5,5 gramas de ômega-3/dia produziu uma inibição em 50% da geração do leucotrieno total B por neutródilos estimulados pelo ionóforo e a quimiotaxia dos neutrófilos foi bem suprimida. A função dos neutrófilos permaneceu inalterada no grupo placebo); Masuev KA. "O efeito dos ácidos graxos poli-insaturados da classe do ômega-3 na fase tardia da reação alérgica em pacientes com asma brônquica", *TerArkh.*, 1997; 69(3); p. 31-33 (Uma atenuação significativa da resposta alérgica tardia em pacientes que tomaram óleo de peixe por duas semanas); Li J, Xun P, Zamora D, Sood A, Liu K, Daviglus M, Iribarren C, Jacobs Jr. D, Shikany JM, He K. "Ingestão de ômega-3 de cadeia longa (n-3) PUFAs e do peixe em relação à incidência de asma entre adultos jovens americanos: o estudo CARDIA", *Am J Clin Nutr.*, janeiro de 2013; 97(1); p. 173-178 (O objetivo foi investigar prospectivamente a associação entre ômega-3 ácidos graxos poli-insaturados [PUFAs] de cadeia longa, além da ingestão de peixes e a incidência de asma entre jovens adultos americanos. Realizou-se um acompanhamento longitudinal de 20 anos em um grupo birracial de 4.162 americanos, com idades entre 18-30 anos, com histórico de asma na base de referência em 1985. A dieta foi avaliada por um questionário quantitativo de frequência alimentar administrado por um entrevistador validado nos exames em 1985, 1992 e 2005. A ocorrência de asma autorrelatada foi definida como ter um diagnóstico físico de asma e/ou o uso de medicações entre 1985 e 2005. Durante o acompanhamento de 20 anos, foram identificadas 446 ocorrências de asma. A ingestão de LCω3PUFA foi inversamente associada de um modo expressivo com a incidência de asma após o ajuste para os confundidores sociodemográfico, de estilo de vida principal e alimentar. A HR multivariável-ajustada para o quintil maior de ingestão de LCω3PUFA se comparado com o quintil menor foi de 0.46 [95% CI: 0.33, 0.64; P-trend < 0.01]. O DHA apresentou uma associação inversa maior do que o EPA. A associação entre LCω3PUFAs e asma incidente não se modificou consideravelmente por sexo, raça, IMC, fumo ou alergia. Esse estudo demonstrou que a ingestão de LCω3PUFAs é associada longitudinal e inversamente com a incidência de asma em jovens adultos americanos.)

33. Asher MI, Stewart AW, Mallol J, Montefort S, Lai CK, Aït-Khaled N, Odhiambo J. "Quais fatores ambientais no âmbito populacional estão associados com asma, rinoconjuntivite e eczema? Revisão das análises ecológicas da Fase Um do ISAAC", *Respir Res.*, 21 de janeiro de 2010; 11; p. 8; Weiland SK, Von Mutius E, Hüsing A, Asher MI. "Ingestão dos ácidos graxos trans e a prevalência da asma e das alergias infantis na Europa", *Lancet*, 12 de junho de 1999; 353(9169); p. 2040-2041.
34. Nagel G, Linseisen J. "Ingestão alimentar dos ácidos graxos, antioxidantes e grupos alimentares selecionados e asma em adultos", *Eur J Clin Nutr.*, janeiro de 2005; 59(1); p. 8-15.
35. Galland L. "Aumentos das necessidades de ácidos graxos essenciais em indivíduos atópicos: um artigo com descrições clínicas", *J Am Coll Nutr.*, 1986; 5(2); p. 213-228.
36. Rocklin RE, Thistle L, Galland L, Manku MS, Horrobin D. "Conteúdo alterado do ácido araquidônico nas células polimorfonucleares e mononucleares de pacientes com rinite alérgica e/ou asma", *Lipids.*, janeiro de 1986; 21(1); p. 17-20.
37. Li *et al*, 2013.
38. Galland L. "Dieta e inflamação", *NutrClinPract.*, dezembro de 2010; 25(6); p. 634-640; Haidari F, Mohammadshahi M, Borsi SH, Haghighizadeh MH, Malgard S. "Comparação da ingestão de ácidos graxos essenciais e os níveis séricos dos fatores inflamatórios entre adultos asmáticos e saudáveis: um estudo caso-controle", *Iran J Allergy Asthma Immunol.*, outubro de 2014; 13(5); p. 335-342; Barros R1, Moreira A,

Fonseca J, Delgado L, Castel-Branco MG, Haahtela T, Lopes C, Moreira P. "Ingestão alimentar do ácido α-linolênico e taxa baixa de n-6:n-3 PUFA estão associadas com a diminuição do NO exalado e um aumento do controle da asma", *Br J Nutr.*, agosto de 2011; 106(3); p. 441-450.

39. Dry J, Vincent D. "Efeito de uma dieta com óleo de peixe na asma: resultados de um estudo duplo-cego de um ano", *Int Arch Allergy Appl Immunol.*1991; 95(2-3); p. 156-157.
40. Nagakura T, Matsuda S, Shichijyo K, Sugimoto H, Hata K. "Suplementação alimentar com óleo de peixe rico em ácidos graxos poli-insaturados ômega-3 em crianças com asma brônquica", *Eur Respir J.*, novembro de 2000; 16(5); p. 861-5.
41. Villani F, Comazzi R, De Maria P, Galimberti M. "Efeito da suplementação alimentar com ácidos graxos poli-insaturados na hiper-reatividade brônquica em sujeitos com asma sazonal", *Respiration.*, 1998; 65(4); p. 265-269.
42. Schubert R, Kitz R, Beermann C, Rose MA, Lieb A, Sommerer PC, Moskovits J, Alberternst H, Böhles HJ, Schulze J, Zielen S. "O efeito dos ácidos graxos poli-insaturados n-3 na asma depois de um desafio com uma baixa dose de alérgenos", *Int Arch Allergy Immunol.*, 2009; 148(4); p. 321-329.
43. Arm JP, Horton CE, Spur BW, Mencia-Huerta JM, Lee TH. "Os efeitos da suplementação alimentar com lipídios de óleo de peixe na resposta das vias aéreas a um alérgeno inalado na asma brônquica", *Am Rev Respir Dis.*, junho de 1989; 139(6); p. 1395-1400.
44. Mickleborough TD, Lindley MR, Ionescu AA, Fly AD. "O efeito protetivo da suplementação com óleo de peixe na broncoconstrição induzida por exercício na asma", *Chest.*, janeiro de 2006; 129(1); p. 39-49; Mickleborough TD, Murray RL, Ionescu AA, Lindley MR. "A suplementação com óleo de peixe reduz a gravidade da broncoconstrição induzida por exercício em atletas de elite", *Am J Respir Crit Care Med.*, 15 de novembro de 2003; 168(10); p. 1181-1189.
45. Olsen SF, Østerdal ML, Salvig JD, Mortensen LM, Rytter D, Secher NJ, Henriksen TB. "A ingestão de óleo de peixe comparada com o consumo de azeite no fim da gravidez e a asma na prole: acompanhamento de 16 anos baseado nos registros de um ensaio clínico controlado aleatório", *Am J Clin Nutr.*, julho de 2008; 88(1); p. 167-175.
46. Lundström SL, Yang J, Brannan JD, Haeggström JZ, Hammock BD, Nair P, O'Byrne P, Dahlén SE, Wheelock CE. "Perfis séricos do mediador de lipídios em asmáticos alteram de forma significativa depois de uma suplementação alimentar com ácidos graxos ômega-3", *Mol Nutr Food Res.*, agosto de 2013; 57(8); p. 1378-1389.
47. Mickleborough TD, Vaughn CL, Shei RJ, Davis EM, Wilhite DP. "Fração lipídica PCSO-524 (liprinol/ômega XL) do mexilhão de lábios verdes da Nova Zelândia atenua a broncoconstrição induzida pela hiperpneia na asma", *Respir Med.*, agosto de 2013; 107(8); p. 1152-1163.
48. Emelyanov A, Fedoseev G, Krasnoschekova O, Abulimity A, Trendeleva T, Barnes PJ. "Tratamento da asma com extrato de lipídios do mexilhão de lábios verdes da Nova Zelândia: um ensaio clínico aleatório", *Eur Respir J.*, setembro de 2002; 20(3); p. 596-600.
49. Okamoto M, Mitsunobu F, Ashida K, Mifune T, Hosaki Y, Tsugeno H, Harada S, Tanizaki Y. "Efeitos da suplementação alimentar com ácidos graxos n-3 comparados com os ácidos graxos n-6 na asma brônquica", *Intern Med.*, fevereiro de 2000; 39(2); p. 107-111.
50. Broughton KS, Johnson CS, Pace BK, Liebman M, Kleppinger KM. "A redução dos sintomas da asma com ingestão de ácidos graxos n-3 está relacionada à produção de leucotrienos de série-5", *Am J Clin Nutr.*, abril de 1997; 65(4); p. 1011-1017.
51. Surette ME, Koumenis IL, Edens MB, Tramposch KM, Clayton B, Bowton D, Chilton FH. "Inibição da biossíntese de leucotrieno por uma nova fórmula de ácido graxo alimentar em pacientes com asma atópica: um ensaio clínico prospectivo, aleatório, de grupos paralelos controlados por placebo", *Clin Ther.*, março de 2003; 25(3);

p. -972-979; Surette ME, Stull D, Lindemann J. "O impacto de um alimento medicinal com ácidos gamalinolênico e eicosapentaenoico no controle da asma e na qualidade de vida de adultos asmáticos", *Curr Med Res Opin.*, fevereiro de 2008; 24(2); p. 559-567; Lindemann J, David Pampe E, Peterkin JJ, Orozco-Cronin P, Belofsky G, Stull D. "Estudo clínico dos efeitos na qualidade de vida e no controle da asma de um alimento medicinal em pacientes adultos com asma", *Curr Med Res Opin.*, dezembro de 2009; 25(12); p. 2865-2875.
52. Covar R, Gleason M, Macomber B, Stewart L, Szefler P, Engelhardt K, Murphy J, Liu A, Wood S, DeMichele S, Gelfand EW, Szefler SJ. "O impacto de uma nova fórmula nutricional no controle da asma e nos biomarcadores da inflamação de vias aéreas em crianças", *Clinical & Experimental Allergy*, 40, p. 1163-1174.
53. Biltagi MA, Baset AA, Bassiouny M, Kasrawi MA, Attia M. "Ácidos graxos ômega-3, vitamina C e suplementação de zinco em crianças asmáticas: um estudo autocontrolado aleatório", *Acta Paediatr.*, abril de 2009; 98(4); p. 737-742.
54. Cui L, Morris A, Huang L, Beck JM, Twigg HL 3rd, Von Mutius E, Ghedin E. "A microbiota e o pulmão", *Ann Am Thorac Soc.*, agosto de 2014; 11Suppl 4:S227-32; Van Woerden HC, Gregory C, Brown R, Marchesi JR, Hoogendoorn B, Matthews IP. "Diferenças nos fungos presentes nas amostras de escarro induzidas de pacientes asmáticos e de controles não atópicos: um estudo de caso controle baseado na comunidade", *BMC Infect Dis.*, 5 de fevereiro de 2013; 13; p. 69.
55. West CE. "Microbiota intestinal e doenças alérgicas: novas descobertas", *Curr Opin Clin Nutr Metab Care.*, maio de 2014; 17(3); p. 261-266.
56. Fujimura KE, Demoor T, Rauch M, et al., "A exposição ao pó doméstico medeia o enriquecimento da microbiota intestinal com *Lactobacillus* e a defesa imune das vias aéreas contra os alérgenos e infecção por vírus", *Proc Natl Acad Sci* U S A, 2014; 111; p. 805-810.
57. Chen YS, Jan RL, Lin YL, Chen HH, Wang JY. "Ensaio clínico aleatório controlado por placebo de *Lactobacillus* em crianças asmáticas com rinite alérgica", *Pediatr Pulmonol.*, novembro de 2010; 45(11); p. 1111-1120.
58. Miraglia del Giudice M, Maiello N, Decimo F, Fusco N, D'Agostino B, Sullo N, Capasso M, Salpietro V, Gitto E, Ciprandi G, Marseglia GL, Perrone L. "A inflamação alérgica das vias aéreas e o tratamento com *L. reuterii* em crianças asmáticas", *J Biol Regul Homeost Agents.*, janeiro-março 2012; 26(1 Suppl); S35-40.
59. O'Driscoll BR, Powell G, Chew F, Niven RM, Miles JF, Vyas A, Denning DW. "Comparação de testes de puntura com a imunoglobulina E sérica no diagnóstico da sensibilização ao fungo em pacientes com asma grave", *Clin Exp Allergy.*, novembro de 2009; 39(11); p. 1677-1683.
60. Kabe J. "Reações asmáticas tardias à inalação de frações de extratos de *Candida albicans* e *Aspergillus fumigatus*", *Allerg Immunol* (Leipz), 1974-1975; 20-21(4); p. 393-401; Tsukioka K. "Estudos sobre o mecanismo desenvolvendo a asma brônquica por causa de *Candida albicans*. 3. Relação entre os tipos de resposta depois do desafio de inalação com *Candida albicans* e as alergias tipos I, II e III", *Arerugi.*, maio de 1985; 34(5); p. 289-296.
61. Dhamgaye S, Devaux F, Vandeputte P, Khandelwal NK, Sanglard D, Mukhopadhyay G, Prasad R. "Mecanismos moleculares de ação antifúngica do alcaloide herbal berberina em *Candida albicans*", *PLoS One*, 8 de agosto de 2014; 9(8): e104554; Iwazaki RS, Endo EH, Ueda-Nakamura T, Nakamura CV, Garcia LB, Filho BP. "Atividade antifúngica in vitro da berberina e sua sinergia com o fluconazol", *Antonie Van Leeuwenhoek.*, fevereiro de 2010; 97(2); p. 201-205; Li Z, Geng YN, Jiang JD, Kong WJ. "Atividades antioxidantes e anti-inflamatórias da berberina no tratamento da diabetes mellitus", *Evid Based Complement Alternat Med.*, 2014; 289264; Yang N, Wang J, Liu

C, Song Y, Zhang S, Zi J, Zhan J, Masilamani M, Cox A, Nowak-Wegrzyn A, Sampson H, Li XM. "A berberina e a limonina suprimem a produção de IgE pelas células B humanas pelas células sanguíneas mononucleares de pacientes alérgicos a alimentos", *Ann Allergy Asthma Immunol.*, novembro de 2014; 113(5); p. 556-564.
62. A pesquisa sobre asma nos centros da cidade continuará com a maior doação já feita à Escola de Medicina da UW. *University of Wisconsin–Madison News,* 10 de novembro de 2014, <http://www.news.wisc.edu/23279>.

Capítulo 13

O Super Antioxidante que Combate Alergias

Rebecca trabalha como terapeuta respiratória em um hospital de Nova York e, ironicamente, desenvolveu asma há cerca de um ano depois de começar a trabalhar. À primeira vista isso parece estranho, pois o trabalho de uma terapeuta respiratória é ajudar as pessoas com doenças pulmonares agudas ou crônicas a respirar melhor. Na verdade, a ciência mostra que o caso dela não é raro. Terapeutas respiratórios têm cinco vezes mais probabilidade de desenvolver asma *depois* de começarem a trabalhar no tratamento respiratório do que antes, como explica um artigo da prestigiosa revista *Annals of Internal Medicine*.[1]

Em outro estudo, uma equipe internacional liderada por um médico da Universidade do Texas tentou descobrir os motivos para o nível elevado do risco de asma entre servidores da saúde. Sabendo que a exposição ao meio ambiente pode ser o principal suspeito, eles vasculharam os hospitais e encontraram produtos de limpeza e desinfetantes, serviços de limpeza e vários adesivos. Eles determinaram que as "exposições ocupacionais contribuem para a asma em servidores da saúde". Além disso, eles citam pesquisas anteriores ligando a administração de medicações em aerossol a um maior risco de asma entre servidores da saúde.[2]

Expliquei a Rebecca que todos os tipos de aerossóis químicos, mesmo sprays de limpeza doméstica, aumentam o risco do desenvolvimento ou agravamento da asma, como vimos no capítulo 5.

Ela estava sendo tratada diariamente com uma combinação de drogas (um esteroide e um broncodilatador) que mantinha sua asma sob controle. Como terapeuta respiratória, ela sabia dos potenciais efeitos colaterais das medicações e não queria depender delas pelo resto da vida. Para ajudá-la a superar a dependência da medicação, eu tinha de entender todos os fatores que contribuíram com sua asma crônica.

Durante toda sua vida, Rebecca teve alergias ao pó e aos ácaros, aqueles insetos microscópicos parecidos com aranhas que se alimentam dos fragmentos da pele humana. A exposição a eles entupia seu nariz, o que ela ainda sentia na maioria das manhãs. Ela também tinha uma pele sempre seca, o que é comum entre alérgicos. Rebecca mantinha seu apartamento muito limpo e sem pó, usava limpadores domésticos com indicações "natural" e "não tóxico" escritas no rótulo e ligava um umidificador durante todo o inverno na esperança de sua pele se manter hidratada. Vi um problema aqui, mas também uma solução.

A umidade em ambientes fechados estimula a proliferação de ácaros, como vimos no capítulo 5. Então, minha primeira recomendação a ela foi medir a umidade relativa em seu apartamento com um aparelho barato vendido na maioria das lojas de ferragens. Tecnicamente é chamado de higrômetro, mas é mais provável que pedir por um medidor de umidade o leve ao lugar certo na loja. Os ácaros se proliferam quando a umidade relativa for maior do que 50%.

Recomendei que ela mantivesse a umidade de sua casa entre 30 e 40% e que encontrássemos outras formas de manter sua pele úmida com alimentação. A suplementação com óleos de peixe e de prímula, por exemplo, descrita no capítulo 12, não só pode remediar os sintomas de asma, como também ajuda a manter a pele hidratada, trabalhando de dentro para fora. Recomendei também medidas para controle de ácaro, como discuti no capítulo 5.

Embora Rebecca tivesse menos controle sobre seu ambiente de trabalho, ela poderia adotar algumas medidas protetivas: limpar seu equipamento apenas em um espaço bem ventilado, evitar sprays de limpeza o máximo possível e tomar cuidado para diminuir a propagação da medicação nebulizada no ar quando fosse administrar tratamentos em aerossol.

Em seguida, eu precisava entender sua dieta e estilo de vida. Ela morava com o namorado, gostava do trabalho, corria três ou quatro vezes por semana e tinha uma dieta relativamente saudável, pobre em açúcares e melhor do que a média dos norte-americanos, mas com espaço considerável para melhora.

Como ela corria, achei que poderia estar hiperventilando. Cerca de um terço de todas as pessoas hiperventila, isto é, respira em excesso de vez em quando, e a hiperventilação por exercício ou estresse psicológico pode provocar ataques de asma.[3] Contei para ela sobre um método simples e eficaz de controle da respiração que ajuda os asmáticos a reduzir sua dependência da medicação.[4] Foi desenvolvido por um médico russo, Konstantin Buteyko, e é descrito em um livro cujo prefácio escrevi, *Breathing Free*, de Teresa Hale, fundadora da Clínica Hale de Londres. Vídeos institucionais estão disponíveis em Centros Buteyko em vários países.

Como terapeuta respiratória profissional, Rebecca entendeu rápido o método de Buteyko e se perguntou por que não tinha aprendido sobre ele no treinamento.

Antes de pensar nos próximos passos, eu queria sugerir algumas mudanças na alimentação. Depois de determinarmos que não havia alimento problemático para Rebecca, passei a pensar em enriquecer sua dieta para melhorar a saúde respiratória.

Pedi para ela aumentar o consumo de verduras crucíferas, como brócolis, couve-flor, couve-de-bruxelas e couve, comendo de 170 a 230 gramas de verduras dessa família todos os dias. Pedi para ela comer peixes de água salgada três vezes por semana e usar castanhas, como amêndoas e nozes, como seu lanche principal. Pedi para ela evitar produtos com óleo de soja, contando sobre a pesquisa na Universidade Northwestern que descrevi no último capítulo.

O passo final envolvia o poderoso antioxidante glutationa. Para aumentá-lo, Rebecca começou a usar whey não desnaturado diariamente e 600 miligramas de aminoácido NAC três vezes por dia. Quando seu nariz entupido crônico começou a limpar, decidi que ela poderia parar de usar devagar e com cuidado seus inaladores, eliminando primeiro o broncodilatador e depois o esteroide inalado, de acordo com um cronograma monitorado de perto. Agora faz três anos que ela tirou os inaladores.

Qual componente do tratamento teve o maior impacto: mudanças ambientais, controle da respiração, dieta ou aumento da glutationa? Na minha opinião, todos foram importantes e trabalharam juntos em sinergia. E a contribuição da glutationa foi crucial.

A Melhor Amiga de seu Corpo

A glutationa é a melhor amiga antioxidante de seu corpo. Você já a conheceu em alguns dos capítulos anteriores deste livro. Passando despercebida, sua amiga trabalha incansavelmente nos bastidores para ajudá-lo a desintoxicar, equilibrar seu sistema imunológico e muito mais. É uma arma importante em seu arsenal para combater reações alérgicas e agora pesquisas de todo o mundo estão revelando o potencial da glutationa para ajudar a melhorar a condição da asma.

A glutationa é a estrela dos antioxidantes. Faz também parte de um time, dando suporte ao funcionamento da vitamina C, da vitamina E e do selênio no organismo. Ela desempenha um papel especialmente importante em ajudar a manter a saúde dos pulmões, do nariz e dos seios paranasais. De fato, é o maior antioxidante do trato respiratório.

A pesquisa sugere que a glutationa poderia ser tão importante para pessoas com alergias nasais e problemas nos seios paranasais quanto para os asmáticos. Pessoas com sinusite crônica têm apenas metade dos níveis de glutatina no revestimento nasal de pessoas sem sinusite, observou um estudo do Hospital Universitário Vrije Universiteit em Amsterdã. Quanto maior o grau de inflamação, menor o nível de glutationa.[5]

Os estudos científicos costumam examinar apenas uma variável por vez. Na vida real, há múltiplas variáveis com um impacto em uma condição como a asma o tempo todo. Uso múltiplas abordagens para aumentar os níveis de glutationa porque a combinação pode dar melhores resultados do que qualquer abordagem única.

Aumentar a Glutationa com Alimentos ou Suplementos

Pesquisas demonstraram que alimentos e suplementos que aumentam os estoques de glutationa do organismo ajudam a fornecer vários benefícios potenciais, que destaco a seguir. As decisões sobre se e como usá-los devem ser individualizadas. Assim como o estado de saúde e os requisitos nutricionais variam de uma pessoa para outra, os métodos mais apropriados para aumentar a glutationa também variam. Sempre consulte seu médico antes de mudar sua rotina alimentar ou tomar suplementos.

Whey Protein

Fonte do aminoácido cisteína, um dos blocos construtores que seu organismo usa para fazer a glutationa. A disponibilidade de cisteína é um fator limitador bem documentado para a produção de glutationa. O consumo de whey protein em uma dose de 30 a 45 gramas por dia (aproximadamente duas ou três colheres de sopa) por adultos jovens saudáveis aumentou significativamente os níveis de glutationa de seus glóbulos brancos em um estudo realizado na Universidade McGill em Montreal.[6]

Em adultos com asma induzida por exercício, 30 gramas de whey protein não desnaturada por dia por quatro semanas melhoraram o fluxo de ar pós-exercícios em um estudo aleatório duplo-cego controlado por placebo.[7]

Esses estudos sugerem que a whey protein é uma fonte benéfica de antioxidantes em potencial para asmáticos e pode melhorar o fluxo de ar brônquico. No entanto, não recomendo seu uso por pessoas com alergia ao leite de vaca, pois o *whey* deriva do leite. A alergia ao leite pode ocorrer em 10% dos asmáticos.

NAC, um Bloco de Construção da Glutationa

A N-acetilcisteína (NAC) é uma forma do aminoácido cisteína de rápida absorção e está disponível como um suplemento alimentar. Seu principal benefício antioxidante deriva de sua conversão em glutationa.[8] Como a administração de NAC aumenta rápido a síntese da glutationa, é usada em hospitais para elevar os níveis de glutationa de pessoas com falência hepática por uma overdose do analgésico acetaminofeno, mais conhecido pelo nome comercial Tylenol. O acetaminofeno aumenta o risco de asma, provavelmente por exaurir a glutationa (veja "Analgésicos Podem Agravar a Asma", a seguir).

Pesquisa sobre NAC x Poluição do Ar

Pesquisas são realizadas em todo o mundo sobre o potencial da NAC para ajudar a aliviar a asma, principalmente quando a poluição do ar está em jogo. Um dos maiores irritantes respiratórios para provocar a asma são os gases de escapamento de caminhões, ônibus e automóveis com motores a diesel: os asmáticos respondem a esses gases com sintomas intensificados, hiperirritabildiade das vias aéreas e inflamação. Pesquisas recentes demonstraram a habilidade da NAC em forma de comprimido para ajudar a reverter o agravamento da asma produzida pela exposição a gases de escapamentos. Esse efeito provavelmente é causado pelo aumento dos níveis de glutationa no trato respiratório.

Os cientistas da Universidade da Columbia Britânica estudaram o efeito protetivo da NAC para asmáticos expostos ao escapamento de veículos a diesel. Eles também mediram a restrição no fluxo do ar produzido pela exposição à metacolina química, que causa o estreitamento dos brônquios.[9] Eles descobriram que tomar 600 miligramas de NAC três vezes por dia por seis dias reduziu a linha de base da reatividade brônquica à metacolina em 20% e impediu o aumento na hiper-reatividade provocada pelos gases de escapamento a diesel nos participantes do estudo. Esses efeitos protetivos da NAC foram associados com uma diminuição nas medidas do estresse oxidativo.[10] Você deve sempre evitar gases de escapamentos e outras fontes de poluição do ar, claro.

A NAC, tomada por três meses, também ajudou a promover a cura do refluxo laringofaríngeo, um problema no funcionamento gastrointestinal superior intimamente ligado à asma (veja o capítulo 9).[11]

Estudos laboratoriais da Universidade de Valência na Espanha sugerem que a NAC inibe a ativação dos eosinófilos e poderia ser um tratamento conveniente para a inflamação alérgica.[12] E a NAC pode prevenir alguns aspectos da cicatrização e do remodelamento das vias aéreas que ocorrem na asma crônica, de acordo com uma pesquisa feita no Japão.[13] Todos esses efeitos provavelmente se devem à habilidade da NAC de servir como uma precursora da glutationa.

É importante que a suplementação com a NAC seja feita no tempo certo. Ela tem um tempo de vida curto no sangue. Uma única dose desaparece logo e níveis mais eficazes são alcançados se ela for administrada em doses moderadas três vezes por dia, em vez de uma dose alta uma vez por dia. Com 600 miligramas de NAC três vezes por dia por cinco dias, os níveis de glutationa nos glóbulos vermelhos aumentam em 50%.[14]

Aviso: A NAC pode interferir com a ação de algumas drogas usadas para tratar câncer. Se você estiver passando por um tratamento de câncer, discuta o uso de suplementos alimentares com seu médico.

Analgésicos Podem Agravar a Asma

Analgésicos de diferentes tipos podem agravar a asma. A aspirina e drogas como o ibuprofeno (Advil e Motrin) e o naproxeno (Aleve e Naprosyn) são conhecidas há muito tempo por precipitar ataques de asma em pessoas suscetíveis, principalmente aquelas com pólipos nasais. O acetaminofeno (Tylenol) tem uma influência de longo alcance sobre a asma mais sutil. Seu fígado o converte em uma substância química altamente tóxica que precisa da glutationa para sua retirada. Tomar o acetaminofeno aumenta sua necessidade de glutationa e, se essa necessidade não for atendida, logo acontece uma deficiência de glutationa, com consequências desastrosas. Ao esgotar a glutationa, o uso diário do acetaminofeno reduz a capacidade antioxidante total no sangue em apenas duas semanas.[15]

A exposição ao acetaminofeno durante o primeiro ano de vida está associada ao maior risco de desenvolver asma infantil, de acordo com uma pesquisa da Universidade de Coimbra em Portugal. O uso de acetaminofeno por crianças com um histórico familiar de asma também está associado a um maior risco de desenvolver asma, assim como o uso regular da droga por adultos. Um recente artigo científico declarou: "Há uma evidência substancial em adultos e crianças do uso do acetaminofeno associado a sintomas de asma".[16]

Como Ajudar a Glutationa a Fazer seu Trabalho

Sua amiga glutationa precisa de cofatores, isto é, vitaminas e sais minerais que a ajudem a funcionar direito. Você pode pensar nelas como amigas de uma amiga. Elas ajudam a glutationa a desempenhar suas funções antioxidantes em seu organismo.

Selênio de Fontes Alimentares

O selênio é um mineral essencial, com uma ingestão diária recomendada (IDR) de 55 microgramas por dia em adultos saudáveis. Os alimentos mais ricos em selênio são a castanha-do-pará (duas por dia podem suprir a IDR), peixes de água salgada e grãos integrais cultivados em um solo rico em selênio.

Ele não é exatamente um antioxidante, mas desempenha um papel decisivo em deixar a glutationa fazer seu serviço. Quando a glutationa trabalha como um antioxidante, ela basicamente se sacrifica. Ela ajuda a restaurar o equilíbrio oxidante/antioxidante nas células permitindo-se ser oxidada. Ao fazer isso, ela passa de sua forma antioxidante ativa, chamada GSH, para seu estado oxidado menos ativo, chamado GSSG. A enzima que permite isso é a glutationa peroxidase (GPx). A atividade da GPx depende do selênio.

Selênio e Asma

Vários estudos encontraram uma ingestão alimentar reduzida ou níveis mais baixos de selênio no sangue de asmáticos quando comparados com controles.[17] Alguns ensaios clínicos descobriram efeitos benéficos da suplementação de selênio em um nível de 200 microgramas por dia em adultos com asma. Os benefícios, de acordo com a pesquisa, podem incluir uma melhora no fluxo de ar, uma menor necessidade de esteroides inalados e uma diminuição da inflamação medida pelos níveis de mediadores químicos chamados moléculas de adesão solúvel, que fazem parte da reação asmática tardia.[18]

Atrás apenas das castanhas-do-pará, que em 28 gramas contêm 544 microgramas de selênio (quase dez vezes a ingestão diária recomendada em 20 castanhas), as fontes mais ricas são os frutos do mar e carnes de órgãos (miúdos). Outras fontes incluem músculo, cereais e outros grãos, além dos laticínios.

A quantidade de selênio nas plantas depende da quantia do mineral no solo e de vários outros fatores, como o pH, a quantidade de matéria orgânica no solo e se o selênio está em uma forma acessível à absorção da planta. Como resultado, as concentrações de selênio em alimentos de origem vegetal variam muito pela localização geográfica. Como o conteúdo de selênio do solo afeta a quantia do mineral nas plantas consumidas pelos animais, a quantidade nos produtos animais também varia muito.

Fontes Alimentares de Magnésio

O magnésio é um mineral essencial que afeta a atividade de centenas de enzimas no seu organismo. Suas fontes principais são verduras verde-escuras, castanhas, sementes, feijões e frutos do mar. As pessoas podem manter bons níveis consumindo alimentos ricos em magnésio.

As principais fontes de magnésio são:

- Vegetais: trigo sarraceno, feijão-roxinho, feijão-branco, soja, vagem, espinafre, feijão-fradinho, acelga, brócolis, couve;
- Frutas: banana, melancia, manga, tâmara, figo seco, amora;
- Castanhas e sementes: amêndoas, castanha de caju, castanha-do-pará, avelã.

Magnésio e Asma

O magnésio mais elevado na população geral está associado a um risco menor de inflamação, chiado e hiper-reatividade brônquica. Nas pessoas com doença pulmonar crônica, o magnésio reduzido no sangue está ligado ao mau funcionamento das defesas antioxidantes.[19]

Quando crianças com asma alérgica receberam uma suplementação de magnésio por 12 semanas (200 a 300 miligramas por dia, dependendo da idade), o nível de GSH nos glóbulos vermelhos aumentou e sua necessidade de inaladores diminuiu.[20]

Estudos realizados em vários países demonstraram benefícios semelhantes na suplementação de magnésio em adolescentes e adultos.

No caso de adolescentes com asma alérgica que precisavam de inaladores com esteroide, 300 miligramas de magnésio por dia por oito semanas reduziram os sintomas asmáticos e a reatividade brônquica à metacolina, permitindo doses menores de esteroide e também diminuíram as respostas induzidas por alérgenos no teste epicutâneo.[21] A melhora nos sintomas e na função pulmonar foi vista em adultos com asma leve ou moderada que receberam 340 miligramas de magnésio por dia.[22] Esse nível de ingestão de magnésio é conseguido facilmente com uma dieta saudável baseada em produtos de origem vegetal. O suco para equilíbrio imunológico, consumido apenas uma vez por dia, atende à metade das necessidades de magnésio de um adulto saudável.

O estresse pode esgotar as reservas de magnésio de seu organismo aumentando sua excreção pelos rins. Esse parece ser o resultado de hormônios de estresse como a adrenalina, que bloqueia a absorção do magnésio nas células. O estresse elevado e o magnésio baixo criam um círculo vicioso. Pessoas com baixos níveis desse mineral são mais suscetíveis aos efeitos desagradáveis do estresse e produzem mais adrenalina quando estressadas, o que agrava o déficit de magnésio em suas células. Lidar melhor com o estresse é uma parte importante da Solução para as Alergias, como descrito no capítulo 10.

Adrenalina: uma Faca de Dois Gumes

A adrenalina é um potente broncodilatador e injeções dessa substância servem para tratar ataques agudos de asma. Porém, ela tem alguns efeitos colaterais fortes, que incluem taquicardia, hipertensão e ansiedade.

Os broncodilatadores são drogas com efeitos parecidos com os da adrenalina tomados como aerossóis inalados para tratar a asma. Eles têm os mesmos efeitos colaterais da adrenalina injetada. O broncodilatador mais comum é o albuterol.

Um estudo realizado no departamento de emergência do Hospital Geral de Denver revelou que o uso frequente de albuterol por nebulizador resultou em um declínio significativo nos níveis séricos de magnésio em 90 minutos.[23] Quando broncodilatadores administrados por inalação ou via oral são usados como o único tratamento da asma, há um maior risco de efeios colaterais graves.[24] Um estudo canadense revelou que pessoas que dependiam de broncodilatadores inaláveis como o principal tratamento da asma tiveram uma maior taxa de internação e visitas ao pronto-socorro.[25] A depleção de magnésio pode ser um mecanismo para os efeitos colaterais dos broncodilatadores.

Para melhorar o status de magnésio, aumente o consumo de alimentos ricos nesse mineral: verduras verdes folhosas e brócolis, feijões e castanhas, escolhendo aqueles aos quais você não tem alergia.

Vitamina C, Enzimas e GSH

Os efeitos da vitamina C na asma parecem ser bem variáveis e podem depender de sua relação próxima com a glutationa, o nível de poluição do ar e as enzimas que utilizam a glutationa para desintoxicação e antioxidação, em vez de qualquer efeito antioxidante direto da vitamina C no pulmão.

A suplementação com vitamina C eleva os níveis de glutationa, mas não tem efeito nos níveis da vitamina C nas secreções respiratórias.[26] O efeito antioxidante dessa vitamina pode se dever a sua habilidade de aumentar o GSH. Um efeito pouco conhecido da suplementação com vitamina C é aumentar a atividade de GPx e a atividade da enzima que recicla do GSSG a GSH, uma enzima chamada glutationa redutase (GR).[27] Esse efeito aumenta a habilidade de a glutationa funcionar como um antioxidante.

A pesquisa sobre os benefícios da vitamina C na asma apresentou resultados inconsistentes. Essas inconsistências podem estar relacionadas à genética e ao meio ambiente. As pessoas provavelmente vão precisar de suplementação de vitamina C se tiverem deficiências genéticas nas enzimas desintoxicantes chamadas enzimas glutationa S-transferase (GSTs) e também se forem expostas a níveis mais elevados de poluição do ar.

As GSTs usam a glutationa para intensificar a desintoxicação. Elas ligam a glutatona a uma substância tóxica para que esta seja eliminada do organismo. Pessoas com defeitos genéticos de GSTs desenvolvem níveis reduzidos de vitamina C no sangue, provavelmente porque seu nível de estresse oxidativo seja maior.[28] Em algumas populações elas são mais suscetíveis ao desenvolvimento da asma.[29] Crianças asmáticas com genes da GST defeituosos são mais suscetíveis aos efeitos irritantes do ozônio do que crianças asmáticas com genes normais. Elas também são mais prejudicadas pela vitamina C alimentar reduzida do que asmáticos com genes normais.[30]

O primeiro passo para melhorar o status da vitamina C é aumentar a ingestão de alimentos ricos nela, como tomates e frutas cítricas. Se você for exposto a níveis mais elevados de poluição do ar e tiver defeitos nas enzimas de desintoxicação, também pode se beneficiar dos suplementos de vitamina C.

Conclusão

Este capítulo se concentrou nas pesquisas mundiais sobre a glutationa, a superestrela dos antioxidantes. Ela desempenha um papel essencial na desintoxicação e é o principal antioxidante no trato respiratório. Trabalha junto com a vitamina C e outros antioxidantes para proteger contra o dano inflamatório a células e tecidos de seu organismo.

Eu analisei a pesquisa sobre o aumento dos níveis de glutationa e os efeitos pela nutrição. Apresentei os nutrientes que auxiliam a glutationa em suas funções importantes, o magnésio e o selênio, e indiquei fontes alimentares deliciosas deles. Vimos que a inflamação está ligada aos níveis mais baixos de glutationa e que os analgésicos comuns podem esgotar a glutationa do organismo.

Recomendo que leve os avanços em nutrição e estilo de vida apresentados aqui com você quando se consultar com seu médico. Sempre o consulte antes de alterar sua rotina nutricional ou tomar suplementos.

Notas do Capítulo 13

1. Kern DG, Frumkin H. "Asma em terapeutas respiratórios", *Annals of Internal Medicine,* 1989; volume 110; p. 767-773, *Am J RespirCrit Care Med;* Christiani DC, Kern DG. "Risco de asma e trabalho como terapeuta respiratório", *Am Ver Respir Dis.,* setembro de 1993; 148(3); p. 671-674.
2. Delclos GL1, Gimeno D, Arif AA, Burau KD, Carson A, Lusk C, Stock T, Symanski E, Whitehead LW, Zock JP, Benavides FG, Antó JM. "Fatores de risco ocupacional e asma entre profissionais da saúde", *Am J Respir Crit Care Med.,* 1º de abril de 2007; 175(7); p. 667-675; Dimich-Ward H, Wymer ML, Chan-Yeung M. "Levantamento da saúde respiratória de terapeutas", *Chest.,* outubro de 2004; 126(4); p. 1048-1053.
3. Grammatopoulou EP, Skordilis EK, Georgoudis G, Haniotou A, Evangelodimou A, Fildissis G, Katsoulas T, Kalagiakos P. "Hiperventilação na asma: um estudo de validação do Questionário Nijmegen – NQ", *J Asthma.,* outubro de 2014; 51(8); p. 839-846; Gotshall RW. "Resposta das vias aéreas durante o exercício e hiperpneia em indivíduos asmáticos e não asmáticos", *Sports Med.,* 2006; 36(6); p. 513-527 ("... o exercício dinâmico demonstrou uma melhora consistente no calibre das vias aéreas em indivíduos asmáticos. ... o exercício durou menos de 15 minutos em geral. Os dados de exercícios de maior duração [20-30 minutos] ... sugerem um declínio na função pulmonar com o tempo durante exercícios em asmáticos depois da broncodilatação inicial"); Ritz T, Kullowatz A, Bobb C, Dahme B, Magnussen H, Kanniess F, Steptoe A. "Gatilhos psicológicos e sintomas de hiperventilação na asma", *Ann Allergy Asthma Immunol.,* maio de 2008;100(5); p. 426-432.

4. Prem V, Sahoo RC, Adhikari P. "Comparação dos efeitos das técnicas de respiração Buteyko e pranayama na qualidade de vida de pacientes com asma – um ensaio clínico controlado aleatório", *Clin Rehabil.*, fevereiro de 2013; 27(2); p. 133-141; Cowie RL, Conley DP, Underwood MF, Reader PG. "Um ensaio clínico controlado aleatório da técnica Buteyko como um adjuvante ao controle convencional da asma", *Respir Med.*, maio de 2008; 102(5); p. 726-732; McHugh P, Aitcheson F, Duncan B, Houghton F. "Técnica de respiração Buteyko para asma: uma intervenção eficaz", *N Z Med J.*, 12 de dezembro de 2003; 116(1187); U710; Cooper S, Oborne J, Newton S, Harrison V, Thompson Coon J, Lewis S, Tattersfield A. "Efeito de dois exercícios de respiração (Buteyko e pranayama) na asma: um ensaio clínico controlado aleatório", *Thorax.*, agosto de 2003; 58(8); p. 674-679; Opat AJ, Cohen MM, Bailey MJ, Abramson MJ. "Um ensaio clínico da Técnica de Respiração Buteyko na asma ensinada por um vídeo", *J Asthma.*, 2000; 37(7); p. 557-564; Bowler SD, Green A, Mitchell CA. "Técnicas de respiração Buteyko na asma: um ensaio clínico cego controlado aleatório", *Med J Aust.*, 7-21 de dezembro de 1998; 169(11-12); p. 575-578.
5. Celik M, Tuncer A, Soyer OU, Saçkesen C, Tanju Besler H, Kalayci O. "Estresse oxidativo nas vias aéreas de crianças com asma e rinite alérgica", *Pediatr Allergy Immunol.*, setembro de 2012; 23(6); p. 556-561; Westerveld GJ, Dekker I, Voss HP, Bast A, Scheeren RA. "Níveis de antioxidante na mucosa nasal de pacientes com sinusite crônica e controles saudáveis", *Arch Otolaryngol Head Neck Surg.*, fevereiro de 1997; 123(2); p. 201-204; Kassim SK, Elbeigermy M, Nasr GF, Khalil R, Nassar M. "A função da interleucina-12 e dos antioxidantes do tecido na sinusite crônica", *Clin Biochem.*, julho de 2002; 35(5); p. 369-375.
6. Zavorsky GS, Kubow S, Grey V, Riverin V, Lands LC. "Um estudo aberto de resposta à dose dos níveis de glutationa nos linfócitos em homens e mulheres saudáveis recebendo suplementos de whey protein isolada pressurizada", *Int J Food Sci Nutr.*, setembro de 2007; 58(6); p. 429-436.
7. Baumann JM, Rundell KW, Evans TM, Levine AM. "Os efeitos da suplementação cisteína na broncoconstrição induzida por exercícios", *Med Sci Sports Exerc.*, setembro de 2005; 37(9); p. 1468-1473.
8. Rushworth GF, Megson IL. "Os usos terapêuticos existentes e potenciais para a N-acetilcisteína: a necessidade de conversão para glutationa intracelular para benefícios antioxidantes", *Pharmacol Ther.*, fevereiro de 2014; 141(2); p. 150-159.
9. Carlsten C, MacNutt MJ, Zhang Z, Sava F, Pui MM. "O antioxidante N-acetilcisteína diminui a responsividade aos gases de veículos a diesel aumentada nas vias aéreas de pessoas com hipereatividade nas vias aéreas", *Toxicol Sci.*, junho de 2014; 139(2); p. 479-487.
10. Yamamoto M1, Singh A, Sava F, Pui M, Tebbutt SJ, Carlsten C. "Expressão de microRNA na resposta à exposição controlada à emissão de gases de veículos a diesel: atenuação pelo antioxidante N-acetilcisteína em um estudo cruzado aleatório", *Environ Health Perspect.*, junho de 2013; 121(5); p. 670-675.
11. Dabirmoghaddam P, Amali A, Motiee Langroudi M, Samavati Fard MR, Hejazi M, Sharifian Razavi M. "O efeito da N-acetilcisteína no refluxo laringofaríngeo", *Acta Med Iran.*, 2013; 51(11); p. 757-764.
12. Martinez-Losa M, Cortijo J, Juan G, O'Connor JE, Sanz MJ, Santangelo F, Morcillo EJ. "Os efeitos inibidores da N-acetilcisteína nas respostas funcionais de eosinófilos humanos in vitro", *Clin Exp Allergy*, maio de 2007; 37(5); p. 714-722.
13. Sugiura H, Ichikawa T, Liu X, Kobayashi T, Wang XQ, Kawasaki S, Togo S, Kamio K, Mao L, Ann Y, Ichinose M, Rennard SI. "A N-acetil-L-cisteína inibe as respostas profibróticas induzidas por TGF-beta1 em fibroblastos", *Pulm Pharmacol Ther.*, dezembro de 2009; 22(6); p. 487-491.

14. Kirkham P, Rahman I. "Estresse oxidativo na asma e na DPOC: antioxidantes como uma estratégia terapêutica", *Pharmacology & Therapeutics* 111 (2006); p. 476-494.
15. Nuttall SL, Khan JN, Thorpe GH, Langford N, Kendall MJ. "O impacto das doses terapêuticas de paracetamol na capacidade antioxidante sérica total", *J Biol Regul Homeost Agents.*, janeiro-março de 2012; 26(1 Suppl); S35-40.
16. Muc M, Padez C, Pinto AM. "A exposição ao paracetamol e aos antibióticos na infância e o risco elevado de asma em crianças", *Adv Exp Med Biol.*, 2013; 788; p. 393-400; Lee SH, Kang MJ, Yu HS, Hong K, Jung YH, Kim HY, Seo JH, Kwon JW, Kim BJ, Kim HJ, Kim YJ, Kim HS, Kim HB, Park KS, Lee SY, Hong SJ. "Associação entre o uso recente do acetaminofeno e a asma: modificação pelo polimorfismo em TLR4", *J Korean Med Sci.*, maio de 2014; 29(5); p. 662-668; Henderson AJ, Shaheen SO. "Acetaminofeno e asma", *Paediatr Respir Rev.*, março de 2013; 14(1); p. 9-15.
17. Stone J, Hinks LJ, Beasley R. *et al.* "Status de selênio reduzido de pacientes com asma", *Clin Sci.*, 1989; 77495-500; Flatt A, Pearce N, Thomson CD, *et al.* "Selênio reduzido em sujeitos asmáticos na Nova Zelândia", *Thorax.*, 1990; p. 4595-4599; Misso NL, Powers KA, Gillon RL, *et al.* "Atividade da glutationa peroxidase reduzida nas plaquetas e a concentração sérica de selênio em pacientes asmáticos atópicos", *Clin Exp Allergy*, 1996; 26838-26847; Hu G, Cassano PA. "Nutrientes antioxidantes e função pulmonar: o terceiro National Health and Nutrition Examination Survey [Estudo de Avaliação Nutricional e da Saúde] (NHANES III), *Am J Epidemiol.*, 2000; 151975-981; Soutar A, Seaton A, Brown K. "Reatividade brônquica e antioxidantes alimentares", *Thorax.*, 1997; 52166-170.
18. Voicekovska JG, Orlikov GA, KarpovIu G, Teibe U, Ivanov AD, Baidekalne I, Voicehovskis NV, Maulins E. "Função respiratória externa e qualidade de vida em pacientes com asma brônquica na correção da carência de selênio", *Ter Arkh.*, 2007; 79(8); p. 38-41; Gazdik F, Kadrabova J, Gazdikova K. "Diminuição do consumo de corticoesteroides depois da suplementação de selênio em asmáticos córtico-dependentes", *Bratisl Lek Listy.*, 2002; 103(1); p. 22-25; Jahnova E, Horvathova M, Gazdik F, Weissova S. "Os efeitos da suplementação de selênio na expressão das moléculas de adesão em asmáticos córtico-dependentes", *Bratisl Lek Listy*, 2002; 103(1); p. 12-16.
19. Galland L 2010; Britton J, Pavord I, Richards K, Wisniewski A, Knox A, Lewis S, Tattersfield A, Weiss S. "Magnésio alimentar, função pulmonar, chiado e hiperatividade das vias aéreas em uma amostra populacional aleatória de adultos", *Lancet.*, 6 de agosto de 1994; 344(8919); p. 357-362; Kurys E, Kurys P, Kuźniar A, Kieszko R., "Análise da atividade enzimática antioxidante e do nível de magnésio na doença pulmonar obstrutiva crônica (DPOC)", *Ann Univ Mariae Curie Sklodowska Med.*, 2001; 56; p. 261-266.
20. Bede O, Nagy D, Surányi A, Horváth I, Szlávik M, Gyurkovits K. "Efeitos da suplementação de magnésio no sistema redox de glutationa em crianças asmáticas atópicas", *Inflamm Res.*, junho de 2008; 57(6); p. 279-286; Bede O, Surányi A, Pintér K, Szlávik M, Gyurkovits K. "Excreção urinária de magnésio em crianças asmáticas recebendo suplementação de magnésio: um estudo duplo-cego, aleatório, controlado por placebo", *Magnes Res.*, dezembro de 2003; 16(4); p. 262-270.
21. Gontijo-Amaral C, Ribeiro MA, Gontijo LS, Condino-Neto A, Ribeiro JD. "Suplementação oral de magnésio em crianças asmáticas: um ensaio clínico duplo-cego, aleatório, controlado por placebo", *Eur J Clin Nutr.*, janeiro de 2007; 61(1); p. 54-60.
22. Kazaks AG, Uriu-Adams JY, Albertson TE, Shenoy SF, Stern JS. "Efeito da suplementação oral de magnésio nas medições da resistência das vias aéreas e a avaliação subjetiva do controle da asma e da qualidade de vida em homens e mulheres com

asma leve e moderada: um ensaio clíncio aleatório controlado por placebo", *J Asthma.*, fevereiro de 2010; 47(1); p. 83-92.
23. Bodenhamer J, Bergstrom R, Brown D, Gabow P, Marx JA, Lowenstein SR. "Beta-agonistas frequentemente nebulizados para asma: efeitos nos eletrólitos séricos", *Ann Emerg Med.*, novembro de 1992; 21(11); p. 1337-1342.
24. Cates CJ, Wieland LS, Oleszczuk M, Kew KM. "Segurança do formoterol ou do salmeterol regular em adultos com asma: uma visão geral das revisões Cochrane", *Cochrane Database Syst Rev.*, 6 de fevereiro de 2014; 2: CD010314; Rodrigo GJ, Moral VP, Marcos LG, Castro-Rodriguez JA. "Segurança do uso regular de beta agonistas de ação prolongada como monoterapia ou adicionados a corticoesteroides inalados na asma. Uma revisão sistemática", *Pulm Pharmacol Ther.*, fevereiro de 2009; 22(1); p. 9-19.
25. Anis AH, Lynd LD, Wang XH, King G, Spinelli JJ, Fitzgerald M, Bai T, Paré P. "Problema duplo: impacto do uso inadequado da medicação da asma no uso de serviços de saúde", *CMAJ.*, 6 de março de 2001; 164(5); p. 625-631.
26. Hernandez M, Zhou H, Zhou B, Robinette C, Crissman K, Hatch G, Alexis NE, Peden D. "O tratamento combinado com uma alta dose de vitamina C e alfatocoferol não aumenta os níveis do fluido de vitamina C no revestimento do trato respiratório em asmáticos", *Inhal Toxicol.*, fevereiro de 2009; 21(3); p. 173-181.
27. Zal F, Mostafavi-Pour Z, Amini F, Heidari A. "Efeito dos suplementos de vitamina E e C na peroxidação lipídica e no status da enzima antioxidante GSH-dependente no sangue de mulheres consumindo contracepcionais orais", *Contraception.*, julho de 2012; 86(1); p. 62-66; Smith AR, Visioli F, Hagen TM. "A vitamina C importa: o aumento do estresse oxidativo na cultura de células endoteliais da aorta humana sem suplementação de ácido ascórbico", *FASEB J.*, julho de 2002; 16(9); p. 1102-1104.
28. Horska A, Mislanova C, Bonassi S, Ceppi M, Volkovova K, Dusinska M. "Os níveis de vitamina C no sangue são influenciados pelos polimorfismos nas glutationas S-transferases", *Eur J Nutr.*, setembro de 2011; 50(6); p. 437-446.
29. Karam RA, Pasha HF, El-Shal AS, Rahman HM, Gad DM. "O impacto dos polimorfismos do gene da glutationa S-transferase na atividade enzimática, na função pulmonar e na suscetibilidade à asma brônquica nas crianças egípcias", *Gene.*, 15 de abril de 2012; 15; 497(2); p. 314-319; Lima CS, Néri IA, Lourenço GJ, Faria IC, Ribeiro JD, Bertuzzo CS. "Os polimorfismos genéticos da glutationa S-transferase mu 1 (GSTM1) e theta 1 (GSTT1) e a asma atópica em crianças do sudeste do Brasil", *Genet Mol Biol.*, julho de 2010; 33(3); p. 438-441; Wang IJ, Tsai CH, Chen CH, Tung KY, Lee YL. "Glutationa S-transferase, queima de incenso e asma em crianças", *Eur Respir J.*, junho de 2011; 37(6); p. 1371-1377; Tamer L, Calikoglu M, Ates NA, Yildirim H, Ercan B, Saritas E, Unlü A, Atik U. "Polimorfismos do gene da glutationa S-transferase (GSTT1, GSTM1, GSTP1) como fatores de risco maiores para asma", *Respirology*, novembro de 2004; 9(4); p. 493-498.
30. Moreno-Macías H, Dockery DW, Schwartz J, Gold DR, Laird NM, Sienra-Monge JJ, Del Río-Navarro BE, Ramírez-Aguilar M, Barraza-Villarreal A, Li H, London SJ, Romieu I. "Exposição ao ozônio, ingestão de vitamina C e suscetibilidade genética de crianças asmáticas na cidade do México: um estudo de coorte", *Respir Res.*, 4 de fevereiro de 2013; 14; p. 14.

Capítulo 14

O que Acontece no seu Intestino não Fica no seu Intestino

A primeira enxaqueca de Anne aconteceu em seu primeiro dia no ensino médio, há mais de 20 anos. Seus pais a atribuíram ao nervosismo. Anne lidava com cada dor de cabeça tomando ibuprofeno e se deitando em um quarto escuro até passar. Felizmente, elas eram esporádicas.

Mas quando uma dor de cabeça cegante impediu Anne de completar o exame de admissão na faculdade, seu médico a encaminhou a um neurologista, que prescreveu Imitrex, uma droga específica para a dor de cabeça da enxaqueca. Depois disso, Anne sempre teve o cuidado de manter uma cartela do remédio na bolsa, pois a medicação para enxaqueca costuma funcionar melhor se tomada no início dos sintomas.

As dores de cabeça de Anne costumavam ser precedidas por mudanças na visão. Os objetos começavam a parecer tortos e embaçados, como se ela os visse em um espelho quebrado. Essa precursora da dor de cabeça é chamada de aura. Quando Anne percebia uma aura de enxaqueca, ela tinha cerca de 15 minutos para tomar um Imitrex antes de a dor excruciante começar a invadir um lado de sua cabeça.

Se o Imitrex não funcionasse rápido o suficiente, ela tomava o analgésico naproxeno meia hora depois. As drogas costumavam aliviar suas dores de cabeça. As enxaquecas eram raras e facilmente controláveis, por enquanto.

Anne se casou logo depois da faculdade e deu à luz gêmeos um ano depois. Depois que eles foram para a escola em tempo integral, Anne começou a trabalhar como paralegal em um novo escritório de advocacia em Montclair, Nova Jersey, onde ela morava. Ela dividia seu trabalho com outra mulher local, o que dava a elas flexibilidade para equilibrar as responsabilidades de trabalho e maternidade.

Os filhos de Anne e a prática do direito cresceram ao mesmo tempo e ela começou a trabalhar cada vez mais. Então suas enxaquecas começaram a interferir em seu trabalho. Primeiro, a frequência aumentou. Ela se viu tomando medicação toda semana. Então o remédio parou de fazer efeito.

Anne se consultou com um especialista em dor de cabeça, que trocou a medicação e lhe deu uma lista de alimentos a evitar: queijos maturados, chocolate, frutas cítricas, cachorro-quente, carne maturada, vinho, cerveja, vinagre, cebolas, castanhas e alimentos com o realçador de sabor GMS (glutamato monossódico) ou o adoçante artificial aspartame. Segundo a teoria do médico, certos alimentos provocam enxaquecas por conterem substâncias químicas que causam constrição dos vasos sanguíneos ao redor do cérebro.[1]

Ela começou a notar uma ligação entre alimentação e dores de cabeça, mas o controle da dor não era tão simples quanto apenas evitar os alimentos da lista. A princípio, suco de laranja e chocolate pareciam ser os principais gatilhos. Depois descobriu que o queijo cottage provocava tanta dor de cabeça quanto o cheddar maturado. Quando ela evitava um grupo de alimentos, suas dores melhoravam por algumas semanas e depois pioravam quando novos alimentos pareciam se tornar os gatilhos. Ela também percebeu que ficar sem comer por seis horas poderia provocar uma dor de cabeça. Essa descoberta apenas piorou sua confusão.

Incapaz de estabelecer uma lista clara de gatilhos de enxaqueca, Anne desistiu do controle alimentar. Seu neurologista prescreveu uma série de drogas para prevenção das dores. Cada uma produzia efeitos colaterais incômodos, que iam desde fadiga até ansiedade, passando por ganho de peso, dependendo do medicamento. Ela pediu licença do trabalho. Essas dores de cabeça também causaram um estresse enorme em seu casamento. Ela parecia ter tantos gatilhos inconstantes que seu marido começou a duvidar se as dores eram reais.

Quando a conheci, percebi que o primeiro problema que tínhamos de tratar era sua confusão com a comida. Assim como a maioria das pessoas com enxaqueca, ela tinha vários gatilhos, mas a recomendação que tinha recebido sobre a dieta não foi completa o bastante. Baseou-se na ideia de que certas substâncias encontradas nos alimentos poderiam provocar enxaquecas diretamente, agindo como drogas para alterar o fluxo sanguíneo para o cérebro. Embora essa teoria seja muito mencionada, não é corroborada pelas pesquisas.[2] Como explicarei depois, o mecanismo da enxaqueca induzida por alimentos é geralmente a alergia, uma reação na qual o sistema imunológico amplifica o efeito de um gatilho.

Comecei explicando para Anne que a enxaqueca induzida por alimentos é uma doença muito rara. O Estudo da Saúde Feminina, realizado na Escola Médica de Harvard, acompanhou 65 mil profissionais da saúde por cerca de dez anos. Quase 15% dessas mulheres tinham enxaqueca. Dentre elas, quase metade notava que alimentos específicos as provocavam. Ter o alimento como um gatilho era muito associado à maior gravidade da enxaqueca.[3]

Cientistas demonstraram que a enxaqueca induzida por alimentos é na realidade uma enfermidade alérgica, não apenas da química cerebral. Considere essas descobertas em pesquisas:

- Todos os quatro tipos de reação alérgica descritos no capítulo 3 foram identificados em pessoas com enxaqueca durante e entre os ataques.[4]
- As enxaquecas estão muito associadas com outras doenças alérgicas, como asma e rinite, que podem passar despercebidas se não foram investigadas com atenção.[5]
- O tratamento de dessensibilização da alergia pode diminuir a frequência e a gravidade das enxaquecas.[6]

Embora Anne não soubesse se tinha alergias nasais, meu exame revelou um sinal indicativo de rinite alérgica: o revestimento de seu nariz parecia inchado e pálido. Quando a questionei, ela pensou por um momento e disse: "Na verdade, meu nariz fica entupido na maior parte do tempo. Acho que já me acostumei a isso".

Observei também que seu abdômen estava um pouco distendido e sensível. Isso refletia outra dupla de sintomas que escapou do radar de Anne: desconforto abdominal e gases. O Estudo da Saúde da Mulher descobriu que sintomas como o inchaço abdominal ocorrem em cerca de um quarto das mulheres com enxaquecas e, assim como a sensibilidade alimentar, estão associados a dores de cabeça mais graves.

Expliquei para ela que para realmente compreender a causa principal de suas enxaquecas, teríamos de começar analisando o funcionamento de seu trato GI.

Ela não disse nada, mas o olhar em seu rosto dizia: "Estou aqui para tratar as dores de cabeça e você quer começar com meu intestino?"

Então expliquei que sempre que avalio um paciente com sensibilidades alimentares múltiplas, minha primeira pergunta é: "O que está acontecendo no trato gastrointestinal dessa pessoa?" Os sintomas específicos variam. A pessoa pode ter dores de cabeça, eczema, urticária, dor nas articulações, alterações de humor, desordem do déficit de atenção, hiperatividade, fadiga, dor abdominal ou tontura.

Em geral, quando vários alimentos são gatilhos, encontro um transtorno no intestino delgado chamado de síndrome do intestino permeável. O que acontece no intestino não fica lá. Percorre todo seu organismo. O tratamento que sara essa síndrome frequentemente cura alergias alimentares.

A Verdade Surpreendente sobre seu Intestino

Você pensa no seu intestino como o lugar onde você digere alimento e absorve nutrientes. Isso é apenas natural. A digestão e a absorção são as atividades mais críticas de seu trato GI. Seu cérebro o avisa quando elas são necessárias enviando-lhe um sinal que diz: "Quero comida. Estou com fome".

Mas os trabalhos realizados por seu intestino são na verdade muito maiores e mais abrangentes do que você imagina:

- Ele é o maior órgão do seu sistema imunológico. Mais de dois terços dos linfócitos de seu organismo são encontrados no revestimento do intestino delgado. Partindo dessa base, eles percorrem todo seu organismo enviando sinais que influenciam a imunidade em todos os outros órgãos. No seu intestino delgado é onde começa a tolerância oral. Como eu descrevi no capítulo 3, a tolerância oral é a forma saudável e normal de seu corpo responder ao alimento, absorvendo os nutrientes e não reagindo aos alérgenos. É um processo ativo, controlado pelas células T-regulatórias.
- Seu trato GI tem um sistema nervoso próprio, chamado sistema nervoso entérico (SNE). O SNE é chamado de segundo cérebro. Ele contém tantas células nervosas quando sua medula e está em comunicação constante com seu cérebro. Na verdade, a conversação cruzada entre seu cérebro e o SNE é responsável por alguns dos benefícios das terapias mente-corpo para aliviar a alergia. Um experimento fascinante realizado nos Países Baixos demonstrou que um programa de treinamento

mente-corpo poderia diminuir a resposta inflamatória das toxinas derivadas do intestino.[7]

- Seu intestino é lar de trilhões de microrganismos, que incluem milhares de espécies diferentes de bactérias, algumas dúzias de tipos de levedura e um número desconhecido de vírus. Coletivamente, eles são chamados de flora intestinal ou microbiota. Descobrir como esses microrganismos influenciam a saúde humana e as doenças tem sido uma grande busca minha por mais de três décadas. Nos últimos anos, a pesquisa sobre a flora intestinal se tornou uma das áreas mais importantes da ciência médica aplicada. Criar uma população floral saudável é o principal objetivo da técnica chamada de reflorestamento, que descrevo a seguir neste capítulo.

O trato gastrointestinal é um órgão da desintoxicação. O revestimento intestinal é rico em enzimas de desintoxicação. Seu intestino e seu fígado trabalham juntos para impedir que as substâncias novicas cheguem aos seus tecidos e para removê-las do corpo. As células do revestimento intestinal e o sistema imunológico intestinal criam uma barreira protetiva que defende seu organismo contra os efeitos danosos das toxinas e dos alérgenos encontrados em seu intestino.

Essas funções múltiplas do sistema digestório interagem umas com as outras e com o alimento consumido para regular suas respostas imunológicas, seu estado nutricional, seu metabolismo, seu padrão de sono e até seu humor.

A Síndrome do Intestino Permeável Leva a Enxaquecas

Com o intestino permeável, há uma absorção excessiva de toxinas derivadas do intestino e alérgenos alimentares. A habilidade do revestimento intestinal de criar uma barreira protetiva fica comprometida e a tolerância oral falha, criando um círculo vicioso. A exposição a alérgenos alimentares cria agora uma resposta alérgica que inflama ainda mais o revestimento do intestino delgado e deixa o revestimento ainda mais permeável.

Escrevo e dou conferências sobre a síndrome do intestino permeável há 25 anos. Durante esse tempo, o reconhecimento de que o intestino permeável desempenha um papel significativo na alergia e nas doenças inflamatórias entrou em voga na medicina. Antigamente os pacientes me diziam: "Meu médico diz que intestino permeável não existe". Agora o termo aparece nas mais prestigiadas e conservadoras revistas científicas.

Pesquisadores europeus encontraram ligações entre enxaqueca e o intestino permeável:

- Cientistas holandeses observaram associações entre enxaquecas e doenças gastrointestinais. Eles explicam: "Pessoas que sentem sintomas GI com regularidade têm uma maior prevalência de dores de cabeça... Os mecanismos subjacentes da enxaqueca e das doenças gastrointestinais podem ser uma maior permeabilidade intestinal e a inflamação".[8] "Permeabilidade intestinal aumentada" é outro termo para a "síndrome do intestino permeável."
- Josef Egger, o neurologista alemão cuja pesquisa excepcional descrevi antes neste livro, deu uma explicação clara para as ligações entre alergia alimentar, permeabilidade intestinal e enxaqueca, que explica por que a dor de cabeça pode demorar 48 horas para se desenvolver depois da exposição ao gatilho alimentar.[9] Ele sugeriu que comer um alimento a que é alérgico causa inflamação nos intestinos provocando a permeabilidade do revestimento intestinal. Então, com a permeabilidade ocorre uma absorção excessiva de substâncias tóxicas produzidas pelas bactérias intestinais ou derivadas dos alimentos. Essas toxinas são a principal causa da dor.

O açúcar também pode causar um aumento da permeabilidade intestinal, o que pode ser viciante com os efeitos da alergia. A sinergia entre o açúcar e os alérgenos pode explicar por que tantas pessoas com alergias alimentares acham que comer açúcar piora suas alergias.

Uma colega minha da Universidade Purdue, Laura Stevens, realizou uma pesquisa importante esclarecendo os aspectos nutricionais da desordem do déficit de atenção/hiperatividade em crianças. Ela escreveu sobre os efeitos tóxicos dos corantes alimentícios no cérebro, confirmados por evidência científica. Eu e Laura descobrimos que a exposição ao açúcar ou a alérgenos alimentares pode deixar as crianças mais suscetíveis aos efeitos tóxicos dos corantes alimentícios. Acreditamos que com a permeabilidade intestinal por causa do açúcar ou à exposição a alérgenos ocorre uma penetração maior desses aditivos alimentares no organismo, acarretando mudanças no comportamento.[10] Portanto, a alergia e a toxicidade fazem parte de um círculo vicioso no qual a alergia impulsiona as forças que permitem uma maior toxicidade.

Teste da Permeabilidade do Intestino

Para avaliar detalhadamente o funcionamento gastrointestinal de Anne, pedi dois exames. O primeiro foi um exame para verificar a permeabilidade intestinal. Anne teria de tomar uma solução especial e depois coletar sua urina para ver quanto da solução era absorvida. O segundo exame foi um de fezes específico para analisar os componentes múltiplos de sua flora intestinal e a eficiência de sua digestão.

Os resultados foram definitivos. Anne tinha um aumento evidente na permeabilidade intestinal. O exame revelou também uma ausência completa de dois grupos de bactérias normais chamadas *Lactobacillus* e *Bifidobacteria*. Você pode conhecer o gênero *Lactobacillus* por sua espécie mais conhecida, *L. acidophilus*. Discuti os benefícios potenciais da ingestão de *Lactobacillus* e *Bifidobacteria* como probióticos para aliviar os sintomas de alergias nasais no capítulo 11 e de asma no capítulo 12.

Anne também tinha níveis reduzidos de enzimas pancreáticas nas fezes, com uma elevação da gordura não digerida, indicando mau funcionamento pancreático e má absorção. O mau funcionamento digestivo poderia esclarecer um quarto grupo de alterações encontradas nos exames de sangue pedidos: ela apresentava níveis muito baixos de vitamina D e zinco no sangue.

Sem sombra de dúvida, todas essas alterações estavam relacionadas umas com as outras. Probióticos como o *Lactobacillus*, por exemplo, podem auxiliar na manutenção da permeabilidade intestinal normal.[11] Analgésicos como o ibuprofeno e o naproxeno reduziram muito os níveis de *Lactobacilli* no trato GI, como se demonstrou em estudos. Isso pode ser um mecanismo pelo qual eles produzem o famoso efeito colateral de dano no intestino.[12] Para conseguir a melhor resposta ao tratamento, precisávamos corrigir todas essas alterações.

Armado dessa informação, preparei um plano para reduzir as enxaquecas de Anne tratando seu intestino. Eu o chamo de programa ARC, sigla para:

- Anulação;
- Reflorestamento;
- Cultivo.

Usei esse programa para tratar muitos tipos de doenças alérgicas, inflamatórias e autoimunes diferentes. Não é um tratamento para qualquer doença. É um tratamento para uma causa subjacente de muitas doenças diferentes.

O ARC da Cura

Primeiro Estágio: Anulação

O primeiro passo para curar um intestino permeável é a eliminação de qualquer exposição que danifique o revestimento intestinal. As exposições mais comuns são a drogas, infecções e alimentos.

- As drogas que aumentam a permeabilidade intestinal estão na maior parte na classe chamada de AINEs, que inclui a aspirina e analgésicos como ibuprofeno e naproxeno. Apresento a seguir uma lista delas. Anne usou vários delas para controlar a dor de cabeça.
  O caminho para a cura de Anne: recomendei que ela parasse com os analgésicos e contasse apenas com sua medicação específica para a enxaqueca enquanto ela completasse outras partes do programa de Solução para as Alergias.
- As infecções intestinais criam um estado de inflamação GI que aumenta a permeabilidade intestinal. Para pessoas com alergia alimentar, as infecções mais importantes na minha experiência são causadas por parasitas unicelulares, como *Giardia lamblia* e várias amebas, e por leveduras como *Candida albicans*.[13] Nos primeiros capítulos dei exemplos de pacientes em quem essas infecções causaram doenças alérgicas. Procuro por infecções como essas em cada paciente que vejo com sensibilidades alimentares múltiplas. Algumas das reversões de alergia em meus anos de prática resultaram da identificação e do tratamento de infecções gastrointestinais insuspeitas.
- Os alimentos podem criar um intestino permeável de duas formas distintas:
  - Uma dieta ocidental típica, rica em açúcar e gorduras saturadas, aumenta a permeabilidade intestinal e produz um estado de inflamação sistêmica chamado endotoxemia metabólica.[14] O consumo diário de álcool também pode criar um intestino permeável com inflamação sistêmica.[15] A dieta para equilíbrio imunológico é um antídoto para os dois problemas. Crici-a para ser uma base para a cura do intestino.
  - Consumir alimentos aos quais se é alérgico produz inflamação no trato GI tornando-o permeável. Os protocolos de limpeza profun-

da e a reintrodução servem para ajudá-lo a identificar e eliminar esses alimentos enquanto adota uma dieta variada e nutritiva.

O caminho para a cura de Anne: ela precisava da abordagem sistêmica oferecida pela Limpeza Profunda, reintrodução e dieta para equilíbrio imunológico para identificar os melhores alimentos para ela. Anne descobriu que laticínios, levedura e milho eram seus principais gatilhos. Evitando-os e com uma dieta nutritiva, balanceada e variada de acordo com os princípios delineados no capítulo 8, ela levou a frequência e a gravidade de suas dores de cabeça a um nível controlável.

Anti-inflamatórios não Esteroides

Aspirina
Salicilatos de magnésio e colina
Salicilato de colina
Celecoxibe
Diclofenaco
Diflunisal
Etodolaco
Fenoprofeno
Flurbiprofeno
Ibuprofeno
Indometacina
Cetoprofeno
Salicilato de magnésio
Metaclofenamato de sódio
Ácido mefenâmico
Meloxicam
Nabumetona
Naproxeno
Oxaprozina
Piroxicam
Salsalato
Salicilato de sódio
Sulindaco
Tolmetina sódica

Segundo Estágio: Reflorestamento

As bactérias intestinais podem ter um efeito profundo na permeabilidade intestinal. Os microrganismos benéficos estimulam suas células a produzir uma barreira intestinal saudável. A ausência deles é uma das causas da permeabilidade.

Cientistas belgas exploraram o papel da flora intestinal e da permeabilidade no alcoolismo e na desabituação ao álcool.[16] Usando uma medição laboratorial de permeabilidade intestinal, eles dividiram sua população de estudo de alcoólatras crônicos em dois grupos: um com permeabilidade elevada e o outro com permeabilidade normal. O grupo da permeabilidade elevada teve uma pontuação maior de depressão, ansiedade e fissura por álcool do que o grupo com permeabilidade normal. Além disso, eles apresentaram níveis maiores de inflamação sistêmica e um padrão distinto de mudanças na flora intestinal. Comparados com os alcoólatras com permeabilidade normal, aqueles com permeabilidade elevada tinham carência de *Bifidobacteria*, conhecida por seus efeitos anti-inflamatórios. Esses cientistas propõem que para alguns alcoólatras (cerca de metade), beber álcool altera a flora intestinal até a depleção das bactérias protetoras, aumentando a permeabilidade e produzindo uma inflamação sistêmica, agravando os transtornos psicológicos encontrados no vício do álcool.

Os Probióticos Previnem a Permeabilidade?

Várias equipes de cientistas estudaram o impacto dos suplementos de probióticos na permeabilidade intestinal em pessoas sob diferentes condições de estresse:

- Médicos italianos administraram a cepa GG do *Lactobacillus rhamnosus* a sujeitos com dor abdominal por oito semanas. Comparado com o placebo, o probiótico melhorou a permeabilidade intestinal e acarretou uma redução significativa da dor.[17]
- Quando cientistas finlandeses deram a mesma cepa de probiótico a sujeitos com eczema causado por alergia alimentar, eles demonstraram uma diminuição na inflamação intestinal e uma melhora na gravidade do eczema.[18]
- Uma equipe alemã administrou duas cepas de *Lactobacilli*, o *L. rhamnosus* 19070-2 e o *L. reuteri* DSM 12246, a sujeitos com eczema alérgico grave. A combinação de probióticos melhorou a permeabilidade intestinal e reduziu os sintomas GI.[19]

Vários tipos diferentes de probióticos podem ajudar a curar a permeabilidade. Minha experiência me mostrou que não há uma cepa ideal para isso. Os efeitos diferem de pessoa para pessoa. Para algumas, alimentos fermentados como iogurte, chucrute ou kimchi podem ser as melhores fontes de bactérias probióticas.

Para outras, suplementos de probióticos específicos podem fazer a diferença. Embora você não consiga sentir a permeabilidade de seu intestino, sente os sintomas digestivos como gases, inchaço e a qualidade dos movimentos intestinais. O que você quer é uma ausência de sintomas. Quando ele funciona bem, faz seu trabalho em silêncio, sem conversar com você, tanto que mal se percebe que ele existe. O probiótico certo pode ajudá-lo a alcançar esse estado. Qualquer probiótico que agrave os gases, o inchaço, o barulho, a constipação ou a diarreia provavelmente é o errado para seu intestino.

Recomendei dois probióticos para Anne. Um era uma mistura de *Lactobacilli* que incluía o *L. plantarum*. Como sugere seu nome, o *L. plantarum* vem de plantas e é encontrado em alimentos naturalmente fermentados, como o chucrute. Várias cepas dele endureceram a barreira intestinal, revertendo a permeabilidade nos ensaios clínicos em humanos.[20] O outro foi o *Bifidobacterium infantis*, que curou a permeabilidade em cobaias.[21] O *B. infantis* também estimula a atividade das células T-regulatórias.[22] Você pode se lembrar do capítulo 3 que as células T-regulatórias são linfócitos que trabalham para contra-atacar e prevenir reações alérgicas. Elas são um componente crucial da resposta imune protetiva que leva à tolerância oral.

O efeito mais rápido desses probióticos foi reduzir o desconforto intestinal de Anne.

Terceiro Estágio: Cultivo

Pense no seu intestino como um jardim. Tirar as ervas daninhas, semear e plantar não bastam. Você precisa cultivar o solo. Uma dieta nutritiva, rica em fibras, é um passo essencial para curar a permeabilidade. Outros componentes da dieta para equilíbrio imunológico, criada especificamente para o programa de Solução para as Alergias, proporcionam uma melhora adicional da permeabilidade intestinal normal, como demonstrado em estudos laboratoriais. Esses componentes incluem:

- O tempero anti-inflamatório cúrcuma, que dá gosto à sopa para equilíbrio imunológico.[23]

- O flavonoide do chá, encontrado nos chás oolong e verde.[24]
- O sulforafano, o composto do brócolis, encontrado no suco para equilíbrio imunológico ao se adicionar o pó do broto de brócolis. O brócolis cozido também libera sulforafano com a adição de nabo fresco na sopa para equilíbrio imunológico.[25]

Às vezes suplementos de vitaminas ou minerais são necessários, principalmente quando há uma carência preexistente. Dois suplementos foram importantes no tratamento de Anne: vitamina D e zinco.

Vitamina D, Alergia e Permeabilidade Intestinal

A falta de vitamina D prejudica o funcionamento da barreira intestinal, contribuindo com a permeabilidade.[26] Como as fontes alimentares de vitamina D são escassas e sua fonte principal é a luz solar, os baixos níveis sanguíneos dessa vitamina são muito comuns longe dos trópicos. Não está claro se a carência de vitamina D é uma causa de alergias, mas alguns estudos indicam que a suplementação pode aliviar os sintomas associados com alergia:

- Um estudo realizado na Universidade de Nebraska analisou os efeitos da suplementação de vitamina D para pessoas sofrendo com urticária crônica. A vitamina D em uma dose de 4 mil unidades internacionais (UI) por dia reduziu o número e a gravidade da urticária e o grau da coceira, melhorando a qualidade do sono.[27]
- Pacientes com enxaqueca e níveis de vitamina D baixos sentiram uma redução dramática na frequência dela quando a suplementação de vitamina D foi acrescentada à sua medicação para enxaqueca.[28] As doses administradas variaram de 400 a 4 mil UI por dia, dependendo da gravidade da carência.
- A suplementação de vitamina D em asmáticos proporcionou uma redução de até 75% nas doses de esteroides inalados necessários para controlar a asma. Quando os níveis sanguíneos de vitamina D subiram, a taxa de ataques de asma baixou.[29] Esse estudo foi conduzido em 20 centros médicos americanos, coordenado pelos Institutos Nacionais de Saúde, e publicado na *JAMA, Journal of the American Medical Association*. Divulgou-se na mídia que os resultados não apresentaram benefícios de suplementação de vitamina D em asmáticos, mas uma leitura

atenta dos resultados indica que as notícias deturparam as descobertas. Se você tiver asma e seus níveis sanguíneos de vitamina D estiverem baixos, elevar esses níveis pode ajudá-lo a controlar melhor a asma com menos medicação.

- Crianças com asma por alergia a ácaros receberam suplementação de vitamina D (650 UI por dia), além das injeções de dessensibilização. A adição da vitamina duplicou a proporção na qual as crianças conseguiram interromper o uso de esteroides inalados. Níveis mais elevados de vitamina D parecem gerar uma maior atividade das células T-regulatórias.[30]

Zinco x Intestino Permeável

Os níveis baixos de zinco no sangue costumam acompanhar a permeabilidade intestinal. O zinco é um mineral essencial com efeitos críticos na função imunológica. A falta de zinco causa uma ruptura de todas as células de barreiras no seu corpo, do intestino à pele. A suplementação de zinco ajuda a corrigir a permeabilidade intestinal excessiva e a reduzir a inflamação intestinal em crianças com diarreia.[31]

Cientistas do Imperial College London demonstraram a potência do zinco na prevenção do aumento da permeabilidade causado por um forte anti-inflamatório não esteroide, a indometacina. De todos os analgésicos AINEs, a indometacina causa o maior dano gastrointestinal. Os pesquisadores britânicos deram a indometacina para voluntários saudáveis e demonstraram uma permeabilidade intestinal três vezes maior em apenas cinco dias. Quando eles coadminstraram uma forma especial do zinco chamada zinco carnosina, não houve aumento na permeabilidade intestinal com a indometacina.[32]

O zinco também apresentou potencial contra a asma. Quando os asmáticos com níveis baixos de zinco receberam 50 miligramas do mineral por dia por oito semanas, apresentaram uma melhora significativa na função pulmonar e uma redução em sintomas como tosse, chiado e falta de ar.[33]

O que São Prebióticos?

Os probióticos são microrganismos benéficos consumidos como alimento ou suplementos. Discuti o uso deles no tratamento das alergias nasais e da asma. Os prebióticos são outra coisa: carboidratos complexos que seu trato GI não digere nem absorve e, por isso, eles percorrem intactos seus intestinos delgado e grosso e estimulam seletivamente o crescimento da flora bacteriana benéfica. O leite materno é rico em prebióticos que estimulam o crescimento da *Bifidobacteria*. Os prebióticos no leite materno são responsáveis por muitos dos benefícios à saúde do aleitamento materno.

As fibras e o amido resistente são componentes de alimentos sólidos com efeitos prebióticos. O amido resistente, como seu nome sugere, resiste à digestão. É encontrado em alimentos como em todas as variedades de bananas, feijões, ervilhas e batatas-doces. Muitos prebióticos industrializados contêm inulina, derivada da chicória.

Pesquisadores italianos do Laboratório de Bioquímica Experimental, no Instituto Nacional de Doenças Digestivas em Bari, alimentaram voluntários saudáveis sem problemas gastrointestinais com massa enriquecida com inulina. Ela melhorou a permeabilidade intestinal e, na verdade, deixou os resultados laboratoriais "normais" ainda mais normais.[34] A infecção por HIV, a causa da Aids, produz um aumento marcado na permeabilidade intestinal. Os prebióticos podem ajudar a reverter a permeabilidade de soropositivos e melhorar sua função imunológica.[35]

Como Anne tinha níveis baixos de vitamina D e zinco, passei para ela um suplemento com vitamina D3 e zinco carnosina. Recomendei também que ela acrescentasse um prebiótico em pó ao suco para equilíbrio imunológico. Há muitos tipos de prebióticos disponíveis. Para cura do intestino e reversão da alergia, uma boa escolha é usar um baseado em um açúcar complexo chamado galacto-oligossacarídeo, o principal prebiótico no leite materno.

Quando ela começou a suplementação, Anne já havia retirado os gatilhos alimentares para enxaquecas de sua dieta e a frequência e a gravidade de suas dores de cabeça tinham diminuído significativamente. Acrescentar probióticos, prebióticos, zinco e vitamina D a ajudaram a restaurar a permeabilidade intestinal normal em três meses.

Seis meses depois houve uma redução dramática em suas alergias alimentares. Com a melhora de seu intestino, ela conseguiu consumir vários alimentos que serviam de gatilhos sem desenvolver sintomas.

O tratamento de Anne não foi um tratamento para enxaquecas. Foi para curar um intestino permeável e aliviar a alergia alimentar. Restaurar a permeabilidade intestinal normal a libertou de suas dores de cabeça.

O Programa de Solução para as Alergias para uma Microbiota Intestinal Saudável

A permeabilidade intestinal e a depleção dos microrganismos intestinais benéficos pela exposição a antibióticos e pesticidas nos alimentos, além da carência de fibras e diversidade, são fatores emergentes do avanço das alergias. A solução é a dieta baseada em alimentos integrais e vegetais que apresento neste livro, criada por mim para melhorar a desintoxicação, impulsionar o status antioxidante e restaurar a microbiota intestinal saudável com a ajuda de probióticos e prebióticos.

A corrida para revelar os mistérios da microbiota humana e as implicações profundas para nossa saúde é uma das áreas mais acaloradas da pesquisa médica atual. O que foi descoberto até agora oferece um vislumbre tentador de como evoluímos junto com esses microrganismos e compartilhamos nossos corpos e a Terra com eles. Nosso destino saudável pode muito bem depender de como podemos nutrir nossa relação com essa comunidade.

Como você pode manter uma diversidade saudável de bactérias em seu intestino?

- *Tenha uma dieta variada com muitas fibras, rica em frutas e verduras. Os flavonoides encontrados nas frutas e nas verduras agem como condutores para estimular o crescimento de bactérias diversas. Alimentos fermentados, como chucrute, kimchi e iogurte e alimentos crus costumam aumentar a diversidade de bactérias intestinais. O amido resistente, encontrado em bananas, feijões, ervilhas e batatas-doces, estimula o crescimento de uma microbiota diversificada.*
- *Evite a exposição desnecessária a antibióticos. Animais destinados à alimentação, e não pessoas, recebem 80% dos antibióticos usados no país. Escolha carne, ovos e laticínios de animais não tratados com antibióticos.*
- *Consuma o máximo de alimentos orgânicos que puder e evite aqueles modificados geneticamente. A agricultura orgânica aumenta a diversidade de bactérias no solo, que afeta então a diversidade das bactérias que você ingere com seus alimentos. Pesticidas e herbicidas matam mais do que as pragas. Matam também bactérias boas e estimulam o crescimento de bactérias prejudiciais. A menos que você seja um cirurgião, evite sabonetes*

e xampus antibacterianos. Eles apenas estimulam o crescimento de organismos resistentes e têm um impacto negativo nas bactérias saudáveis.
- *Você também pode se beneficiar dos probióticos. Antes de começar a tomar qualquer suplemento, consulte um médico ou nutricionista experiente em seu uso.*

Conclusão

Seu intestino faz muito mais do que apenas manipular o alimento para dentro e fora do seu corpo. Neste capítulo, aprendemos como o longo e enrolado trato digestório pode desempenhar um papel surpreendente nas alergias. Medicações, infecções e a alimentação podem levar a um transtorno no intestino delgado chamado intestino permeável e contribui com alergias. Algo tão simples e comum quanto o açúcar pode levar a uma permeabilidade.

Conhecemos Anne, a paralegal, cujo caso iluminou uma verdade fundamental sobre alergias e nossa saúde que às vezes é ignorada: o organismo é intrinsecamente ligado. Suas enxaquecas, uma doença extremamente dolorosa e muitas vezes debilitante, eram, na verdade, uma manifestação do que acontecia em seu sistema digestório: uma permeabilidade intestinal. Eu a conduzi por meu ARC da cura: anulação, reflorestamento e cultivo para tratar seu intestino permeável e aliviar suas dores de cabeça.

Aprofundamo-nos para compreender o tremendo alcance do trabalho do trato digestório. Seu intestino é o maior órgão de seu sistema imunológico. É lar de trilhões de microrganismos e é um facilitador fundamental na desintoxicação. Como tal, ele regula suas respostas imunes, seu metabolismo, seu sono e seu humor. Examinamos a pesquisa sobre promover um intestino saudável com nutrição, probióticos, vitamina D e zinco. Como são muitos dados para digerir, leve este livro com você para discutir com seu médico.

Notas do Capítulo 14

1. Millichap JG, Yee MM. "O fator alimentar na enxaqueca pediátrica e de adolescentes", *Pediatr Neurol.*, janeiro de 2003; 28(1); p. 9-15.
2. Salfield SA, Wardley BL, Houlsby WT, Turner SL, Spalton AP, Beckles-Wilson NR, Herber SM. "Estudo controlado da exclusão de aminas vasoativas alimentares na enxaqueca", *Arch Dis Child.*, maio de 1987; 62(5); p. 458-460; Galland L, McEwen LM. "Uma função para a intolerância alimentar na enxaqueca infantil", *World Pediatrics and Child Care.*, 1996; 6; p. 2-8.
3. Schürks M, Buring JE, Kurth T. "Aspectos da enxaqueca, sintomas associados e gatilhos: uma análise dos principais componentes no Estudo da Saúde Feminina", *Cephalalgia.*, maio de 2011; 31(7); p. 861-869.
4. Alpay K, Ertas M, Orhan EK, Ustay DK, Lieners C, Baykan B. "Dieta na enxaqueca, baseada em alimentos que combatem o IgG: um ensaio clínico cruzado, duplo-cego e aleatório", *Cephalalgia.*, julho de 2010; 30(7); p. 829-837; Galland e McEwen 1996; Martelletti P, Sutherland J, Anastasi E, Di Mario U, Giacovazzo M. "Evidência de um mecanismo mediado pelo sistema imunológico na enxaqueca induzida por alimentação de um estudo em células T ativadas, de subclasse IgG4, anticorpos anti-IgG e em complexos imunes circulantes", *Headache.*, novembro de 1989; 29(10); p. 664-670; Martelletti P. "Células T expressando o receptor IL-2 na enxaqueca", *Acta Neurol* (Nápoles), outubro de 1991; 13(5); p. 448-456; Mansfield LE, Vaughan TR, Waller SF, Haverly RW, Ting S. "Alergia alimentar e enxaqueca em adultos: confirmação duplo-cega e do mediador de uma etiologia alérgica", *Ann Allergy,* agosto de 1985; 55(2); p. 126-129; Monro J, Carini C, Brostoff J. "A enxaqueca é uma doença alérgica à alimentação", *Lancet.*, 29 de setembro de 1984; 2(8405); p. 719-721.
5. Ozge A, Ozge C, Oztürk C, Kaleagasi H, Ozcan M, Yalçinkaya DE, Ozveren, N, Yalçin F. "A relação entre enxaqueca e doenças atópicas – a contribuição de testes de função pulmonar e rastramento imunológico", *Cephalalgia,* fevereiro de 2006; 26(2); p. 172-179; Mortimer MJ, Kay J, Gawkrodger DJ, Jaron A, Barker DC. "A prevalência da dor de cabeça e da enxaqueca em crianças atópicas: um estudo epidemiológico na prática geral", *Headache.*, setembro de 1993; 33(8); p. 427-431.
6. Galland e McEwen 1996; Theodoropoulos DS, Katzenberger DR, Jones WM, Morris DL, Her C, Cullen NA, Morrisa DL. "Imunoterapia sublingual alérgeno-específica no tratamento de enxaquecas: um estudo prospectivo", *Eur Ver Med Pharmacol Sci.*, outubro de 2011; 15(10); p. 1117-1121.
7. Kox M, Van Eijk LT, Zwaag J, Van den Wildenberg J, Sweep FC, Van der Hoeven JG, Pickkers P. "Ativação voluntária do sistema nervoso simpático e a atenuação da resposta imune inata nos humanos", *Proc Natl Acad Sci USA,* 20 de maio de 2014; 111(20); p. 7379-7384.
8. Van Hemert S, Breedveld AC, Rovers JM, Vermeiden JP, Witteman BJ, Smits MG, De Roos NM. "Enxaqueca associada com transtornos gastrointestinais: revisão da literature e implicações clínicas", *Front Neurol.*, 21 de novembto de 2014; 5; p. 241.
9. Egger J. "Aspectos psiconeurológicos da alergia alimentar", *Europ J Clin Nutr.*, 1991; 45 (suppl 1); p. 35-45.
10. Stevens LJ, Kuczek T, Arnold LE. "Solucionando o enigma do transtorno do déficit de atenção", *Nutr Rev.*, julho de 2011; 69(7); p. 383-384; Stevens LJ, Burgess JR, Stochelski MA, Kuczek T. "Quantias de corantes alimentícios artificiais em bebidas muito consumidas e as potenciais implicações comportamentais em crianças", *Clin Pediatr* (Phila)., fevereiro de 2014; 53(2); p. 133-140; Stevens LJ, Kuczek T, Burgess JR, Hurt E, Arnold LE. "Sensibilidades alimentares e os sintomas do TDAH: 35 anos de pesquisa", *Clin Pediatr* (Phila)., abril de 2011; 50(4); p. 279-293; Stevens LJ, Kuczek T, Burgess JR, Stochelski MA, Arnold LE, Galland L. "Mecanismos das reações comportamentais,

atópicas, entre outras de crianças aos corantes artificiais", *Nutr Rev.*, maio de 2013; 71(5); p. 268-281.
11. Ahrne S, Hagslatt ML. "O efeito dos lactobacilos na permeabilidade paracelular no intestino", *Nutrients.*, janeiro de 2011; 3(1); p. 104-117.
12. Montenegro L, Losurdo G, Licinio R, Zamparella M, Giorgio F, Ierardi E, Di Leo A, Principi M. "Dano induzido por anti-inflamatório não esteroide no trato gastrointestinal inferior: há um comprometimento da microbiota?", *Curr Drug Saf.*, 2014; 9(3); p. 196-204.
13. Dagci H, Ustun S, Taner MS, Ersoz G, Karacasu F, Budak S. "Infecções por protozoários e permeabilidade intestinal", *Acta Trop.*, janeiro de 2002; 81(1); p. 1-5; Maia-Brigagão C, Morgado-Díaz JA, De Souza W. "A giardia rompe o arranjo das proteínas de junção firme, aderentes e desmosomal das células intestinais", *Parasitol Int.*, junho de 2012; 61(2); p. 280-287; Lejeune M, Moreau F, Chadee K. "Prostaglandina E2 produzida pelos sinais da *Entamoeba histolytica* via receptor EP4 altera a claudina-4 para aumentar a permeabilidade iônica das junções firmes", *Am J Pathol.*, agosto de 2011; 179(2); p. 807-818; Frank CF, Hostetter MK. "Clivagem da E-caderina: um mecanismo para o rompimento da barreira epitelial intestinal pelo *Candida albicans*", *Transl Res.*, abril de 2007; 149(4); p. 211-222.
14. Neves AL, Coelho J, Couto L, Leite-Moreira A, Roncon-Albuquerque Jr. R. "Endotoxemia metabólica: uma ligação molecular entre a obesidade e o risco cardiovascular", *J Mol Endocrinol.*, 11 de setembro de 2013; 51(2); R51-64.
15. Bode C, Bode JC. "Efeito do consumo de álcool sobre o intestino", *Best Pract Res Clin Gastroenterol.*, agosto de 2003; 17(4); p. 575-575.
16. Leclercq S, Cani PD, Neyrinck AM, Stärkel P, Jamar F, Mikolajczak M, Delzenne NM, de Timary P. "Função da permeabilidade intestinal e da inflamação no controle biológico e comportamental de sujeitos dependentes de álcool", *Brain Behav Immun.*, agosto de 2012; 26(6); p. 911-918; Leclercq S, Matamoros S, Cani PD, *et al.*, "Permeabilidade intestinal, disbiose bacteriana intestinal e marcadores comportamentais na gravidade da dependência de álcool", *Proc Natl Acad Sci USA*, 2014; pii:201415174.
17. Francavilla R, Miniello V, Magistà AM, De Canio A, Bucci N, Gagliardi F, Lionetti E, Castellaneta S, Polimeno L, Peccarisi L, Indrio F, Cavallo L. "Um ensaio clínico controlado aleatório no *Lactobacillus GG* em crianças com dor abdominal funcional", *Pediatrics.*, dezembro de 2010; 126(6); p. 1445-1452.
18. Majamaa H, Isolauri E. "Probióticos: uma nova abordagem no tratamento da alergia alimentar", *J Allergy Clin Immunol.*, fevereiro de 1997; 99(2); p. 179-185.
19. Rosenfeldt V, Benfeldt E, Valerius NH, Paerregaard A, Michaelsen KF. "O efeito dos probióticos nos sintomas gastrointestinais e na permeabilidade do intestino delgado em crianças com dermatite atópica", *J Pediatr.*, novembro de 2004; 145(5); p. 612-616.
20. Ahrne S, Hagslatt ML. "Efeito dos lactobacilos na permeabilidade paracelular no intestino", *Nutrients.*, janeiro de 2011; 3(1); p. 104-117.
21. Bergmann KR, Liu SX, Tian R, Kushnir A, Turner JR, Li HL, Chou PM, Weber CR, De Plaen IG. "A bifidobacteria estabiliza as claudinas nas junções firmes e previne a disfunção da barreira intestinal na enterocolite necrosante em camundongos", *Am J Pathol.*, maio de 2013; 182(5); p. 1595-1606.
22. Konieczna P, Akdis CA, Quigley EM, Shanahan F, O'Mahony L. "Retrato de uma bifidobacteria imunorreguladora", *Gut Microbes.*, 2012; p. 3; p. 261-266; Konieczna P, Groeger D, Ziegler M, Frei R, Ferstl R, Shanahan F, *et al.* "A administração de *Bifidobacterium infantis* 35624 induz as células T regulatórias Foxp3 no sangue periférico humano: uma função potencial para as células dendríticas mieloide e plasmacitoide", *Gut.*, 2012; p. 61; p. 354-366.

23. Ghosh SS, Bie J, Wang J, Ghosh S. "A suplementação oral com antibióticos não absorvíveis ou curcumina atenua a aterosclerose induzida pela dieta ocidental e a intolerância à glicose em camundongos LDLR – função da permeabilidade intestinal e na ativação de macrófagos", *PLoS One.*, 24 de setembro de 2014; 9(9); e108577.
24. Sergent T, Piront N, Meurice J, Toussaint O, Schneider YJ. "Efeitos anti-inflamatórios dos componentes fenólicos alimentares em um modelo in vitro do epitélio intestinal humano inflamado", *Chem Biol Interact.*, 5 de dezembro de 2010; 5; 188(3); p. 659-667.
25. Yanaka A, Sato J, Ohmori S. "O sulforafano protege a mucosa do intestino delgado da lesão induzida por aspirina/AINE aumentando os sistemas de defesa do hospedeiro contra o estresse oxidativo e inibindo a invasão mucosal da enterobactéria anaeróbica", *Curr Pharm Des.*, 2013; 19(1); p. 157-162.
26. Assa A, Vong L, Pinnell LJ, Avitzur N, Johnson-Henry KC, Sherman PM. "A carência de vitamina D promove a disfunção da barreira epitelial e a inflamação intestinal", *J Infect Dis.*, 15 de outubro de 2014; 210(8); p. 1296-1305.
27. Rorie A, Goldner WS, Lyden E, Poole JA. "Função benéfica do tratamento com suplementação de vitamina D3 na urticária crônica: um estudo aleatório", *Ann Allergy Asthma Immunol.*, abril de 2014; 112(4) p. 376-382.
28. Cayir A, Turan MI, Tan H. "Efeito da terapia com vitamina D junto com a amitriptilina nas crises de enxaqueca em pacientes pediátricos", *Braz J Med Biol Res.*, abril de 2014; 47(4); p. 349-354.
29. Castro M, King TS, Kunselman SJ, Cabana MD, Denlinger L, Holguin F, Kazani SD, Moore WC, Moy J, Sorkness CA, Avila P, Bacharier LB, Bleecker E, Boushey HA, Chmiel J, Fitzpatrick AM, Gentile D, Hundal M, Israel E, Kraft M, Krishnan JA, LaForce C, Lazarus SC, Lemanske R, Lugogo N, Martin RJ, Mauger DT, Naureckas E, Peters SP, Phipatanakul W, Que LG, Sheshadri A, Smith L, Solway J, Sullivan-Vedder L, Sumino K, Wechsler ME, Wenzel S, White SR, Sutherland ER. "O efeito da vitamina D3 sobre as falhas no tratamento da asma em adultos com asma sintomática e baixos níveis de vitamina D: o ensaio clínico aleatório VIDA", *JAMA*, maio de 2014; 311(20); p. 2083-2091.
30. Baris S, Kiykim A, Ozen A, Tulunay A, Karakoc-Aydiner E, Barlan IB. "A vitamina D como adjuvante da imunoterapia subcutânea alergênica em crianças asmáticas sensíveis ao ácaro", *Allergy*, fevereiro de 2014; 69(2); p. 246-253; Majak P, Jerzyńska J, Smejda K, Stelmach I, Timler D, Stelmach W. "Relação da vitamina D com a indução de Foxp3 e um efeito não esteroide da imunoterapia em crianças asmáticas", *Ann Allergy Asthma Immunol.*, novembro de 2012; 109(5); p. 329-335.
31. Tran CD, Hawkes J, Graham RD, Kitchen JL, Symonds EL, Davidson GP, Butler RN. "Solução de reidratação reforçada com zinco melhorou a permeabilidade intestinal e a recuperação da mucosa do intestino delgado", *Clin Pediatr* (Phila), 16 de dezembro de 2014; pii: 0009922814562665; Alam AN, Sarker SA, Wahed MA, Khatun M, Rahaman MM. "A perda da proteína entérica e as alterações na permeabilidade intestinal em crianças durante a shigelose aguda e depois da recuperação: efeito da suplementação de zinco", *Gut.*, dezembro de 1994; 35(12); p. 1707-1711.
32. Mahmood A, FitzGerald AJ, Marchbank T, Ntatsaki E, Murray D, Ghosh S, Playford RJ. "Zinco carnosina, um suplemento alimentar saudável que estabiliza a integridade do intestino delgado e estimula os processos de reparo intestinal", *Gut.*, fevereiro de 2007; 56(2); p. 168-175.

33. Ghaffari J, Khalilian A, Salehifar E, Khorasani E, Rezaii MS. "Efeito da suplementação de zinco em crianças com asma: um ensaio clínico aleatório controlado por placebo no norte da República Islâmica do Irã", *East Mediterr Health J.*, 18 de junho de 2014; 20(6); p. 391-396.
34. Russo F, Linsalata M, Clemente C, Chiloiro M, Orlando A, Marconi E, Chimienti G, Riezzo G. "Massa enriquecida com inulina melhora a permeabilidade intestinal e modifica os níveis circulantes de zonulina e peptídio semelhante a glucagon 2 em voluntários jovens saudáveis", *Nutr Res.*, dezembro de 2012; 32(12); p. 940-946.
35. González-Hernández LA, Jave-Suarez LF, Fafutis-Morris M, Montes-Salcedo KE, Valle-Gutierrez LG, Campos-Loza AE, Enciso-Gómez LF, Andrade-Villanueva JF. "A terapia simbiótica diminui a translocação microbiana e a inflamação e melhora a condição imunológica em pacientes infectados com HIV: um ensaio clínico piloto, controlado, duplo-cego, aleatório", *Nutr J.*, 29 de outubro de 2012; 11; p. 90.

Faça Parte da Solução

Eu e meu filho Jonathan escrevemos *A Solução para as Alergias* para mudar como o mundo pensa sobre alergia, saúde e nosso relacionamento com o meio ambiente. Revelamos a ciência que diz que as alergias não são apenas sintomas incômodos que podem ser resolvidos com medicações e o meio ambiente não é apenas um lugar conveniente para soltar o gás do escapamento, despejar nosso lixo e vaporizar nossos pesticidas. O meio ambiente está ao nosso redor *e* dentro de nós, no nosso trato digestório, no nosso sistema respiratório e no corpo todo.

Demonstramos que três níveis de ambiente têm um impacto em nossas alergias e nossa saúde: o ar livre, o ambiente fechado, onde passamos 90% do nosso tempo, e o ambiente interno, no nosso sistema digestório. Também expusemos a verdade que quando o ambiente do nosso planeta está desequilibrado, nossos corpos também ficam.

A epidemia de alergia é a resposta dos nossos organismos à vida em um mundo onde ônibus escolares movidos a diesel arrotam fuligem provocadora de asma; onde o fumo passivo, o formaldeído e os produtos de limpeza formam uma nuvem tóxica em um ambiente fechado que cria alergias e enfraquece a saúde, e onde comer fast-food eleva o risco de alergia.

A poluição externa contribui com a onda crescente de doenças alérgicas. O ozônio, o óxido nítrico e os gases de escapamento de veículos a diesel danificam o revestimento respiratório, aumentam o estresse oxidativo e agem em sinergia com a exposição a alérgenos para criar ou agravar reações alérgicas.

Os poluentes em ambientes fechados que provocam o desenvolvimento de alergias incluem os ftalatos, o formaldeído, hidrocarbonetos orgânicos voláteis, triclosano, ácaros e mofo.

No nosso corpo, a depleção dos microrganismos intestinais benéficos com a exposição a antibióticos e pesticidas nos alimentos e a falta de fibras e diversidade na alimentação são fatores emergentes no avanço das alergias.

Nós esclarecemos *duas* epidemias de alergia nestas páginas. Além de doenças alérgicas como asma, polinose, eczema e alergias alimentares que afligem atualmente um bilhão de pessoas em todo o mundo, também revelamos o avanço chocante das alergias ocultas que levam a um ganho de peso inexplicável, ansiedade, fadiga, TDAH, depressão, problemas digestivos, confusão mental e muito mais queixas. Novas pesquisas incríveis demonstram como todas elas estão ligadas ao desequilíbrio imunológico, que está no centro da alergia.

Nós nos sentimos honrados em levar para você uma ciência de ponta para ajudá-lo a entender as causas das alergias e tratá-las em suas fontes – ou, como diz o subtítulo do livro: entender por que você fica doente e como pode melhorar. Ficamos animados com a função que as vitaminas e outros nutrientes dos alimentos podem ter para ajudar a dar suporte e equilibrar a imunidade, e com a habilidade das práticas de mente-corpo, como a meditação, em superar o estresse e reduzir a inflamação, algo fundamental para uma imunidade saudável.

Sua Saúde e o Meio Ambiente sob Ameaça

Mas ainda há muito trabalho a ser feito, porque o meio ambiente, do qual todos dependemos, está ameaçado como nunca. Vimos uma previsão do futuro e ele está acontecendo agora. O ano de 2015 foi o mais quente da história, milhares morreram em fortíssimas ondas de calor na Europa ultimamente, secas assolam a Califórnia e o sudeste dos Estados Unidos todos os anos, incêndios consomem florestas nos Estados Unidos, na Europa, na Rússia e na Austrália, as geleiras nas cadeias montanhosas em todo o mundo estão encolhendo e desaparecendo, o gelo na Nova Zelândia está derretendo, os níveis do mar estão subindo, furacões e tufões estão ficando maiores e mais perigosos.

As temperaturas em elevação e a fumaça de incêndios florestais pioram a poluição do ar, exacerbando a asma e danificando diretamente nossa saúde, enquanto os gases do efeito estufa aumentam a produção de pólen. Com os níveis cada vez mais elevados de dióxido de carbono, o aquecimento global prossegue e a ameaça à nossa saúde continua a crescer.

Logo que terminamos de escrever *A Solução para as Alergias*, em junho de 2015, uma mensagem central do livro virou notícia. A ligação crítica entre o aquecimento global e a saúde estampou as capas da grande mídia.

"Os Estados Unidos Preveem uma Catástrofe Climática e Obama Solicita Ação da ONU", divulgou o *Bloomberg News*.[1]

"A Casa Branca e a EPA Dizem que a Mudança Climática é uma Ameaça Terrível à Economia e à Saúde Humana", informou o *USA Today*.[2]

Naquele mesmo mês, a Casa Branca recebeu uma Conferência sobre Mudança Climática e Saúde. "Sabemos que a mudança climática não é uma ameaça distante", dizia uma declaração da Casa Branca. "Nós já vemos impactos dela em comunidades em todo o país. Nas últimas três décadas, a porcentagem de americanos com asma mais do que duplicou e a mudança climática está colocando esses indivíduos e muitas outras populações vulneráveis em um risco maior de internações em hospitais."[3]

Na conferência, Vivek Murthy, o ministro da saúde americano, enfatizou a urgência dizendo que "a mudança climática representa uma ameaça global imediata e grave à saúde humana". As temperaturas em elevação estão acarretando a antecipação da primavera e estações de pólen mais longas, bem como mais poluição e ozônio e uma piora no ar das cidades, resultando em mais internações e idas a pronto-socorros por asma, alergias e doenças respiratórias, ele explicou.[4]

A EPA, em seu recente relatório *Climate Change in the United States: Benefits of Global Action* [Mudança Climática nos Estados Unidos: Benefícios da Ação Global], disse que a redução das emissões poderia ajudar a evitar 13 mil mortes prematuras em 2050 e 57 mil mortes prematuras em 2100.[5]

Ainda em junho, *The Lancet*, uma das revistas médicas de maior prestígio do mundo, publicou um grande estudo, *Health and Climate Change: Policy Responses to Protect Public Health* [Saúde e Mudança Climática: Respostas das Diretrizes para Proteger a Saúde Pública], afirmando: "Sentimos hoje os efeitos da mudança climática e projeções futuras representam um inaceitável risco elevado e potencialmente catastrófico para a saúde humana". Ele pedia aos governos do mundo todo para responder ao risco reduzindo as emissões de carbono com uma transição para energias renováveis, uma redução da frota de veículos e uma interrupção gradual do uso de carvão.[6]

O Chamado da Mãe Natureza

Em um futuro próximo fictício retratado no filme *Interestelar*, uma praga nas plantações ameaça a sobrevivência da civilização, enquanto tempestades de areia gigantes engolem os Estados Unidos. As propriedades agrícolas americanas, outrora um símbolo de fartura e prosperidade, agora estão devastadas e as pessoas precisam usar máscaras para se protegerem da nuvem de poeira.

Na esperança de encontrar um novo planeta para as pessoas viverem, um professor da nasa interpretado por Michael Caine recruta um astronauta interpretado por Matthew McConaughey para pilotar uma corajosa missão de descoberta. Caine diz: "A geração da sua filha será a última a sobreviver na Terra. Saia de lá e salve o mundo". É desesperado, dramático e heroico, típico de filmes hollywoodianos.

Mas por que colocar toda essa paixão para chegar a outro planeta em vez de tomar conta deste? Não poderíamos trabalhar todos juntos para reverter a poluição do ar, dando aos asmáticos, e àqueles sem asma, uma melhor oportunidade de respirar bem? As reduções na poluição do ar também poderiam frear os níveis elevados de pólen, ajudando aqueles com polinose a se sentirem mais confortáveis.

Produzir e usar menos substâncias tóxicas reduziriam o peso sobre o meio ambiente. Talvez pegar um trem, ônibus ou simplesmente caminhar até o trabalho não soem de modo tão dramático quanto viajar no espaço sideral. Mas cada ação que tomamos para "salvar o planeta" não poderia ser tão nobre e heroica quanto aquelas tomadas pelos astronautas nos filmes?

Suas alergias estão ligadas aos alimentos que você come, ao ar que respira e ao ambiente onde mora. Defenda sua saúde e proteja a natureza como se sua vida dependesse disso. Junte-se a nós e faça parte da solução.

Saiba mais sobre saúde natural entrando na nossa comunidade em <www.drgalland.com>. Siga o Dr. Galland no Facebook (facebook.com/leogallandmd) e Twitter (@leogallandmd), e siga Jonathan Galland no facebook.com/jonathangallandjd e no Twitter @JonathanGalland.

Notas do Faça Parte da Solução

1. Mark Drajem, "Os Estados Unidos preveem uma catástrofe climática e Obama Solicita Ação da ONU," Bloomberg News, 22 de junho de 2015. <http://www.bloomberg.com/politics/articles/2015-06-22/climate-catastrophe-predicted-by-u-s-as-obama-urges-un-action>.
2. "A Casa Branca e a EPA dizem que a mudança climática é uma ameaça terrível à economia e à saúde humana", USA Today, 23 de junho de 2015. <http://www.usatoday.com/story/news/nation/2015/06/23/white-house-epa-climate--change-threats/29165589/>.
3. "Alerta: a administração Obama anuncia ações para proteger as comunidades dos impactos da mudança climática sobre a saúde na Conferência sobre o clima na Casa Branca", 23 de junho de 2015. <https://www.whitehouse.gov/the-press-office/2015/06/23/fact-sheet-obama-administration-announces-actions-protect-communities>.
4. Amanda Stone, "Sua Saúde e o nosso meio ambiente: como podemos proteger os dois?", White House blog, 18 de junho de 2015. <https://www.whitehouse.gov/blog/2015/06/18/public-health-climate-summit>.
5. Agência de Proteção Ambiental Americana, "Os benefícios da ação climática: qualidade do ar", <http://www2.epa.gov/cira/climate-action-benefits-air-quality>.
6. The Lancet Commissions, "Saúde e mudança climática: respostas políticas para proteger a saúde pública", <http://press.thelancet.com/Climate2Commission.pdf>.

Sobre os Autores

O dr. Leo Galland, certificado em medicina interna, é reconhecido como o líder mundial da medicina integrativa. Educado na Universidade de Harvard e na Escola de Medicina da Universidade de Nova York, ele ganhou o Prêmio Linus Pauling por sua visão pioneira que criou uma nova forma de praticar a medicina para milhares de médicos. Dr. Galland foi mencionado *The New York Times*, nas publicações: *The Wall Street Journal*, *Self* e *Men's Fitness* e apareceu na TV no *Today Show* no *Good Morning America*, no *The Dr. Oz Show*, na PBS, na CNN e na Fox. Ele é autor dos livros *The Fat Resistance Diet*, *Power Healing* e *Superimmuni for Kids* e diretor da Fundação para Medicina Integrada. Entre em sua comunidade sobre saúde natural em <www.drgalland.com> e o siga no Facebook (facebook.com/leogallandmd) e no Twitter (@leogallandmd).

O dr. Jonathan Galland, J.D. é um líder em educação de saúde integrada, escreve no *Huffington Post* e na *MindBodyGreen*. Criou mais de 100 receitas para *The Fat Resistance Diet*, apareceu na *Fitness* e na *Woman's World*, no programa *The Dr. Oz Show* e no Jornal *The Washington Post*. É presidente da pilladvised.com, que reúne medicina integrativa e saúde ambiental. Entre para o movimento no Facebook (facebook.com/jonathangallandjd) e no Twitter (@JonathanGalland).

Nota do Editor

A Madras Editora não participa, endossa ou tem qualquer autoridade ou responsabilidade no que diz respeito a transações particulares de negócio entre o autor e o público.

Quaisquer referências de internet contidas neste trabalho são as atuais, no momento de sua publicação, mas o editor não pode garantir que a localização específica será mantida.

Índice Remissivo

A

Ácaros 110, 124
Ácidos graxos essenciais. Veja ômega-3; ômega-6 237, 238, 256
Ácidos graxos. Veja ômega-3; ômega-6 49, 236, 237, 238, 253, 254, 255, 256
Açúcar 129, 136, 161, 163
Adrenalina 267
Agravamento de reações alérgicas 18, 23, 25, 28, 31, 33, 40, 45, 55, 58, 73, 75, 76, 78, 80, 86, 127, 131, 133, 157, 163, 171, 179, 186, 205, 209, 210, 211, 212, 213, 216, 228, 262, 283, 293
Água alcanila e 124, 172
AINEs 280, 285
Alergia a amendoim 18, 21, 47, 73, 79, 80, 81, 83, 84, 127
Alergia à carne vermelha provocada por carrapatos 15, 20, 27, 29, 34, 40, 41, 42, 43, 44, 46, 47, 48, 50, 51, 57, 66, 68, 73, 74, 76, 78, 79, 81, 82, 84, 124, 135, 150, 166, 185, 211, 212, 216, 231, 249, 250, 284, 289
Alergia cerebral, confusão mental 15, 20, 27, 29, 34, 40, 41, 42, 43, 44, 46, 47, 48, 50, 51, 57, 66, 68, 73, 74, 76, 78, 79, 81, 82, 84, 124, 135, 150, 166, 185, 211, 212, 216, 231, 249, 250, 284, 289
Alergias ao pólen de bétula 7, 8, 9, 10, 11, 12, 13, 15, 18, 20, 21, 23, 24, 25, 30, 33, 34, 35, 37, 38, 39, 40, 47, 48, 52, 56, 68, 77, 85, 88, 89, 97, 99, 103, 105, 107, 108, 109, 110, 112, 119, 123, 127, 138, 144, 155, 157, 162, 165, 174, 187, 205, 207, 208, 209, 216, 219, 224, 232, 237, 239, 246, 249, 259, 267, 280, 283, 287, 293, 295

Alergias nasais/dos seios paranasais e 7, 8, 9, 10, 11, 12, 13, 15, 18, 20, 21, 23, 24, 25, 30, 33, 34, 35, 37, 38, 39, 40, 47, 48, 52, 56, 68, 77, 85, 88, 89, 97, 99, 103, 105, 107, 108, 109, 110, 112, 119, 123, 127, 138, 144, 155, 157, 162, 165, 174, 187, 205, 207, 208, 209, 216, 219, 224, 232, 237, 239, 246, 249, 259, 267, 280, 283, 287, 293, 295

Alergias nasais/seios paranasais e 7, 8, 9, 10, 11, 12, 13, 15, 18, 20, 21, 23, 24, 25, 30, 33, 34, 35, 37, 38, 39, 40, 47, 48, 52, 56, 68, 77, 85, 88, 89, 97, 99, 103, 105, 107, 108, 109, 110, 112, 119, 123, 127, 138, 144, 155, 157, 162, 165, 174, 187, 205, 207, 208, 209, 216, 219, 224, 232, 237, 239, 246, 249, 259, 267, 280, 283, 287, 293, 295

Alergias ocultas. Veja alergias, desmascarando as ocultas 20, 28, 30, 31, 52, 88, 103, 127, 140, 177, 234, 294

Alimentação e alergias. Veja também dieta para equilíbrio imunológico; limpeza profunda de três dias 150

Alimentos a evitar 51, 135, 136, 140, 152, 175, 211, 213, 214, 262, 287

Alimentos ajudam a reduzir 51, 135, 136, 140, 152, 175, 211, 213, 214, 262, 287

Alimentos anti-inflamatórios 51, 135, 136, 140, 152, 175, 211, 213, 214, 262, 287

Alimentos a observar 51, 135, 136, 140, 152, 175, 211, 213, 214, 262, 287

Alimentos para comer. Veja também primeiro estágio; segundo estágio; terceiro estágio 51, 135, 136, 140, 152, 175, 211, 213, 214, 262, 287

Alimentos que causam 51, 135, 136, 140, 152, 175, 211, 213, 214, 262, 287

Alimentos que não se deve consumir 51, 135, 136, 140, 152, 175, 211, 213, 214, 262, 287

Alimentos que se deve consumir 51, 135, 136, 140, 152, 175, 211, 213, 214, 262, 287

Alívio do estresse com 11, 20, 25, 32, 54, 57, 61, 86, 100, 147, 159, 177, 183, 184, 185, 186, 187, 188, 192, 193, 194, 196, 197, 199, 201, 202, 203, 204, 231, 232, 235, 236, 242, 244, 249, 250, 251, 252, 253, 260, 264, 267, 268, 272, 274, 282, 291, 293, 294

Alopecia areata 33, 45

Ambiente do quarto 54, 69, 117, 124, 211, 294
Anafilaxia e asma Não tentar 78, 83, 84
Analgésicos, asma 263, 264, 279
Antioxidantes 49, 232, 253
Ao pólen da bétula 17, 18, 22, 26, 41, 51, 54, 55, 56, 58, 59, 60, 62, 67, 68, 76, 96, 97, 99, 101, 130, 131, 165, 208, 209, 210, 214, 215, 216, 217, 218, 220, 221, 222, 224, 225, 236, 253, 294, 295, 296
Apigenina 177, 183
Aprender quais alimentos deixam o corpo feliz 8, 120, 137, 140
Aquecimento global. Veja Mudança climática 60, 62, 69
ARC da cura (anulação, reflorestamento, cultivo) 279, 280, 288
Aromatizadores de ar 119
Artrite. Veja Dor nas articulações 44, 45, 204
Asma, antioxidantes e 15, 42, 43, 47, 52, 56, 62, 66, 68, 116, 117, 119, 124, 191, 204, 223, 227, 228, 229, 231, 232, 236, 237, 238, 240, 244, 245, 249, 263, 264, 265, 266, 269
Atividade da NOX 50, 138, 253, 256, 271
Atividade da NOX/controle e 50, 138, 253, 256, 271
Aumento do risco com sprays de limpeza 125, 181
Aumento dos níveis de pólen e 125, 181
Aumento no meio ambiente 125, 181
Azia (DRGE). Veja também história de Madeline 32, 90, 167, 169, 174, 178

B

Banho, benefícios do 193
Banho nos pés 193
Banhos minerais para 130, 135, 138, 150, 152, 154, 169, 244, 265, 284
Baratas, eliminar 112
Baseada na yoga 191, 196
Bebericar em paz 156, 191, 194, 195
Benefícios 295
Benefícios e importância 295
Bloqueadores de H2 169, 171, 173
Broto de brócolis 37, 130, 132, 138, 261, 266, 268, 284
Busca pelas origens 89, 95, 98

Busca pelas origens da alergia e Veja também Alergias, desmascarando as ocultas 89, 95, 98
Busca pelos gatilhos 89, 95, 98
Butil benzil ftalato 70

C

Café 122, 129, 136, 143, 197
Candida albicans 47, 49, 50, 174, 183, 247, 256, 280, 290
Características anti-inflamatórias 220, 256
Carência de vitamina D 48, 99
Carência de zinco 48, 99
Causando permeabilidade intestinal 39, 45, 130, 278, 279, 280, 282, 283, 284, 285, 286, 287, 288, 290, 291, 292
Causas da insônia 32, 40, 44, 52, 199
Causas de epidemia de alergia. Veja Mudança Climática; Meio Ambiente e Alergias 7, 19, 24, 52, 67, 75, 98, 109, 151, 157, 167, 245, 293
Células adiposas e 82, 223, 289
Células T-regulatórias e 82, 223, 289
Cerimônia do chá pacífica e 156
Chan, Dra. Margaret 60, 225, 269
Chá oolong 132, 155, 156, 176, 214
Chá reduz 132, 155, 156, 176, 214
Ciência da nutrição 124, 176
Círculo vicioso da alergia 166
Coceira vaginal/corrimento 33, 38, 91
Combate à infecção por estafilococos 15, 259
Combater alergias com 150, 155, 157
Comer direito e 98, 130, 159, 172, 185
Como evitar 11, 15, 20, 23, 28, 29, 30, 35, 38, 40, 51, 52, 63, 72, 78, 87, 98, 103, 105, 108, 115, 120, 127, 129, 133, 135, 150, 151, 155, 160, 163, 166, 171, 172, 177, 179, 189, 195, 198, 202, 205, 207, 231, 234, 238, 239, 241, 244, 246, 259, 260, 261, 263, 265, 266, 275, 276, 283, 284, 286, 287, 288

Como funciona 11, 15, 20, 23, 28, 29, 30, 35, 38, 40, 51, 52, 63, 72, 78, 87, 98, 103, 105, 108, 115, 120, 127, 129, 133, 135, 150, 151, 155, 160, 163, 166, 171, 172, 177, 179, 189, 195, 198, 202, 205, 207, 231, 234, 238, 239, 241, 244, 246, 259, 260, 261, 263, 265, 266, 275, 276, 283, 284, 286, 287, 288
Conexão com a natureza para 212
Confusão mental e 19, 33, 91
Consulte o médico antes 130, 134, 178
Controlar azia e 178
Controle sem drogas 171, 201, 210, 228, 229, 236
Crescendo em você 165
Crise na saúde por causa 56
Cultivo de ervas e 279, 283
Cultivos de verduras/ervas 24, 28, 71, 197, 233, 239, 250, 261, 266, 268, 287
Cura do corpo 15, 185, 189, 280
  Aumento da eficiência 15
Cura mente-corpo Veja também Meditação; alívio do estresse 15, 185, 189, 280

D

Dança para alívio do estresse 195
Daphne, história 100, 101, 102, 103
Das glândulas parótidas (paroidite) 34, 35, 181
Deixar pó/toxinas do lado de fora 37, 40, 51, 55, 95, 96, 97, 98, 105, 108, 110, 111, 112, 113, 114, 123, 124, 132, 139, 146, 149, 165, 172, 173, 178, 200, 205, 209, 216, 217, 225, 228, 246, 256, 260, 284, 286
Depleção com o uso de nebulizadores 99
Depressão, transtornos do humor 19, 47, 91, 203
DEs 64
Desafio alimentar da reintrodução e 15, 24, 25, 60, 128, 139
De secadoras de roupas 97, 114, 115, 124
Desintoxicação de pensamentos 135
Desintoxicação do espaço pessoal 135
Desintoxicação, glutationa e. Veja Glutationa 135

Desintoxicação, nutrientes que auxiliam 135
Desintoxicar pensamentos 15, 105, 123, 191, 227
Desmascarando alergias ao. Veja Lista de Sintomas 15, 85
Desmascarando alergias a. Veja lista de sintomas 15, 85
Diário 134
Dicas para cuidados com a pele 18, 20, 26, 33, 34, 38, 39, 64, 71, 72, 76, 77, 78, 79, 80, 81, 84, 106, 110, 112, 116, 118, 120, 121, 125, 127, 130, 153, 159, 161, 162, 163, 203, 212, 260, 285
Dicas para dormir melhor 24, 200
Dieta, meio ambiente 15, 25, 45, 88, 100, 102, 103, 128, 129, 149, 151, 181, 211, 254, 289
Dieta para equilíbrio imunológico 15, 25, 45, 88, 100, 102, 103, 128, 129, 149, 151, 181, 211, 254, 289
Dióxido de enxofre 58
Dor de estômago, ligação com a alergia alimentar. Veja também intestino; permeabilidade intestinal 32, 33, 44, 90, 91
Dores de cabeça 19
Dores e incômodos musculares, ligação com a alergia 19, 31
Dores musculares e 19, 31
Dor nas articulações, ligação com as alergias 32, 33, 44, 90, 91
DRGE. Veja Azia (DRGE) 130, 167, 168, 169, 170, 171, 172, 173, 174, 175, 178, 179
Drogas. Veja Medicações 169, 170, 171, 178
Duração 94

E

Ecologia interna. Veja também Intestino; Azia (DRGE); Permeabilidade intestinal 244
Eczema 53
Efeitos da carência dos 42, 70, 125, 164, 183, 203, 225, 255, 271, 291
Efeitos do fast-food 42, 70, 125, 164, 183, 203, 225, 255, 271, 291
Efeitos negativos do 42, 70, 125, 164, 183, 203, 225, 255, 271, 291
Egger, dr. Josef 41, 50, 141, 142, 147, 202, 278, 289
Elefante tóxico na sala 105

Eliminação de fumaça 35, 37, 54, 60, 62, 65, 67, 86, 98, 112, 113, 114,
    123, 124, 227, 232, 234, 247, 251, 252, 294
Eliminação do mofo 19, 31, 33, 41, 43, 50, 60, 62, 63, 87, 88, 96, 97, 98,
    99, 103, 108, 111, 112, 123, 139, 144, 205, 207, 209, 210, 211, 213,
    214, 218, 219, 221, 224, 228, 293
Eliminar 22, 32, 147
Eliminar a bagunça com pó 22, 32, 147
Elo entre alergia 7, 11, 12, 17, 18, 19, 21, 22, 23, 24, 25, 26, 28, 29, 30,
    31, 32, 33, 34, 35, 36, 37, 38, 39, 40, 41, 42, 43, 44, 45, 47, 52, 53,
    55, 56, 57, 65, 66, 67, 68, 69, 70, 71, 72, 73, 74, 75, 76, 77, 78,
    79, 80, 81, 82, 83, 84, 86, 87, 88, 95, 96, 98, 101, 102, 103, 105,
    109, 110, 112, 119, 124, 128, 130, 131, 134, 135, 136, 140, 141,
    142, 145, 147, 149, 151, 157, 158, 162, 164, 166, 167, 168, 170,
    171, 174, 175, 177, 178, 179, 181, 182, 183, 186, 201, 207, 208,
    209, 210, 211, 212, 213, 214, 215, 216, 217, 218, 219, 221, 222,
    223, 224, 225, 228, 238, 239, 241, 245, 246, 247, 248, 249, 254,
    263, 268, 275, 276, 277, 278, 280, 282, 284, 285, 286, 289, 290,
    293, 294
Enxaquecas e. Veja também permeabilidade intestinal 277
Enzimas, GSH e 268
Eosinófilos no sangue 83
Epidemia de alergia 18, 228
Epidemia de, veja também Meio ambiente e Alergias 18, 228
Equilíbrio da imunidade. Veja dieta para equilíbrio imunológico 15,
    88, 100, 102, 103, 128, 129, 131, 149, 151, 218
Ervas, cultivo 143
Esofagite eosinofílica e 44
Espaço pessoal. Veja desintoxicação do espaço pessoal 9, 24, 45, 68, 79,
    88, 89, 100, 103, 108, 120, 123, 132, 187, 191
Estafilococos 212
Este livro e as Tipo 1 Tipos 2 e 3 Tipo 4 10, 11, 21, 74
Esteroides, inaladores 98, 139, 249, 281
Estresse 99, 100, 185, 193, 196, 199, 201, 202, 231, 251, 270, 271
Estresse oxidativo, alergia 99, 100, 185, 193, 196, 199, 201, 202, 231,
    251, 270, 271
Estrutura e funções 47, 169, 212, 235, 252, 253, 265, 269, 277
Estudo ilustrando os efeitos 47, 49, 52, 68, 84, 117, 124, 223, 225, 237,
    245, 256, 271, 275, 289

Estudos de caso 30, 34, 38, 39, 40, 42, 45, 46, 47, 53, 73, 82, 100, 103, 108, 131, 135, 163, 167, 177, 181, 182, 206, 211, 219, 231, 247, 248, 250, 254, 256, 259, 267, 288
Evitar certos alimentos 40, 105, 120, 135, 213
Evitar o açúcar 55, 67, 81, 136, 137, 138, 145, 149, 160, 161, 162, 163, 174, 178, 207, 244, 278, 280, 286, 288

F

Faça menos, realize mais 15, 112, 115, 134, 146, 161, 172, 200, 240, 293, 297
Fadiga, ligação com a alergia. Veja também Meditação; Sono 90, 203
Fazer parte da solução 11, 18, 21, 41, 71, 109, 115, 116, 119, 159, 173, 185, 193, 207, 226, 238, 243, 260, 279, 287, 296
Fisetina 164
Flavonoide reduzindo inflamação 155
Flavonoides em. Veja flavonoides 154
Flavonoides nas. Veja flavonoides 154
Flip, história 71, 72, 78, 82
Folatos 152
Fontes 152, 153, 154, 183, 242, 265, 266
Força mental da 188
Formaldeído 66
Fragrâncias 118
Fragrâncias e 118
Frutas 129, 137, 143, 145, 214, 232, 266
Frutas, verduras e 129, 137, 143, 145, 214, 232, 266
Frutas vermelhas 129, 137, 143, 145, 214, 232, 266
Fumaça, banir 62
Fumaça do cigarro 62
Fumaça, tabaco 62
Fumo 112

G

Ganho de peso 19
Garagem, desintoxicação da 114

Gases do efeito estufa 54, 63, 92, 105
Gatilhos, busca por. Veja alergias, desmascarando as ocultas 95, 269
  Tipo 1, alergias
    Tipo 2 e tipo 3, alergias
    Tipo 4, alergias 89
Glutationa 262, 263, 265, 272
Glutationa-S-transferase (GST) 262, 263, 265, 272
Glúten, doença celíaca 9, 12, 18, 27, 37, 43, 46, 48, 49, 57, 58, 60, 61, 69, 78, 81, 85, 86, 100, 101, 102, 103, 121, 167, 171, 174, 178, 180, 182, 183, 184, 187, 203, 204, 205, 206, 207, 208, 209, 211, 214, 222, 223, 228, 229, 230, 236, 247, 249, 251, 252, 266, 271, 275, 279, 288, 289
Gorduras 36, 53, 240
Grace, história 13, 205, 206, 207, 218, 219, 221
GST (glutationa-S-transferase) 37, 49, 98, 268
GSTs 268

H

Hipótese da Higiene 109
História Alexa 246, 247, 248, 249, 250
História da Anne 7, 124, 273, 274, 275, 279, 280, 281, 283, 284, 286, 288
História da Cora 34, 35, 42
História da Daphne 100, 101, 102, 103
História da Kate 7, 85, 86, 87, 88, 103, 108, 211
História de Brian 159, 161, 162, 163
História de Bruce 38, 39, 42, 125
História de Flip 71, 72, 78, 82
História de Grace 13, 205, 206, 207, 218, 219, 221
História de Jennie 139, 140, 141, 147
História de Laura 185, 188, 189, 201, 278
História de Madeline 165, 166, 167, 169, 170, 172, 175, 177, 179
História de Rebecca 259, 260, 261
História de Sarah 227, 250
História Julia 27, 28, 29, 30, 34, 35, 36, 42
Hormônio redutor (adiponectina) 194
Horrobin, David 238, 243, 254

I

IgE (imunoglobulina E) 69, 76, 77, 78, 81, 84, 155, 158, 167, 170, 171, 181, 182, 257
IgG (imunoglobulina G) 46, 77, 83, 289
Imitando outras doenças 9, 12, 25, 29, 30, 34, 45, 46, 53, 54, 57, 58, 60, 61, 64, 66, 69, 75, 78, 81, 99, 113, 134, 152, 154, 155, 163, 164, 180, 185, 196, 201, 202, 211, 212, 219, 220, 226, 227, 235, 236, 238, 244, 251, 256, 259, 275, 277, 278, 279, 280, 289, 293, 294, 295
Impacto atual da 45, 49, 181, 226
Impacto do meio ambiente. Veja Meio Ambiente e Alergias 45, 49, 181, 226
Impedindo a perda de peso 19, 100, 102, 162, 167, 175, 179
Infecções que causam 181, 290
Inflamação 45, 83, 155
Ingestão de álcool e 48, 49, 163, 254, 255
Ingestão de vitamina C 48, 49, 163, 254, 255
Inibição da atividade da NOX 224, 255
Intenstificação dos sintomas da alergia 75, 76, 98, 174, 225
Interrupção da fissura por doces 160, 207, 282
Intestino permeável 15, 136, 273, 276, 277, 279, 285
Intestino. Veja também Azia (DRGE); intestino permeável 15, 136, 273, 276, 277, 279, 285
Intolerância à lactose 136, 137
Intolerância à lactose. Veja também Leite e laticínios 42, 44

J

Jardinagem, relaxe com 98
John, Roy 40, 57, 58, 83, 249

L

Lactobacillus. Veja Probióticos 207, 216, 217, 218, 225, 246, 256, 279, 282, 290
Lavar roupas novas 66, 106, 107, 108, 109, 111, 114, 116, 117, 118, 205, 212, 221
Leite 51, 129, 136, 145, 175, 290
Leite e derivados 51, 129, 136, 145, 175, 290
Leucotrienos 76
Levedura 129, 213
Levedura e. Veja levedura 129, 213
Ligação com a alimentação 167, 185, 211, 214, 216, 224
Ligação com o estresse 167, 185, 211, 214, 216, 224
Ligação com o ganho de peso 167, 185, 211, 214, 216, 224
Ligação com os estafilococos 167, 185, 211, 214, 216, 224
Ligação pólen-alimento. Veja também Polinoses 216, 224
Limpeza profunda 15, 25, 93, 107, 116, 127, 128, 129, 130, 133, 134, 135, 138, 140, 142, 146, 150, 159, 161, 173, 174, 175, 177, 206, 281
Lista 89, 103, 134, 184
Lista de sintomas 89, 103, 134, 184
Losna 210, 214

M

Má absorção da frutose 91, 99
Magnésio 36, 266, 271
Mastócitos 75
McEwen, Dr. Len 41, 50, 289
Mediadores de mastócitos 75
Mediadores dos mastócitos e 75
Medicações que causam 288
Meditação contra a 189, 191, 197
Meditação do café 189, 191, 197
Meditação na hora do café 189, 191, 197
Melhora com alimento/suplementos 96, 97, 187, 203
Melhor antioxidante 261

Melhores para o organismo. Veja glutationa 28, 29, 30, 36, 37, 52, 65, 73, 74, 75, 81, 82, 88, 96, 99, 100, 106, 109, 110, 118, 128, 130, 135, 136, 138, 140, 146, 149, 151, 154, 167, 185, 199, 213, 219, 229, 231, 233, 238, 239, 245, 262, 265, 266, 267, 268, 269, 276, 277, 278, 288

Mente sobre as alergias 15, 185, 187, 189, 192

Microorganismos, ecologia da asma e veja também Intestino; Permeabilidade intestinal; Prebióticos; Probióticos 53, 67, 213, 244, 245

Milho 129, 145, 176

Mistério da tolerância oral 80

Mofo 62, 96, 108, 111, 213

Mofos e. Veja mofo 19, 31, 33, 41, 43, 50, 60, 62, 63, 87, 88, 96, 97, 98, 99, 103, 108, 111, 112, 123, 139, 144, 205, 207, 209, 210, 211, 213, 214, 218, 219, 221, 224, 228, 293

Morangos 153, 156, 157

Mordidas de carrapato, alergia à carne vermelha e 81

Mudança climática 68, 69

Música, para alívio do estresse 194, 195

N

NAC (N-acetilcisteína) 88, 207, 220, 221, 261, 263, 264

Natureza, contato com a 54, 56, 122, 124, 150, 193, 296

Neblina de poluição. Veja ozônio, neblina e 58

Neira, dra. Maria 54

Níquel, alergias ao 7, 9, 10, 11, 12, 18, 19, 20, 21, 22, 23, 24, 25, 26, 28, 30, 31, 32, 33, 34, 35, 36, 38, 40, 41, 43, 45, 47, 48, 51, 52, 54, 57, 60, 63, 64, 66, 67, 74, 75, 77, 78, 79, 80, 88, 89, 90, 95, 98, 99, 100, 102, 103, 105, 109, 110, 112, 115, 119, 123, 127, 134, 139, 140, 149, 150, 151, 162, 163, 165, 166, 167, 168, 169, 170, 171, 172, 174, 175, 177, 178, 179, 182, 185, 186, 201, 205, 208, 212, 214, 215, 216, 217, 218, 219, 221, 227, 228, 238, 243, 249, 254, 256, 260, 262, 275, 276, 278, 279, 284, 285, 286, 287, 288, 293, 294, 295, 296

Níveis elevados de 48, 49, 213, 253, 270, 285

Nos alimentos 21, 72, 75, 76, 82, 102, 141, 167, 199, 234, 249, 277, 280

Nota importante 14, 26, 47, 103, 130, 131, 132, 133, 138, 147, 172, 173

Nova abordagem da 10, 15, 17, 18, 20, 21, 22, 23, 27, 40, 51, 58, 59, 166, 195, 229, 230, 242, 247, 249, 255, 259, 271, 274, 294, 299
NOX (NADPH) oxidase) 22, 236
Nutrição, poder contra alergias Veja também nutrientes específicos
   Castanhas e sementes, caraterísticas anti-inflamatórias 31, 35, 43, 48, 154, 167, 176, 180, 181, 232, 236

O

Ocultas. Veja Alergias, desmascarando as ocultas 15, 30, 85
Óleo 236, 239
Ômega-3, ômega 6 238, 241, 242, 243
O que é, causas 43, 63, 72, 229
Orientações de uso nos estágios 140, 141
Origens da 21, 89, 98
Ouça seu corpo 161, 162
Ozônio, neblina 58

P

Para alergias nasais 35, 39, 42, 54, 57, 63, 67, 68, 72, 74, 78, 80, 87, 88, 93, 99, 106, 110, 111, 113, 120, 123, 127, 128, 133, 134, 136, 137, 140, 147, 151, 157, 159, 162, 167, 174, 175, 178, 193, 194, 195, 197, 219, 221, 222, 239, 243, 260, 261, 268, 279, 280, 283, 286
Para asma 35, 39, 42, 54, 57, 63, 67, 68, 72, 74, 78, 80, 87, 88, 93, 99, 106, 110, 111, 113, 120, 123, 127, 128, 133, 134, 136, 137, 140, 147, 151, 157, 159, 162, 167, 174, 175, 178, 193, 194, 195, 197, 219, 221, 222, 239, 243, 260, 261, 268, 279, 280, 283, 286
Para permeabilidade intestinal 35, 39, 42, 54, 57, 63, 67, 68, 72, 74, 78, 80, 87, 88, 93, 99, 106, 110, 111, 113, 120, 123, 127, 128, 133, 134, 136, 137, 140, 147, 151, 157, 159, 162, 167, 174, 175, 178, 193, 194, 195, 197, 219, 221, 222, 239, 243, 260, 261, 268, 279, 280, 283, 286
Passos para melhorar nariz/seios paranasais/saúde do tratro respiratório 18, 22, 26, 35, 58, 66, 101, 102, 105, 139, 165, 168, 173, 205, 206, 208, 209, 210, 211, 212, 216, 220, 221, 222, 223, 247, 260, 261, 262, 275

Perda de cabelo, ligação com alergia 92, 175, 176, 181
Permeabilidade intestinal e 49, 278, 279, 282, 284, 290
Pés, molhados 190, 194
Pesquisa com crianças 31, 40, 43, 46, 48, 57, 167, 168, 180, 181, 182, 232, 249, 263
Piora das doenças respiratórias 59, 95, 96
Pirquet, Claude von 76
Pó de citrato de cálcio para 95, 108, 110, 172
Poder da nutrição contra alergias Veja também nutrientes específicos 24, 35, 39, 42, 52, 102, 103, 128, 131, 132, 147, 149, 150, 151, 156, 157, 158, 162, 163, 179, 221, 250, 269, 288
Poder desintoxicante da 98, 220
Pólen de grama 55, 62, 211, 214, 216
Pólen de gramíneas 55, 62, 211, 214, 216
Pólen de losna 55, 62, 211, 214, 216
Poluição do ar 56, 58, 65, 112, 114, 216, 263
Poluição. Veja desintoxicação do espaço pessoal; Meio ambiente e alergias; Toxinas 56, 58, 65, 112, 114, 216, 263
Power Healing (Galland) 196, 299
Prebióticos 285
Precaução com a síndrome de abstinência 19, 27, 30, 33, 34, 43, 45, 46, 47, 50, 71, 81, 134, 135, 183, 184, 189, 202, 215, 216, 223, 224, 276, 277, 278
Prevenção com alimentos 201, 228
Prevenção da perda de peso 201, 228
Prevenção no voo 201, 228
Primeiro estágio 20, 25, 30, 78, 87, 89, 121, 142, 161, 218, 274, 280
Probióticos como tratamento 216, 225, 226, 245, 279, 282, 290
Problemas com aromatizadores de ar 32, 33, 43, 90, 91
Processo de descoberta 74, 88, 103
Produtos de limpeza, desintoxicação 21, 28, 37, 41, 87, 97, 101, 102, 105, 106, 107, 108, 110, 115, 116, 117, 123, 124, 134, 140, 163, 175, 219, 226, 259, 260, 280, 293
Produtos orgânicos 95, 115, 122, 144, 157, 158, 198, 287, 293
Prostaglandina D2 (PGD2) 76, 290

Q

Qualidade do sono 64, 70, 164
Quantidade de horas necessárias 17, 36, 77, 78, 81, 85, 87, 94, 113, 172, 175, 180, 186, 188, 196, 199, 200, 219, 230, 253, 274, 278

R

Rastrear sintomas 10, 11, 19, 20, 22, 23, 24, 25, 27, 28, 29, 30, 32, 33, 34, 35, 39, 40, 41, 45, 47, 52, 53, 71, 72, 74, 75, 76, 77, 79, 82, 85, 86, 87, 88, 89, 90, 92, 93, 94, 95, 96, 97, 98, 99, 100, 101, 102, 103, 105, 106, 117, 120, 127, 134, 135, 136, 137, 140, 141, 142, 143, 144, 146, 147, 166, 168, 171, 173, 174, 178, 181, 184, 186, 187, 189, 192, 201, 207, 208, 209, 211, 212, 214, 215, 216, 217, 218, 221, 222, 223, 225, 228, 229, 240, 241, 242, 243, 246, 247, 248, 255, 260, 263, 265, 267, 269, 273, 275, 276, 278, 279, 282, 283, 284, 285, 286, 289, 290, 293
Reação alérgica da natureza 54, 72
Reações alérgicas. Veja Sistema Imunológico 47
Receita de chá oolong orgânico 25, 28, 130, 131, 132, 133, 136, 138, 140, 142, 143, 150, 155, 156, 157, 159, 161, 163, 164, 176, 179, 183, 200, 224, 284
Receita do suco para equilíbrio imunológico 25, 28, 130, 131, 136, 138, 140, 142, 143, 145, 146, 151, 152, 154, 157, 160, 161, 168, 170, 177, 183, 200, 204, 224, 233, 239, 248, 267, 274, 284, 286
Receita sopa para equilíbrio imunológico 25, 28, 130, 131, 132, 138, 140, 142, 143, 151, 152, 154, 158, 159, 160, 177, 197, 262, 283, 284
Redução do estresse para. Veja também alívio do estresse 196, 202
Reduzir 155, 218
Reflorestamento do veja também Probióticos 279, 282
Refluxo ácido. Veja Azia (DRGE); História de Madeline TDAH/Transtorno do déficit de atenção 181
Registro e avaliação 45
Reintrodução 15, 128, 139, 141, 142, 143, 144
Relacionamentos, valor dos 46, 132

Relaxamento da cabeça aos pés 190, 191
Resfriado comum e 208
Respostas enganadas/exageradas 240, 295
Respostas imediata e tardia 240, 295
Richet, Charles 78
Rinite. Veja alergias nasais e dos seios paranasais (rinite e sinusite) 43, 45, 48, 209, 222
Rocklin, dr. Ross 238, 243, 254
Roupas, novas 118

S

Sabonetes. Veja produtos de limpeza, desintoxicação 24, 25, 35, 36, 37, 88, 130, 138, 248, 268, 269, 277, 287, 288
Salicilato de magnésio 281
Salicilatos 281
Salsinha 158
Saúde intestinal e 31, 43, 48, 49, 54, 56, 57, 58, 60, 61, 64, 65, 66, 68, 69, 70, 105, 116, 124, 167, 180, 181, 187, 222, 228, 236, 271, 275, 284, 289, 294, 295, 297
Segundo estágio 18, 30, 63, 72, 78, 87, 89, 121, 139, 143, 170, 178, 219, 232, 274, 282
Selênio 36, 265, 271
Sensibilidade alimentar alégica e 26, 42, 47
Sensibilidade ao, história de Brian 26, 42, 47
Serotonina 75
SFA 210, 211
Síndrome de abstinência 45, 46, 47, 82, 134, 224, 277
Sintomas comuns 34, 44, 46, 47, 89, 90, 92, 94, 103, 134
Sintomas intensificados pela DRGE 34, 44, 46, 47, 89, 90, 92, 94, 103, 134
Sintomas, veja também Alergias, desmascarando ocultas; estudos de caso 34, 44, 46, 47, 89, 90, 92, 94, 103, 134
Sinusite fúngica alérgica (SFA) 209, 210, 212, 223
Sinusite. Veja alergias nasais e dos seios paranasais (rinite e sinusite) 209, 210, 212, 223
Sistema imunológico 73, 231

Sobre: exames de alergia e; ausência de Alérgenos óbvios; resumo dos
    pontos 15, 61, 203, 299
Sobre: resumo dos pontos 15, 61, 203, 299
Sobre: visão geral da 15, 61, 203, 299
Soja 129, 145
Solanáceas 34
Solução para as alergias 7, 8, 9, 10, 11, 12, 13, 15, 20, 21, 23, 24, 25, 33,
    35, 38, 39, 88, 89, 103, 107, 108, 110, 112, 123, 127, 138, 144, 162,
    175, 209, 219, 232, 239, 246, 249, 267, 280, 283, 287, 291, 293,
    295, 297
Sono 199, 204
Soothill, J.F. 141, 142, 147
Sopa, receita para equilíbrio imunológico 131
Steiner, Rob 197
Stevens, Laura 83, 278, 289
Substâncias desreguladoras endócrinas (DEs) 54, 64, 115
Substâncias químicas desreguladoras endócrinas 54, 64, 115
Suco, receita para equilíbrio imunológico 131, 214
Super-antioxidante 24, 37, 49, 88, 156, 200, 220, 229, 231, 233, 235, 248,
    252, 253, 261, 262, 263, 264, 265, 268, 269, 270, 271, 272, 287
Superimmunity for Kids (Galland) 36, 185, 237
Suplementos/efeitos 48, 173, 240, 262
Suporte à função imunológica 135

T

Técnicas 270
Terceiro estágio 30, 89, 121, 144, 219, 283
The Fat Resistance Diet (Galland) 162, 239, 299
Theodore Roosevelt 230, 251
Tipos de alergia (1, 2, 3 e 4) e 76, 77, 209
Tipos de óleos 78, 159, 234, 236, 237, 240, 242, 243, 244, 260
Tipos e características 76, 77, 209
Tirar o máximo da 133, 283
Toxinas. Veja também desintoxicação do espaço pessoal 63, 114,
    124, 224
Trabalho culinário criativo para 181, 265

Tratamento convencional 11, 23, 29, 30, 38, 39, 123, 158, 164, 168, 192, 209, 221, 229, 250, 270
Trigo 51, 129, 137, 145, 175

U

Urinar dor/frequente 11, 17, 27, 28, 30, 31, 32, 40, 44, 71, 74, 77, 90, 100, 101, 102, 103, 127, 132, 134, 135, 141, 145, 165, 168, 173, 174, 185, 189, 200, 209, 219, 273, 274, 276, 278, 280, 282, 289, 290
Urticária 49

V

Variedade de poluentes 37, 54, 56, 57, 96, 110, 232, 235, 253, 293
Variedade de toxinas a abordar 28, 36, 37, 63, 64, 65, 68, 69, 87, 88, 98, 99, 103, 105, 106, 107, 108, 114, 117, 122, 123, 135, 138, 157, 212, 213, 220, 277, 278
Vegetais da família das solanáceas 129, 137, 144, 151, 232, 239, 266
Verdades importantes sobre Imitando outras doenças 29, 42
Vitamina A 153, 154
Vitamina C, enzimas, GSH 36, 268
Vitamina D 36, 47, 207, 226, 284
Vitamina E 36, 233, 240

W

Whey protein 262

Z

Zerar 141, 142, 144, 146
Zinco 36, 285, 291
Zinco x 36, 285, 291

MADRAS Editora
CADASTRO/MALA DIRETA

Envie este cadastro preenchido e passará a receber informações dos nossos lançamentos, nas áreas que determinar.

Nome _____
RG _____ CPF _____
Endereço Residencial _____
Bairro _____ Cidade _____ Estado ____
CEP _____ Fone _____
E-mail _____
Sexo ❏ Fem. ❏ Masc.   Nascimento _____
Profissão _____ Escolaridade (Nível/Curso) _____

Você compra livros:
❏ livrarias   ❏ feiras   ❏ telefone   ❏ Sedex livro (reembolso postal mais rápido)
❏ outros: _____

Quais os tipos de literatura que você lê:
❏ Jurídicos   ❏ Pedagogia   ❏ Business   ❏ Romances/espíritas
❏ Esoterismo   ❏ Psicologia ❏ Saúde   ❏ Espíritas/doutrinas
❏ Bruxaria   ❏ Autoajuda   ❏ Maçonaria   ❏ Outros:

Qual a sua opinião a respeito desta obra? _____
_____

Indique amigos que gostariam de receber MALA DIRETA:
Nome _____
Endereço Residencial _____
Bairro _____ Cidade _____ CEP _____

Nome do livro adquirido: ***A Solução para as Alergias***

Para receber catálogos, lista de preços e outras informações, escreva para:

MADRAS EDITORA LTDA.
Rua Paulo Gonçalves, 88 – Santana – 02403-020 – São Paulo/SP
Caixa Postal 12183 – CEP 02013-970 – SP
Tel.: (11) 2281-5555 – Fax.:(11) 2959-3090
www.madras.com.br

MADRAS® *Editora*

Para mais informações sobre a Madras Editora, sua história no mercado editorial e seu catálogo de títulos publicados:

Entre e cadastre-se no site:

www.madras.com.br

Para mensagens, parcerias, sugestões e dúvidas, mande-nos um e-mail:

marketing@madras.com.br

SAIBA MAIS

Saiba mais sobre nossos lançamentos, autores e eventos seguindo-nos no facebook e twitter:

@madrased

/madraseditora